Martin Apolin

Big Bang

Physik 7 RG

www.oebv.at

Inhalt

Kennzeichnung Kompetenzbereiche:
RG = Realgymnasium, G = Gymnasium
„Klasse.Semester" z. B. „7.1" = 7. Klasse, 1. Semester
* Zuordnung dieser Kompetenzbereiche siehe Kennzeichnung auf der Seite unten

Kennzeichnung der Kompetenzbereiche

Vorwort

Liebe Schülerin!
Lieber Schüler!

Nimm an, du bekommst einen **Rundstab** und ein **Brett** zum Feuermachen. Nach einer halben Stunde werden zwar deine Hände brennen, aber das Feuer ziemlich sicher nicht. Wenn du dann eine Schachtel **Streichhölzer** bekommst, wirst du dir denken: „Wow! Was für eine tolle Erfindung!" Hättest du sie schon zu Beginn gehabt, hättest du dir **das** nicht gedacht. Was lernen wir daraus? Man kann die Lösung eines Problems nur dann würdigen, wenn man das Problem durch und durch kennt!

Das ist einer der Gründe, warum in diesem Buch **zu Beginn eines Kapitels Fragen** gestellt werden. Dabei geht es gar nicht so sehr darum, dass du sie beantworten kannst, sondern dass du über die Probleme nachdenkst oder mit deinen KlassenkollegInnen diskutierst. Je intensiver du vorher nachgedacht hast, desto mehr wirst du die Antworten zu schätzen wissen.

Angeblich wurde Albert Einstein einmal gefragt, woher er seine Begabung habe. Er soll geantwortet haben: „Ich habe keine besondere Begabung, ich bin nur leidenschaftlich neugierig." Hier hat er ziemlich tiefgestapelt, denn tatsächlich war er ein wirklich genialer Physiker. Aber der Punkt ist der: Neugierde ist der Motor, um Dinge zu hinterfragen, zu verstehen und Neues zu entdecken. Das gilt auch für die Physik!

Viel Spaß beim Lesen, Nachdenken und Verstehen!

Martin Apolin

Bedienungsanleitung für dieses Buch

Du kannst mit diesem Buch auf verschiedene Weise arbeiten. Wenn du nur den **Fließtext** liest, kannst du dich auf schnelle Weise über die wesentlichen Gedanken im jeweiligen Abschnitt informieren.

In den **Infoboxen** befinden sich vertiefende Informationen. Aus optischen Gründen sind diese aus dem Fließtext herausgezogen, es befinden sich aber entsprechende Verweise im Text:

→ **Info:** Infobox

Zu Beginn jedes Abschnitts gibt es eine **Fragenbox** F1. Diese befindet sich in der Nähe der Kapitelüberschrift nach der Einleitung (wie im Kap. 27.1, Seite 4). Die Philosophie des Buches ist, dass es besonders sinnvoll ist, über diese Fragen vor dem Lesen des Textes nachzudenken. Natürlich kannst du sie aber auch nach dem Lesen quasi als Wiederholung beantworten. Generell gilt: Die meisten Fragen werden **direkt im Fließtext** beantwortet, Fragen mit dem Symbol L (etwa → F3, Seite 21) im Lösungsteil.

Am Ende der meisten Großkapitel befinden sich **Arbeitsboxen**, in denen vertiefende Fragen und Aufgaben zu finden sind (etwa auf Seite 13).

Kennzeichnung der Kompetenzen

Die **Handlungsdimension** ist mit einem Buchstaben (W, E, S) und das **Anforderungsniveau** mit einer Zahl (1, 2; im Kompetenzmodell: A1 bzw. A2) angegeben, z. B. „E2":

Handlungsdimensionen		**Anforderungsniveaus**	
W:	Wissen organisieren	1:	Reproduktion und Transferleistungen
E:	Erkenntnisse gewinnen	2:	Reflexion und Problemlösung
S:	Schlüsse ziehen		

Eine **Online-Ergänzung** zum Lehrgang (Bilder, Videos, Simulationen, Vertiefung und Kompetenzüberprüfung, Hinweise für die Matura, …) findest du unter bigbang.oebv.at.
Direkt zum Material zu einer bestimmten Seite kommst du durch Eingabe des sechsstelligen Online-Codes auf www.oebv.at.

27 Grundlagen der Elektrotechnik

Die grundlegenden Entdeckungen zum Elektromagnetismus, die die Basis für die gesamte Elektrotechnik sind, wurden zwischen 1820 und 1835 gemacht, also in bloß 15 Jahren. Dann dauerte es aber noch fast 50 Jahre, bis **1882** in New York das **erste öffentliche Elektrizitätswerk** in Betrieb ging. Es erzeugte Gleichstrom, und im Zuge dessen entbrannte ein erbitterter Streit zwischen den Wechselstrom- und den Gleichstromanhängern, den man auch „Stromkrieg" nannte. Warum sich letztlich doch der Wechselstrom durchgesetzt hat, wie dieser erzeugt und übertragen wird, darum geht es unter anderem in diesem Kapitel.

27.1 Der Strom kommt aus der Steckdose 1

Generator und Elektromotor

Generatoren beeinflussen dein Leben enorm, denn ohne sie käme kein Strom aus der Steckdose.

F1 W1 Was versteht man unter elektromagnetischer Induktion und dem magnetischen Fluss? Lies nach in Kap. 26.4 f., „Big Bang 6"!

F2 W2 Es ist dir bekannt, dass in den Laufkraftwerken der Donau elektrischer Strom erzeugt wird (Abb. 27.1). Gut, aber wie funktioniert das im Detail?

Abb. 27.1: Das Kraftwerk bei Ybbs-Persenbeug

F3 W2 In jedem Auto gibt es eine sogenannte Lichtmaschine. Wofür ist diese zuständig?

F4 W1 Überlege, wo überall im Alltag Elektromotoren verwendet werden.

F5 W2 Mit einer Lok vom Typ Taurus III (Abb. 27.2) stellte die ÖBB 2006 mit 357 km/h einen neuen Weltrekord auf! Was denkst du, wie viel kW Leistung der Elektromotor dieser Lok hat? Zum Vergleich: Ein Smart hat 37 kW und ein F1-Bolide etwa 600 kW.

Abb. 27.2

Das Prinzip eines Generators ist einfach erklärt: Er wandelt mechanische in elektrische Energie um. Aber wie funktioniert das im Detail? Man nutzt die **Induktion** aus. Dazu muss man den **magnetischen Fluss** in einer Leiterschleife oder Spule irgendwie ändern (→ F1). Man kann dazu einen Magneten in der Spule hin und her schieben oder die Fläche einer Leiterschleife ändern.

Wechselstrom

Der **magnetische Fluss** durch eine Leiterschleife ist $\Phi = B \cdot A$ (Kap. 26.5, „Big Bang 6"). Das gilt aber nur, wenn das Magnetfeld senkrecht zur Leiterschleife steht. Für einen beliebigen Winkel α gilt $\Phi = B \cdot A \cdot \cos\alpha$ (siehe Abb. 27.3).

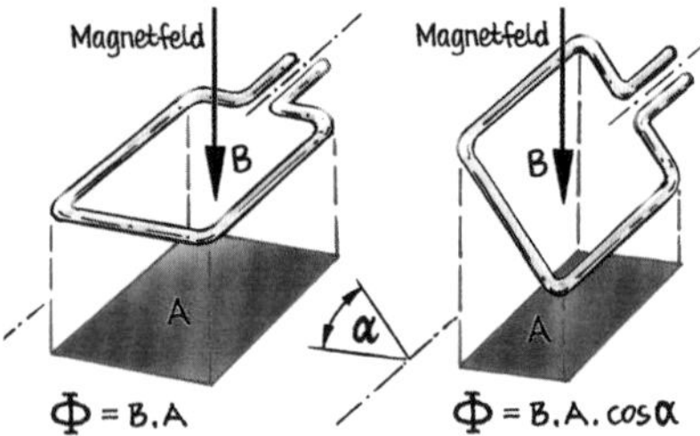

Abb. 27.3: Wenn man die Leiterschleife kippt, verringert sich der magnetische Fluss, weil sich die „effektive" Fläche verringert. Man kann sich diese als „Schattenfläche" vorstellen.

Weil sich die Leiterschleife kontinuierlich dreht, gilt weiters $\alpha = \omega \cdot t$, wobei ω die Winkelgeschwindigkeit ist (siehe Kap. 17.1, „Big Bang 6"). Das kann man nun in das Induktionsgesetzt (Kap. 26.5, „Big Bang 6") einsetzen. Um die **Induktionsspannung** ausrechnen zu können, müssen wir aber in diesem Fall den Differenzialquotienten nehmen:

$$U_{ind} = -\frac{d\Phi}{dt} = -BA\frac{d(\cos\omega t)}{dt} = BA\omega \sin\omega t = U_m \sin\omega t$$

Da die Sinusfunktion maximal den Wert 1 annehmen kann, ergibt sich für die Induktionsspannung der Maximalwert $BA\omega$. Man nennt diesen auch **Scheitelspannung** (= maximale Spannung) und bezeichnet diese mit U_m. Der Zusammenhang zwischen dem magnetischen Fluss und der Spannung ist in Abb. 27.4 dargestellt. Da die Induktionsspannung die erste Ableitung des magnetischen Flusses nach der Zeit ist, entspricht sie der Steigung der Φ-Funktion und ist daher bei $\alpha = 0°$ und $\alpha = 180°$ null.

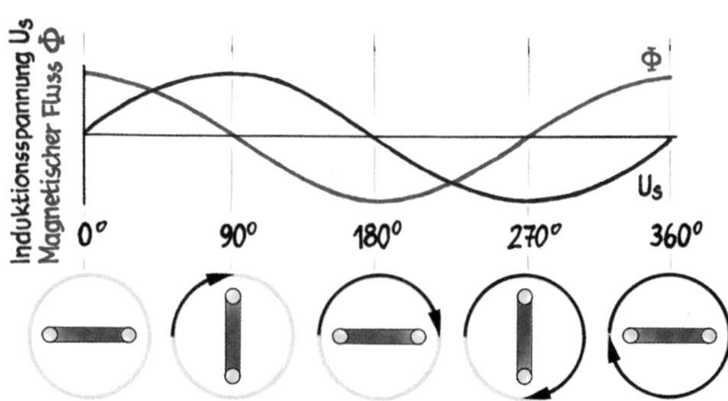

Abb. 27.4: Zusammenhang zwischen der Stellung der Leiterschleife, dem magnetischen Fluss Φ und der Induktionsspannung U_{ind}: Auch wenn sie hier gleich hoch eingezeichnet sind: Φ und U_{ind} haben natürlich völlig verschiedene Einheiten und Werte.

Beides ist natürlich nicht sehr praktikabel. Man ist aber auf die geniale Idee gekommen, eine **Leiterschleife rotieren** zu lassen, denn auch dabei ändert sich der magnetische Fluss. Abb. 27.5 zeigt das Prinzip eines solchen Generators, mit dem man auf elegante Weise Wechselstrom erzeugen kann. Jeder konventionelle Generator arbeitet nach diesem Prinzip.

→ **Info:** Wechselstrom -> S. 4

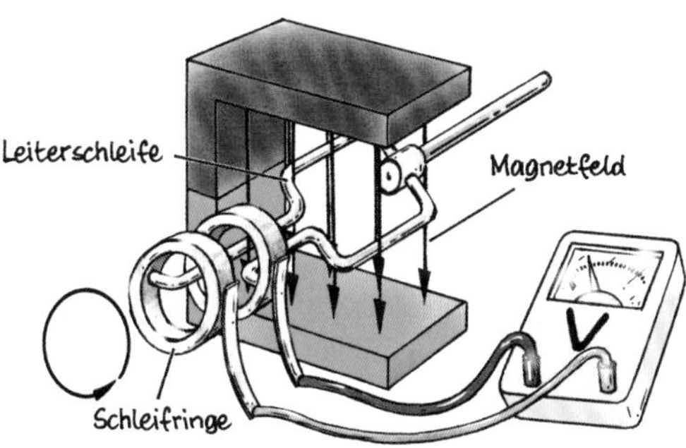

Abb. 27.5: Modell eines einfachen Generators: Die rotierende Schleife erzeugt Induktionsspannung und Induktionsstrom, die über zwei Schleifringe abgenommen werden.

In der Praxis verwendet man allerdings nicht eine rotierende Leiterschleife, sondern eine **Spule.** In jeder einzelnen Wicklung entsteht ja dieselbe Induktionsspannung. Wenn du also eine Spule mit 1000 Windungen verwendest, wird auch die Spannung vertausendfacht. Nach diesem Prinzip funktionieren der **Dynamo** eines Fahrrades oder die **Lichtmaschine** eines Autos.

→ **Info:** Lichtmaschine und Dynamo

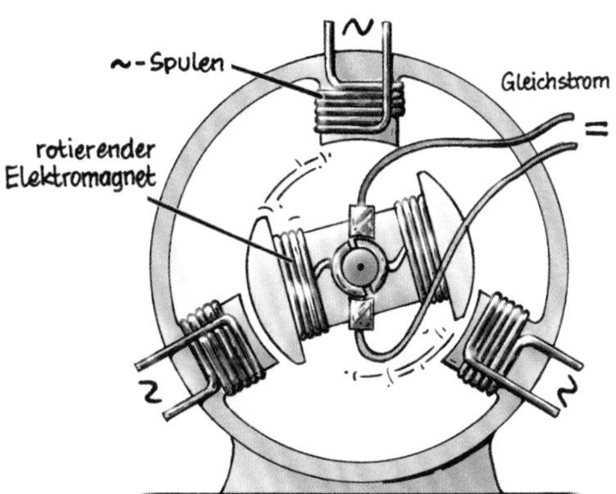

Abb. 27.6: Modell eines **dynamo-elektrischen Großgenerators**: Im Gegensatz zu Abb. 27.5 rotiert hier der Magnet. Dieser wird mit dem Strom versorgt, den der Generator selbst erzeugt. Dazu muss der Wechselstrom allerdings vorher gleichgerichtet, also in Gleichstrom umgewandelt werden.

Es gibt aber noch einen zweiten Trick. Statt Permanentmagneten, die nur ein relativ schwaches Magnetfeld erzeugen, verwendet man bei Hochleistungsgeneratoren **Elektromagnete** (Abb. 27.6). Der Clou an der Sache: Diese kann man mit dem Strom speisen, den der Generator selbst erzeugt. Das nennt man das **dynamo-elektrische Prinzip,** und diese Erfindung wird WERNER VON SIEMENS zugeschrieben. Erst damit war der Einsatz von leistungsfähigen und wirtschaftlichen Großgeneratoren möglich, mit denen man ganze Städte mit Strom versorgen kann. So befinden sich etwa in den **Laufkraftwerken** der Donau Generatoren, die Leistungen von vielen Millionen Watt aufbringen können.

→ **Info:** 2000 Badewannen pro Sekunde -> S. 6

In manchen Fallen benötigt man aber **Gleichstrom,** etwa um den Elektromagneten eines Generators zu versorgen (Abb. 27.6) oder um eine Autobatterie aufzuladen. Wie schafft man es aber, von Wechselstrom auf Gleichstrom zu kommen? Zum Beispiel mit **Halbleiter-Dioden.** Diese lassen den Strom nur in eine Richtung durch. Mit Hilfe einer speziellen Schaltung kann man aus Wechselstrom einen „pulsierenden" Gleichstrom erzeugen (Abb. 27.8). Wenn man mehrere solcher Ströme überlagert, kann man eine noch bessere Glättung erreichen (siehe Kap. 27.4, S. 12).

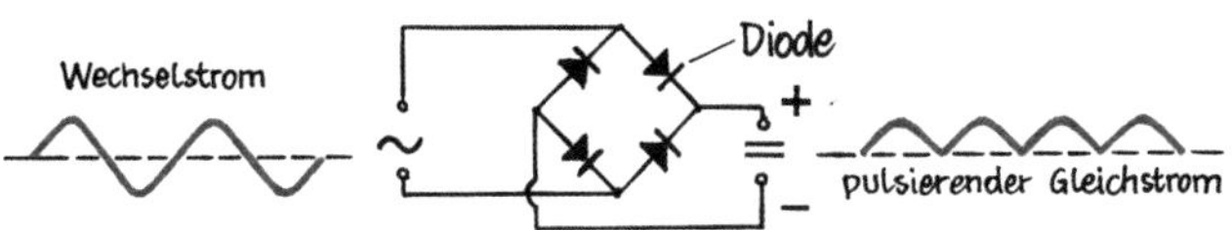

Abb. 27.8: Mit einer solchen Schaltung aus 4 Dioden kann man einen „pulsierenden" Gleichstrom erzeugen. Die Pfeile der Schaltsymbole zeigen die technische Stromrichtung an.

Lichtmaschine und Dynamo

Der **Dynamo** eines Fahrrades ist ein kleiner Generator (Abb. 27.7). Laut Gesetz muss er 6 Volt und 3 Watt erzeugen können. Diese 3 Watt gehen natürlich für die Fortbewegung verloren – das Fahren wird ein klein wenig anstrengender. Der Ausdruck Dynamo ist physikalisch gesehen falsch, weil der Fahrrad-Generator nicht nach dem dynamo-elektrischen Prinzip arbeitet (wie etwa der in Abb. 27.6). Heute ist der Dynamo oft in der Radnabe integriert.

Auch die **Lichtmaschine** eines Autos ist ein Generator. Sie wird vom Motor betrieben und liefert Strom zum Aufladen der Autobatterie (→ F3). Bei niedrigen Drehzahlen und hohem Stromverbrauch (z. B. bei Betrieb von Licht und Heckscheibenheizung) kann es sein, dass die Leistung der Lichtmaschine nicht ausreicht. Die Differenz wird dann der Batterie entnommen. Die Lichtmaschine erzeugt Wechselstrom. Zum Aufladen der Batterie braucht man aber Gleichstrom. Der Wechselstrom muss daher gleichgerichtet werden (siehe Abb. 27.8).

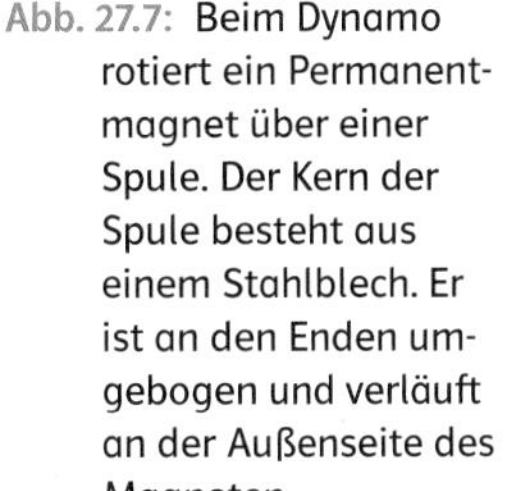

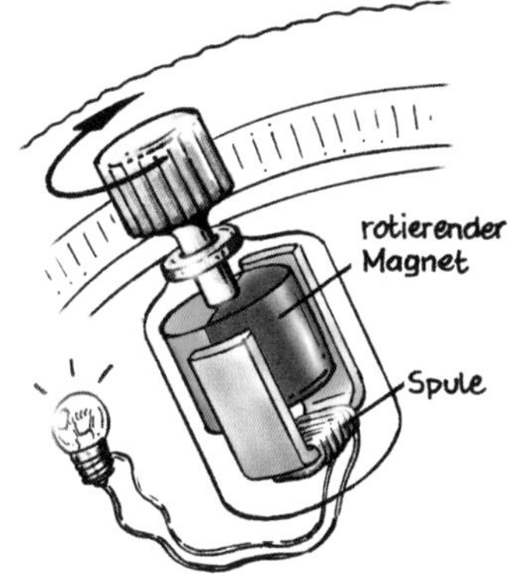

Abb. 27.7: Beim Dynamo rotiert ein Permanentmagnet über einer Spule. Der Kern der Spule besteht aus einem Stahlblech. Er ist an den Enden umgebogen und verläuft an der Außenseite des Magneten.

→ Info: Elektrisches Ventil

Elektromotoren sind so sehr in deinen Alltag integriert, dass du sie nicht bewusst wahrnimmst. Du findest sie im DVD-Player, in Straßenbahn und U-Bahn, in der elektrischen Zahnbürste, beim Drehteller des Mikrowellenherdes, im Bohrer, in der Elektrosäge, im Mixer, im Staubsauger, im Aufzug oder bei Starter und Scheibenwischer eines Autos, um einige Beispiele zu nennen (→ F4). Das Prinzip eines Elektromotors ist immer dasselbe: Er wandelt elektrische in mechanische Energie um. Er ist somit die exakte Umkehrung eines Generators.

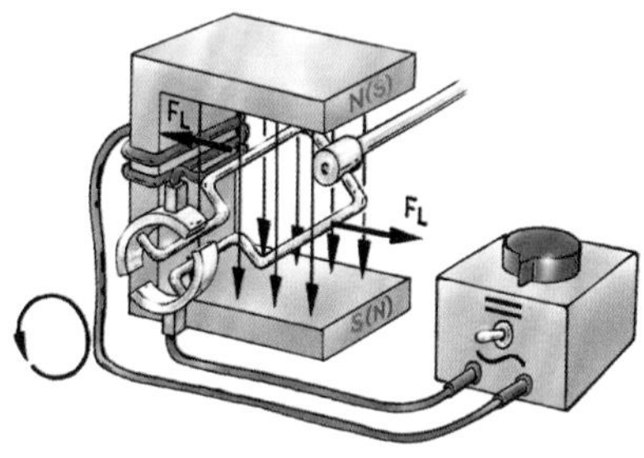

Abb. 27.9: Modell eines Universalmotors nach dem dynamoelektrischen Prinzip: Die waagrechten Pfeile zeigen die Richtung der Lorentzkraft an. Dieser Motor läuft auch mit Wechselstrom.

2000 Badewannen pro Sekunde

Auch in den **Laufkraftwerken der Donau** befinden sich Generatoren, die von Turbinen angetrieben werden (Abb. 27.10; → F2). Welche Leistung diese erzeugen, kann man einfach abschätzen. Man muss dazu wissen, dass die **Durchflussmenge** pro Turbine 350 m^3/s beträgt. Das entspricht $3{,}5 \cdot 10^5$ kg oder dem Inhalt von 2000 vollen Badewannen (175 l) pro Sekunde! Der **Höhenunterschied** liegt bei 10,9 m. Leistung ist Arbeit pro Zeit. In diesem Fall wird Hebearbeit frei, daher gilt:

$$P = \frac{mgh}{t} = \frac{3{,}5 \cdot 10^5 \cdot 9{,}81 \cdot 10{,}9}{1} \text{W} = 37{,}4 \cdot 10^6 \text{W}$$

Wenn man in Summe Leistungsverluste von 10 % annimmt, dann kommt man auf eine Leistung von $33{,}7 \cdot 10^6$ W, also rund 34 Millionen Watt pro Turbine!! Unglaublich! Das Kraftwerk Ybbs-Persenbeug hat übrigens 7 Generatoren (davon einen noch stärkeren) und liefert in Summe etwa 240 Millionen Watt! Damit kann man 2,4 Millionen 100 W-Glühbirnen betreiben oder etwa 350.000 Haushalte mit Strom versorgen.

Abb. 27.10: Das Donauwasser betreibt Turbinen, die wiederum mit Generatoren verbunden sind. Die Achsen der Generatoren stehen hier senkrecht, können aber auch waagrecht stehen.

Elektrisches Ventil

Eine **Halbleiter-Diode** besteht aus p- und n-dotiertem **Silizium**. Beide Schichten sind elektrisch neutral, aber in der n-Schicht gibt es einen Überschuss an freien Elektronen und in der p-Schicht einen Mangel (= „Elektronenlöcher"). Bei Kontakt kombinieren sich an der **Grenzschicht** Elektronen und Elektronenlöcher und es entsteht eine Zone ohne frei bewegliche Ladungen (blau und rot). Durch die Verschiebung der Elektronen erhält nun aber der p-Bereich eine negative und der n-Bereich eine positive Raumladung (Abb. 27.11 a).

Wenn man nun an der p-Schicht eine positive und an der n-Schicht eine negative Spannung anlegt (b), werden links die Elektronenlöcher in den negativen Bereich geschoben und rechts die Elektronen in den positiven. Die Zone ohne freie Ladungsträger verkleinert sich, die Diode lässt Strom durch. Wenn man die Spannung umgekehrt anlegt (c), dann verbreitert sich die Zone, und die Halbleiter-Diode sperrt den Strom. Sie wirkt daher wie ein **elektrisches Ventil.**

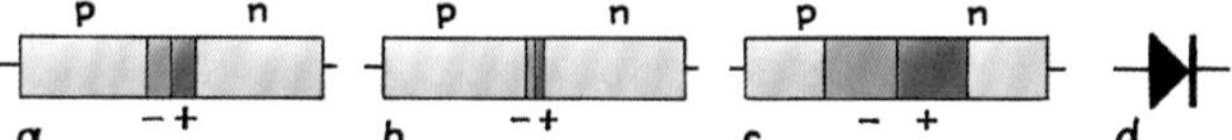

Abb. 27.11: Eine Halbleiterdiode ohne angelegte Spannung (a), bei Polung in Durchlassrichtung (b) und in Sperrrichtung (c). Der Pfeil des Schaltsymbols (d) zeigt in die mögliche (technische) Stromrichtung.

Obwohl das Prinzip eines Elektromotors immer gleich ist, gibt es eine verwirrende Vielzahl von Bauformen. Abb. 27.9 zeigt einen **Universalmotor,** der mit Gleich- und Wechselstrom betrieben werden kann. Das ist möglich, weil der Stator, also der sich nicht drehende, äußere Teil, ein Elektromagnet ist. Bei Wechselstrom ändert sich somit die Polung in Rotor und Stator gleichzeitig, und dadurch bleibt die Drehrichtung erhalten. Dreht man die Leiterschleife, dann wirkt dieser Motor wie ein Generator, der pulsierenden Gleichstrom erzeugt. Das zeigt sehr schön, dass Elektromotor und Generator ein umgekehrtes Funktionsprinzip aufweisen. Abb. 27.12 zeigt den **einfachsten Elektromotor der Welt.** Er hat zwar keine praktische Bedeutung, aber man sieht direkt das Prinzip der Energieumwandlung.

Abb. 27.12: Der einfachste Elektromotor der Welt besteht nur aus einer Batterie, einer Eisenschraube (sie ist quasi die Leiterschleife), einem Supermagneten und einem Stück Draht.

Die **Leistung** von Elektromotoren kann extrem unterschiedlich sein, vom Motor einer Spielzeug-Lok mit einigen wenigen Watt bis zu dem einer Taurus-Lok mit sagenhaften 6,4 Millionen Watt (→ F5). Ihre Leistung entspricht der von etwa 10 F1-Boliden oder 170 Smarts. Im Straßenverkehr werden Elektromotoren in Zukunft hoffentlich eine größere Rolle spielen, etwa bei den umweltschonenden Elektro-Autos.

→ Info: Energie-Rückgewinnung

Energie-Rückgewinnung

Strom im Magnetfeld erzeugt eine Leiter-Bewegung. So funktionieren **Motoren**! Eine Leiter-Bewegung im Magnetfeld erzeugt Strom. So funktionieren **Generatoren**! Motoren und Generatoren arbeiten also genau umgekehrt und sind sehr ähnlich aufgebaut. Das siehst du sehr gut, wenn du Abb. 27.5, S. 5 und Abb. 27.9, S. 6 miteinander vergleichst. Man nutzt das bei der sogenannten **Energierückgewinnung** (**Rekuperation**) bei Elektroautos aus (Abb. 27.13). Dabei setzt man beim Bremsen und Bergabfahren den Elektromotor als Generator ein, der die Batterie – teilweise – wieder auflädt. Ein Teil der Energie geht aber leider unwiderruflich als Wärme verloren.

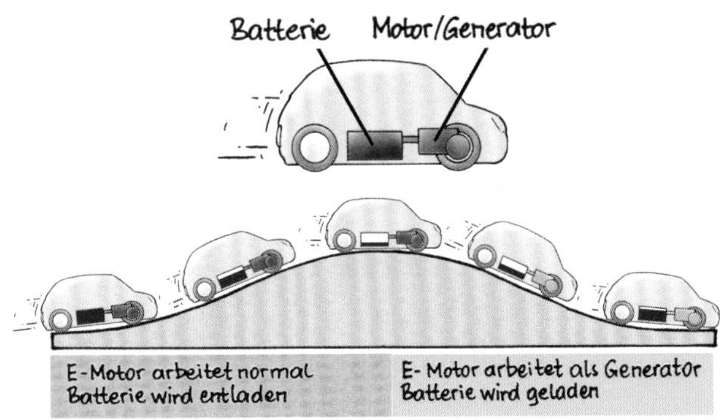

Abb. 27.13: Prinzip der Energie-Rückgewinnung (Rekuperation)

Z Zusammenfassung

Ein Generator wandelt mechanische in elektrische Energie um, indem eine Spule im Magnetfeld rotiert oder ein Magnet in der Nähe von Spulen. Ein Elektromotor wandelt elektrische Energie in mechanische um, indem man durch eine Spule im Magnetfeld Strom schickt. Wenn man Elektromagnete verwendet, spricht man vom dynamo-elektrischen Prinzip.

27.2 Zitternde Elektronen
Die Leistung des Wechselstroms

Die Leistung des Gleichstroms lässt sich einfach berechnen. Beim Wechselstrom ist es komplizierter, vor allem dann, wenn sich auch Spulen und Kondensatoren im Stromkreis befinden.

F6 W2 Was versteht man unter Kapazität und Induktivität? Lies nach in Kap. 25.6 und 26.3, „Big Bang 6". Was versteht man unter dem Ohm'schen Widerstand? Wie berechnet man die Leistung des Gleichstroms.

F7 S1 Wenn du die maximale Spannung messen könntest, die zu einer x-beliebigen Zeit in der Steckdose herrscht – also zum Beispiel gerade jetzt, würdest du feststellen, dass diese a) 230 V oder b) 325 V beträgt? Kannst du deine Antwort begründen?

F8 S2 Was denkst du, wie viele Elektronen jährlich ungefähr durch Österreichs Haushalte fließen: a) 10^{20}, b) 10^{30}, c) 10^{40}, d) noch viel, viel mehr, e) gar keine

F9 E1 Manche Plattenspieler haben am Rand seltsame senkrechte Striche (Abb. 27.14), mit deren Hilfe man die exakte Drehzahl einstellen kann. Wie funktioniert das genau?

Abb. 27.14: Am Rand des Plattentellers befinden sich zwei Reihen von Strichen, um die Drehzahl richtig einzustellen.

F10 Abb. 27.15 zeigt das Typenschild eines Elektromotors. Was bedeuten die markierten Anzeigen?

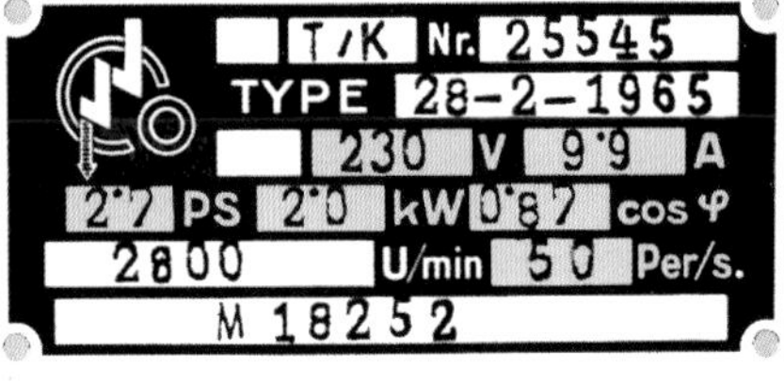

Abb. 27.15: Das Typenschild eines Elektromotors

Wie viele Elektronen fließen jährlich durch Österreichs Haushalte (→ F8)? Gar keine, weil es sich um **Wechselstrom** handelt. Er hat eine Frequenz von 50 Hz, das macht also 50 Perioden pro Sekunde (siehe Typenschild Abb. 27.15 und Abb. 27.16, S. 8). Die Elektronen ändern somit 100-mal pro Sekunde die Richtung. Wechselstrom fließt nicht, er zittert, und er hat einige Überraschungen parat.

Fangen wir mit dem **einfachsten Fall** an, nämlich dem, dass sich im Wechselstromkreis ein **Ohm'scher Widerstand** befindet, also zum Beispiel eine Glühlampe. Nach dem

Ohm'schen Gesetz sind Spannung und Stromstärke proportional ($U = I \cdot R$ und daher $U \sim I$). Der Verlauf von Spannung und Stromstärke sieht dann also so aus wie in Abb. 27.16.

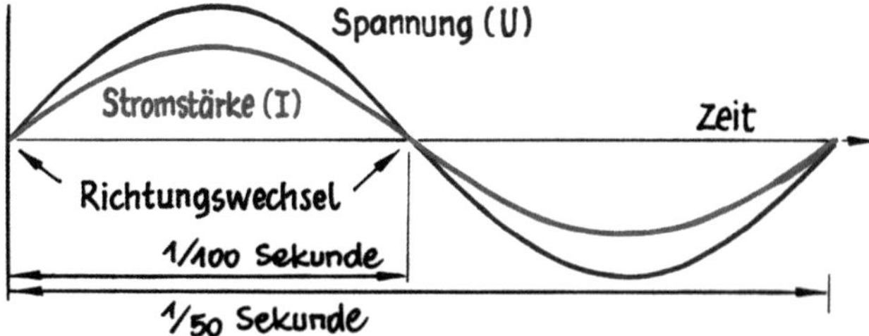

Abb. 27.16: Wechselstrom hat eine Frequenz von 50 Hz, durchläuft also eine Periode in 1/50 Sekunde beziehungsweise wechselt jede 1/100 Sekunde die Richtung.

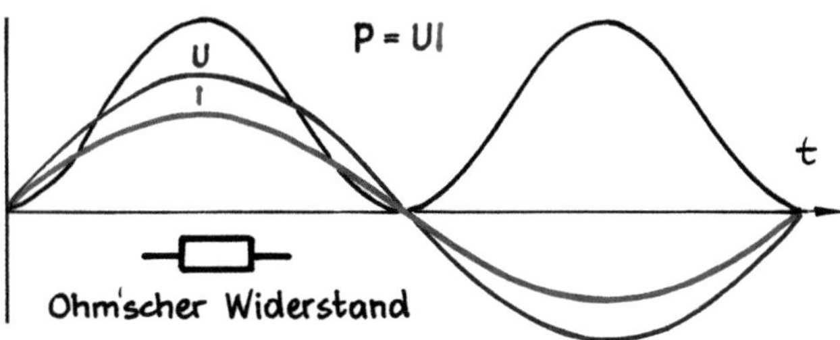

Abb. 27.17: Die Leistung „pulsiert" 100-mal pro Sekunde.

Die **Stromleistung** in jedem Augenblick berechnet sich aus Stromstärke mal Spannung und schwankt daher ebenfalls. 100-mal pro Sekunde steigt sie auf einen Spitzenwert und sinkt wieder auf null ab (Abb. 27.17). Deshalb sendet zum Beispiel eine Glühbirne nicht gleichmäßiges Licht aus, sondern sie flackert mit einer Frequenz von 100 Hz. Unsere Augen sind viel zu träge, um das zu erkennen. Man kann aber unter bestimmten Bedingungen ein Lämpchen als Stroboskop verwenden. Beim **Plattenspieler** etwa werden die Striche auf der Seite angeleuchtet. Wenn die Drehzahl stimmt, scheinen sie still zu stehen, sonst wandern sie nach links oder rechts (→ F9).

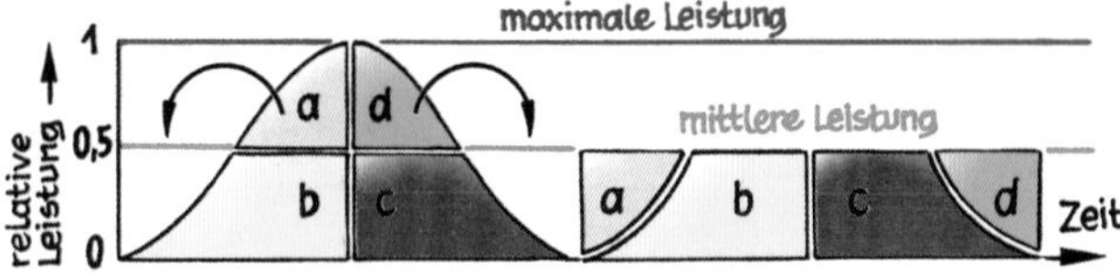

Abb. 27.18: Grafische Ermittlung der mittleren Leistung

Nun ist man aber an der **mittleren Leistung** interessiert. Wie groß die ist, kann man auf grafischem Weg sehr einsichtig zeigen (Abb. 27.18). Dazu muss man den „Leistungshügel" der Länge und Höhe nach halbieren. Man kann dann die oberen Teile so neben die unteren legen, dass sich ein Rechteck ergibt. Die mittlere Leistung ist also genau halb so groß wie die maximale. Wenn es also heißt, dass eine Lampe 10 W hat, dann gilt das im Schnitt, aber die Leistung schwankt ständig zwischen 0 und 20 W hin und her.

Es treten bei der Berechnung der Wechselstromleistung zwei neue Größen auf, nämlich **effektive Spannung und effektive Stromstärke.** Du kennst sie im Prinzip aus dem

F Formel: Leistung des Wechselstroms

$$\bar{P} = \frac{P_m}{2} = \frac{U_m I_m}{2} = \frac{U_m}{\sqrt{2}} \frac{I_m}{\sqrt{2}} = U_{eff} I_{eff}$$

$$U_m = U_{eff} \sqrt{2} \text{ und } I_m = I_{eff} \sqrt{2}$$

P_m, P ... maximale Leistung und mittlere Leistung [W]
U_m, U_{eff} ... maximale und effektive Spannung [V]
I_m, I_{eff} ... maximale und effektive Stromstärke [A]

Alltag, aber nicht unter dieser Bezeichnung. Man sagt etwa, die Spannung in der Steckdose beträgt 230 V. Das ist der Effektivwert. Tatsächlich schwankt die Spannung zwischen rund ±325 V hin und her (→ F7). Auch bei der Stromstärke gibt man immer Effektivwerte an. Wenn man sagt, dass durch ein Gerät 10 A fließen, dann schwankt die Stromstärke tatsächlich zwischen rund ±14 A hin und her (Abb. 27.19).

Man kann es so formulieren: Eine Wechselspannung von ±325 V ist gleich effektiv wie eine Gleichspannung von 230 V. In beiden Fällen würde eine Glühbirne gleich hell leuchten. Ein Wechselstrom von ±14 A ist gleich effektiv wie ein Gleichstrom mit 10 A. Deshalb macht man sich das Leben leichter und gibt die Effektivwerte an. Elektrische Messgeräte zeigen normalerweise diese an und nicht Maximal- oder Momentanwerte (Abb. 27.20). Die Maximalwerte sind immer $\sqrt{2}$-mal so groß wie die Effektivwerte, also etwa 1,4-mal.

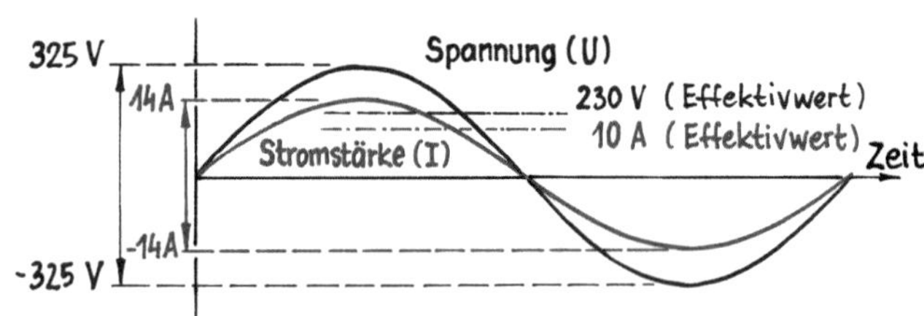

Abb. 27.19: Effektiv- und Maximalwerte von Strom und Spannung im Vergleich

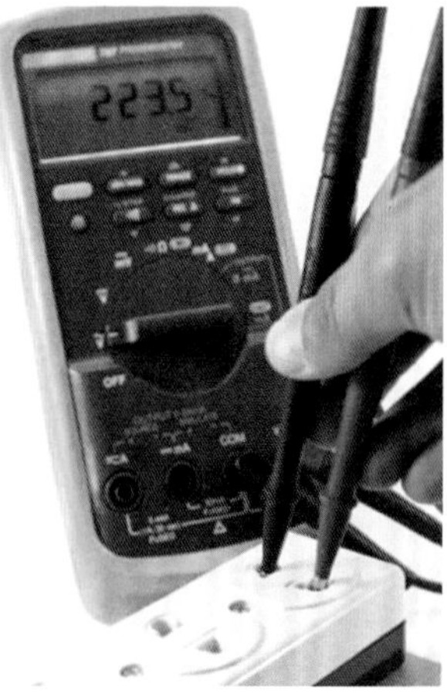

Abb. 27.20: Elektrische Messgeräte zeigen meist die Effektivwerte an, hier etwa die Spannung in der Steckdose. Die 230 V sind ein Richtwert, der nicht immer exakt erreicht wird.

Wie sieht es nun aus, wenn man Spule oder Kondensator in den Stromkreis bringt? Gehen wir vereinfacht davon aus, dass diese keinerlei Ohm'sche Widerstände verursachen. Bei einer Spule hinkt der Strom immer eine Viertelperiode hinter der Spannung nach (Abb. 27.21). Das liegt an der Selbstinduktion, die den Strom verzögert zum Fließen bringt (Kap. 26.6, „Big Bang 6"). Der **induktive Widerstand** ist proportional zur Frequenz des Wechselstroms und zur Induktivität der Spule (zur Herleitung der Gleichung siehe → F19, S. 13).

F Formel: Induktiver Widerstand

$$R_L = \omega L$$

R_L ... induktiver Widerstand [Ω]
ω ... Kreisfrequenz (= $2\pi f$) [s^{-1}]
L ... Induktivität der Spule [H]

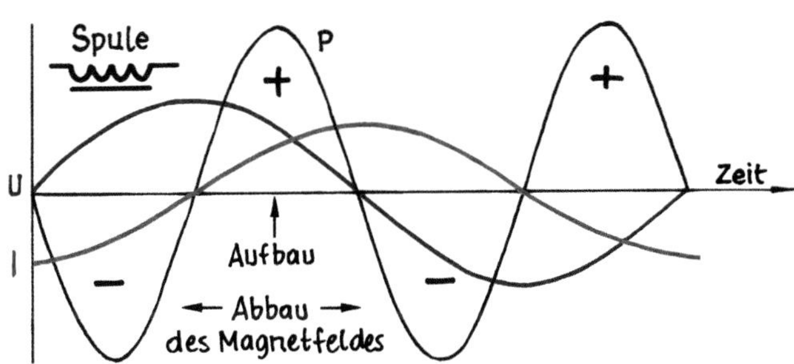

Abb. 27.21: Bei einem **induktiven Widerstand** hinkt der Strom der Spannung nach. Die Leistung, die zum Aufbau des Magnetfeldes nötig ist, bekommt man in der nächsten Phase wieder zurück.

Beim Kondensator eilt der Strom der Spannung um eine Viertelperiode voraus (Abb. 27.22). Das liegt daran, dass erst mit zunehmender Ladung des Kondensators in diesem eine Spannung aufgebaut werden kann, und dazu ist ein vorheriger Stromfluss notwendig. Der **kapazitive Widerstand** ist indirekt proportional zur Frequenz des Wechselstroms und zur Kapazität des Kondensators (zur Herleitung der Gleichung siehe → F19, S. 13).

F Formel: Kapazitiver Widerstand

$$R_C = \frac{1}{\omega C}$$

R_C ... kapazitiver Widerstand [Ω]
ω ... Kreisfrequenz (= $2\pi f$) [s^{-1}]
C ... Kapazität des Kondensators [F]

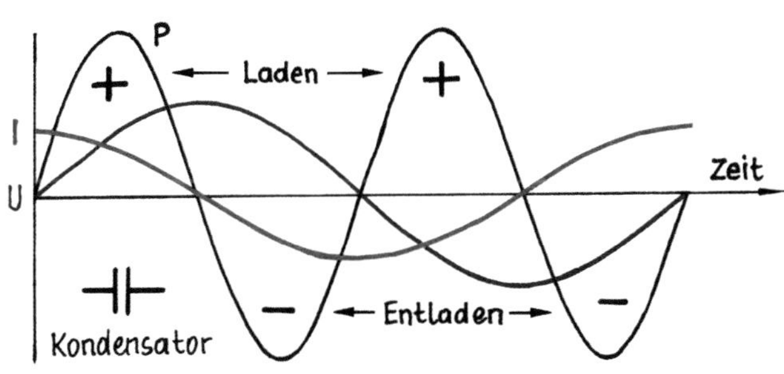

Abb. 27.22: Bei einem **kapazitiven Widerstand** eilt der Strom der Spannung voraus. Die Leistung, die zum Laden nötig ist, bekommt man beim Entladen wieder zurück.

Bei rein induktiven oder kapazitiven Widerstand ist die mittlere Leistung null, weil sich die positiven und negativen Flächen aufheben. Man spricht im Zusammenhang mit Spule und Kondensator daher auch von **Blindwiderständen** und **Blindleistung.** Würde man einen Riesenkondensator ans Netz hängen, würde das kein Geld kosten, aber trotzdem das Netz in der Ladephase belasten. Deshalb sollte man das auch nicht tun – man hat sowieso nichts davon. Im realen Fall stellen die angeschlossenen Geräte immer eine Mischung von allen drei Widerständen dar.

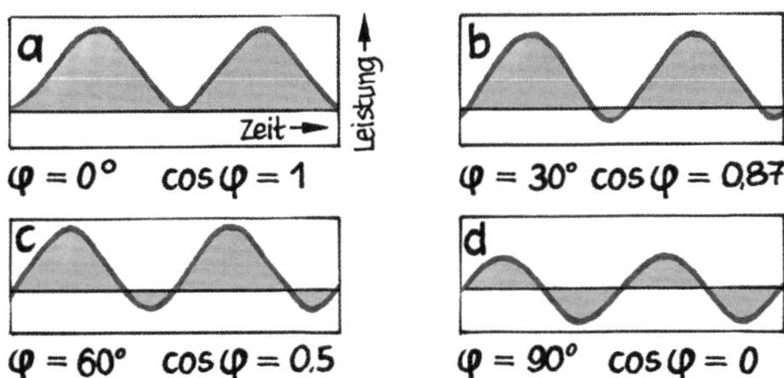

Abb. 27.23: Zusammenfassender Überblick von möglichen Verläufen der Leistungskurve: a) Reiner Ohm'scher Widerstand, d) reiner Blindwiderstand, b + c) Mischung

Die **Wirkleistung,** die zur Erzeugung anderer Energieformen genutzt werden kann und die man letztlich über die Stromrechnung bezahlen muss, hängt von der **Phasenverschiebung** zwischen Spannung und Stromstärke ab (Abb. 27.23). Darunter versteht man, dass der Nulldurchgang nicht zur selben Zeit erfolgt. Die nicht genutzte Leistung geht beim Aufbau der elektrischen und magnetischen Felder verloren.

→ Info: Glühwendelspule
→ Info: Elektromotor -> S. 10

Glühwendelspule

Die **Wendel einer Glühbirne** (Abb. 27.24) ist genau betrachtet eine Spule und hat daher auch einen induktiven Widerstand. Wie groß ist dieser? Führen wir eine Schätzung durch.

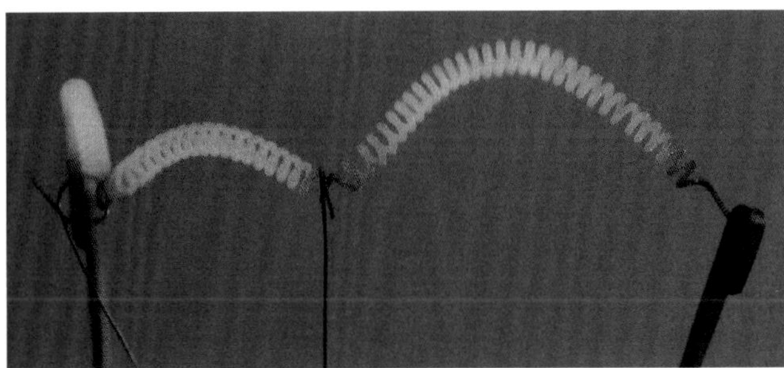

Abb. 27.24: Die Doppelwendel einer 200-W-Birne: Sie hat 90 große Windungen – die kleinen Windungen vernachlässigen wir.

Wir nehmen zunächst an, dass die Glühlampe (200 W) ein rein **Ohm'scher Widerstand** ist. Es gilt dann $U_{eff} = I_{eff} \cdot R$ und $P = U_{eff} \cdot I_{eff}$ und somit ergeben sich für R rund 265 Ω. Jetzt rechnen wir R_L aus. Wir nehmen an, dass die Wendel 3 cm lang ist und einen Radius von 0,1 mm hat. Die Induktivität (Kap. 26.6, „Big Bang 6") der Spule ist daher $L = (\mu_0 \cdot N^2 \cdot A)/l \approx 10^{-8}$ H und der induktive Widerstand (ωl) somit $3{,}3 \cdot 10^{-6}$ Ω.

Das ist rund um einen Faktor 10^8 kleiner als R und daher absolut zu vernachlässigen. Heizspulen, wie sie in Herd, Bügeleisen oder Wasserkocher zu finden sind, sind also praktisch reine Ohm'sche Widerstände.

F Formel: Wirkleistung

$$P = U_{eff}\, I_{eff} \cos \varphi$$

P ... Wirkleistung bei einer Mischung von Ohm'schen, kapazitiven und induktiven Widerständen [W]
U_{eff} ... effektive Spannung [V]
I_{eff} ... effektive Stromstärke [A]
φ ... Phasenwinkel zwischen U und I
$\cos \varphi$ ... Leistungsfaktor

Elektromotor

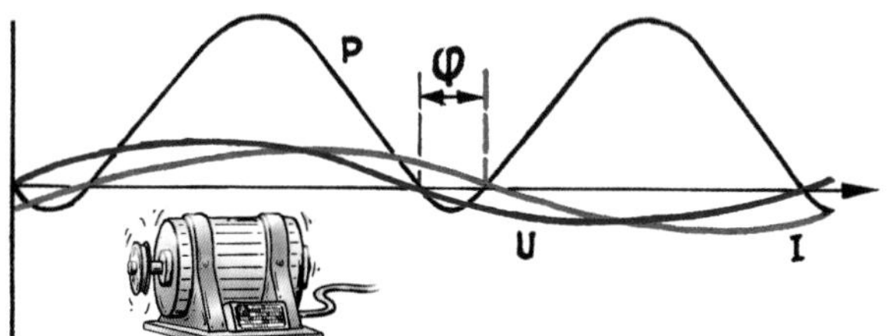

Abb. 27.25: Leistungskurve eines Motors mit Leistungsfaktor von 0,87

Das **Typenschild des Elektromotors** in → F10 zeigt einen Leistungsfaktor von 0,87. Der Motor hat ja Spulen und somit induktive Widerstände. Dadurch können in diesem konkreten Beispiel 13 % der möglichen Leistung nicht genutzt werden (Abb. 27.25), weil sie beim Aufbau des Magnetfeldes verloren gehen. Die Phasenverschiebung zwischen Spannung und Stromstärke beträgt $\varphi = \arccos(0{,}87) = 29{,}5°$.

Z Zusammenfassung

Im Wechselstromkreis schwanken Spannung und Stromstärke sinusförmig. Somit pulsiert auch die Leistung. Der Einfachheit halber gibt man aber die Effektivwerte an. Die Wirkleistung eines Geräts ist immer dann verringert, wenn die induktiven und kapazitiven Widerstände zu einer Phasenverschiebung zwischen U und I führen.

27.3 Der Sieg des Wechselstroms
Der Transformator

Hier erfährst du, warum sich bei der Energieversorgung der Wechselstrom durchgesetzt hat und wie dieser über weite Strecken übertragen wird.

→ ? Fragenbox

Wann leuchtet die Lampe in Abb. 27.27? Immer nur kurz dann, wenn der Schalter gerade geöffnet oder geschlossen wird. Warum? Weil nur dann die erste Spule ein veränderliches Magnetfeld erzeugt und somit in der zweiten eine Spannung induziert. Mit einer ganz ähnlichen Schaltung hat Faraday 1831 die Induktion entdeckt und dabei gleich den **Transformator** (kurz Trafo) mit erfunden. Dieser besteht im Wesentlichen aus zwei Spulen und einem geschlossenen Leiterkern (Abb. 27.26). Wie → F12 zeigt, funktioniert er nur mit Wechselstrom.

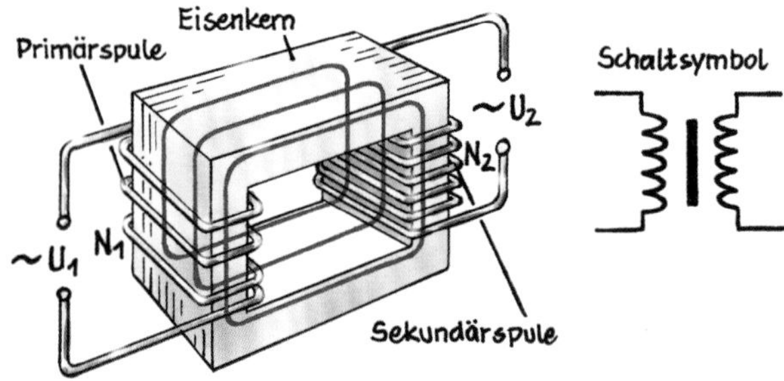

Abb. 27.26: Schema eines Trafos: Den geschlossenen Eisenkern nennt man auch Joch.

Schauen wir uns mal einen **unbelasteten Trafo** an. Das ist etwa dann der Fall, wenn ein ausgeschalteter Laptop am Netz hängt. Die Primärspule erzeugt einen veränderlichen magnetischen Fluss, der über das Eisenjoch durch beide Spulen fließt. Die Induktionsspannungen in den Spulen sind von deren Windungszahlen abhängig. Daher gilt: Die Spannungen in den Spulen verhalten sich wie die Windungszahlen, also $U_1 : U_2 = N_1 : N_2$. Die Indizes $_{eff}$ sind der Übersichtlichkeit halber weggelassen.

→ Info: Trafomathematik

Will man die Spannung hinauf transformieren, muss man auf der Sekundärseite mehr Windungen haben (Abb. 27.28) und umgekehrt. Bei einem Trafo gibt es praktisch nur induktive Widerstände, und der Leistungsfaktor (siehe Formel links oben) ist daher nahe, aber nicht ganz null. Wenn du etwa auf den Trafo eines ausgeschalteten Laptops greifst, wirst du feststellen, dass sich dieser erwärmt hat. Es gibt also eine kleine Leistungsabgabe (→ F14).

F11 W1 Was versteht man unter Induktion und Leistungsfaktor? Lies nach in Kap. 26.4, „Big Bang 6" und Kap. 27.2, links oben auf dieser Seite.

F12 E1 In Abb. 27.27 siehst du zwei Spulen, die mit einem geschlossenen Eisenkern verbunden sind. Was musst du mit dem Schalter machen, damit die Lampe aufleuchtet?

Abb. 27.27

F13 S1 Hochspannungsleitungen haben bis zu 380.000 V. Wieso ist die Spannung so hoch? Das ist doch extrem gefährlich. Warum nimmt man nicht 230 V?

F14 E2 Viele elektrische Geräte (etwa Handy oder Laptop) werden nicht direkt an den Strom angeschlossen, sondern über ein meist schwarzes Kästchen. Was befindet sich im Inneren? Und warum wird es auch dann warm, wenn das Gerät gar nicht aufgedreht ist?

Trafomathematik

Beim **unbelasteten Trafo** erzeugt der Wechselstrom ein veränderliches magnetisches Feld $\Delta\Phi/\Delta t$, das beide Spulen durchsetzt. Der Betrag der Induktionsspannung in den Spulen ist von der Windungszahl abhängig:

$$U_1 = N_1 \frac{\Delta\Phi}{\Delta t} \text{ und } U_2 = N_2 \frac{\Delta\Phi}{\Delta t}$$

Wenn man davon ausgeht, dass es keine Verluste gibt und der magnetische Fluss in beiden Spulen gleich groß ist, kann man gleichsetzen und umformen und erhält dann:

$$\frac{U_1}{N_1} = \frac{U_2}{N_2} \text{ bzw. } \frac{U_1}{U_2} = \frac{N_1}{N_2}$$

Bei einem **belasteten Transformator** sind primäre und sekundäre Leistungen gleich. Es gilt:

$$P_1 = U_1 \cdot I_1 \cdot \cos\varphi_1 = U_2 \cdot I_2 \cdot \cos\varphi_2 = P_2$$

Wenn man die Transformatorverluste vernachlässigt ($\cos\varphi_1 \approx \cos\varphi_2 \approx 1$), erhält man:

$$U_1 : U_2 = I_2 : I_1$$

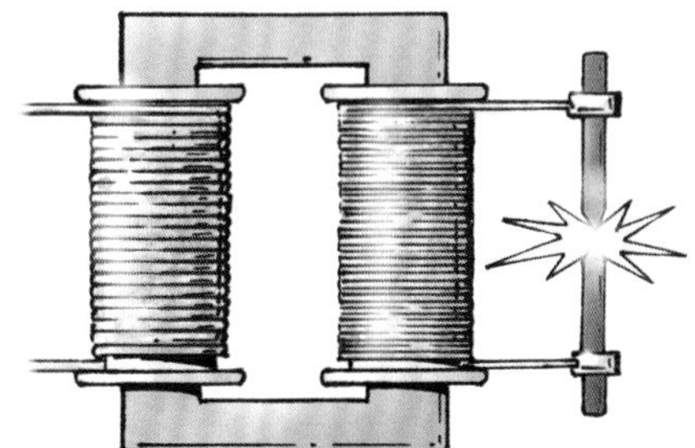

Abb. 27.28: Die Windungszahlen verhalten sich wie 1 : 20. Bei 230 V primär herrschen also sekundär 4600 V, das reicht für einen saftigen Funkenüberschlag.

Wenn man nun ein Gerät anschließt, etwa einen Laptop, dann spricht man von einem **belasteten Transformator.** In diesem Fall sind die Verhältnisse wesentlich komplizierter, weil nun auch in der zweiten Spule Strom fließt. Dadurch entsteht zusätzlich eine Induktionsspannung in der ersten Spule. Man weiß aber aus Erfahrung, dass die Leistungen primär und sekundär praktisch gleich sind, wenn man die Verluste vernachlässigt. Daher ergibt sich: Die Stromstärken in den Spulen verhalten sich umgekehrt wie die Windungszahlen, also $I_1 : I_2 = N_2 : N_1$. Will man also den Strom hinauf transformieren, muss die zweite Spule weniger Windungen aufweisen (Abb. 27.29). Weil das Übersetzungsverhältnis der Spannungen auch im belasteten Fall näherungsweise gilt, kann man zusammenfassen:

F Formel: Übersetzungsverhältnis eines Trafos

$$U_1 : U_2 = I_2 : I_1 = N_1 : N_2$$

U ... Spannung [V]
I .... Stromstärke [A]
N ... Windungszahlen

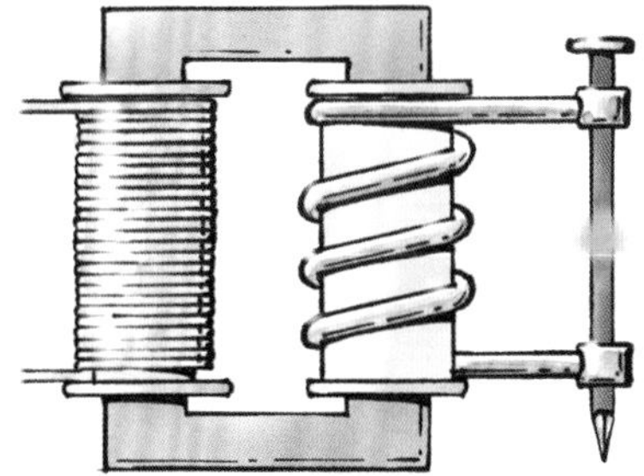

Abb. 27.29: Die Windungszahlen verhalten sich wie 75 : 1. Durch den hohen Stromfluss in der Sekundärspule kann man sogar einen Eisennagel zum Schmelzen bringen.

Das erste **E-Werk der Welt** arbeitete mit **Gleichstrom**. Der berühmte Thomas Edison, der unter anderem die Glühbirne verbessert hatte, setzte auf diese Technik. Dagegen stand die **Wechselstromtechnik**, deren bekanntester Verfechter Nikola Tesla war. Weil es hier nicht nur ums Prestige, sondern auch um unglaublich viel Geld ging, entbrannte ein Streit, der vor allem von Edison brutal geführt wurde. Um die Gefährlichkeit von Wechselstrom zu zeigen, ließ er quasi nebenbei den elektrischen Stuhl erfinden. Letztlich setzte sich der Wechselstrom durch, weil er transformierbar ist. Besonders wichtig ist das zum Minimieren der Verluste in den **Hochspannungsleitungen** (Abb. 27.31, S. 12).

→ Info: Wirklich dicke Kabel

Wirklich dicke Kabel

Man arbeitet deshalb mit extremen Hochspannungen, weil dann die **Verluste** wesentlich geringer sind (→ F13). Es geht also weniger Energie durch Erwärmung verloren. Die **Kraftwerksleistung** ist $P = U \cdot I$, daher $I = P/U$. Ein Teil davon geht beim Transport verloren, die **Verlustleistung** P_V. Weil diese vom Widerstand der Leitungen abhängt, setzen wir das Ohm'sche Gesetz ein: $P_V = U \cdot I = I \cdot R \cdot I = I^2 \cdot R$. Die Verlustleistung ist dann:

$$P_V = I^2 \cdot R = \frac{P^2 \cdot R}{U^2} \sim \frac{1}{U^2}$$

Die **Übertragungsverluste** sind indirekt proportional zum Quadrat der verwendeten Spannung. Würde man statt z. B. 220.000 V nur mit 230 V arbeiten, dann müsste die Querschnittsfläche der Leitungen rund eine Million Mal größer sein, also statt etwa 1 cm² unvorstellbare 100 m². Das wären wirklich dicke Kabel!

Abb. 27.30: Ein gigantischer Trafo, der Hochspannung für den Transport Australien – Tasmanien erzeugt

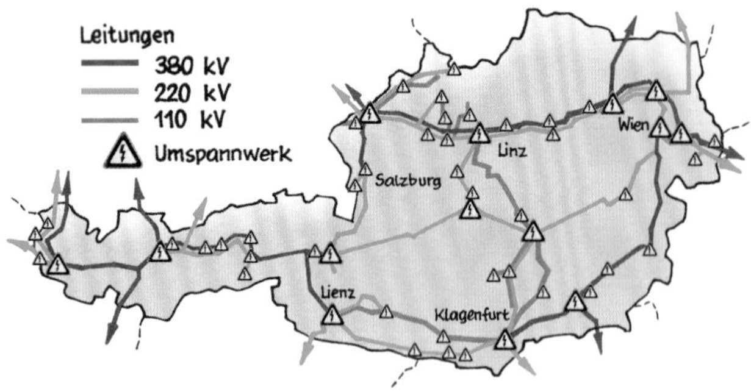

Abb. 27.31: Das Hochspannungsnetz in Österreich hat zwischen 110 kV und 380 kV.

Z Zusammenfassung

Mit Hilfe eines Transformators kann man Spannung und Stromstärke auf beinahe beliebige Werte bringen. Hochspannungen sind bei der Energieübertragung wichtig, um die Verluste zu minimieren.

27.4 Der Strom kommt aus der Steckdose 2

Drehstrom und Strom im Haushalt

Bei der Stromversorgung verwendet man meistens den sogenannten Drehstrom, der aus einer Zusammenschaltung von drei Wechselstromnetzen besteht.

F15 Geräte, die eine besonders hohe Leistung haben – etwa
W1 einen Elektroherd, schließt man an den sogenannten Drehstrom an. Was versteht man darunter?

F16 Schau dir mal eine Steckdose an. Kennst du den
E1 genauen Zweck der Metallkontakte auf den Seiten? Mit einem Spannungsprüfer kannst du feststellen, dass immer nur einer der beiden Pole unter Spannung steht. Warum?

F17 Im Sicherungskasten findest du einen sogenannten
W2 FI-Schalter. Wofür ist der gut?

F18 Es gibt viele verschiedene Hochspannungsmasten,
E1 aber fast immer führen sie entweder drei oder sechs Leitungen (Abb. 27.32). Auch der Hochleistungstrafo in Abb. 27.30 (S. 11) hat drei Ausgänge. Wieso?

Abb. 27.32: Ein Hochspannungsmast mit 6 Strom führenden Leitungen: Oben ist ein dünnes Blitzschutzseil zu sehen.

Durch das Hochtransformieren der Spannung kann man Leistungsverluste minimieren und Material sparen (Kap. 27.3, S. 10). Es gibt aber noch weitere Einsparungsmöglichkeiten. Für Fernleitungen verwendet man **Drehstrom.** Dieser wird mit einem Generator erzeugt, in dem sich drei um 120° versetzte Induktionsspulen befinden (Abb. 27.6, S. 5). Diese erzeugen daher Wechselspannungen, die ebenfalls um 120° verschoben sind.

Man kann nun die Verbraucher in einer **Sternschaltung** zusammenschließen (Abb. 27.33). Jeder von ihnen liegt zwischen einem **Außenleiter** (L1 bis L3) und dem **Neutralleiter** (N). Wenn man darauf achtet, dass die Belastungen der drei Verbraucher gleich groß sind, fließt durch den Neutralleiter kein Strom (Abb. 27.34). Bei Fernleitungen, die eine Vielzahl von Haushalten versorgen, trifft das im Schnitt tatsächlich zu. Hochspannungsmasten brauchen daher nur die Außenleiter und keinen Neutralleiter (→ F18).

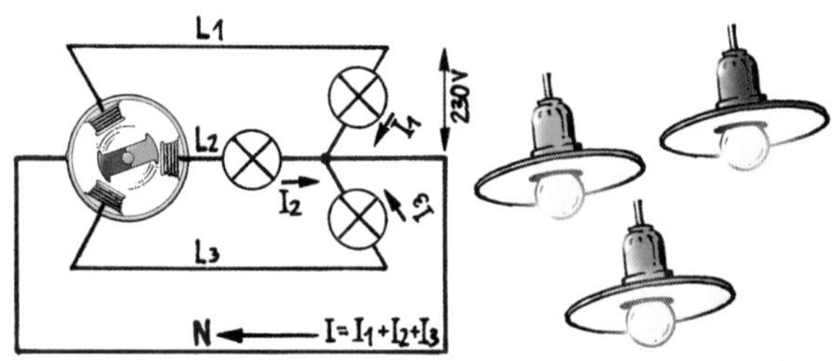

Abb. 27.33: Sternschaltung: Statt der Glühbirnen musst du dir ganze Stadtteile denken. In Wirklichkeit wird die Spannung beim Transport hinauf transformiert.

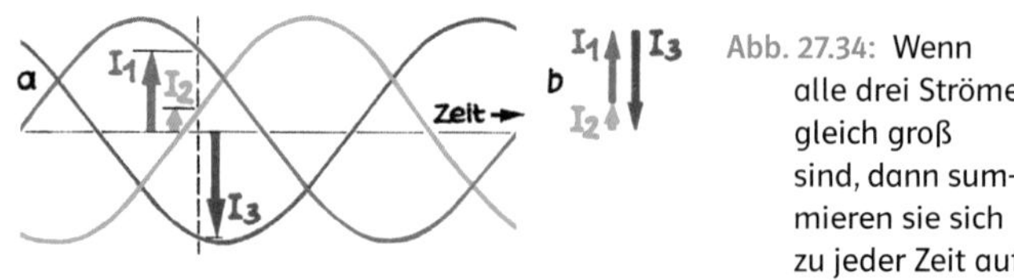

Abb. 27.34: Wenn alle drei Ströme gleich groß sind, dann summieren sie sich zu jeder Zeit auf null.

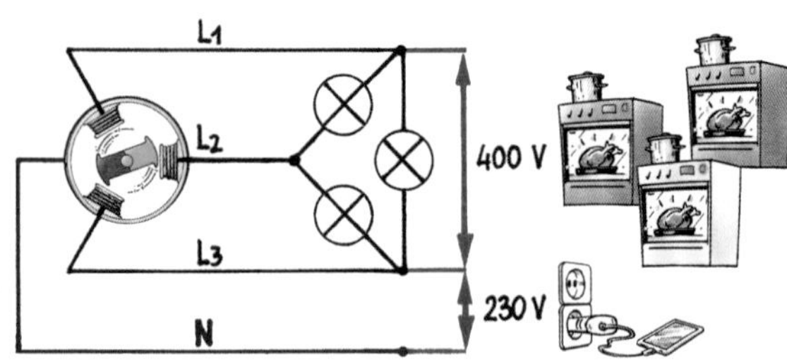

Abb. 27.35: Dreieckschaltung: Die drei Verbraucher könnten z. B. E-Backrohre sein.

Die zweite Möglichkeit ist die **Dreieckschaltung** (Abb. 27.35). Zwischen zwei Außenleitern herrscht eine Effektivspannung von rund 400 V. Damit wächst auch die Stromleistung und man spricht daher umgangssprachlich von **Starkstrom.** Ein E-Backrohr wird etwa damit versorgt (→ F15). Während die Sternschaltung großräumig betrieben wird, wird die Dreieckschaltung zusätzlich lokal angewendet. Der E-Herd wird von zwei Außenleitern versorgt, alle Steckdosen eines Haushalts hängen aber an einem Außenleiter und einem Neutralleiter. Das ist der Grund, warum der Spannungsprüfer nur bei einem Pol leuchtet (→ F16).

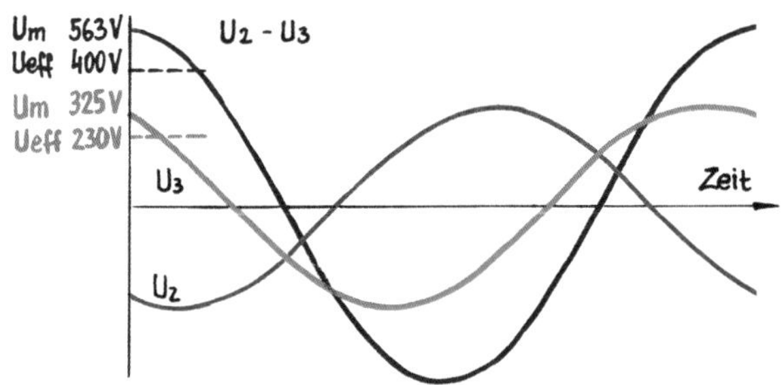

Abb. 27.36: Zwischen 2 Außenleitern beträgt die Effektivspannung rund 400 V (genau 230 V · $\sqrt{3}$ = 398,4 V) und die Maximalspannung 563 V (genau 230 V · $\sqrt{3} \cdot \sqrt{2}$ = 563,4 V).

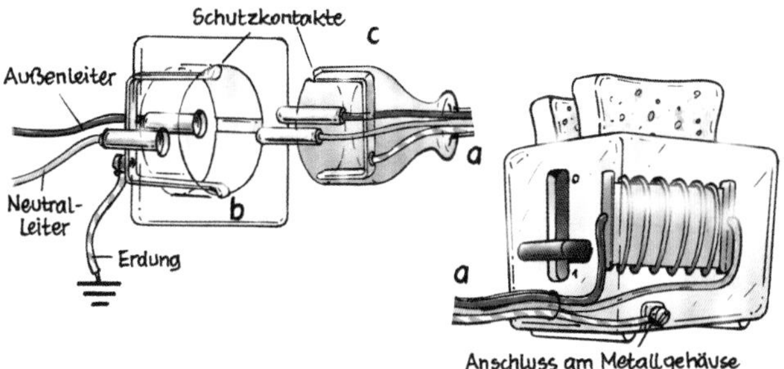

Abb. 27.37: a) Dreiadriges Kabel; b) Die Schleifkontakte der Steckdose sind über den Schutzleiter mit der Erdung verbunden; c) Ein Schutzkontaktstecker (Schukostecker)

Um **Stromunfälle** zu minimieren, gibt es zahlreiche Sicherheitsvorkehrungen im Haushalt. Für die Leitungen werden dreiadrige Kabel verwendet (Abb. 27.37), mit **Außenleiter**, **Neutralleiter** und **Erdung.** Wenn durch einen Isolationsfehler eines Kabels ein Gerät unter Spannung steht, dann kann der Strom über diese Erdung in den Boden fließen und gefährdet dich nicht. Zusätzlich gibt es noch den **Fehlerstromschutzschalter,** der im diesem Fall sofort herausspringt und die gesamte Stromversorgung im Haus unterbricht (→ F17).

→ Info: FISS

FISS

Wie „weiß" der **Fehlerstromschutzschalter** (kurz **FISS**), dass Strom über den Schutzleiter oder über eine Person abfließt und somit Gefahr besteht? Sowohl Außenleiter als auch Neutralleiter sind mit gleicher Windungszahl über eine Spule gewickelt. Im Normalbetrieb verlaufen der Strom im Außenleiter (I_A) und der im Nullleiter (I_N) **gegenläufig und mit gleicher Stromstärke.** Die magnetischen Felder heben sich daher auf (Abb. 27.38 a). Fließt jedoch ein Teil des Stroms über den Schutzleiter (die „Erdung"; I_E) oder sonst irgendwie fehlerhaft ab (= Fehlerstrom), so überwiegt in der Spule der Außenleiterstrom und diese wird magnetisch. Ein beweglicher Eisenkern wird in die Spule gezogen, der Kippschalter geht nach unten und unterbricht den Strom (b).

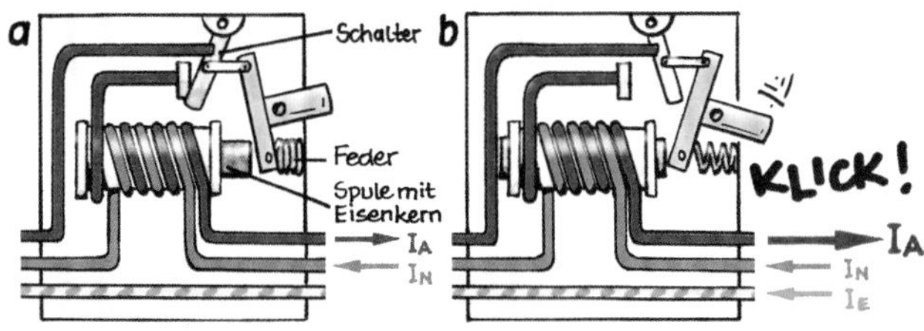

Abb. 27.38: Funktionsweise eines FI-Schalters

Z Zusammenfassung

Die Verwendung von Drehstrom bietet den Vorteil, dass man sich bei der Sternschaltung die Rückleitung und somit sehr viel Material spart. Wenn man die Spannung zwischen zwei Außenleitern abgreift, dann erhält man „Starkstrom", bei dem Spannung und Leistung um etwa 70 % höher sind.

27

Grundlagen der Elektrotechnik

F19 Wie kann man die Gleichungen für den induktiven
W2 und kapazitiven Widerstand sowie für die Wirkleistung herleiten? Versuche mit Hilfe des Lösungsteils Schritt für Schritt nachzuvollziehen. → L

F20 Wie startet ein dynamo-elektrischer Generator? In
E1 diesem Fall arbeiten ja die Elektromagneten noch nicht! Warum schaukelt sich im Betrieb die produzierte Stromstärke nicht immer weiter auf? → L

F21 Warum funktioniert eigentlich der Motor in Abb. 27.12,
E2 S. 6? Fehlt da nicht ein Teil? → L

F22 Überlege, wieso der Motor in Abb. 27.9 (S. 6) mit
E1 Gleich- und Wechselstrom betrieben werden kann. → L

F23 Nimm an, der Strom von Ybbs-Persenbeug wird mit
W1 einer Hochspannungsleitung über 100 km transportiert. Wie viel der Leistung gehen absolut und relativ bei einer 220 kV bzw. bei einer 380-kV-Leitung verloren? Nimm an, die Leitungen sind aus Aluminium ($\rho = 3 \cdot 10^{-8}\,\Omega$m) mit einem Querschnitt von 3 cm². → L

F24 Nimm an, jede Turbine von Ybbs-Persenbeug hat einen
W1 Trafo, der mit 2 % Verlust arbeitet. Wie viel Watt sind das? Wie schnell könnte man damit einen Liter Wasser zum Kochen bringen? Was folgt daraus? → L

F25 Überprüfe rechnerisch alle Angaben des Typenschilds
W1 in Abb. 27.15, S. 7. → L

F26 Warum ist das Vorzeichen der Phasenverschiebung für
E1 die Wirkleistung belanglos? → L

F27 Wie funktioniert eine Rasiersteckdose in einem
E1 Nassraum? → L

F28 Welche Maßnahmen gibt es, um Stromunfällen
S1 vorzubeugen? Und warum ist Strom für den Menschen überhaupt gefährlich? → L

28 Grundlagen der elektromagnetischen Wellen

Im Jahre **1856** entdeckte der geniale Physiker James Clerk Maxwell auf theoretischem Weg, dass sichtbares Licht eine Welle aus elektrischen und magnetischen Feldern ist, also eine **elektromagnetische Welle** (EM-Welle). Zu seiner Zeit waren nur sichtbares, infrarotes und ultraviolettes Licht als EM-Wellen bekannt. Heute kennen wir ein breites Spektrum, das viele, viele Größenordnungen umfasst (Abb. 28.3), von Wechselstrom bis zur kosmischen Strahlung. Der einzige Unterschied zwischen den Wellentypen liegt in der Wellenlänge. Sichtbares Licht, das nur einen Bruchteil des Spektrums ausmacht, ist also so gesehen nichts Besonderes. EM-Wellen beeinflussen dein Leben in unglaublicher Weise. Direkt bemerken kannst du nur das sichtbare Licht und die Wärmestrahlung. Aber dein Leben wäre ohne Kommunikation durch EM-Wellen nicht vorstellbar, denn bei Radio, Fernsehen, WLAN und vor allem dem Handy werden diese benützt. Auch Mikrowellenherd, Fernbedienung, Röntgenaufnahmen, Solarium, Flugüberwachung oder Radarkontrolle im Straßenverkehr funktionieren mit Hilfe von EM-Wellen. Du bist von einem elektromagnetischen Wellensalat umgeben.

28.1 Sehr geknickte Feldlinien
Entstehung von EM-Wellen

Es gibt ein grundlegendes Prinzip zur Entstehung von EM-Wellen, egal ob es sich dabei um natürliche oder künstliche Quellen handelt.

F1 W1 Eine Welle entsteht durch die Ausbreitung einer Störung. Was ist damit gemeint? Kannst du Beispiele angeben?

F2 W1 Welches Feld erzeugt eine ruhende elektrische Ladung? Welches Feld erzeugt eine gleichförmig bewegte elektrische Ladung? Welches Feld erzeugt eine beschleunigte elektrische Ladung?

F3 W1 Mit welcher Geschwindigkeit kann sich Information maximal ausbreiten? Schau nach in Kap. 36.3 (S. 91)!

F4 W2 In Science-Fiction- oder Agentenfilmen werden die elektronischen Geräte der Gegner oft mit einem EMP unschädlich gemacht (Abb. 28.1). Was ist ein EMP?

F5 W1 Was versteht man unter elektrischer Feldstärke E und magnetischer Induktion B? Lies in Kap. 25.3 und 26.2 („Big Bang 6") nach! Was versteht man unter elektromagnetischer Induktion? Lies ab Kap. 26.4 („Big Bang 6") nach!

Abb. 28.1: Die bösartigen Roboter-Kalmare aus dem SciFi-Film „Matrix" können durch ein EMP k.o. gesetzt werden.

Es geht zunächst einmal darum, dass du das allgemeine Prinzip zur Entstehung von EM-Wellen verstehst. Dazu schauen wir uns zuerst an, was man überhaupt unter einer **Welle** versteht. Es heißt, dass diese die **Ausbreitung einer Störung** ist (→ F1). Um das zu verstehen, sehen wir uns zwei konkrete Beispiele an.

Wenn etwas in eine Flüssigkeit fällt, wird diese nach unten gedrückt. Weil sie sich aber nicht komprimieren lässt, muss sie auf die Seite ausweichen. Dadurch entsteht eine Kreiswelle, die sich von der Einschlagstelle entfernt. Die **Flüssigkeitswelle** wurde also durch eine Störung der Oberfläche verursacht (Abb. 28.2).

Im Inneren eines Blitzes kann es 30.000 °C heiß werden! Die heiße Luft dehnt sich extrem schnell aus und wird nach außen hin zusammengedrückt. Diese Störung der Dichte erzeugt eine Schallwelle, die du als **Donner** hörst.

Das waren nur zwei Beispiele, aber ähnliche Überlegungen kann man für **alle Formen von Wellen** anstellen. Man kann daher allgemein und etwas unromantisch formulieren: Eine Welle ist die Ausbreitung einer Störung.

Abb. 28.2: Flüssigkeitswelle und Donner werden – wie alle Wellen – durch eine Störung verursacht.

Was muss man stören, um eine elektromagnetische Welle auszulösen? Ein **elektrisches Feld!** Um das zu verstehen, sehen wir uns eine zunächst ruhende elektrische Ladung an (Abb. 28.4 a). Die Feldlinien zeigen radial nach außen und geben Information darüber, wo sich die Ladung befindet.

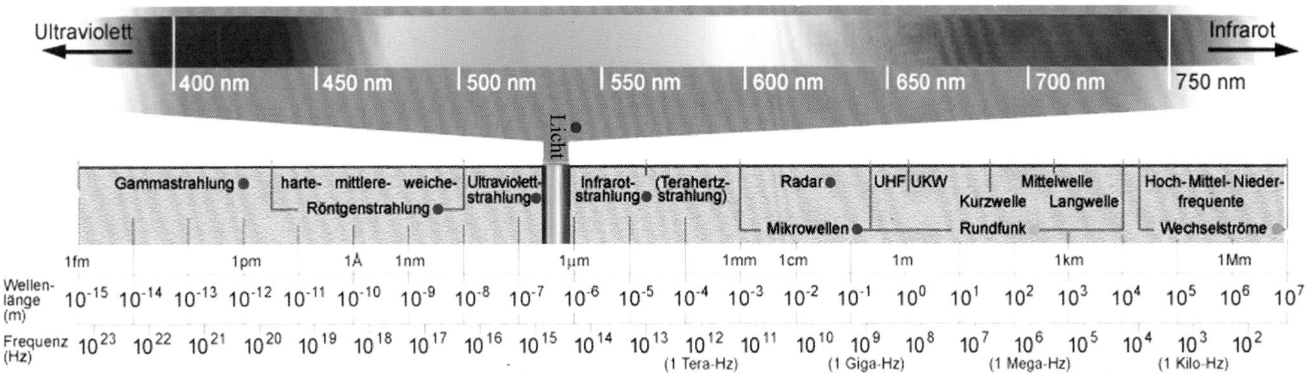

Abb. 28.3: Das Spektrum der elektromagnetischen Wellen: Die Skala ist offen, denn die Wellenlängen sind theoretisch weder nach oben noch nach unten begrenzt. Zwischen Wellenlänge (λ) und Frequenz (f) besteht folgender Zusammenhang: $c = f \cdot \lambda$, wobei c die Lichtgeschwindigkeit ist. Die farbigen Markierungen geben an, in welchem Kapitel die jeweiligen Wellen genauer besprochen werden: ● Kap. 30, ● Kap. 29 und 35, ● Kap. 31 und ● Kap. 27.

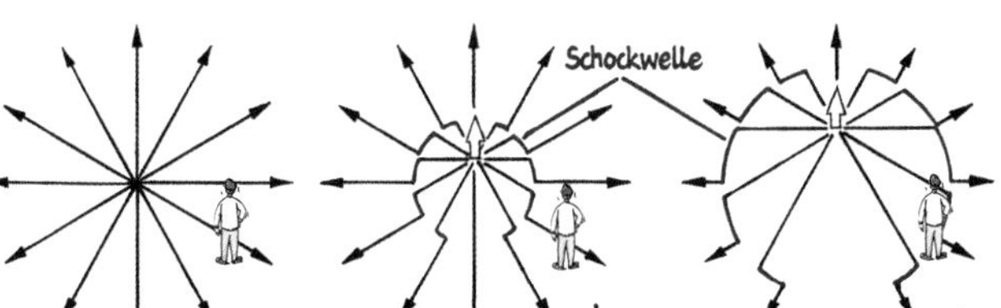

Abb. 28.4: Schematische Darstellung, wie durch das Beschleunigen einer Ladung eine Störung des elektrischen Feldes und somit auch des magnetischen Feldes entsteht: Bei c streicht die elektromagnetische Welle gerade am Beobachter vorbei.

Abb. 28.5: JAMES CLERK MAXWELL (1831–1879)

Nun wird die **Ladung** ruckartig nach oben wegbewegt, also **beschleunigt** (b und c). Die Information über diese Bewegung kann sich aber nur mit **Lichtgeschwindigkeit** ausbreiten (→ F3). Das ist eine der Grundaussagen der speziellen Relativitätstheorie („Big Bang 8"). Daher „wissen" außerhalb eines kreisförmigen, sich mit Lichtgeschwindigkeit ausbreitenden Bereichs die Feldlinien noch nichts von der Bewegung der Ladung, wodurch ein Knick entsteht. Dieser Knick ist eine **Störung des elektrischen Feldes**, und das Weiterlaufen dieser Störung ist die elektromagnetische Welle.

→ **Info:** Maxwell'sche Gleichungen

Maxwell'sche Gleichungen

Die **vier Maxwell'schen Gleichungen** beschreiben die Erzeugung von elektrischen und magnetischen Feldern durch Ladungen und Ströme und die Wechselwirkung zwischen diesen Feldern. Maxwell fasste die zu seiner Zeit bekannten Gesetzmäßigkeiten zusammen und komplettierte sie. Er brachte sie in eine elegante mathematische Form, die aber die Schulmathematik übersteigt. Man kann die wesentlichen Aussagen aber auch in Worten und Bildern verstehen.

1. Gleichung (Abb. 28.6 a): Wenn elektrische Feldlinien von einem Punkt ausgehen oder in einem Punkt enden, befindet sich dort eine elektrische Ladung.

Abb. 28.6

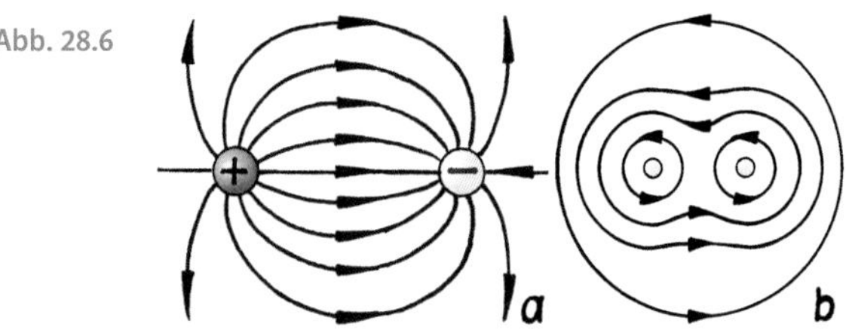

2. Gleichung (Abb. 28.6 b): Magnetische Feldlinien bilden immer geschlossene Schleifen. Das magnetische Feld ist also quellenfrei.

3. Gleichung (Abb. 28.7 a): Ein sich änderndes Magnetfeld ist von ringförmig, geschlossenen elektrischen Feldlinien umgeben. Das ist eine andere Formulierung des Induktionsgesetzes. Während bei einem elektrostatischen Feld die Feldlinien Anfang und Ende haben, sind sie im elektrodynamischen Feld geschlossen.

4. Gleichung (Abb. 28.7 b): Ein sich änderndes elektrisches Feld ist von ringförmigen, geschlossenen Feldlinien umgeben. Nicht nur Ströme, sondern auch veränderliche elektrische Felder erzeugen also magnetische Wirbelfelder.

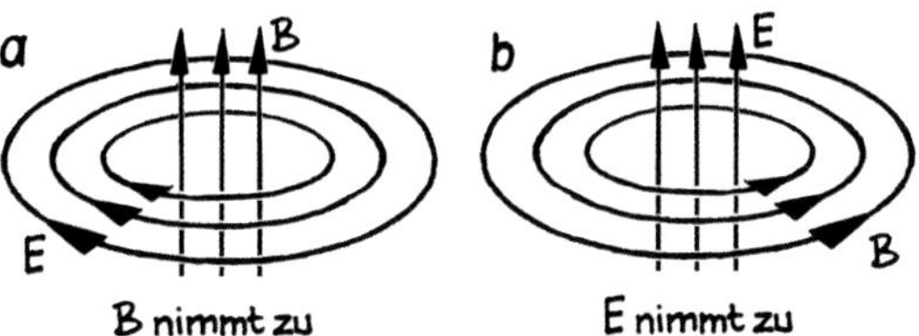

Abb. 28.7

Mit der 3. und 4. Gleichung stellte Maxwell eine **Symmetrie zwischen elektrischem und magnetischem Feld** her und konnte die Existenz von EM-Wellen voraussagen. Mit den Maxwell'schen Gleichungen kann man alle Phänomene der Elektrodynamik beschreiben. Sie haben für diese eine ähnliche Bedeutung wie die **Newton'schen Axiome** für die Mechanik.

EMP

Ein **elektromagnetischer Puls** (EMP) ist eine pulsartig auftretende, starke elektromagnetische Welle (→ F4). Er tritt zum Beispiel bei einer **Atombombenexplosion** auf, bei der Gammastrahlung entsteht. Diese hochenergetischen Photonen (siehe Kap. 33.3, S. 57) stoßen mit den Elektronen der Luftmoleküle zusammen und beschleunigen diese stoßartig. Dadurch entsteht eine Schockwelle wie in Abb. 28.4 (S. 15).

Abb. 28.8: 1962 wurde 400 km über Hawaii eine Atombombe gezündet, die wegen der Ionisierung der Luft nordlichtartige Erscheinungen auslöste. In Honolulu brannten Sicherungen durch und Alarmanlagen gingen an.

Aufgrund der hohen Intensität ist ein EMP in der Lage, in Leitern extrem hohe Spannungen zu induzieren. Besonders betroffen sind empfindliche Bauteile wie **Computer-Chips**, aber auch Strom- und Telefonnetz, Radio- und Fernsehsender. Daher könnte man mit einem EMP ein ziemliches Chaos auslösen. Besonders stark ist der Effekt, wenn die Zündung der A-Bombe in der Luft erfolgt (Abb. 28.8).

Wo ist aber nun der magnetische Anteil der Welle? Und hier kommt James Clerk Maxwell (Abb. 28.5, S. 15) ins Spiel. Maxwell konnte 1856 auf rechnerischem Weg Folgendes zeigen: Ein veränderliches elektrisches Feld erzeugt ein magnetisches Feld, und ein veränderliches magnetisches Feld erzeugt ein elektrisches Feld. Kurz kann man also sagen: Veränderliche elektrische und magnetische Felder erzeugen einander gegenseitig. Sie sind untrennbar miteinander verbunden und bilden gemeinsam eine elektromagnetische Welle. Das erklärt, warum der vorbeilaufende Knick des elektrischen Feldes (Abb. 28.4, S. 15) auch eine magnetische Komponente besitzt. An dem Ort, an dem die elektrische Schockwelle gerade vorbeistreicht, ändert sich das elektrische Feld und erzeugt somit auch ein magnetisches (Abb. 28.9).

Die in Abb. 28.4 dargestellte Welle ist ein **elektromagnetischer Puls**, weil die Ladung nur einmal kurz beschleunigt wird. Das ist vergleichbar mit einem Donner oder einem Knall. Damit eine kontinuierliche EM-Welle mit immer wiederkehrenden Bergen und Tälern entsteht – das würde beim Schall einem Dauerton entsprechen, braucht man einen sich ständig wiederholenden Vorgang, bei dem die Ladung zu jedem Zeitpunkt beschleunigt wird. Künstlich kann man das zum Beispiel in einem **Schwingkreis** (Kap. 28.3, S. 18) oder in einem **Magnetron** (Kap. 30.2, S. 29) im Mikrowellenherd erzeugen.

→ **Info:** EMP

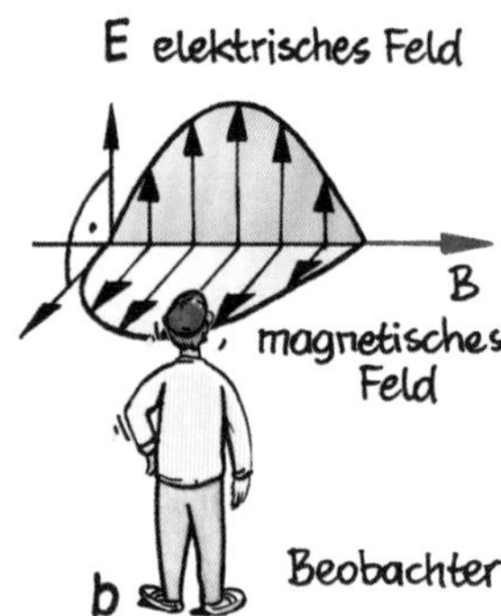

Abb. 28.9: a) Eine Störung des elektrischen Feldes läuft an dir vorbei. Es ist ein Ausschnitt aus Abb. 28.4 c mit mehr eingezeichneten Feldlinien. b) Eine andere, üblichere Darstellung: Beim Vorbeilaufen des Knicks entsteht ein veränderliches elektrisches Feld, das wiederum ein magnetisches Feld erzeugt. Die beiden Felder stehen normal zueinander.

Z Zusammenfassung

Eine elektromagnetische Welle ist die Ausbreitung einer Störung des elektromagnetischen Feldes. Diese Störung wird durch das Beschleunigen einer Ladung ausgelöst.

28.2 Höchstgeschwindigkeit im Universum

Wichtige Eigenschaften von EM-Wellen

Alle elektromagnetischen Wellen, egal ob sichtbares Licht, Radiowellen oder Röntgenstrahlen, weisen ein paar ganz bestimmte Eigenschaften auf.

F6 W2 Welche Teilbereiche der Physik wurden mit den Entdeckungen von Ørsted (Kap. 26.1., „Big Bang 6") und Faraday (Kap. 26.4 f., „Big Bang 6") verschmolzen? Und welche Teilbereiche wurden durch die Entdeckung Maxwells verschmolzen?

F7 E1 Wie kam Maxwell auf die Idee, dass auch Licht eine EM-Welle ist? Welches Indiz hatte er dafür?

F8 W1 Schlage bei den Werten für die elektrische Feldkonstante ε_0 (Kap. 25.3, „Big Bang 6") und für die magnetische Feldkonstante μ_0 (Kap. 26.3, „Big Bang 6") nach und berechne dann $1/\sqrt{\varepsilon_0 \cdot \mu_0}$. Kommt dir diese Zahl bekannt vor, und welche Einheit hat sie?

F9 E1 Es gibt keine Wasserwellen ohne Wasser, keine Schallwellen im Vakuum, keine Erdbeben ohne Erde und keine Dauerwelle ohne Haare. Daher gibt es auch keine Lichtwelle ohne …, was denn eigentlich?

F10 E1 Was versteht man unter Longitudinal- und Transversalwellen? In welchen Medien können sich diese Wellen ausbreiten? Und was ist Licht für eine Welle?

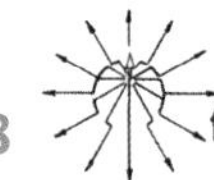

Durch die Entdeckungen von Ørsted und Faraday kam es zu einer **Verschmelzung von Elektrizität und Magnetismus**, zum Elektromagnetismus. Durch die Entdeckung Maxwells kam es zu einer weiteren **Verschmelzung von Elektromagnetismus und Optik**, denn das Licht ist eine elektromagnetische Welle und lässt sich durch die Maxwell'schen Gleichungen beschreiben (→ F6; Abb. 28.10).

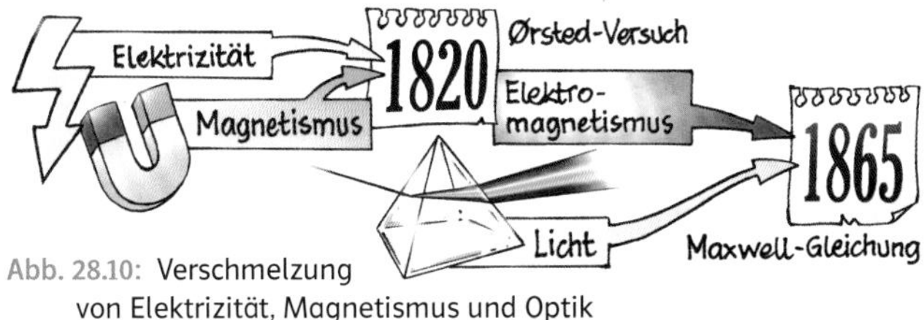

Abb. 28.10: Verschmelzung von Elektrizität, Magnetismus und Optik

Aber welchen Beleg hatte Maxwell dafür, um zu behaupten, dass Licht eine EM-Welle ist? Er hatte berechnet, dass die Ausbreitungsgeschwindigkeit seiner neu entdeckten Wellen der **Lichtgeschwindigkeit** entsprach (→ F7). Egal ob Licht, Radar- oder Mikrowellen: Alle EM-Wellen breiten sich mit der höchsten Geschwindigkeit aus, die im Universum möglich ist, nämlich mit rund 300 Millionen Meter pro Sekunde (3 · 108 m/s; Abb. 28.12). Maxwells theoretische Vorhersagen konnten erst 1886 experimentell belegt werden, als es Heinrich Hertz gelang, EM-Wellen auf künstlichem Weg herzustellen und deren Eigenschaften zu testen (siehe Kap. 31.1, S. 33).

→ Info: Mit der Geschwindigkeit des Lichts

In welchem Medium breiten sich EM-Wellen aus? Wie kommt also etwa das Licht der Sonne durch den leeren Raum zur Erde? Es ist verblüffend, aber diese Wellen benötigen **kein Medium** zur Ausbreitung (→ F9)! Das wusste man zu Maxwells Zeiten aber noch nicht. Damals kannte man nur mechanische Wellen wie Schall-, Wasser- oder Erdbebenwellen, und diese benötigen ein Medium. Deshalb dachte man, dass dieses Prinzip auch für EM-Wellen gelten müsse, und „konstruierte" ein Medium, das man den **Äther** nannte. Der in Wahrheit nicht existente Äther hätte total verrückte Eigenschaften besitzen müssen.

→ Info: Stahlhartes Nichts

Mit der Geschwindigkeit des Lichts

Maxwell konnte berechnen, dass sich die von ihm gefundenen EM-Wellen mit der Geschwindigkeit $c = 1/\sqrt{\varepsilon_0 \cdot \mu_0}$ ausbreiten mussten. Überprüfen wir zunächst einmal, ob c tatsächlich die **Einheit einer Geschwindigkeit** hat:

$$\left[\frac{1}{\sqrt{\varepsilon_0 \cdot \mu_0}}\right] = \frac{1}{\sqrt{\frac{As}{Vm}\frac{Vs}{Am}}} = \frac{1}{\sqrt{\frac{s^2}{m^2}}} = \frac{m}{s}$$

Die Einheit stimmt! Wenn man nun die Werte für die elektrische Feldkonstante ($\varepsilon_0 = 8{,}8542 \cdot 10^{-12}$ As/Vm) und die magnetische Feldkonstante ($\mu_0 = 4 \cdot \pi \cdot 10^{-7}$ Vs/Am) einsetzt, dann ergibt sich für die Ausbreitungsgeschwindigkeit $2{,}9979 \cdot 10^8$ m/s, und das entspricht tatsächlich der **Lichtgeschwindigkeit** (→ F8)! Der ganz exakte Wert von c beträgt $2{,}99792458 \cdot 10^8$ m/s und ist untrennbar mit der Definition des Meters verknüpft. Wenn wir mit c rechnen, dann genügt allerdings ein gerundeter Wert von $3 \cdot 10^8$ m/s. Die Tatsache, dass sich EM-Wellen mit Lichtgeschwindigkeit ausbreiten, veranlasste Maxwell zur richtigen Vermutung, dass auch Licht eine solche Welle ist.

Stahlhartes Nichts

Der von Maxwell und anderen Physikern erdachte Äther hätte ein seltsames Ding sein müssen. Licht kann das Vakuum durchfliegen. Daher müsste auch das Vakuum mit Äther erfüllt sein. Das bedeutet, dass der Äther quasi ein Nichts sein müsste. Andererseits können sich **Transversalwellen** nur in Festkörpern und an der Oberfläche von Flüssigkeiten ausbreiten (→ F10). Da EM-Wellen transversal schwingen (Abb. 28.11), müsste also der Äther ein Festkörper sein, und weil c so groß ist, müsste er viel, viel härter sein als Stahl. Bleibt unterm Strich: **Der Äther müsste ein stahlhartes Nichts sein!** Absurd!

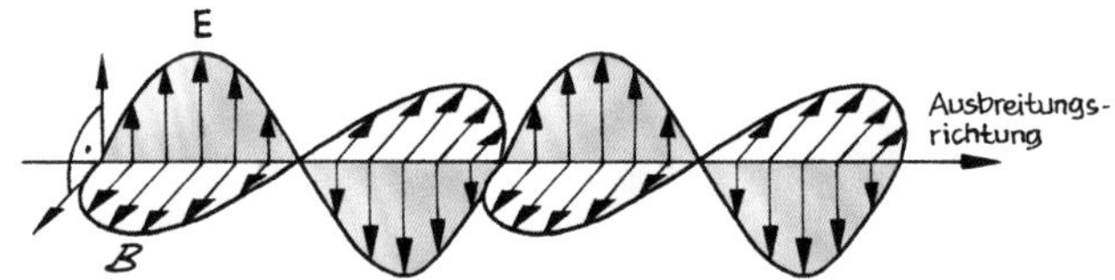

Abb. 28.11: Bei EM-Wellen schwingen sowohl das elektrische als auch das magnetische Feld quer zur Ausbreitungsrichtung. Sie sind daher Transversalwellen.

Abb. 28.12: Die Höchstgeschwindigkeit im Universum beträgt rund $3 \cdot 10^8$ m/s – auch für die Enterprise.

Abb. 28.13: Erst Albert Einstein machte **1905** klar, dass elektromagnetische Wellen kein Medium benötigen, und zwar mit seiner Speziellen Relativitätstheorie und mit der Erklärung des Fotoeffekts.

Lange Zeit wurde in aufwändigen Experimenten versucht, diesen Äther nachzuweisen – natürlich ohne Erfolg. Erst Albert Einstein (Abb. 28.13) gab der Äthertheorie den Rest, und zwar gleich doppelt. Er konnte nämlich im Rahmen seiner **Speziellen Relativitätstheorie** („Big Bang 8") zeigen, dass die Maxwell-Gleichungen auch ohne Medium funktionieren. Salopp gesagt brauchen EM-Wellen deshalb kein Medium, **weil das elektromagnetische Feld selbst das Medium ist.** Man kann es aber auch anders sehen: Licht und alle anderen EM-Wellen haben sowohl Wellen- als auch Teilchennatur. Auch diese Erkenntnis geht auf Einstein zurück, und zwar im Rahmen seiner Erklärung des **Fotoeffekts** (siehe Kap. 33.3 f. ab S. 57).

Man kann daher auch sagen, dass Licht kein Medium braucht, weil es quasi als **Teilchen** durch den leeren Raum fliegen kann.

Z Zusammenfassung

Durch Maxwells Gleichungen wurde die Optik ein Teilgebiet des Elektromagnetismus. EM-Wellen breiten sich generell mit Lichtgeschwindigkeit aus, und sie benötigen dazu kein Medium. Das verstand man aber erst durch Einsteins Arbeiten.

28.3 Ladungsschaukel
Der Schwingkreis

Eine sehr gängige Methode zum Erzeugen von EM-Wellen ist die mit Hilfe eines Schwingkreises. Diese Technik wird etwa bei Radio, Fernsehen oder Handy eingesetzt, ist also allgegenwärtig.

F11 Wie ist der Widerstand von Spule und Kondensator
W1 definiert? Schau nach in Kap. 27.2, S. 9!

F12 Bei jedem Radio kann man auf irgendeine Art den
E1 Sender einstellen (Abb. 28.14). Was bedeutet aber „den Sender einstellen" technisch gesehen?

Abb. 28.14: Mit dem rechten Knopf lässt sich der Sender einstellen. Was passiert dabei?

F13 Was versteht man unter gedämpften, ungedämpften
W1 und harmonischen Schwingungen? Was versteht man unter Resonanz? Kannst du Beispiele dafür angeben? Wie funktioniert eine Pendeluhr, und was versteht man dabei unter Rückkopplung?

F14 Ö3 wird im Raum Wien auf der Frequenz von 99,9 MHz
W1 gesendet. Was ist damit gemeint?

Um eine kontinuierliche EM-Welle zu erzeugen, braucht man einen sich ständig wiederholenden Vorgang, bei dem Ladungen zu jedem Zeitpunkt beschleunigt werden (Kap. 28.1, S. 15). Das ist beim **Schwingkreis** der Fall. Er ist die Grundlage jeder Funkübertragung, etwa bei Radio, Fernsehen oder Handy. Im Wesentlichen besteht ein Schwingkreis aus einem Kondensator und einer Spule (Abb. 28.15), die die Ladungen zum Schwingen bringen. Wie geht das?

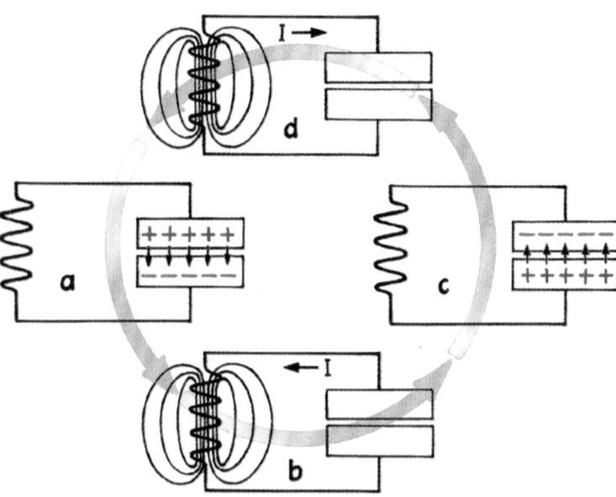

Abb. 28.15: In einem Schwingkreis kommt es zu einem ständigen Umladen des Kondensators.

Zunächst muss der Kondensator durch eine Spannungsquelle aufgeladen werden (Abb. 28.15 a). Und dann geht es los. Der Kondensator **entlädt** sich. Durch den Stromfluss baut sich in der Spule ein **Magnetfeld** auf (b). Wenn der Kondensator entladen ist, bricht das Magnetfeld zusammen. Dadurch kommt es in der Spule zur **Selbstinduktion**, die den Stromfluss noch etwas aufrechterhält, wodurch sich der Kondensator gegengleich auflädt (c). Und dann läuft alles wieder retour (d + a), und fängt von neuem an.

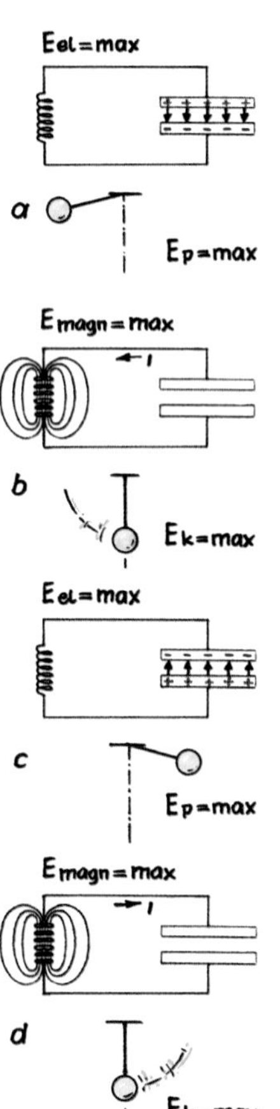

Abb. 28.16: Energieumwandlungen bei Schwingkreis und Fadenpendel

Die **Ladungen** schwingen als Wechselstrom hin und her. Es handelt sich also um **Wechselstrom**, dessen Frequenz von Spule und Kondensator abhängt. Bei der Übertragung von Ö3 wird eine Frequenz von rund 100 MHz verwendet, das entspricht 100 Millionen Schwingungen pro Sekunde (→ F14). Das ist 2 Millionen Mal schneller als der Wechselstrom im Netz!!! Wenn du den **Sender** eines Radios einstellst, dann machst du nichts anderes, als die Kapazität des Kondensators und somit die Resonanzfrequenz des Schwingkreises zu verändern (→ F12).

→ Info: Schwingkreisfrequenz

Aber nicht nur die Ladungen schwingen, sondern auch die **Energie.** Einmal befindet sich diese im elektrischen Feld (Abb. 28.16 a und c), einmal im magnetischen (b und d). Ähnlich ist es bei einem schwingenden Pendel oder einer Schaukel. Dabei wandeln sich potenzielle und kinetische Energie ineinander um. Wenn du eine Schaukel nur einmal anstupst, dann wird sie bald auspendeln, weil immer eine gewisse Menge an Energie in Form von Wärme verloren geht. Dadurch entsteht eine **gedämpfte Schwingung** (Abb. 28.17; → F13).

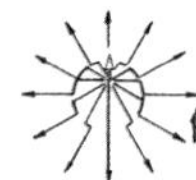

Schwingkreisfrequenz

Die **Frequenz des Schwingkreises** hängt von den Widerständen von **Spule** ($R_L = \omega L$) und **Kondensator** ($R_C = 1/\omega C$) ab. Spannung und Strom müssen in beiden Bauteilen gleich groß sein, weil es sich um einen geschlossenen Stromkreis handelt.

$$I_{eff} = \frac{U_{eff}}{R} = \frac{U_{eff}}{\omega L} = U_{eff}\,\omega C \Rightarrow \frac{1}{\omega L} = \omega C$$

$$\omega = \frac{1}{\sqrt{LC}} \text{ bzw. } f = \frac{1}{2\pi}\frac{1}{\sqrt{LC}}$$

Diese Gleichung nennt man die **Thomson'sche Formel.** Die Eigenfrequenz (Resonanzfrequenz) in einem Schwingkreis ist immer jene, bei der die Widerstände von Spule und Kondensator gleich groß sind (siehe → F18)! Der Frequenz bleibt quasi keine andere Wahl. Es ist ähnlich, wie wenn du über eine Flasche bläst. Auch hier „überlebt" nur jene Frequenz, die zu den Abmessungen der Flasche passt, also die Resonanzfrequenz.

Wenn du aber im richtigen Zeitpunkt Energie zuführst, indem du am höchsten Punkt antauchst, kannst du eine **ungedämpfte Schwingung** erzeugen. Beim Schwingkreis ist es vom Prinzip her genauso. Hier übernimmt das „Antauchen" jedoch eine elektronische Schaltung. Weil die Energiezufuhr vom Schwingkreis selbst ausgelöst wird, spricht man von einer **Rückkopplung.** Eine solche gibt es zum Beispiel auch bei einer Pendeluhr. Dabei sorgt der Anker für die Energiezufuhr zum richtigen Zeitpunkt (→ F13).

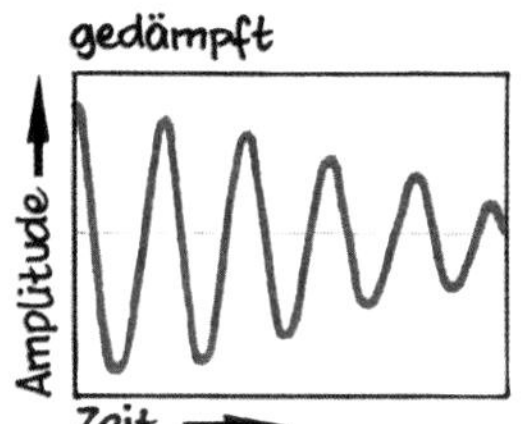

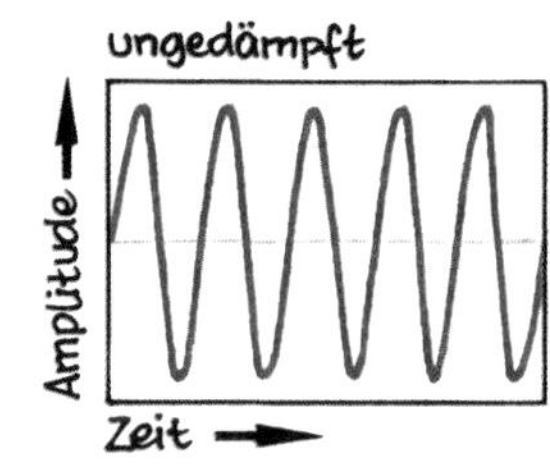

Abb. 28.17: Gedämpfte und ungedämpfte Schwingung

Im Schwingkreis werden Ladungen beschleunigt, und das ist das **universelle Prinzip** zum Erzeugen von EM-Wellen (Kap. 28.1, S. 15). Aber ein Schwingkreis strahlt diese EM-Wellen nicht besonders gut ab. Eine wesentlich bessere Abstrahlung ergibt sich mit Hilfe einer Antenne. Eine Antenne ist ein offener Schwingkreis (Abb. 28.18). Das klingt etwas seltsam, aber die Enden der Antenne wirken wie die Platten eines Kondensators, und das Magnetfeld entsteht durch den Stromfluss im Leiter.

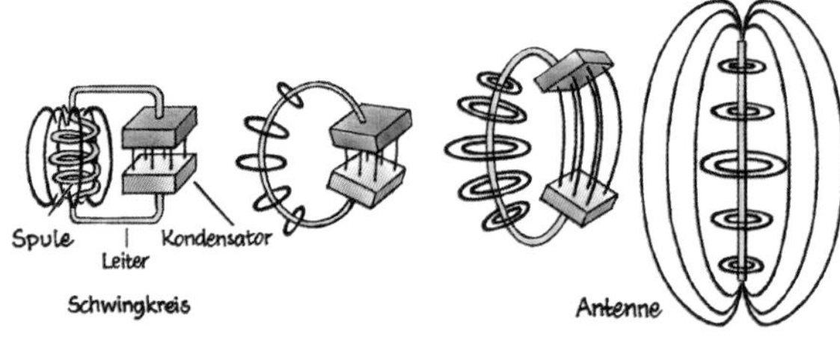

Abb. 28.18: Aus einem Schwingkreis wird ein offener Schwingkreis, also eine Antenne.

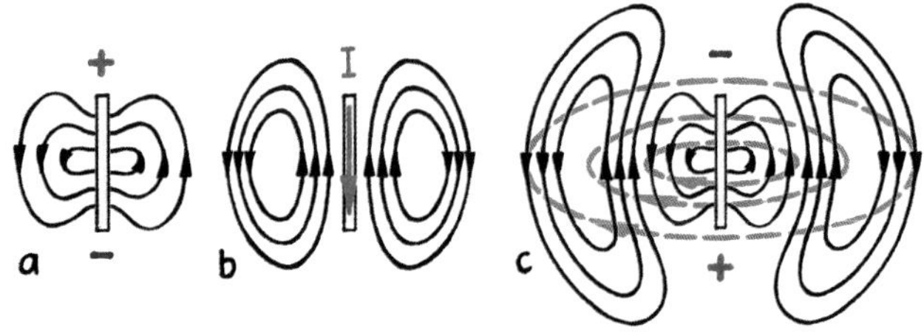

Abb. 28.19: Abstrahlung von EM-Wellen mit einer Antenne. Immer wenn diese gerade elektrisch neutral ist (b), lösen sich die elektrischen Feldlinien ab. Die magnetischen Feldlinien stehen normal auf die elektrischen (c) und beide breiten sich mit Lichtgeschwindigkeit von der Antenne aus.

In der Antenne schwingen die Ladungen mit sehr hoher Frequenz, weil L und C sehr klein sind. Weil sich die Enden der Antenne wie die Platten des Kondensators wechselweise unterschiedlich laden, sagt man zu ihr auch **Dipol!** Die Ladungen schwingen auf und ab. Das Prinzip ist also genau so wie in Abb. 28.4 (S. 15), nur dass die Beschleunigung durch die Schwingung kontinuierlich erfolgt. Dadurch entsteht nicht nur ein Knick in den elektrischen Feldlinien, sondern diese lösen sich von der Antenne ab und entwickeln quasi ein Eigenleben (Abb. 28.19). Natürlich muss auch eine Antenne durch Rückkopplung mit Energie versorgt werden, damit sie dauernd senden kann.

Z Zusammenfassung

Ein Schwingkreis besteht aus Spule sowie Kondensator, und er erzeugt beschleunigte Ladungen und somit EM-Wellen. Wenn man ihn aufbiegt, erhält man eine Antenne. Damit man eine ungedämpfte Schwingung erzeugen kann, muss durch einen Rückkopplungsmechanismus periodisch Energie zugeführt werden.

28 Grundlagen der elektromagnetischen Wellen

F15 W2 Bei der Entstehung eines EMP durch eine Atombombenexplosion spielt der Compton-Effekt eine Rolle. Besorge dir dazu Information aus dem Internet. → L

F16 W1 Auf welchen Frequenzen wird UKW-Radio gesendet? Nimm an, die Spule im Schwingkreis eines Radios hat eine Induktivität von 10^{-4} H. Welchen Kapazitätsbereich muss dann der Kondensator haben, damit das Radio den gesamten Sendebereich empfangen kann? → L

F17 W2 Eine Möglichkeit mit einem Schwingkreis ungedämpfte Schwingungen zu erzeugen, ist mit Hilfe von Kopplungstrafo und Transistor. Was versteht man darunter? Verschaffe dir Information aus dem Internet. → L

F18 E1 In einem Schwingkreis ist eine Spule mit 10^{-4} H und ein Kondensator mit 10^{-12} F. Wie hoch ist seine Frequenz? Berechne zuerst und überprüfe dann grafisch, indem du den Schnittpunkt der Widerstandskurven mit einer Tabellenkalkulation ermittelst. → L

29 Einige Licht-Phänomene

MAXWELLS Entdeckungen zur Entstehung und Ausbreitung von EM-Wellen machten die Optik zu einem Teilgebiet des **Elektromagnetismus.** Für uns Menschen ist Licht etwas Besonderes, weil wir es sehen können. Aus Sicht des Universums ist es aber bloß ein kleiner Teil des elektromagnetischen Spektrums (siehe Abb. 28.3, S. 15). Oft wird das gesamte EM-Spektrum als **Licht** bezeichnet, in diesem Kapitel ist mit Licht aber immer nur der **sichtbare Teil** gemeint. Dieser hat eine Wellenlänge von etwa 400 bis 750 nm. Wir sehen uns exemplarisch einige Phänomene an, bei denen vor allem der elektromagnetische Wellencharakter des Lichts im Vordergrund steht, und werden an manchen Stellen diese Erkenntnisse auch für andere EM-Wellen verallgemeinern.

29.1 Metalle sehen glänzend aus
Reflexion

Hier geht es darum, warum manche Stoffe elektromagnetische Wellen so gut reflektieren und manche nicht.

F1 Was versteht man unter dem Huygens-Prinzip?
W1 Was besagt das Reflexionsgesetz? Konstruiere die Reflexion einer ebenen Welle mit Hilfe des Huygens-Prinzips. → L

F2 Bei Spiegeln werden immer Metall oder Metallfolien
S1 verwendet (Abb. 29.1). Warum spiegeln diese so gut? Warum befindet sich bei einem normalen Spiegel vor der Metallschicht Glas, bei einem Präzisionsspiegel aber hinter dieser? Welcher optische Effekt tritt bei sehr dünnen Metallschichten auf, etwa bei Blattgold?

Abb. 29.1: Der große Spiegel des Hubble-Teleskops

Dass vor allem **Metalle** Licht so gut reflektieren, liegt an ihren frei beweglichen Elektronen. Die tatsächlichen Verhältnisse sind kompliziert, aber das Wesentliche kann man einfach erklären. Wenn Licht auf eine Metallfläche trifft, dann werden durch das veränderliche elektrische Feld die **Elektronen** an der Oberfläche in **Schwingungen** gebracht (Abb. 29.2). Das Auftreffen der Lichtwelle führt also dazu, dass die Oberfläche, ähnlich wie eine Antenne, eine weitere Lichtwelle aussendet (siehe Abb. 28.19, S. 19). Das ist dann die reflektierte Welle, die du siehst.

Metalle reflektieren Licht fast vollständig. Das verleiht ihnen ihren Glanz. Im Inneren heben sich alle Effekte beinahe auf. Licht kann aber immerhin einige Millionstel Meter in Metalle eindringen. Dafür gibt es einen Beleg:

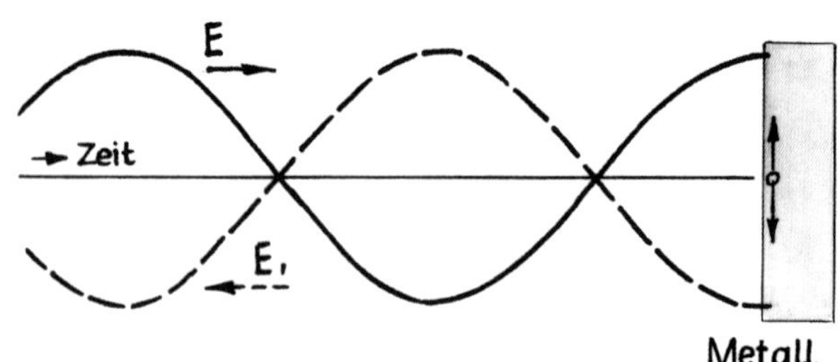

Abb. 29.2: Die einlaufende Lichtwelle (es ist nur das elektrische Feld eingezeichnet) regt die Elektronen zu Schwingungen an, wodurch eine neue Lichtwelle entsteht (strichliert). Im Inneren heben sich die Effekte (beinahe) auf – die Welle kann ein klein wenig eindringen.

Sehr dünne Metallschichten sind nämlich **durchsichtig,** etwa Blattgold (Dicke rund 10^{-6} m). Die **Spiegel** im Alltag bestehen aus einer nicht ganz so dünnen Metallschicht, die zum Schutz auf der Rückseite einer Glasplatte aufgetragen ist (→ F2). Bei **Präzisionsspiegeln** (Abb. 29.1) würde die lichtbrechende Wirkung des Glases stören und deshalb liegt die Metallschicht vor dem Glas. Warum ist Glas eigentlich durchsichtig? Weil es als Isolator keine frei beweglichen Ladungen hat und außerdem das Licht kaum absorbiert.

Dieser Reflexionsmechanismus gilt auch für andere EM-Wellen. So können Metallgerüste Radio- oder Handyempfang durch Reflexion stören. Und Radarwellen werden sehr gut an Metall reflektiert, was man bei Tarnkappenbombern zu vermeiden versucht (siehe Abb. 30.10, S. 29).

Z Zusammenfassung

Metalle bzw. Stoffe mit frei beweglichen Ladungen reflektieren EM-Wellen sehr gut, weil diese Ladungen zu Schwingungen angeregt werden und somit neue EM-Wellen gleicher Frequenz erzeugen.

29.2 Rettungsschwimmer am Strand
Brechung und Totalreflexion

Die Lichtbrechung spielt im Alltag bei allen optischen Geräten eine Rolle und natürlich bei deinen Augen, die quasi auch optische Geräte sind. Aber warum wird Licht eigentlich gebrochen?

→ ? Fragenbox

F3 W1 Wie lautet das Brechungsgesetz? Leite das Brechungsgesetz mit Hilfe des Huygens-Prinzips ab. Was besagt das Prinzip von Fermat? Lies alles in Kap. 20 in „Big Bang 6“ nach! → L

F4 E1 Welchen Weg müssten der Mensch und der Pinguin nehmen (Abb. 29.3), damit sie so schnell wie möglich bei der Schwimmerin in Seenot sind und warum?

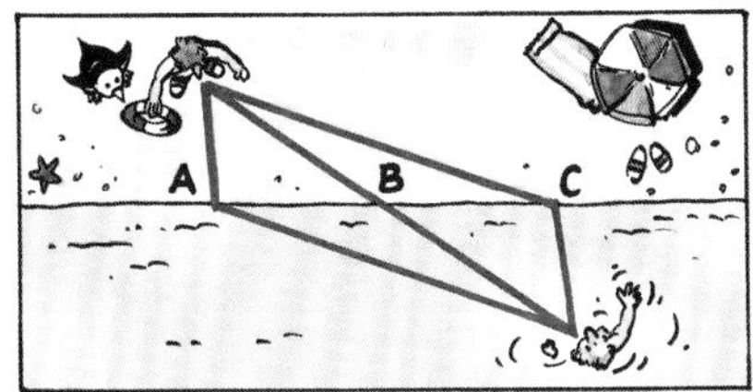

Abb. 29.3: Welches sind die jeweils schnellsten Wege?

F5 S1 Licht breitet sich immer mit rund $3 \cdot 10^8$ m/s aus. Richtig oder falsch?

F6 E1 Wie funktioniert die Datenübertragung durch Glasfaserkabel eigentlich?

F7 E1 In Abb. 29.4 siehst du einen Blick von unter Wasser. Wieso ist die Welt über Wasser so seltsam verzerrt? → L

Abb. 29.4

Der bekannte Wert der **Lichtgeschwindigkeit** von rund $3 \cdot 10^8$ m/s stimmt im Prinzip auch für Medien. Die primäre Lichtwelle (in Abb. 29.5 schwarz) regt aber die Atome im Stoff zu Schwingungen an, und eine gestreute Welle entsteht (rot). Die Überlagerung der gestreuten Welle mit der primären Lichtwelle addiert sich zu einer verzögerten Gesamtwelle (grün), die wir dann wahrnehmen. Unter dem Strich sieht es also so aus, als wäre das Licht langsamer geworden. Je größer die **Brechzahl *n*,** desto größer die **optische Dichte,** desto stärker ist die Gesamtwelle verzögert.

Diese Geschwindigkeitsänderung ist die Erklärung für die Brechung des Lichts an der Grenze zu einem anderen Medium. Jede Welle legt den Weg zwischen zwei Punkten in der kürzesten Zeit zurück. Das besagt das Prinzip von Fermat (→ F3). Der zeitlich kürzeste Weg hat einen Knick, wenn die

Material	***c* absolut [m/s]**	**% von c_0**	**$n = c_0/c$**
Vakuum	299.792.458	100	1
bodennahe Luft	299.704.944	99,97	1,000292
Wasser	225.407.863	75,19	1,33
Quarzglas	202.562.471	67,56	1,48
Diamant	123.881.181	41,32	2,42

Tab. 29.1: Einige Beispiele für Lichtgeschwindigkeiten in verschiedenen Materialien (→ F5): *n* bezeichnet man als **Brechzahl.**

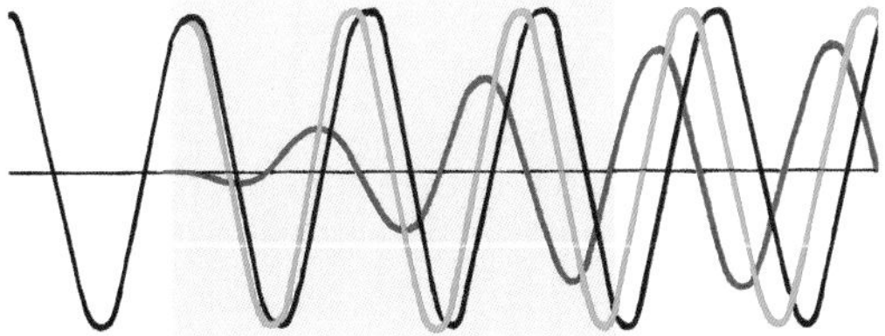

Abb. 29.5: Die primäre Lichtwelle (schwarz) baut im Medium eine gestreute Welle auf (rot). Die Überlagerung führt zu einer verzögerten Gesamtwelle (grün). Es sieht so aus, als wäre das Licht langsamer geworden.

Geschwindigkeiten in den beiden Medien nicht gleich groß sind, etwa wenn Licht schräg von Luft in Glas eindringt oder es wieder verlässt. Es ist wie am Strand (→ F4). Für den Menschen ist der Weg über C am schnellsten, weil er im Wasser langsamer ist. Das entspricht einer **Brechung zum Lot.** Für den Pinguin ist der Weg über A am schnellsten, weil er am Sand langsamer ist. Das entspricht einer **Brechung vom Lot.** Mit Hilfe des Fermat-Prinzips kann man das Brechungsgesetz sehr elegant ableiten.

→ Info: Lichtbrechung mit Fermat -> S. 22

In Abb. 29.6 siehst du, was passiert, wenn Licht auf ein optisch dünneres Medium trifft. Je größer der Einfallswinkel, desto stärker der Knick. Bei einem bestimmten **Grenzwinkel** verläuft der gebrochene Strahl parallel zur Wasseroberfläche (4), und bei noch größerem Winkel wird **alles reflektiert** (5). Man spricht daher von **Totalreflexion.** Eine technische wichtige Anwendung ist die Datenübertragung mit Hilfe von **Glasfaserkabeln** (siehe Abb. 35.25, S. 85). Das Licht ist im Inneren durch Totalreflexion quasi gefangen. Glasfaserkabel ermöglichen eine sehr hohe Datenübertragungsrate, etwa für Kabelfernsehen oder Internet (→ F6). Auch bei **Radiowellen** kann es in der Atmosphäre zur Totalreflexion kommen (Abb. 29.7).

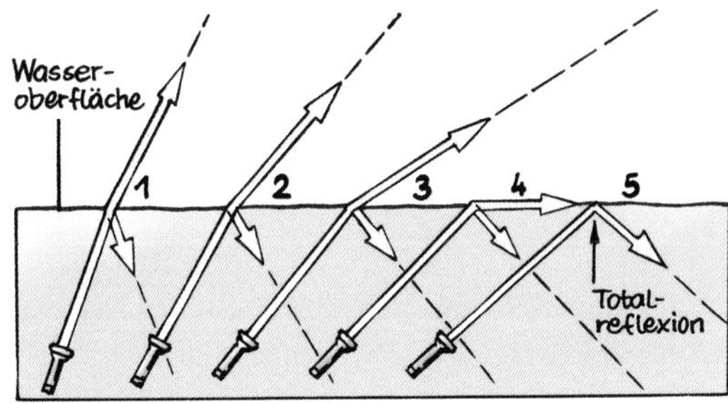

Abb. 29.6: Totalreflexion an der Wasseroberfläche

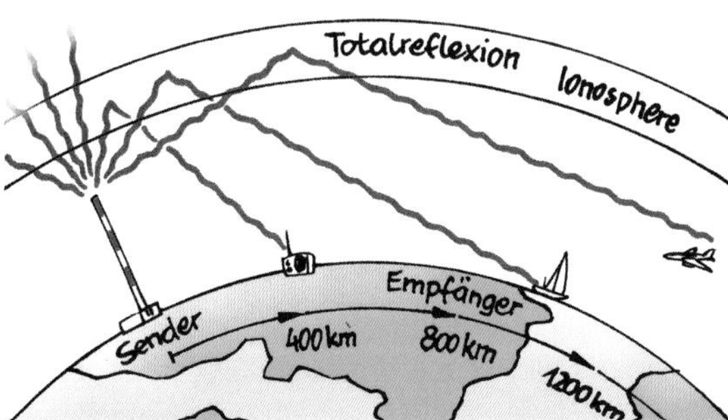

Abb. 29.7: Durch Totalreflexion von Radiowellen an der Ionospäre kann es zu sehr hohen Reichweiten kommen.

Lichtbrechung mit Fermat

Das **Fermat-Prinzip** besagt, dass der Weg des gebrochenen Lichtstrahls (Abb. 29.8) der **zeitlich kürzeste** ist. Aus dieser Tatsache kann man das **Brechungsgesetz** ableiten.

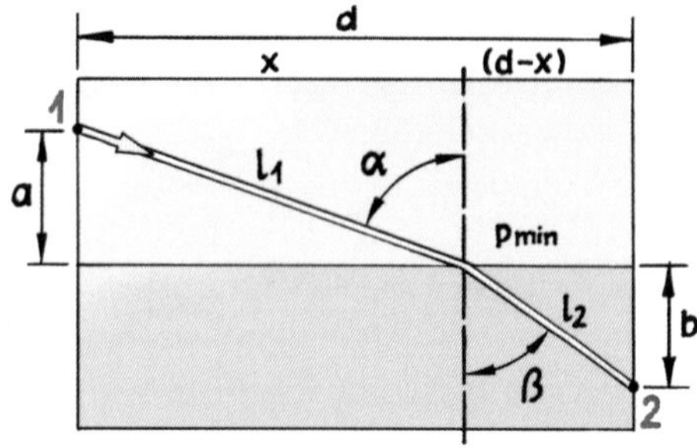

Abb. 29.8

Die im oberen Medium zurückgelegte Strecke nennen wir l_1, die im unteren Medium l_2. Die Zeit, die das Licht für den Weg von 1 nach 2 benötigt, ist daher

$$t = \frac{l_1}{c_1} + \frac{l_2}{c_2} \qquad (1)$$

Wir müssen nun den Punkt P_{min} ermitteln, bei dem die Laufzeit t ein Minimum wird, also $dt/dx = 0$ gilt:

$$\frac{dt}{dx} = \frac{1}{c_1}\frac{dl_1}{dx} + \frac{1}{c_2}\frac{dl_2}{dx} = 0 \qquad (2)$$

Die Wege l_1 und l_2 hängen von x folgendermaßen ab:

$$l_1^2 = a^2 + x^2 \text{ und } l_2^2 = b^2 + (d - x)^2 \qquad (3)$$

Nun setzen wir (3) in (2) ein und berechnen die einzelnen Ableitungen:

$$\frac{dl_1}{dx} = \frac{d(\sqrt{a^2 + x^2})}{dx} = \frac{x}{l_1} = \sin\alpha \qquad (4)$$

$$\frac{dl_2}{dx} = -\frac{d - x}{l_1} = -\sin\beta \qquad (5)$$

Jetzt muss man nur noch (4) und (5) in (2) einsetzen und erhält das **Brechungsgesetz:**

$$\frac{\sin\alpha}{c_1} + \frac{-\sin\beta}{c_2} = 0 \Rightarrow \frac{\sin\alpha}{\sin\beta} = \frac{c_1}{c_2}$$

Die Brechzahl n eines Mediums ist als Quotient der Lichtgeschwindigkeit im Vakuum (c_0) und in diesem Medium (c) definiert, also $n = c_0/c$ (siehe Tab. 29.1, S. 21). Daher kann man das Brechungsgesetz auch so formulieren:

$$\frac{\sin\alpha}{\sin\beta} = \frac{c_1}{c_2} = \frac{\frac{c_0}{n_1}}{\frac{c_0}{n_2}} = \frac{n_2}{n_1}$$

Z Zusammenfassung

Wellen nehmen immer den zeitlich kürzesten Weg. Brechung von Licht- und EM-Wellen kommen durch verschiedene optische Dichten der Medien zu Stande. Die Totalreflexion ist ein Effekt der Lichtbrechung.

29.3 Jetzt wird's bunt
Dispersion und Farbmischung

Hier geht es darum, wie man weißes Licht in seine Bestandteile zerlegen kann, und was passiert, wenn man diese wieder zusammenmischt.

F8 E1 Mit einem Prisma kann man weißes Licht aufspalten (Abb. 29.9). Was bedeutet das für die Lichtgeschwindigkeit der einzelnen Farben?

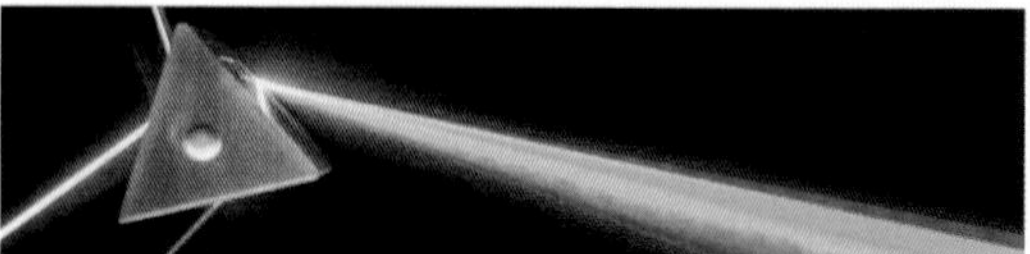

Abb. 29.9: Warum spalten sich die Farben auf?

F9 W1 Was versteht man unter kontinuierlichem Spektrum, was unter Linien- und Absorptionsspektrum? Wie kommen sie zu Stande? Lies in Kap. 35.1, S. 78 nach.

F10 E2 Ein Regenbogen (Abb. 29.10) ist wirklich eine beeindruckende Naturerscheinung. Wie kommt er zu Stande? Wo müssen Regen und Sonne sein? Wie kommt es zum Nebenregenbogen? Warum ist er schwächer zu sehen? Wieso ist seine Farbreihenfolge umgekehrt?

Abb. 29.10: Haupt- und Nebenregenbogen

F11 S1 Beim Fernseher erzeugt man durch Mischung von bloß drei Farben das ganze Farbspektrum. Wie funktioniert das genau?

Im Vakuum beträgt die Lichtgeschwindigkeit (c_0) rund $3 \cdot 10^8$ m/s. In Stoffen ist sie kleiner und hängt von deren **optischer Dichte** ab (Kap. 29.2, S. 20). Das ist aber noch nicht die ganze Wahrheit. Die Lichtgeschwindigkeit in Stoffen hängt nicht nur von deren Beschaffenheit ab, sondern auch von der Wellenlänge des Lichts. Sehen wir uns dazu einmal die Sache mit dem Prisma genauer an.

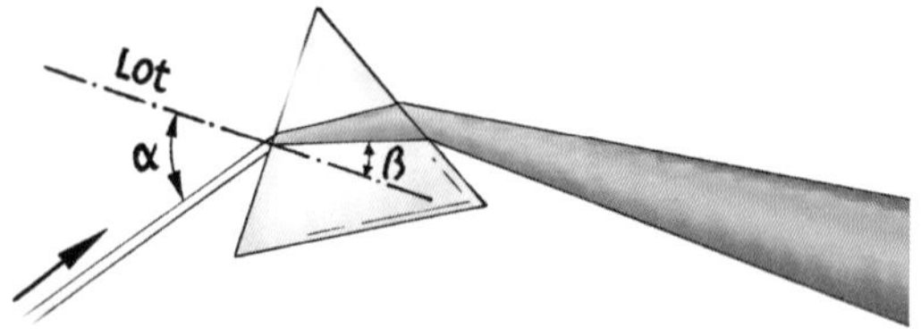

Abb. 29.11: Durch unterschiedliche Geschwindigkeiten kommt es zu einer Aufspaltung des weißen Lichts. Je größer der Brechungswinkel β, desto schwächer die Brechung.

Du siehst, dass das blaue Licht am stärksten gebrochen wird und das rote am schwächsten (Abb. 29.11). Das Brechungsgesetz besagt aber: Je größer die Geschwindigkeit im Glas (c_2), desto größer sin β, desto geringer die Brechung. Das bedeutet, dass sich rotes Licht im Glas am schnellsten bewegen muss und blaues am langsamsten (→ F8). Diese Abhängigkeit der Wellengeschwindigkeit von der Wellenlänge nennt man **Dispersion**.

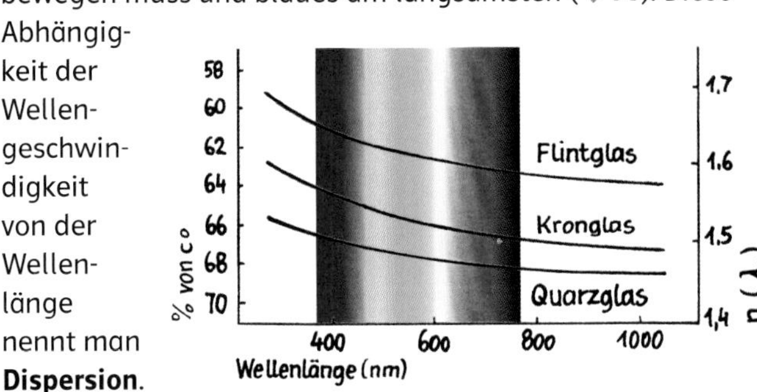

Abb. 29.12: Zusammenhang zwischen Wellenlänge, Geschwindigkeit und Brechzahl für drei Glassorten: Der Wert für Quarzglas in Tab. 29.1 (S. 21) gilt nur für 600 nm.

Wenn man also die Brechzahl eines Stoffes ganz exakt angeben will, muss man auch die Wellenlänge dazusagen, für die dieser Wert gilt (Abb. 29.12). Obwohl die Geschwindigkeitsunterschiede nur wenige Prozent ausmachen, kommt es trotzdem zu diesen prächtigen Farberscheinungen. Beim **Regenbogen** ist es ganz ähnlich wie beim Prisma. Das imposante Farbenspiel ist also ein Beweis dafür, dass die einzelnen Farben im Tropfen unterschiedlich schnell sind.

→ **Info:** Regenbogen

Wenn man weißes Licht aufspaltet, erhält man das Spektrum aller Farben. Das bedeutet natürlich umgekehrt, dass man beim Vereinigen dieser Farben wieder weiß bekommt. Aber man braucht nicht einmal das ganze Spektrum dazu, es genügen **rot, grün und blau.** Das liegt daran, dass es in unserer Netzhaut für das Farbsehen drei Typen von Zapfen gibt, die jeweils auf eine dieser Farben reagieren (Abb. 29.13). Wenn an einer Stelle der Netzhaut alle drei Typen gereizt werden, dann siehst du dort weiß.

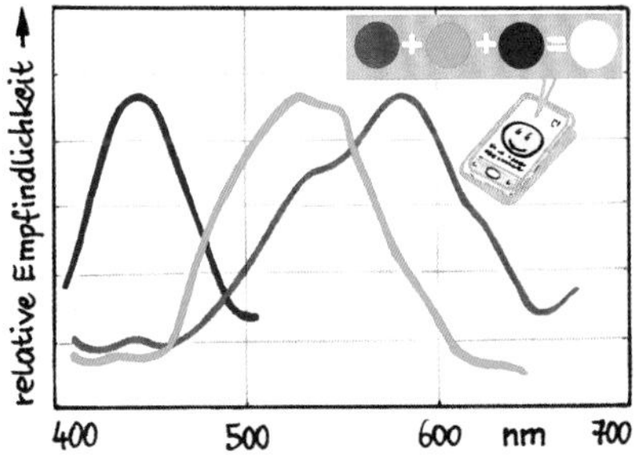

Abb. 29.13: Die relative Empfindlichkeit der drei Typen von Zapfen auf der Netzhaut

Das nutzt man bei Farbdisplays wie etwa beim Handy aus (→ F11). Sie bestehen aus hunderttausenden roten, grünen und blauen Leuchtpunkten. Die Punkte sind so winzig, dass du sie auch aus der Nähe kaum einzeln wahrnehmen kannst (Abb. 29.17, S. 24). Weil sich hier Lichtwellen überlagern, also quasi addieren, spricht man von **additiver Farbmischung.** Man kann diese Punkte aber nicht nur ein- oder ausschalten, sondern auch ihre Intensität variieren. Auf diese Weise lassen sich auf jedem normalen PC mindestens 16,8 Millionen Farbschattierungen erzeugen!

Regenbogen

Damit du einen Regenbogen sehen kannst, musst du auf die fallenden Tropfen blicken und die Sonne im Rücken haben (Abb. 29.14; → F10). Abb. 29.15 zeigt, wie das Sonnenlicht durch den Eintritt in die Regentropfen aufgespaltet wird. Weil bei **Haupt-** und **Nebenregenbogen** die Lichtstrahlen gegengleich durch die Tropfen laufen, ist auch die Farbreihenfolge beim Austritt umgekehrt. Beim Hauptregenbogen wird der Lichtstrahl nur einmal reflektiert, bevor er austritt, beim Nebenregenbogen zweimal. Weil bei jeder Reflexion auch Licht nach außen dringt, ist dadurch der Nebenregenbogen lichtschwächer und nicht immer zu sehen.

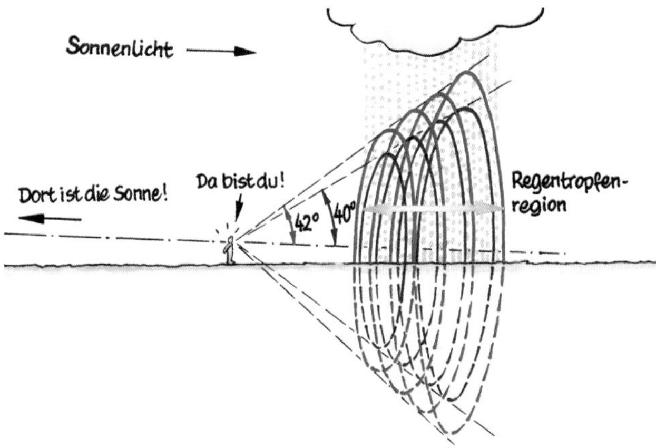

Abb. 29.14: Ein Regenbogen ist im Prinzip ein Teil eines Kegelmantels.

Etwas verblüffend ist zunächst, dass der Hauptregenbogen oben rot und unten blau ist, die Farben aber genau umgekehrt aus den Tropfen austreten (Abb. 29.15). Beim Nebenregenbogen ist es genau umgekehrt. Das liegt daran, dass du von jedem Tropfen nur eine einzige Farbe siehst. Von den obersten Tropfen des Regenbogens gelangt nur rot in dein Auge und von den untersten nur blau (Abb. 29.16). Das ergibt dann die Farbreihenfolge, die du sehen kannst.

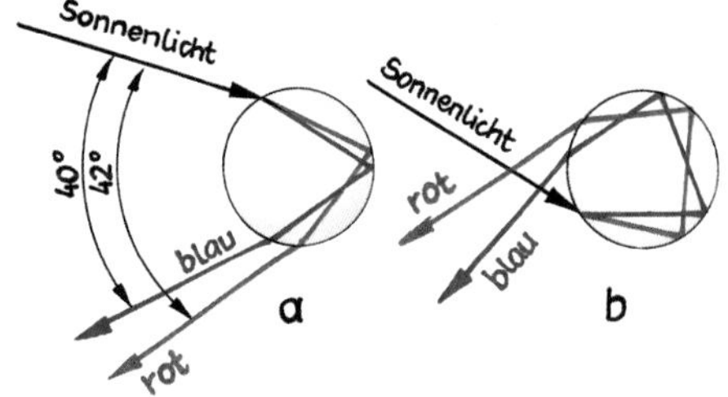

Abb. 29.15: a) Hauptregenbogen, b) Nebenregenbogen

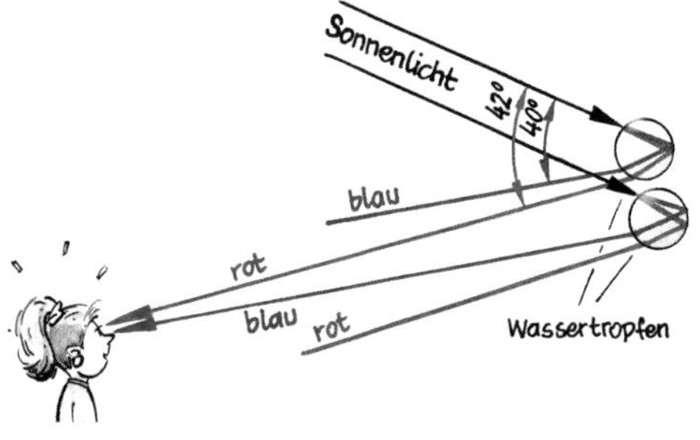

Abb. 29.16: Warum der Regenbogen oben rot ist …

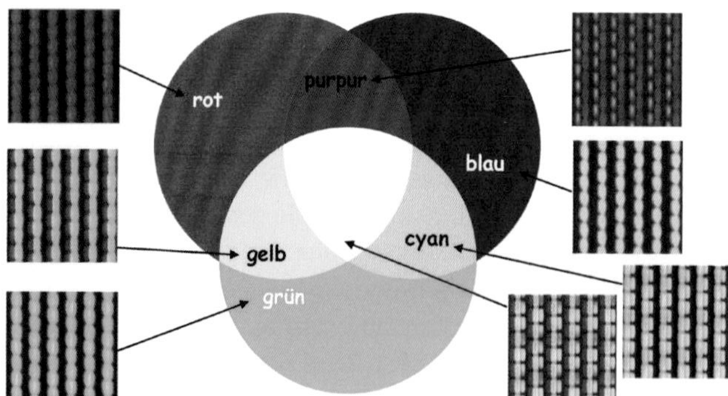

Abb. 29.17: Additive Farbmischung bei Displays: Es sind nur Mischungen dargestellt, bei denen die Punkte gleiche Intensität haben. Die Quadrate sind starke Vergrößerungen eines Monitors. Weiß erhält man, wenn alle drei Punktarten leuchten.

Z Zusammenfassung

Weißes Licht kann durch Brechung in seine Komponenten zerlegt werden, weil die Farben unterschiedliche Geschwindigkeiten und Brechzahlen haben. Durch Mischen von rotem, grünem und blauem Licht in verschiedenen Intensitäten kann man alle Farben erzeugen.

29.4 Bildschirm(r)evolution
Polarisation

Hier geht es um eine spezielle Art von Licht, bei der das elektrische Feld in nur einer Ebene schwingt. Dieses Licht ist die Grundlage für die LCD-Technologie.

F12 W1 Was versteht man unter Longitudinal- und Transversalwellen? Lies nach in Kap. 19.2, „Big Bang 6".

F13 W1 Man wusste schon lange vor MAXWELL, dass Licht eine Transversalwelle ist. Welchen Beleg gab es dafür?

F14 E1 Du kennst LCD-Anzeigen von Uhren und Taschenrechnern (Abb. 29.18). Aber wie funktionieren diese?

Abb. 29.18: LCD-Anzeige eines Taschenrechners

F15 W1 Wann und wie gelang der erste experimentelle Beleg, dass Licht Welleneigenschaften aufweist? Wie entsteht das Licht in den Hüllen der Atome? Wo spielt die Polarisation einzelner Photonen eine Rolle? Was versteht man unter dem „Gartenzaunmodell"? Was versteht man unter kohärentem Licht? Lies nach in Kap. 33.2, 35.1, 35.4 und 36.3 f.

F16 E2 Dextrose ist ein Traubenzucker, und zwar ein rechtsdrehender. Auf manchen Joghurts steht, dass links- und rechtsdrehende Milchsäure drin ist. Wer oder was dreht sich in diesen Fällen?

Licht entsteht durch **Quantensprünge** der Elektronen in den Atomhüllen. Durch diese Quantensprünge kommt es zu einer Änderung des elektrischen Feldes und somit zur Entstehung elektromagnetischer Wellen. Normales Licht ist immer eine Mischung aus Wellenzügen mit völlig unterschiedlichen Eigenschaften, unter anderem auch der Schwingungsrichtung des elektrischen Feldes (Abb. 29.19 a bis c). Man spricht in diesem Fall von **unpolarisiertem** Licht.

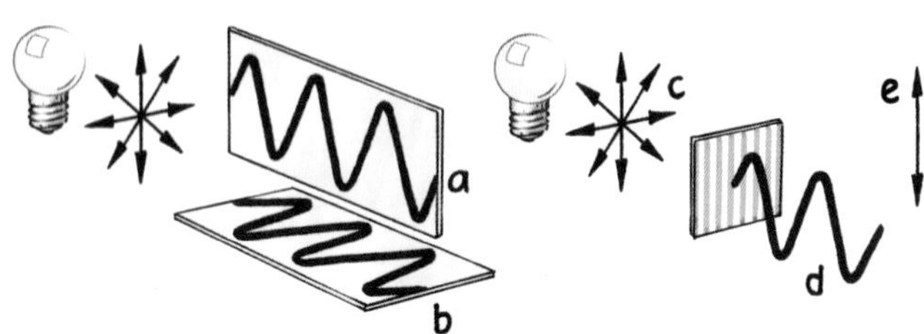

Abb. 29.19: a und b) Bei unpolarisiertem Licht schwingen die elektrischen Felder in unterschiedlichen Richtungen. Hier sind exemplarisch zwei dargestellt. c) Symbol für unpolarisiertes Licht d) Schematische Darstellung, wie man mit einem Polfilter polarisiertes Licht erzeugen kann e) Symbol für polarisiertes Licht

Wenn man Licht durch einen **Polarisationsfilter** (kurz Polfilter) schickt, dann schwingt das elektrische Feld nur mehr in einer Richtung – es wurde polarisiert (Abb. 29.19 d und e). Polfilter kann man zum Beispiel aus Kunststofffolien herstellen, die aus langgestreckten Molekülen bestehen. Besonders interessant wird es, wenn man zwei Polfilter verwendet. Je nach Ausrichtung kann man dann das Licht durchlassen oder nicht (Abb. 29.20 und 29.21). Dieses Phänomen, das man schon lange vor Maxwells Entdeckung kannte, ist nur möglich, weil Licht eine **Transversalwelle** ist (→ F13).

Abb. 29.20: Modell von Polfiltern in paralleler (a) und gekreuzter Ausrichtung (b): Man kann den Effekt sehr gut mit dem „Gartenzaunmodell" verstehen (Kap. 36.4, S. 93).

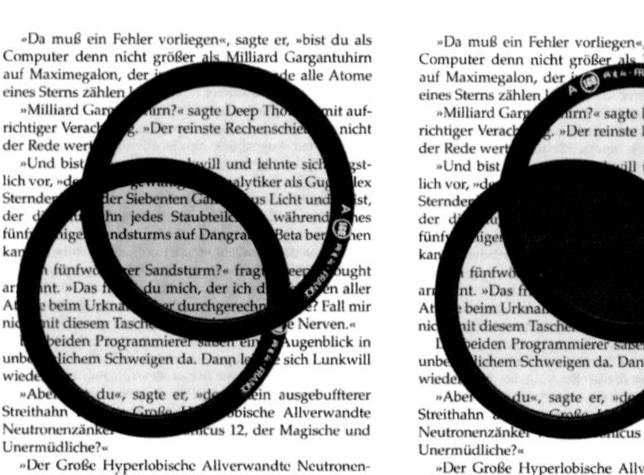

Abb. 29.21: Foto von Polfiltern in paralleler (links) und gekreuzter Ausrichtung (rechts): Die Anordnungen entsprechen Abb. 29.20 a und b.

Einige Stoffe wie Traubenzuckerlösungen, Milchsäure oder bestimmte Kristalle drehen die Schwingungsebene von polarisiertem Licht. Man spricht dann von **optisch aktiven Substanzen.** Wenn man zum Beispiel eine Lösung aus Dextrose herstellt und polarisiertes Licht durchschickt, dann dreht sich dessen Schwingungsebene von vorne gesehen nach rechts (Abb. 29.22). Deshalb sagt man, Dextrose ist rechtsdrehend (lat. dexter = rechts; → F16).

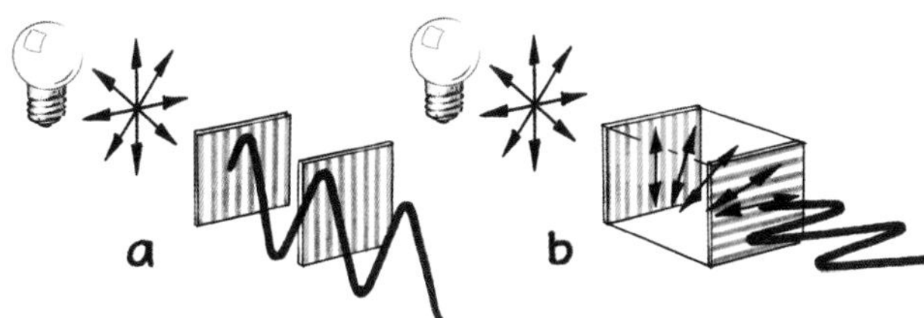

Abb. 29.22: Ein rechtsdrehender Stoff (b): Der Drehwinkel hängt von vielen Faktoren ab, etwa von der Wellenlänge. In diesem Fall muss der zweite Filter um 90° gedreht werden, damit das Licht durchkommt.

Wenn man optisch aktive Substanzen mit zwei Polfiltern kombiniert, dann kann man eine **LCD-Anzeige** basteln und mechanische Spannungen in einem durchsichtigen Werkstoff sichtbar machen.

→ **Info:** LCD

→ **Info:** Unter Spannung

Z Zusammenfassung

Wenn das elektrische Feld einer Lichtwelle nur in einer Ebene schwingt, dann spricht man von polarisiertem Licht. Eine seiner wichtigen Anwendungen ist die LCD-Technologie für Displays oder Flachbildschirme.

Unter Spannung

Auch Kunststoffe können optisch aktiv sein, wobei der Drehwinkel von der mechanischen Spannung abhängt. Man spricht daher von **Spannungsoptik.** Man platziert den Kunststoff zwischen zwei Polfiltern und beleuchtet ihn. Weil die Drehung der Schwingungsebene auch von der Wellenlänge abhängt, werden nicht alle Farben gleich stark gedreht und somit vom zweiten Filter unterschiedlich stark abgeschwächt. Aus dem dadurch entstehenden Farbmuster kann der Fachmann die Belastung an den verschiedenen Stellen ablesen. Man kann auf diese Weise an Kunststoffmodellen reale Belastungen studieren (Abb. 29.23).

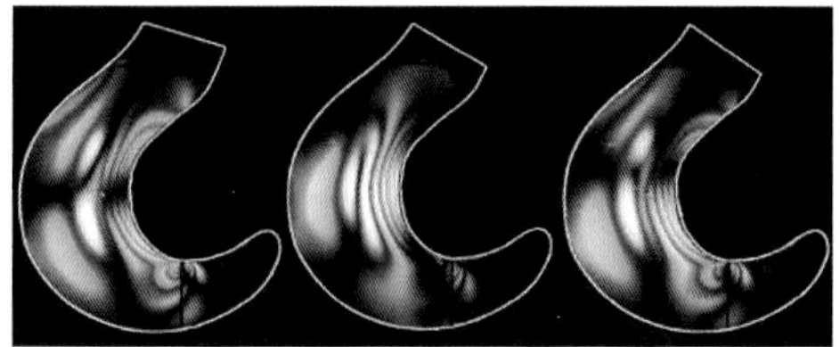

Abb. 29.23: Haken bei zunehmender Beleuchtung mit weißen Licht

LCD

LCD steht für **L**iquid **C**rystal **D**isplay. Diese **Flüssigkristalle** sind optisch aktiv, verlieren diese Fähigkeit aber unter **elektrischer Spannung**. Abb. 29.24 zeigt den Aufbau einer LCD-Zelle. Ohne Spannung wird das Licht am Spiegel reflektiert. Diese Stelle ist hell. Liegt Spannung an, dreht der Kristall die Schwingungsebene nicht, und das Licht wird am unteren Filter geschluckt. Diese Stelle ist dunkel. Eine LCD-Zelle ist ein spannungsgesteuertes Lichtventil (→ F14). Auch **LCD-Bildschirme** funktionieren so. Allerdings haben die Zellen keinen Spiegel, sondern werden von hinten beleuchtet. Außerdem gibt es pro darzustellendem Pixel eine rote, eine grüne und eine blaue Zelle.

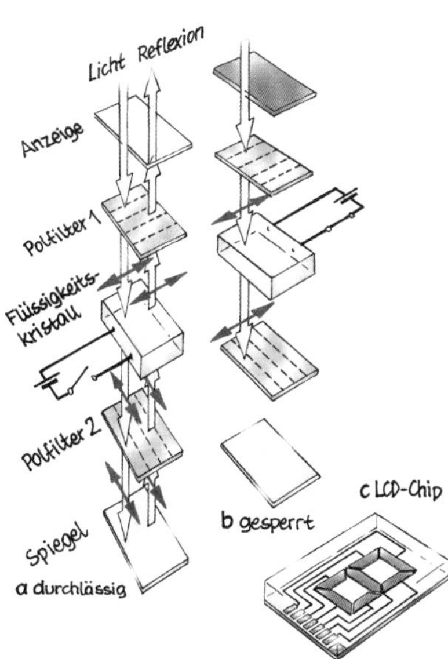

Abb. 29.24: a) und b) „Explosionsdarstellung" eines LCD-Segments – die Polfilter sind gekreuzt. Die Kristallschicht ist in Wirklichkeit nur einige µm dick. c) Jede Ziffer eines Taschenrechners hat 7 durchsichtige, elektrisch leitende Segmente. Jedes Segment ist im Prinzip so aufgebaut wie in a und b dargestellt.

Einige Licht-Phänomene

F17 W1 Was versteht man unter Beugung? Wie kommt es zu den schillernden Erscheinungen auf der Oberfläche einer CD? Wie funktioniert das CCD einer Digitalkamera? Wie kommt man von den Wellen- und Teilcheneigenschaften des Lichts zur Unschärferelation? Lies ab S. 53 in Kap. 33 nach.

F18 E1 Glas ist für sichtbares Licht durchsichtig, nicht aber für IR-Licht. Woher kommt das? → L

F19 E1 Wie kommt eine Fata Morgana zu Stande? Wie funktioniert ein Endoskop? Besorge dir dazu Information aus dem Internet.

F20 W2 Berechne aus dem Brechungsgesetz den Grenzwinkel der Totalreflexion für Wasser und Quarzglas. → L

F21 W2 Was versteht man unter subtraktiver Farbmischung und wo wird diese angewendet? Besorge dir Information aus dem Internet.

30 Energieübertragung durch EM-Wellen

Eine Welle ist die Ausbreitung einer Störung. Elektromagnetische Wellen werden zum Beispiel ausgelöst, indem Ladungen beschleunigt werden, wodurch das elektrische Feld gestört wird (Kap. 28.1). Diese Störung breitet sich mit Lichtgeschwindigkeit im Raum aus. Eine Welle ist aber auch die Ausbreitung von Energie, ohne dass dabei Materie transportiert wird. Ein sehr plastisches Beispiel dafür sind Erdbebenwellen. Sie transportieren ungeheure Mengen an Energie, die noch an weit entfernten Orten enorme Schäden anrichten können (Abb. 30.1). Ganz komprimiert kann man also sagen: **Eine Welle ist die Ausbreitung einer Störung bzw. von Energie ohne Materietransport.** In diesem Kapitel werden wir uns vor allem Phänomene der EM-Wellen ansehen, bei denen dieser Energieaspekt im Vordergrund steht.

Abb. 30.1: Eine durch ein Erdbeben umgefallene 50-Tonnen-Lok (siehe auch Kap. 19, „Big Bang 6“)

30.1 Vom Backofen zum Kosmos
Schwarzer Strahler, schwarze Körper

Jedes Objekt sendet zu jedem Zeitpunkt elektromagnetische Wellen aus, auch dieses Buch und der Tisch, auf dem es liegt. Das liegt an den thermischen Schwingungen der Atome.

F1 W1 Was versteht man unter thermischer Bewegung? Welcher Zusammenhang besteht zwischen ihr und der Temperatur eines Objekts? Was besagen der 1. und der 2. Hauptsatz der Wärmelehre (Thermodynamik)? Lies nach in Kap. 11, „Big Bang 5“.

F2 W1 Was versteht man unter einem idealen Gas und einem realen Gas? Lies nach in Kap. 14 „Big Bang 5“.

F3 S1 Wenn man einen Eisenstab erhitzt (etwa einen Nagel im Trafo; siehe Abb. 27.29, S. 11), glüht er zuerst dunkel-, dann hellrot und schließlich gelb, je mehr sich seine Temperatur erhöht. Wieso ist das so?

F4 E2 Die Sonne hat eine Oberflächentemperatur von etwa 6000 K. Woher weiß man das?

F5 S1 Wenn man von Reflexionen absieht, sind Fenster ohne Vorhänge am Tag viel dunkler als die Fassade (Abb. 30.2). Warum?

Abb. 30.2: Das Palais Epstein in Wien

F6 S2 Du bist irgendwo im Weltall, fern von Sternen und Planeten. Welche Temperatur hat es dort? Kann man im Weltall überhaupt von Temperatur sprechen?

Um zu verstehen, was ein schwarzer Strahler ist, müssen wir etwas ausholen. Es gibt kein Objekt im Universum, dessen **Temperatur** exakt 0 Kelvin beträgt. Temperatur zu haben bedeutet, dass alle Teilchen des Gegenstandes, also auch Atome und Elektronen, **thermische Schwingungen** ausführen: je heißer, desto heftiger (→ F1). Nun werden aber elektromagnetische Wellen durch beschleunigte Ladungen ausgelöst, etwa durch Ladungsschwingungen (Kap. 28.1, S. 15).

Wenn du beides zusammentust, ergibt sich etwas Verblüffendes: Jeder Körper in diesem Universum sendet auf Grund seiner Temperatur elektromagnetische Wellen aus. Auch dieses Buch, der Sessel und du selbst. Weil die Temperatur der Grund der Strahlung ist, spricht man von **Wärmestrahlung.** Genau genommen sind die „thermischen Schwingungen der Elektronen“ eigentlich Quantensprünge (siehe Kap. 35.1, S. 78), bei denen Photonen aufgenommen oder abgegeben werden.

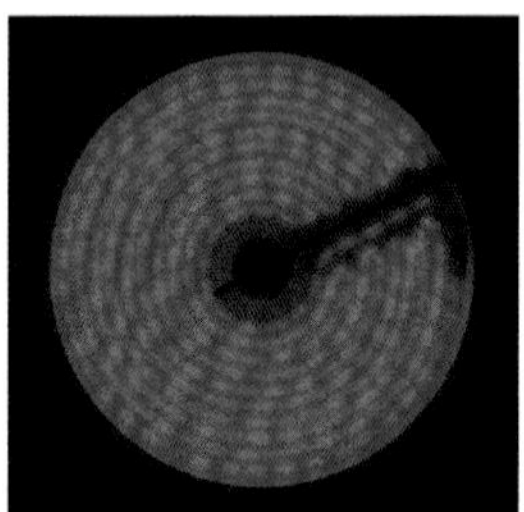

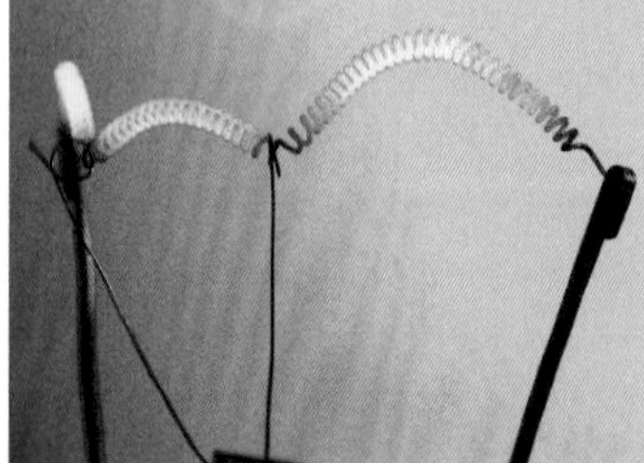

Abb. 30.3: Die Leuchtfarbe eines Wärmestrahlers hängt von seiner Temperatur ab: Herdplatte etwa 600 °C (links), Glühwendel etwa 2700 °C (rechts)

Bei Zimmertemperatur haben die EM-Wellen eine niedrige Frequenz, die du nicht sehen kannst. In heißen Gegenständen sind die Schwingungen aber so heftig, dass die entstehenden Wellen **sichtbar** werden. Das ist etwa bei einer Herdplatte oder dem Glühdraht einer Lampe der Fall. Die kühlere Herdplatte leuchtet dunkelrot, die wärmere Glühwendel orange (Abb. 30.3). Es gibt also einen Zusammenhang zwischen Temperatur und Farbe. Wie kann man den quantitativ beschreiben?

Die Natur ist sehr kompliziert, aber in vielen Fällen kann man vereinfachen. Das **ideale Gas,** mit dem man innerhalb gewisser Grenzen **reale Gase** gut beschreiben kann, ist ein

Beispiel dafür (→ F2). Was für die Gaskinetik das ideale Gas ist, ist für die Wärmestrahlung der schwarze Strahler: Ein vereinfachtes Modell, mit dem man reale Verhältnisse gut beschreiben kann. Was ist ein schwarzer Strahler?

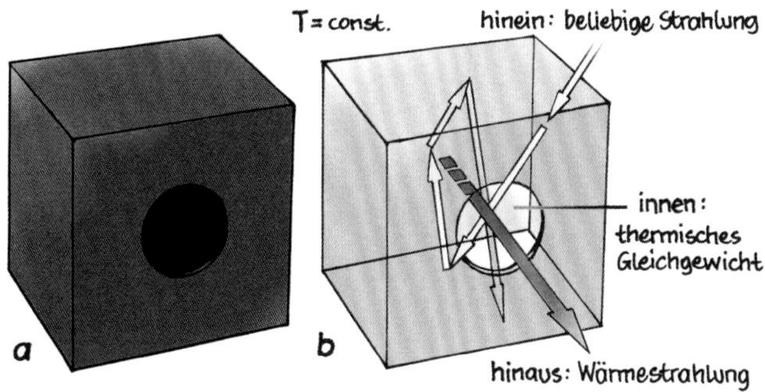

Abb. 30.4: Die Box (a) ist außen und innen schwarz. Das Loch ist aber „schwärzer", weil das Licht im Inneren durch mehrmalige Reflexion praktisch absorbiert wird (b). Aus diesem Grund sind auch die Fenster eines Hauses untertags so dunkel (→ F5). Das Innere dieser Box ist ein Modell für einen schwarzen Körper.

Schwarze Strahler sind theoretische Objekte, die alle auftreffenden EM-Wellen absorbieren. Es gibt keinen realen Gegenstand, auf den das völlig zutrifft, aber ein Hohlraum mit einer kleinen Öffnung ist eine gute Näherung. Das kann eine schwarze Box sein (Abb. 30.4) oder ein Backofen, der innen verrußt ist. Das Innere ist dann bei **Zimmertemperatur**, wie das Loch im Würfel, völlig schwarz. Daher kommt auch der Name **schwarzer Strahler** oder **schwarzer Körper**. Auch Sterne sind in guter Näherung schwarze Strahler. Kleine, ausgebrannte Sterne werden tatsachlich völlig schwarz. Auch die Sonne wird einmal als „Schwarzer Zwerg" enden.

Was „strahlt" am schwarzen Strahler? Die Wärmestrahlung! Das Spektrum eines idealen schwarzen Strahlers ist nur von der Temperatur, nicht aber vom Material abhängig. Je heißer das Objekt, desto kurzwelliger das Strahlungsmaximum (Abb. 30.5). Egal, welche Strahlung in die Öffnung eintritt, rotes Licht, Röntgen, blaues Licht: Ein schwarzer Strahler „verwurstet" alles und strahlt bei derselben Temperatur immer mit demselben Spektrum, gleichgültig ob Backofen oder Stern.

Warum braucht man aber dieses idealisierte Modell? Weil man dann die Temperaturstrahlung mit **Gleichungen** beschreiben kann. Den Zusammenhang zwischen Temperatur und Strahlungsmaximum kann man zum Beispiel mit dem **Wien'schen Verschiebungsgesetz** beschreiben (strichlierte Linien in Abb. 30.5).

→ **Info:** Planck'sche Verzweiflung

F Formel: Wien'sches Verschiebungsgesetz

$$\lambda_{max} \cdot T = 2{,}9 \cdot 10^{-3}\ \text{mK}$$

λ_{max} ... Wellenlänge der max. Strahlung [m]
T ... absolute Temperatur des schwarzen Strahlers [K]

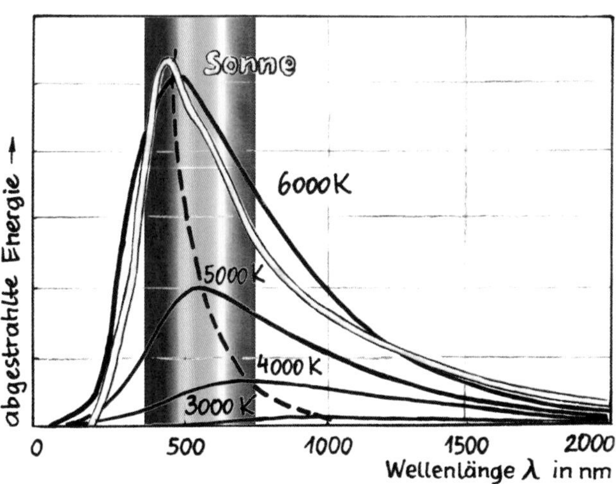

Abb. 30.5: Strahlung von idealen schwarzen Strahlern und die reale Strahlung der Sonne: Die Maxima (strichlierte Linie) verschieben sich mit zunehmender Temperatur nach links und somit auch die sichtbare Farbe von rot über orange und gelb bis blau (siehe auch Abb. 35.14, S. 82).

Planck'sche Verzweiflung

Schon im 19. Jahrhundert konnte man die **Strahlung von Hohlräumen** (also von schwarzen Strahlern) im Labor messen (siehe Abb. 30.6 rechts oben). Die gemessenen Werte waren aber mit klassischer Physik nicht zu erklären. Max Planck (Abb. 36.4, S. 88) fand **1900** ein **Strahlungsgesetz**, das mit den gemessenen Werten übereinstimmte. Er musste dazu aber, wie er selber sagte, in einem „Akt der Verzweiflung" annehmen, dass die Energie nur in Form von „Portionen" aufgenommen und abgegeben wird. Diese Portionen nennen wir heute allgemein **Quanten** und beim Licht **Photonen.**

Um diese Energieportionen zu beschreiben führte Planck bei der Entwicklung seines Strahlungsgesetzes die Gleichung $E = h \cdot f$ ein, wobei h das nach ihm benannte **Wirkungsquantum** ist. Planck hatte in seiner „Verzweiflung" die Quantenmechanik ins Rollen gebracht und dafür später den Nobelpreis bekommen. Einstein konnte 1905 mit Hilfe der Gleichung $E = h \cdot f$ den Fotoeffekt erklären (Kap. 33.3, S. 57).

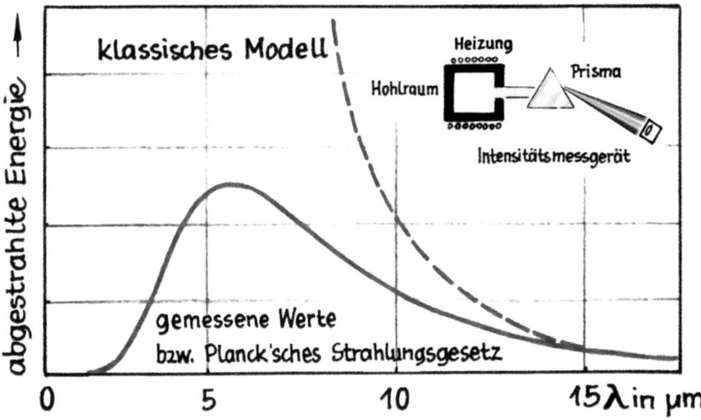

Abb. 30.6: Intensitätsmessung eines schwarzen Strahlers (rechts oben): Das klassische Modell versagt bei kurzen Wellenlängen völlig. Die Strahlungsverteilung ist nur mit Hilfe der Quantenmechanik zu erklären.

Obwohl Herdplatte, Glühbirne oder ein erhitzter Eisenstab keine perfekten schwarzen Strahler sind, kann man mit diesem Modell das Zustandekommen ihrer Farben gut erklären (→ F3). Auch **Sterne** sind keine perfekten schwarzen Strahler, wie man am realen Strahlungsverlauf der Sonne in Abb. 30.5 (S. 27) sieht. Weil dieser aber mit einem schwarzen Körper von 6000 K gut übereinstimmt, ordnet man der Sonnenoberfläche diesen Wert zu (→ F4). Der größte schwarze Strahler im Universum ist übrigens das Universum selbst.

→ **Info:** Eine Pizza im All

Eine Pizza im All

Der größte reale schwarze Strahler und gleichzeitig der perfekteste ist das **ganze Universum** selbst. Seine Strahlung, die uns aus allen Richtungen des Raums erreicht, nennt man **Hintergrundstrahlung** (Abb. 30.7). Sie ist überwiegend Mikrowellenstrahlung. Zum Auftauen einer Pizza taugt sie aber nicht, denn sie entspricht bloß 2,7 K! Wenn du also eine Pizza ins All schießt, würde sie so lange an Temperatur verlieren, bis sie auf weniger als −270 °C abgekühlt ist, denn das ist die Temperatur des Universums (→ F6; siehe auch Kap. 30.3, S. 30).

Abb. 30.7: Aufnahme der Hintergrundstrahlung mit der Sonde WMAP: Die Temperaturabweichungen von der Schwarzkörperstrahlung liegen in der Größe von 10.000stel Grad.

Der **Ursprung der Hintergrundstrahlung** liegt etwa 400.000 Jahre nach dem Urknall, also vor über 13 Milliarden Jahren. Damals war das Universum auf rund 3000 K abgekühlt, und Protonen und Elektronen kombinierten sich zu Atomen. Die Photonen konnten nicht mehr an den geladenen Teilchen gestreut werden, und das Universum wurde „durchsichtig“. Die schwarze Strahlung von damals „sieht“ man nun als Hintergrundstrahlung. Durch die Expansion des Universums kam es zur Rotverschiebung, und deshalb liegt die Strahlung heute bei nur mehr 2,7 K (siehe auch „Big Bang 8“).

Z Zusammenfassung

Jedes Objekt sendet auf Grund seiner Temperatur EM-Wellen aus, die man Wärmestrahlung nennt. Diese wird bei hohen Temperaturen sogar sichtbar. Man kann diese Strahlung im Rahmen der Quantenmechanik mit dem idealisierten Modell des schwarzen Strahlers beschreiben.

30.2 Die Geschichte mit dem Schokoriegel

Mikrowellen und Radar

In diesem Abschnitt geht es um Mikrowellen. Dazu gehören die Wellen in einem Mikrowellenherd, aber auch die Radarwellen zur Überwachung.

F7 E1 Du kennst Radarmonitore aus diversen Filmen. Dabei streicht eine Linie über den kreisförmigen Bildschirm (Abb. 30.8). Was hat es mit dieser Linie auf sich? Und wie funktioniert Radar überhaupt?

Abb. 30.8: Radarschirm einer Flugüberwachung

F8 E1 Was ist ein Tarnkappenbomber? Welche Eigenschaften unterscheiden ihn von normalen Flugzeugen?

F9 E1 Was versteht man unter stehenden Wellen? Was versteht man unter dem Doppler-Effekt? Warum ist H_2O ein Dipol-Molekül?

F10 E2 Du hast schon oft einen Mikrowellenherd verwendet. Aber was weißt du über ihn? Wie werden die Mikrowellen erzeugt? Warum kann man mit ihnen Speisen überhaupt erwärmen? Was hat der Drehteller für eine Funktion? Warum hat die Frontklappe hinter dem Glas ein Metallgitter?

Als **Mikrowellen** bezeichnet man EM-Wellen von 1 mm bis 1 m Länge. Technische Anwendungen sind **Radar** und **Mikrowellenherd**, aber auch Mobilfunk, Fernsehen und WLAN (Kap. 31, S. 33). Wir beschäftigen uns in diesem Abschnitt aber nur mit dem energetischen Aspekt.

Radar ist ein Akronym (siehe S. 84) und steht für **Ra**dio **D**etection **a**nd **R**anging, was sinngemäß Erkennung und Messung mittels Funkwellen bedeutet. Beim **Richtungsradar** werden von einer rotierenden Antenne (Abb. 30.9) hunderte Wellenimpulse pro Sekunde mit der Leistung von einigen MW ausgesendet, die vor allem an metallischen Flächen reflektiert werden. In den Sendepausen ist die Antenne der Empfänger. Die **Laufzeit** des Signals gibt Aufschluss über die Entfernung eines Objekts. Wenn dieses zum Beispiel 150 km entfernt ist, ist das Signal nach rund 10^{-3} s wieder da. Der Strich am Schirm zeigt an, in welche Richtung die Antenne gerade zeigt (→ F7).

→ Info: Tarnkappentechnologie

Das Radar im **Straßenverkehr** sendet kontinuierlich, weil man nicht an der Entfernung interessiert ist. Interessant ist in diesem Fall die Frequenzverschiebung durch die Bewegung des Fahrzeugs (Dopplereffekt), aus der man dann auf die Geschwindigkeit schließen kann (→ F9; Kap. 20.3, „Big Bang 6").

Abb. 30.9: Rotierende Radar-Antenne auf einem Schiff: Sie dient als Sender und Empfänger.

Als Erfinder des **Mikrowellenherds** gilt der Amerikaner Percy Spencer. Dieser arbeitete 1945 in einem Labor, in dem mit Radar-Wellen experimentiert wurde. Angeblich schmolz dadurch ein Schokoriegel in seiner Jackentasche, was ihn auf die Idee des Mikrowellenherds brachte.

Tarnkappentechnologie

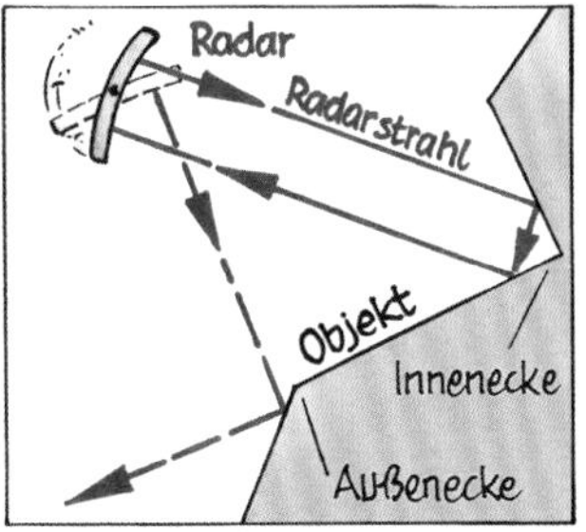

Abb. 30.10: Links: Der Tarnkappenbomber B-2 Spirit; Rechts: Innenecken würden Strahlen wieder in Senderichtung zurückwerfen.

Die **Tarnkappentechnologie** oder **Stealth-Technik** (engl. stealth = Heimlichkeit) bezeichnet alle Maßnahmen, um ein Objekt im EM-Wellen-Spektrum möglichst unsichtbar zu machen, also auch für Radar. Tarnkappenbomber haben **spezielle Formen**, die kaum Radar-Wellen zum Sender zurückwerfen. Das liegt unter anderem daran, dass die Flugzeugteile kaum Innenecken bilden, die wie „Katzenaugen" wirken würden (Abb. 30.10 rechts). Weiters sind Tarnkappenbomber mit einem **Speziallack** bestrichen, in dem Metallkügelchen durch die Radar-Wellen in Schwingungen versetzt werden und den Großteil der Wellenenergie in Wärme umwandeln. Der **Radarquerschnitt**, der ein Maß für das Echo ist, liegt bei einem normalen Bomber bei etwa 20 m², bei Tarnkappenbombern bei nur rund 0,01 m² – sie wirken am Schirm nicht größer als ein Singvogel (→ F8).

Abb. 30.11: a) Schematischer Aufbau eines Mikrowellenherds: 1) Kühlgebläse, 2) Magnetron, 3) Hohlleiter, 4) Reflektorflügel b) Aufbau eines Magnetrons

Sein Prototyp war mit 2 m Höhe und 400 kg gewaltig! Die Erzeugung der Mikrowellen erfolgte aber damals wie heute mit einem **Magnetron** (Abb. 30.11 b). In ihm sendet eine Kathode Elektronen aus, die sich auf Grund eines Magnetfeldes auf Kreisbahnen bewegen. Eine Kreisbahn bedeutet aber immer eine Beschleunigung, und diese führt bei Ladungen zur Emission von EM-Wellen (siehe Kap. 28.1, S. 15).

Warum wärmen Mikrowellen? **Wassermoleküle** sind **Dipole** und richten sich im elektrischen Feld aus (Abb. 30.12). Weil sich dieses ständig ändert, beginnen die Moleküle in rasendem Tempo zu schwingen. Durch Reibung entsteht Wärme – die Speisen werden quasi warmgezittert. Die Frequenz liegt typischerweise bei rund **2,5 GHz,** das entspricht **12 cm** Wellenlänge. Die Wellen können einige Zentimeter tief in die Speisen eindringen (Abb. 31.20, S. 40) und erwärmen diese auch von innen.

Damit die Wellen den Ofen nicht verlassen können, ist die Glasfront mit einem Gitter versehen. Dieses wirkt wie ein **Faraday-Käfig** und schützt davor, dass auch der Koch gekocht wird. Der Drehteller ist nötig, weil sich im Inneren stehende Wellen ausbilden, die die Speisen sonst sehr ungleichmäßig erwärmen würden (Kap. 19.5, „Big Bang 6").

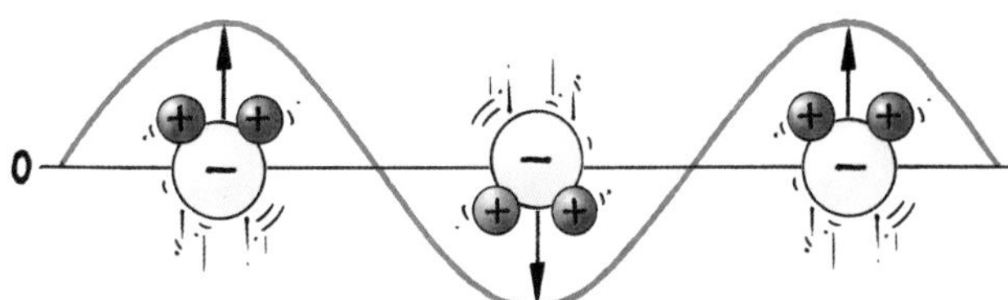

Abb. 30.12: Die Dipol-Moleküle des Wassers schwingen durch die EM-Wellen einige Milliarden Mal pro Sekunde.

Z Zusammenfassung

Mikrowellen haben 1 mm bis 1 m Wellenlänge. Beim Radar nutzt man Reflexion und Doppler-Effekt aus, um Entfernung und Geschwindigkeit von Objekten festzustellen, beim Mikrowellenherd die Dipol-Struktur von Wasser, um die Moleküle zu Schwingungen anzuregen.

30.3 Holzofenpizza und Sonnenbrand

Infrarot und Ultraviolett

In diesem Abschnitt geht es um jene EM-Wellen, die direkt an das sichtbare Licht angrenzen, nämlich Infrarot und Ultraviolett.

F11 Welche Formen der Wärmeübertragung gibt es?
W1 Was versteht man unter dem Gesetz von Stefan und Boltzmann? Wie kommt der Treibhauseffekt zu Stande? Lies nach in Kap. 12, „Big Bang 5“.

F12 Umgangssprachlich wird Infrarot immer mit Wär-
E1 mestrahlung gleichgesetzt. Warum ist das nicht korrekt?

F13 Heiße Speisen und Marathonläufer im Ziel werden in
S1 spiegelnde Folien eingepackt, um sie vor dem Auskühlen zu schützen. Haben so dünne Folien wirklich Sinn?

F14 Warum bekommt man auch von einer superhellen
W1 Lampe keinen Sonnenbrand? Lies nach in Kap. 33.3, S. 57!

F15 Was versteht man unter dem Ozonloch und was hat es
E1 mit UV-Licht zu tun?

F16 Wie lautet der Zusammenhang zwischen Photonen-
W1 energie und Frequenz? Sieh nach in Kap. 30.1, S. 27!

Infrarot schließt an den sichtbaren roten Bereich des Lichts an (Abb. 28.3, S. 15). Weil Menschen und deren Augen verschieden sind, gibt es abweichende Angaben über diese Grenze, die von $7{,}5 \cdot 10^{-7}$ m bis $8 \cdot 10^{-7}$ m reichen. Oft wird Infrarot mit **Wärmestrahlung** gleichgesetzt. Das ist aber nur die halbe Wahrheit beziehungsweise physikalisch gesehen schlampig.

Es gibt zahlreiche Anwendungen, bei denen IR durch **Laser** oder **Laserdioden** (Kap. 35.4, S. 83) erzeugt wird, etwa bei Fernbedienungen, Lichtschranken, Rauchmeldern und Schnittstellen von Laptops oder Handys, aber auch bei der Datenübertragung durch Glasfaserkabel (Abb. 35.24, S. 85) und beim medizinischen Laser. In all diesen Fällen liegt der Ursprung des Infrarots **nicht in der Wärmestrahlung** eines Objekts. Auf der anderen Seite strahlen Körper mit einigen hundert Kelvin, also so gut wie alle Gegenstände in deiner Umgebung, Infrarot (Abb. 30.14), und daher kommt auch die saloppe Gleichsetzung von IR und Wärmestrahlung (→ F12).

Bleiben wir bei der **Wärmestrahlung:** Diese ist neben **Wärmeleitung** und **Konvektion** der dritte Mechanismus der Wärmeübertragung (→ F11), der aber im Gegensatz zu den beiden anderen nicht an Materie gebunden ist. Wärmestrahlung gibt es auch im Vakuum.

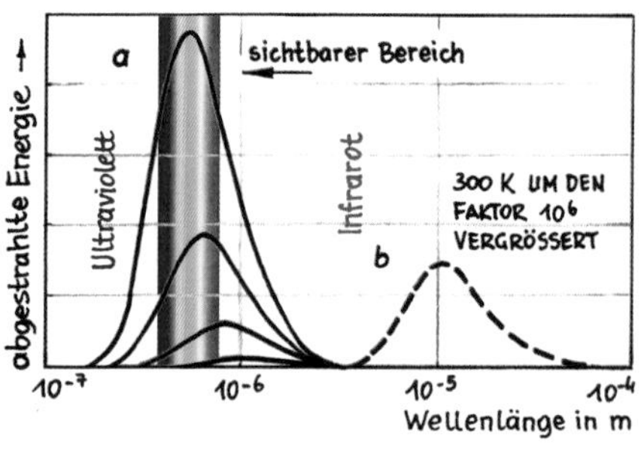

Abb. 30.13: Schwarzkörperstrahlung bei einigen 1000 K (a) und bei Zimmertemperatur (b): Bei b ist die Kurve um den Faktor 1 Million überhöht, um sie darstellen zu können.

Wenn Gegenstände große Flächen haben und ihre Temperaturen weit über der der Umgebung liegt, kann der Wärmeverlust durch Strahlung beträchtlich sein. Mit speziellen Kameras kann man **Wärmebilder** erstellen und so etwa die Isolation von Häusern überprüfen. Metalle reflektieren EM-Wellen, also auch Wärmestrahlung. Das nutzt man bei innen verspiegelten Thermosgefäßen aus und bei Alufolien, in die man Speisen und Menschen einpacken kann.

→ Info: Pizza und Marathonläufer

Abb. 30.14: Die Intensität der Wärmestrahlung in Falschfarbendarstellung

Ultraviolett schließt an den violetten Bereich des Lichts an (Abb. 28.3, S. 15), und man unterteilt es in UV-A bis UV-C (Tab. 30.1). Ein Teil des Sonnenlichts liegt im UV-Bereich (Abb. 30.5, S. 27). Ein gewisses Maß an Sonne ist gesund, weil es das Wohlbefinden steigert und die Bildung von **Vitamin D** anregt. Ein Zuviel ist aber wegen des UV-Anteils schädlich und kann zu **Hautkrebs** führen.

Pizza und Marathonläufer

Schätzen wir die wärmedämmende Wirkung von Alufolien ab. Nimm an, eine große **Pizza** kommt mit 80 °C (353 K) aus dem Holzofen und hat einen Durchmesser von 37 cm. Das macht, beide Seiten gerechnet, eine Fläche von 0,22 m². Nehmen wir vereinfacht an, die Pizza ist ein schwarzer Strahler. Dann kann man die abgestrahlte Wärme mit dem Gesetz von Joseph Stefan und Ludwig Boltzmann berechnen: $I = s \cdot A \cdot T^4$. σ (Sigma) ist die Stefan-Boltzmann-Konstante ($5{,}7 \cdot 10^{-8}$ W/m²K⁴). Die Pizza strahlt 190 W ab, bekommt aber vom Zimmer (293 K) nur rund 90 W zurück. Bleibt netto eine Wärmestrahlung von 100 W über. Eine Alufolie wirkt also so, als würdest du die Pizza in die Mikrowelle legen und auf 100 W aufdrehen (→ F13)! Das ist schon was! Wenn ein **Marathonläufer** (Hautfläche 1,8 m²) eine Hauttemperatur von 35 °C hat und draußen hat es 15 °C, dann ergibt das netto eine Wärmestrahlung von 217 W. Eine Aludecke wirkt also so, wie eine Heizleistung von über 200 W! Beeindruckend!

Ozonloch

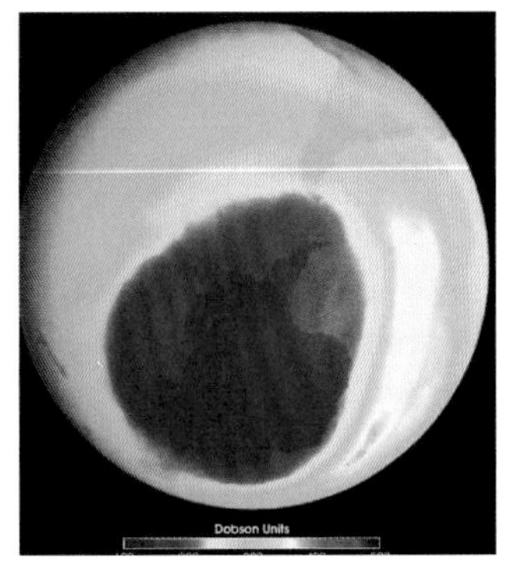

Abb. 30.15: Das Ozonloch über der Antarktis 2001

Als **Ozonloch** wird die seit Ende der 1970er beobachtete Abnahme der **Ozonschicht** ab rund 20 km Höhe bezeichnet (Abb. 30.15). Der Abbau des Ozons (O_3) wurde vor allem durch die vom Menschen freigesetzten **Fluorchlorkohlenwasserstoffe** (FCKW) verursacht, die man früher als Kühlmittel in Eiskästen verwendete. Durch deren Verbot hat sich die Ozonschichte bis heute ziemlich regeneriert. Das ist gut so, denn sie absorbiert einen großen Teil des UV-Lichts der Sonne und schützt Mensch und Umwelt (→ F15).

	relative Photonenenergie	Wellenlänge in 10^{-7} m	Frequenz 10^{14} Hz
rot	1–1,2	6,5–7,5	4,0–4,6
blau	1,5–1,8	4,2–4,9	6,1–7,1
UV-A	1,9–2,3	3,2–4,0	7,5–9,38
UV-B	2,3–2,7	2,8–3,2	9,38–10,7
UV-C	2,7–3,8	2,0–2,8	10,7–15

Tab. 30.1: Die absolute **Photonenenergie** lässt sich mit $E = h \cdot f$ berechnen ($h = 6{,}63 \cdot 10^{-34}$ Js).

Die Gefahr der Sonne wird unterschätzt. Jährlich steigt die Zahl der Hautkrebserkrankungen um fünf bis sieben Prozent, weil wir uns nicht ausreichend vor UV-Strahlung schützen. **Sonnencreme** sollte einen **Schutzfaktor 30** haben!

→ Info: Ozonloch

Z Zusammenfassung

UV und IR schließen direkt an den sichtbaren violetten bzw. roten Teil des Lichts an. Für IR gibt es eine breite Palette von Anwendungen, bei UV steht auf Grund seiner hohen Energie vor allem der hautschädigende Charakter im Vordergrund.

30.4 X-Strahlen durch den Sarkophag

Röntgen- und Gammastrahlung

Hier geht es um die EM-Wellen mit der höchsten Energie, nämlich Röntgen- und Gammastrahlung.

→ ? Fragenbox

Wilhelm Conrad Röntgen entdeckte die nach ihm benannten Strahlen **1895** zufällig, als er mit **energiereichen Elektronen** einer Kathodenstrahlröhre arbeitete. Dabei bemerkte er, dass einige Meter entfernt ein speziell beschichtetes Papier

F17 Warum kann man mit Röntgenstrahlen den Körper durchleuchten? Wieso kann man damit Knochen, aber keine Weichteile darstellen? Was ist ein Kontrastmittel? Warum verwendet man zum Abschirmen Blei? Was versteht man unter einer Computertomographie?

F18 Superman ist super und kann mit seinem Röntgenblick durch Wände sehen. Warum geht das in Wirklichkeit aber nicht? → L

F19 Was versteht man unter der Ordnungszahl (*Z*)? Was versteht man unter α-, β- und γ-Strahlung? Was versteht man unter den bildgebenden Verfahren PET und MRT?

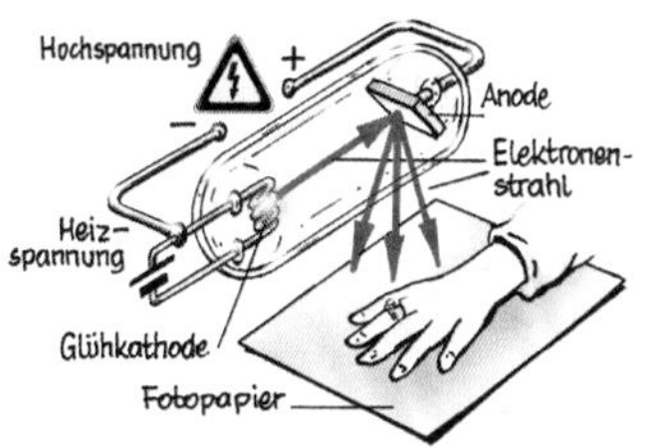

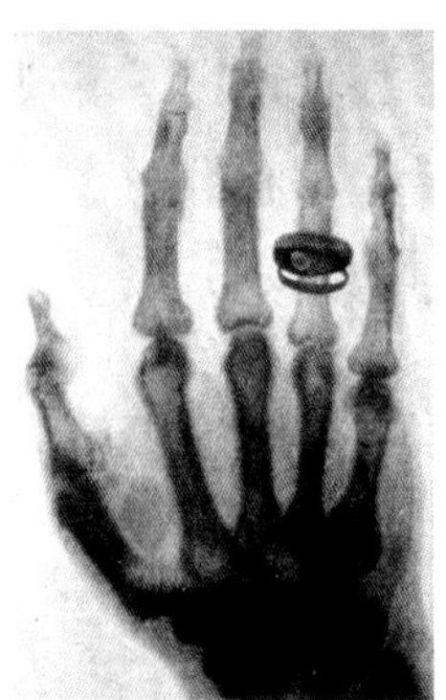

Abb. 30.16: Links: Aufbau einer Röntgenröhre und wie man damit fotografiert. Rechts: Eine der ersten Röntgenaufnahmen der Welt

fluoreszierte. Nach umfangreichen Experimenten kam er zum Schluss, dass das Leuchten durch eine neue Art von Strahlen verursacht wurde, die von der Röhre ausgingen. Er nannte sie **X-Strahlen.** Diese waren in der Lage, die meisten Substanzen mühelos zu durchdringen. Mit ihrer Hilfe den eigenen Körper schauen zu können (Abb. 30.16), machte Röntgenstrahlen zur populärsten physikalischen Entdeckung ihrer Zeit. **1901** bekam Röntgen den ersten **Physiknobelpreis** verliehen.

Wie und warum entstehen **Röntgenstrahlen**? So wie alle anderen EM-Wellen durch beschleunigte Ladungen! Je stärker die Beschleunigung, desto stärker die Knicke in den Feldlinien und desto höher die Energie der Strahlung. In der Praxis beschleunigt man Elektronen durch sehr hohe Spannungen und lässt sie dann aufprallen (Abb. 30.16 links). Dadurch werden sie sehr stark negativ beschleunigt. Die stärkste Abstrahlung erfolgt unter 90° zur ursprünglichen Bewegungsrichtung, weil dort die Feldlinien am stärksten verzerrt werden (Abb. 30.17).

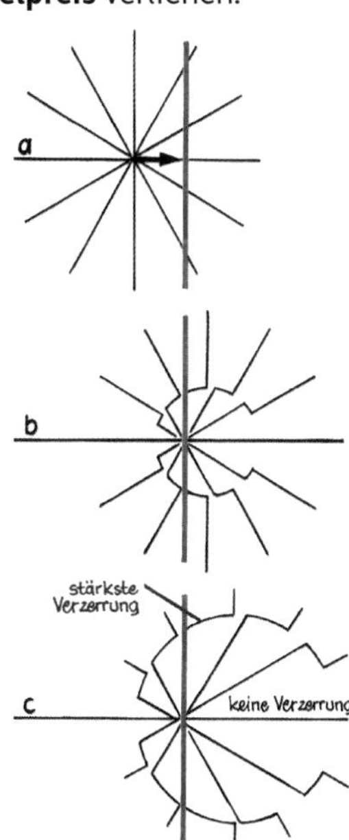

Abb. 30.17: So entstehen durch den Aufprall Röntgenstrahlen. Diese Abbildung ist die Umkehrung von 28.4, S. 15.

→ **Info:** Röntgenquant

Die **Schwächung der Röntgenstrahlung** in Materie durch Absorption und Streuung ist etwa proportional zur 4. Potenz der Ordnungszahl (Z^4). Elemente wie Wasserstoff (Z = 1), Kohlenstoff (6), Stickstoff (7) oder Sauerstoff (8) schlucken die Strahlung kaum. Knochen und Zähne mit ihrem hohen Anteil an **Calcium** (Z = 20) absorbieren Röntgenstrahlen aber sehr gut und erscheinen auf den Bildern daher dunkler. Auch die starke Absorptionsfähigkeit von **Blei** (Z = 82) ist auf dessen hohe Ordnungszahl zurückzuführen. Will man Magen und Darm sichtbar machen, muss man ein **Kontrastmittel** mit hoher Absorptionsfähigkeit schlucken.

Unter **Computertomographie** (CT) versteht man ein rechnergestütztes Verfahren, um **dreidimensionale Röntgenbilder** zu erzeugen. Dieses Verfahren ähnelt zwar PET und MRT, darf aber nicht mit diesen verwechselt werden! Mittels CT lassen sich komplizierte Knochenbrüche perfekt darstellen, aber auch Mumien im Sarkophag (Abb. 30.18).

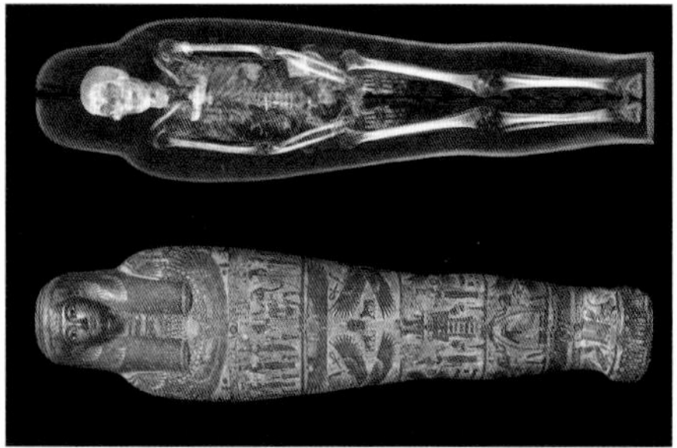

Abb. 30.18: Der Sarkophag (unten) wurde mit einem CT gescannt (oben), ohne dass er dabei geöffnet werden musste.

Auf Flughäfen spielen **Röntgenstrahlen** wegen der immer stärker werdenden Sicherheitsmaßnahmen eine große Rolle. Neben der „normalen“ Kontrolle des Gepäcks gibt es eine Technik für Personen, die man **Backscatter** (engl. für Rückstreuung) nennt – es handelt sich dabei also um ein **Rückstreuröntgen.** Man verwendet weiche Röntgenstrahlung, die die Kleidung durchdringt, aber vom Körper und auch von Kunststoffen reflektiert wird (Abb. 30.19). Weil die Personen aber wie nackt aussehen, erfolgt die Überprüfung aus ethischen Gründen maschinell.

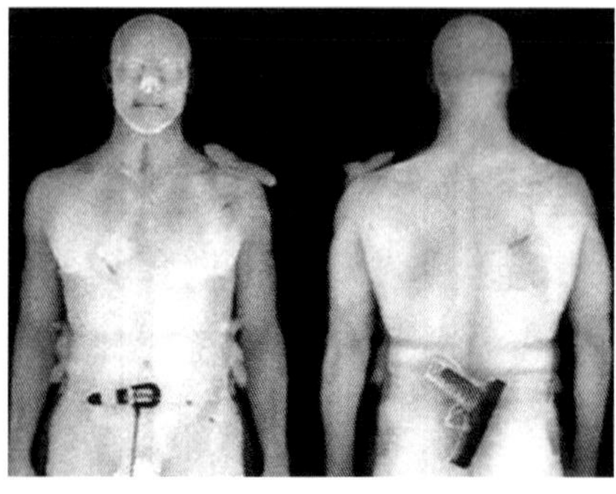

Abb. 30.19: Reflexionsröntgen findet auch Plastikpistolen, lässt aber Leute nackt aussehen.

Gammastrahlung (γ-Strahlung) ist intensiver als Röntgen. Sie gehört zu den radioaktiven Strahlen und entsteht, wenn Nukleonen im Kern in einen energetisch tieferen Zustand übergehen. Die überschüssige Energie wird in Form eines oder mehrerer **γ-Photonen** abgegeben. Salopp gesagt handelt es sich dabei um Quantensprünge der Nukleonen.

Gammastrahlen können auch unter bestimmten Bedingungen bei kosmischen Ereignissen auftreten, etwa bei **Supernovaexplosionen** oder Kollisionen von Neutronensternen.

i Röntgenquant

Im Rahmen der Quantenmechanik kann man sehr gut verstehen, warum hohe Spannungen – und somit härteres Aufprallen der Elektronen – die Frequenz der Strahlung erhöhen. Die **Energie** des **Röntgenphotons** kann maximal so groß sein wie die Bewegungsenergie des Elektrons: $E = hf \le eU$. Das bedeutet $f_{max} = eU/h$ und $\lambda_{min} = c/f_{max}$.

30 kV („weich“): $f_{max} = 7{,}3 \cdot 10^{18}$ Hz $\lambda_{min} = 41 \cdot 10^{-12}$ m

250 kV („hart“): $f_{max} = 6{,}0 \cdot 10^{19}$ Hz $\lambda_{min} = 5{,}0 \cdot 10^{-12}$ m

Selbst bei **„weicher“ Röntgenstrahlung** ist λ_{min} nur halb so groß wie die kleinsten Atome ($\approx 80 \cdot 10^{-12}$ m) und die Photonenenergie rund 10.000-mal so groß wie bei sichtbarem Licht! Klar, dass man den Rest des Körpers bei Aufnahmen mit einem Bleischurz schützt!

Z Zusammenfassung

Röntgenstrahlen spielen vor allem in der Medizin und in der Sicherheitstechnik eine nicht wegzudenkende Rolle. Gammastrahlen gehören zu den radioaktiven Strahlen und sind die energiereichsten EM-Wellen, die es überhaupt gibt.

Energieübertragung durch EM-Wellen

3

F20 W1 Was versteht man bei einer Digitalkamera unter dem „Weißabgleich“? Besorge dir Informationen dazu.

F21 E1 Nimm an, die Leuchtstoffröhre einer Reklame leuchtet blau. Hat sie eine Temperatur von 10.000 K? → L

F22 E1 Was versteht man unter der Ultraviolettkatastrophe? Was hat diese mit dem Strahlungsgesetz zu tun? → L

F23 E2 Das Universum ist ein fast perfekter schwarzer Strahler, aber Gott sei Dank kein perfekter. Warum? → L

F24 E2 Das Strahlungsmaximum der Sonne ist bei grünem Licht. Wieso sehen wir die Sonne nicht grün? → L

F25 E1 Sind Mikrowellenspeisen schlecht für die Gesundheit? Wie sieht es mit dem Energieverbrauch in Vergleich mit einem E-Herd aus? → L

F26 W1 Eine Auto fährt mit 150 km/h. Wie groß ist die Frequenzänderung, wenn die Radarwelle eine Frequenz von $2 \cdot 10^9$ Hz hat? Lies nach in „Big Bang 6“, S. 64. → L

Informationsübertragung durch EM-Wellen

Menschen haben das Bedürfnis zu kommunizieren, auch über größere Entfernungen hinweg. Wie schlägt man aber der Distanz ein Schnippchen? In der Antike gab es dazu Rufposten, die in Hörweite standen und die Information einfach weiterbrüllten. Auch mit Fackelsignalen wurde gearbeitet. Das sind die Vorläufer der **Telekommunikation** (griech. tele = fern, lat. communicare = mitteilen). Heute benutzt man dazu die lichtschnellen elektromagnetischen Wellen, die quasi die **Information huckepack** tragen. Die technischen Entwicklungen sind extrem rasant. Was gestern noch hoch innovativ war, ist heute Standard und morgen hoffnungslos veraltet, etwa am Handysektor (Abb. 31.1). Neben den Dingen, die sich rasant ändern, gibt es aber bei der Informationsübertragung durch EM- Wellen **grundlegende Technologien**, und vor allem um die geht es in diesem Kapitel.

Abb. 31.1: Was gestern noch hoch innovativ war, ist morgen hoffnungslos veraltet. Ein Prototyp der Firma Motorola von 1973 – die **Urmutter aller Handys**! Es war ohne Antenne 23 cm hoch, satte 13 cm tief und über 1 kg schwer!

31.1 Hertz und Marconi
Eine kurze Geschichte des Funks

In diesem Abschnitt geht es um die beiden Pioniere der Telekommunikation: um Heinrich Hertz und Guglielmo Marconi.

F1 E1 Man spricht vom Rund**funk**, wenn man Radioübertragungen meint, und von **Funk**technik, wenn man etwa Walky Talkys meint. Woher kommt der Begriff „Funk"?

F2 W1 Wer sagte die Existenz von EM-Wellen vorher? Wer konnte diese Vorhersage experimentell belegen? Lies nach in Kap. 28.1, ab S. 14.

F3 W1 Wie wird die Hochspannung von etwa 15.000 V erzeugt, die man für die Zündkerzen im Ottomotor benötigt? Lies nach in Kap. 26.6, „Big Bang 6".

Die Geschichte der drahtlosen Kommunikation durch EM-Wellen begann **1886**, als der Deutsche Heinrich Hertz diese künstlich erzeugen und nachweisen konnte. Er war quasi der **Vater der Telekommunikation.** Hertz verwendete aber nicht die heute üblichen rückgekoppelten Schwingkreise (Kap. 28.3, S. 18), sondern regte die EM-Wellen mit Hilfe eines **Funkens** an (Abb. 31.2). Obwohl diese Technik schon lange nicht mehr verwendet wird, spricht man trotzdem noch heute von Rund**funk** und **Funk**technik (→ F1). Hertz wies nach, dass sich die von ihm erzeugten EM-Wellen wie Licht verhalten, also etwa reflektiert oder gebrochen werden können, und konnte somit Maxwells Vorhersagen glänzend bestätigen (→ F2).

Der Italiener Guglielmo Marconi setzte die Hertz'schen Versuche fort (Abb. 31.3). Er baute in den Senderstromkreis einen Taster ein und konnte so Morsesignale übertragen, ohne auf Telegrafenleitungen angewiesen zu sein. **1901** überbrückte er mit einer **Funkverbindung** eine Strecke von 3400 km **von Europa** über den Atlantik **nach Kanada. 1909** erhielt er für seine Erfindung den Nobelpreis. Die Bedeutung dieser Technologie wurde schnell erkannt, und Industrie sowie Militär steckten viel Geld in deren Verbesserung. Ab **1920** gab es in den USA, und ab **1924** auch in Österreich, die ersten Rundfunkstationen mit regelmäßigem Programm. Ein regelmäßiger Fernsehbetrieb ging bei uns ab **1958** auf Sendung.

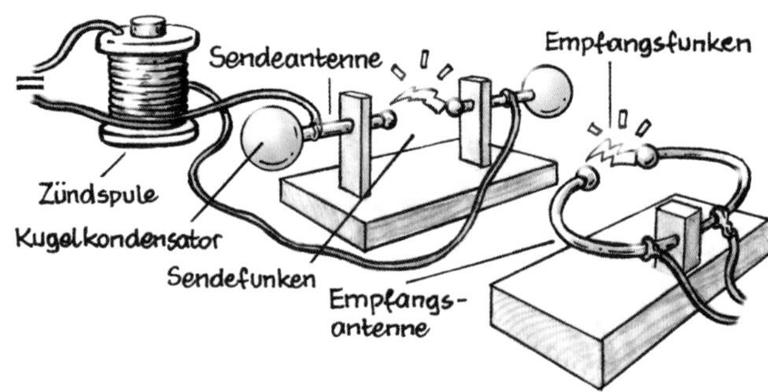

Abb. 31.2: Prinzip des Versuchs von Heinrich Hertz: Mit einer Art Zündspule wird ein Funken erzeugt. Dieser löst in den Antennen Ladungsschwingungen aus – EM-Wellen entstehen. Wenn die Empfangsstation in Resonanz gerät, dann springt zwischen den Metallkugeln ebenfalls ein Funke über.

Abb. 31.3: Marconi mit seiner Erfindung: Links unten kannst du gut die beiden Kugelkondensatoren der Sendeantenne erkennen (siehe auch Abb. 31.2).

Z Zusammenfassung

Heinrich Hertz und Guglielmo Marconi erzeugten die EM-Wellen mit elektrischen Funken, woraus sich heutige Begriffe wie Rundfunk oder Funktechnik ableiten.

31.2 Information im Huckepack
Formen der Modulation

Beim Morsen muss man EM-Wellen nur ein- und wieder ausschalten. Aber wie kann man Musik, Bilder oder ganz allgemein Daten mit Hilfe von EM-Wellen übertragen? Darum geht es in diesem Abschnitt.

31.2.1 Analoge Modulationen

F4 E1 Radios kann man meistens zwischen AM und FM umschalten. Was passiert dabei? Warum werden Musiksender immer über FM übertragen? Was versteht man unter UKW und RDS? Wie kann man mit einer EM-Welle Information übertragen?

F5 W1 Welcher Zusammenhang besteht zwischen Schwingungen und Wellen? Was versteht man unter einer Schwebung? Was ist der Unterschied zwischen Ton, Klang und Geräusch? Was passiert, wenn man bei einem Radio den Sender einstellt? Was versteht man bei der Stimme unter den Formanten? Welche Frequenzen können wir hören? Lies nach in „Big Bang 6" und in Kap. 28.3, S. 18!

F6 E1 Stell dir vor, dein Radio empfängt einen Sender mit genau 100 MHz. Nimm an, es könnte alle anderen Frequenzen ausschließen, auch die, die sehr dicht an 100 MHz liegen. Würde sich das gut oder schlecht auf den Empfang des Senders auswirken? Und warum?

Die große Frage lautet: Wie kann man mit einer EM-Welle Information transportieren (→ F4)? Dazu muss das Signal in der Lage sein, Unterschiede ausdücken zu können. Man muss die Welle also irgendwie verändern. Das nennt man ganz allgemein Modulation. Wir sehen uns zunächst **zwei klassische, analoge Methoden** an, die auch noch heute im Einsatz sind: Amplitudenmodulation (AM) und Frequenzmodulation (FM). Wir nehmen vereinfacht an, dass nur ein einzelner Ton übertragen wird.

Bei der **Amplitudenmodulation** (Abb. 31.4 obere Zeile) wird die Trägerwelle (b) so verändert (c), dass ihre **Amplitude** im Rhythmus des zu übertragenden Tons (a) schwingt. Die Frequenz bleibt unverändert.

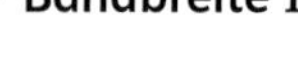

Bandbreite 1

Die Antwort auf → F6 ist etwas überraschend, aber wenn ein Radio auf nur **eine Frequenz** beschränkt ist, kann es gar nichts empfangen. Bei einem Sender ist zwar die Trägerfrequenz angegeben, etwa bei Ö3 im Raum Wien 99,9 MHz. Aber jeder Sender braucht in beide Richtungen etwas Platz (Abb. 31.6). Das nennt man die **Bandbreite** (siehe Tab. 31.1). Wie kommt es dazu? Bei **FM** ist das einfach zu verstehen. **Die Information liegt ja in der Frequenzänderung** (Abb. 31.4 c unten). Keine Frequenzänderung bedeutet, dass keine Information übertragen wird, und das Radio bleibt stumm.

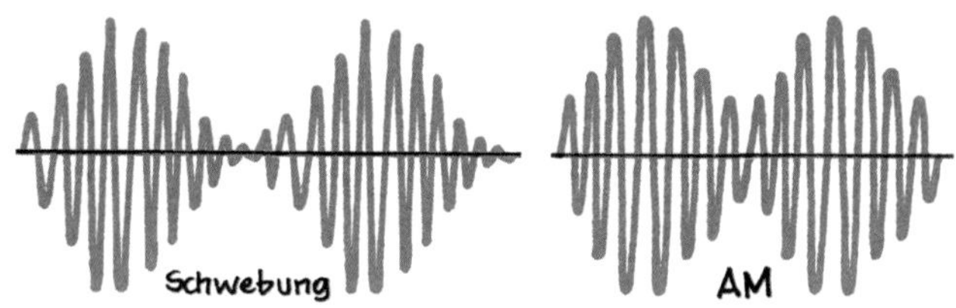

Abb. 31.5

Aber warum gibt es bei **AM** eine Bandbreite? Dabei ändert sich die Trägerfrequenz ja nicht? Denke an eine **Schwebung** (Abb. 31.5; → F5). Dabei überlagern sich zwei Schwingungen mit ähnlicher Frequenz. Eine Amplitudenmodulation sieht ähnlich aus. Damit sich die Amplitude einer Schwingung ändern kann, muss sie zumindest aus **zwei** überlagerten Frequenzen bestehen. Im Realfall überlagern sich aber viele Frequenzen, und diese ergeben zusammen die Bandbreite.

Bei der **Frequenzmodulation** (untere Zeile in Abb. 31.4) wird die Trägerwelle so verändert, dass ihre **Frequenz** im Rhythmus des zu übertragenden Tons schwingt. Die Amplitude bleibt unverändert. Bei AM liegt die Information in der Amplitude der modulierten Trägerwelle und bei FM in der Frequenz. Beide Methoden haben ihre Vor- und Nachteile. Bei der Übertragung von der Funkstation zum Empfänger, etwa dem Radio bei dir zu Hause, wird die modulierte Trägerwelle immer durch verschiedene Effekte gestört (Abb. 31.4 d). Diese **Störungen** betreffen aber nur die Amplitude und nicht die Frequenz. Weil bei AM die Information in der Amplitude liegt, kann im Radio der ursprüngliche Ton nicht mehr exakt rekonstruiert werden (e und f). Kurz gesagt: Stimme und Musik klingen verzerrt und krächzend. Eine FM-Welle lässt die Störung der Amplitude jedoch kalt. Daher werden alle **Musiksender**, bei denen die Qualität der

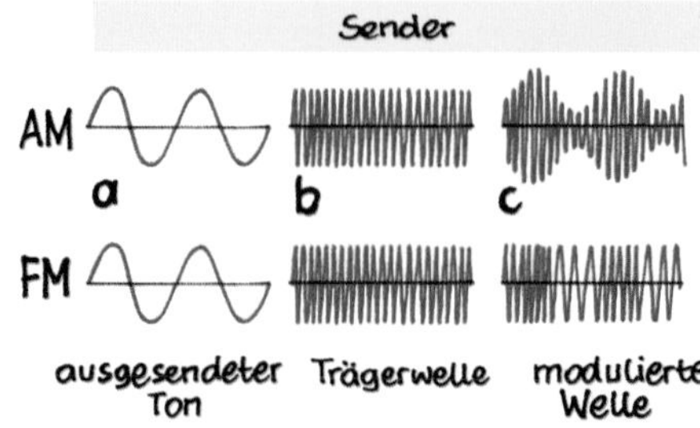

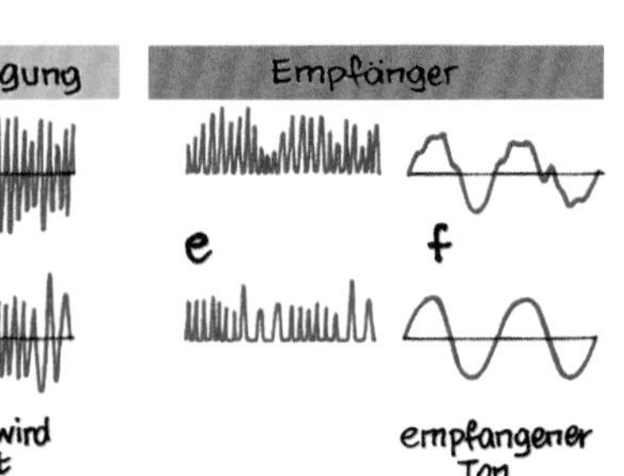

Abb. 31.4: Schematische Darstellung von Sendung, Übertragung und Empfang bei AM und FM. Die Störungen, die bei der Übertragung auftreten, betreffen nur die Amplitude (d). Im Empfangsgerät wird die modulierte Welle quasi halbiert (e), bevor ihr die Information entnommen wird. Bei AM wirkt sich die Störung auf den empfangenen Ton aus (siehe auch → Info: Schwingung – Welle, S. 36).

Übertragung wichtig ist, ausschließlich frequenzmoduliert ausgestrahlt. Diesen Frequenzbereich nennt man auch UKW (Ultrakurzwelle; → F4).

Auf der anderen Seite ist aber die **Bandbreite** (Abb. 31.6) bei AM geringer als bei FM. Das bedeutet, dass man in einem Frequenzbereich wesentlich mehr Sender unterbringen kann. Daher wird AM im **Sprechfunk** (Tab. 31.1) eingesetzt, bei dem man viele Kanäle benötigt, die Qualität der Stimme aber keine so große Rolle spielt, etwa beim Flugfunk.

→ Info: Schwingung – Welle -> S. 36

→ Info: Bandbreite 1 + 2

	Frequenzbereich	Bandbreite	Beispiele für Einsatz
AM	300 kHz–30 MHz	9 kHz	Amateurfunk, Flugfunk, Sprechradio (Kurz- und Mittelwelle)
FM	88 MHz–108 MHz	180 kHz	„normales" Musikradio
		400 kHz	Musikradio mit Radio Data System (RDS)

Tab. 31.1: Frequenz-Richtwerte für AM und FM

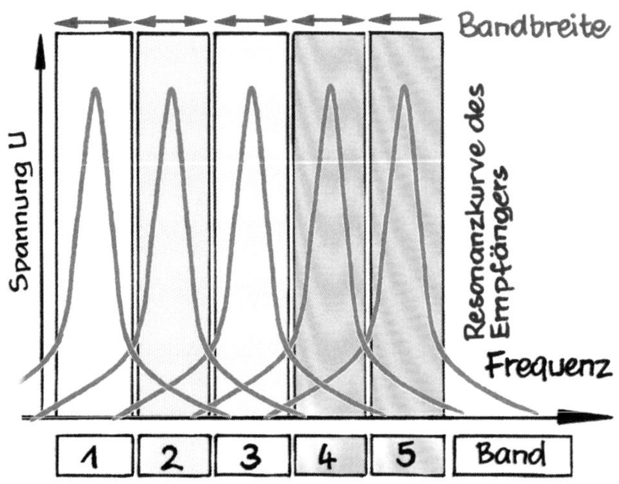

Abb. 31.6: Wenn du den Radiosender einstellst, bringst du den Empfangsschwingkreis in Resonanz. Die Resonanzkurve hat eine bestimmte Breite, die Bandbreite. Die Sender (hier exemplarisch 5) brauchen einen bestimmten Abstand, damit sie einander nicht störend überlagern.

Bandbreite 2

Formulieren wir es in der Sprache der Mathematik: Bei der **Amplitudenmodulation** überlagern sich die Amplituden des hochfrequenten Trägersignals $U_h(t) = U_0 \sin \omega_0 t$ und der niederfrequenten Schwingung $U_n(t) = U_1 \sin \omega_1 t$ folgendermaßen:

$$U(t) = (U_0 + U_1 \sin \omega_1 t) \sin \omega_0 t$$

Man kann die modulierte Schwingung auch so schreiben:

$U(t) = U_0 \sin \omega_0 t + U_1 \sin \omega_1 t \sin \omega_0 t$

$= U_0 \sin \omega_0 t + U_1/2\, [\cos(\omega_0 - \omega_1)t - \cos(\omega_0 + \omega_1)t]$

Trägerschwingung Seitenbänder

Das Signal besteht also aus der **Trägerschwingung** ($f_0 = \omega_0/2\pi$) und den **Seitenbändern**, in denen die Information enthalten ist. Deren Frequenzen sind durch $f_0 \pm f_1$ gegeben, wobei $f_1 = \omega_1/2\pi$ die Frequenz des übertragenen Signals ist. Verschiedene Töne haben verschiedene Frequenzen und erzeugen andere Seitenbänder. Beim Übertragen eines Klanges „verschmieren" diese vielen Seitenbänder zur Bandbreite (Abb. 31.6).

Um Vokale unterscheiden zu können, muss man mindestens die ersten beiden **Formanten** (Abb. 31.7) übertragen, also bis etwa 2,5 kHz. Zischlaute (etwa „s" oder „f") erzeugen höhere Frequenzen. Um Stimmen halbwegs zu verstehen, überträgt man in der Praxis bei AM bis 4,5 kHz, was eine **Bandbreite** von **9 kHz** ergibt (Tab. 31.1). Weil die Obertöne fehlen, klingen die Stimmen trotzdem seltsam.

Die **Frequenzmodulation** lässt sich so beschreiben: $\omega(t) = \omega_0 + a(t) \sin \omega_1 t$. $a(t)$ ist proportional zur Amplitude des niederfrequenten Signals, also der Sprache oder der Musik. Die modulierte Welle ergibt sich dann zu $U(t) = U_0 \sin[\omega_0 + a(t) \sin \omega_1 t]\, t$. Die Information liegt in den Nulldurchgängen der Schwingung.

Damit man in den oberen Frequenzbereich des menschlichen Gehörs kommt und Musik qualitativ gut übertragen kann, sind 15 kHz notwendig. Das legt also eine Bandbreite von 30 kHz nahe. Damit man völlig **verzerrungsfrei** übertragen kann, braucht man aber den 6-fachen Platz, macht also eine **Bandbreite** von **180 kHz** (Tab. 31.1). Werden zusätzliche Daten übertragen, etwa beim **Radio Data System** (kurz **RDS**), erhöht sich die Bandbreite auf **400 kHz.** In Österreich werden FM-Sender zwischen 88 und 108 MHz gesendet. Theoretisch haben also 111 normale oder 50 RDS-Sender Platz.

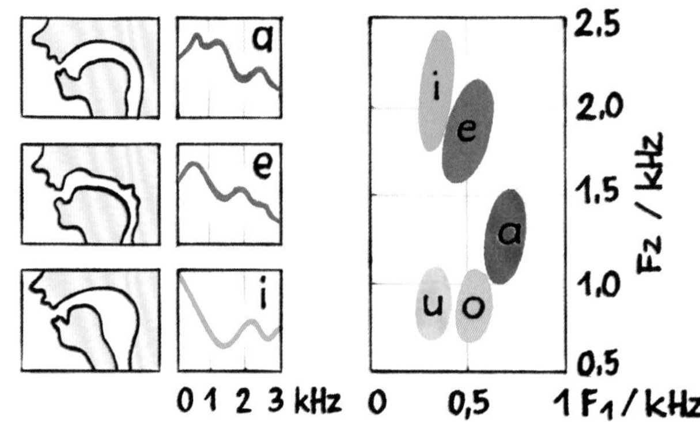

Abb. 31.7: Links: Form des Vokaltraktes bei verschiedenen Vokalen und Frequenzspektrum; Rechts: In diesen Bereichen müssen die zwei ersten Formanten liegen, damit du die Vokale erkennen kannst (Details siehe Kap. 21, „Big Bang 6").

Schwingung – Welle

Bei den Erklärungen der Modulation kommen **Schwingungen** und **Wellen** vor. Diese sind miteinander eng verwandt. In Abb. 31.4 und 31.5 (S. 34) wurde aus Gründen der Einfachheit nicht näher darauf eingegangen – wir haben also etwas geschummelt. Deshalb hier noch einmal genauer: Unter einer **Schwingung** versteht man, dass sich etwas periodisch um einen Ruhepunkt hin und her bewegt, zum Beispiel die Ladungen in der Antenne. Grafisch beschreibt man sie, indem man die **Auslenkung über der Zeit** angibt (Abb. 31.8 a).

Unter einer **Welle** versteht man, dass sich Schwingungen durch den Raum ausbreiten, in diesem Fall die des elektrischen Feldes. Schwingungen werden grafisch beschrieben, indem man die **Auslenkung über dem Ort** darstellt (Abb. 31.8 b). Diese Darstellung ist quasi eine Momentaufnahme der Welle zu einem bestimmten Zeitpunkt. Nicht jede Schwingung muss Teil einer Welle sein, aber jede Welle setzt sich aus vielen Schwingungen zusammen. Wenn man den Grafen dreidimensional macht, wird der Zusammenhang klarer (Abb. 31.9).

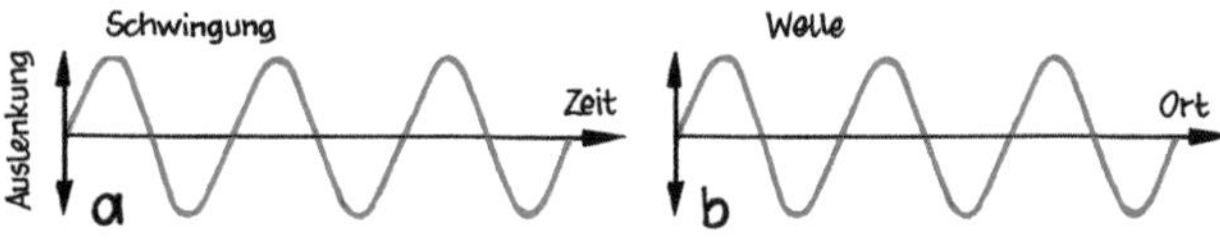

Abb. 31.8

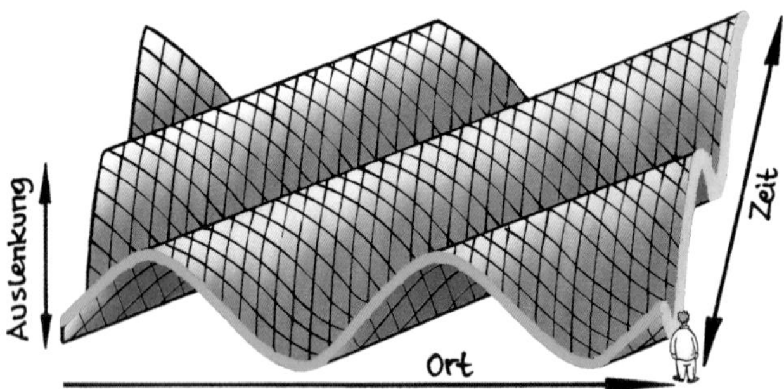

Abb. 31.9: Eine 1-dimensionale transversale Sinuswelle (grün) breitet sich nach rechts aus. Jeder Punkt, der von ihr erfasst wird, schwingt sinusförmig in der Zeit (orange Linie).

Wie komplex das Zusammenspiel von Schwingungen und Wellen ist, siehst du am Beispiel der Übertragung einer Stimme durchs Radio: Die **Schwingung der Stimmbänder** erzeugt eine **Schallwelle.** Diese erzeugt eine **Schwingung der Mikrofonmembran** und somit eine elektrische Schwingung. Diese wird mit der **Trägerschwingung** überlagert und als **modulierte Welle** durch den Raum übertragen.

Im Empfängerschwingkreis kommt es zu **Ladungsschwingungen**, die über einen Lautsprecher wieder in **Schallwellen** umgewandelt werden. Diese bringen wiederum dein **Trommelfell zum Schwingen.** Ganz schön kompliziert!

31.2.2 Digitale Modulationen

F7 E1 Was versteht man unter analog und digital? Wann fand im Prinzip die erste drahtlose digitale Informationsübertragung mit Hilfe einer elektromagnetischen Welle statt? Warum ist die Qualität bei digitaler Übertragung besser?

F8 S1 Warum werden heutzutage alle Fernsehkanäle digital übertragen und nicht so wie früher analog?

F9 S1 Warum macht es meistens nichts, wenn eine CD oder eine DVD einige Kratzer oder Fingerabdrücke hat? Beim Lesen gehen doch dann Daten verloren!

F10 S1 Warum soll man CDs und DVDs von innen nach außen putzen, und nicht im Kreis? → L

Analoge Übertragungsverfahren, wie sie momentan noch beim **Radio** angewendet werden (Stand 2018), sind schon sehr selten geworden. Fernsehsignale wurden in Österreich schon längst auf **digital** umgestellt. Auch **Handy** oder **WLAN** funktionieren digital. Die Modulation ist ähnlich den analogen Verfahren, allerdings werden ausschließlich **Bits** übertragen, also 0er und 1er. Man unterscheidet zwischen **digitaler Amplituden-, Frequenz- und Phasenmodulation** (Abb. 31.12). Die erste digitale Amplitudenmodulation war im Prinzip MARCONIS Morseübertragung (→ F7): Trägerwelle an, Tragerwelle aus. Bei der vierten Generation des Handy-Funknetzes (4G; siehe S. 37) werden alle drei Arten von digitalen Modulationsverfahren kombiniert, um die Datenübertragungsrate erhöhen zu können.

→ **Info:** analog – digital

Was ist der Vorteil der digitalen Übertragung (→ F8)? Es kommt zwar zur „Stufenbildung" (Abb. 31.11), aber diese Stufen werden so klein gemacht, dass sie für uns nicht mehr hör- und sichtbar sind. Der Vorteil digitaler Daten liegt darin, dass sie beim Empfänger besser rekonstruierbar sind und dass die Qualität der Übertragung steigt. Das liegt daran, dass man zusätzliche **Prüfbits** zur Fehlerkontrolle mitschickt, die man auch Paritätsbits nennt. Aus diesem Grund verzeihen CD und DVD relativ große Kratzer (→ F9), ohne dass Daten verloren gehen. Bei der analog arbeitenden Schallplatte (Abb. 31.10) ist das nicht der Fall.

Abb. 31.10: Mikroskopische Aufnahme einer Schallplatte: Kratzer oder Staub verschlechtern die Wiedergabe.

analog – digital

Was ist der Unterschied zwischen analog und digital? **Analog** bedeutet **kontinuierlich** oder stufenlos. Zum Beispiel ist die Sinuskurve in Abb. 31.11 a analog. Auch die Zeiger einer Analoguhr kannst du stufenlos an jede beliebige Stelle drehen. **Digital** bedeutet, dass man Signale oder Daten durch **Ziffern** darstellt. Diese Darstellung kann nicht stufenlos sein, weil man dafür unendlich viele Stellen bräuchte.

In Abb. 31.11 siehst du auch zwei digitalisierte Varianten der Sinuskurve. Natürlich versucht man, die Stufen so klein wie möglich zu halten. Um ein Audiosignal in **HiFi-Qualität** zu übertragen, braucht man eine sogenannte **Abtastrate** von 44 kHz. Das bedeutet, dass man 44.000-mal pro Sekunde das analoge Signal misst und in einen Zahlenwert umwandelt.

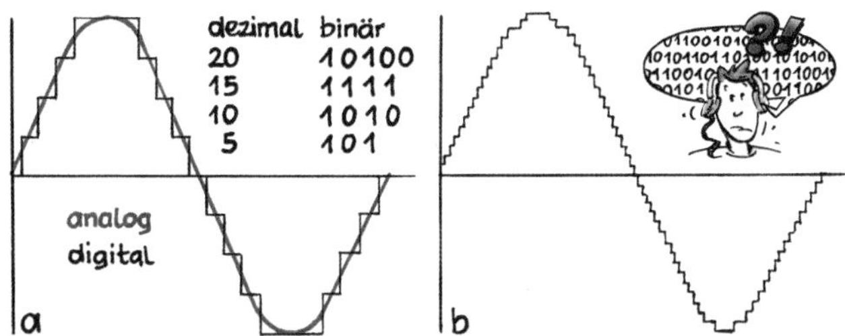

Abb. 31.11: a) Analoge Sinuskurve und digitalisierte Version mit geringer Abtastungsrate: Exemplarisch 4 digitale Werte in dezimaler und binärer Darstellung; b) hohe Abtastungsrate

Die beim Digitalisieren entstandenen Zahlen werden letztlich immer in **Dualzahlen (Binärzahlen)** umgewandelt, die nur aus 0 und 1 bestehen (siehe Abb. 31.11 a). Diese werden dann mit einem der drei Modulationsverfahren übertragen (Abb. 31.12) oder etwa auf eine CD gebrannt (Abb. 31.13).

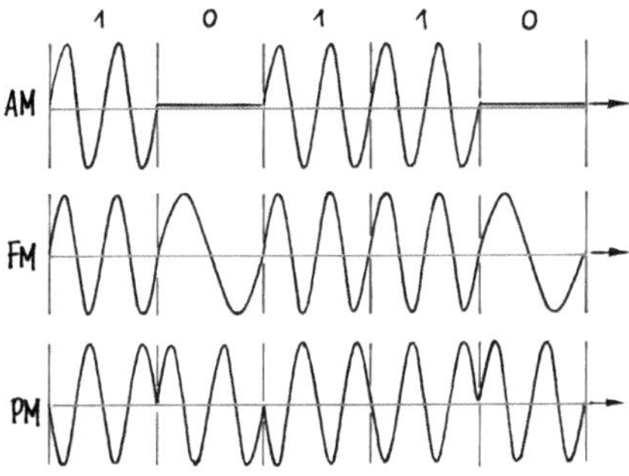

Abb. 31.12: Drei digitale Modulationsverfahren: Man nennt sie auch Umtastung (Shift Keying). Die digitale Frequenzmodulation wird daher auch **Frequenzumtastung** oder Frequency Shift Keying (FSK) genannt. PM steht für Phasenmodulation.

Ein einfaches Beispiel: Man schickt nach 3 Bits ein Prüfbit mit, das angibt, ob das Paket vorher eine gerade oder ungerade Zahl war. Geht eines dieser 4 Bits verloren, kann man es rekonstruieren. In diesem Beispiel kann also ein 1/4 der Datenmenge ohne Informationsverlust verloren gehen. Man sagt daher, dass die Information **redundant** (überreichlich) vorhanden ist. Es gibt verschiedenste, sehr gefinkelte Prüfungsverfahren – zum Beispiel Prüfbits, die die Prüfbits prüfen.

Abb. 31.13: Bits einer CD unter dem Lichtmikroskop: Sie verzeiht Kratzer von etwa 1 mm Breite, was dem Verlust von rund 800 bits entspricht! Die Höhe dieses Bildes entspricht etwa 1/10 mm. Der Kratzer könnte 10-mal so breit sein (siehe auch Abb. 33.12, S. 56)!

Z Zusammenfassung

Um Information mit Hilfe einer EM-Welle übertragen zu können, muss man Amplitude, Frequenz oder Phase der Trägerwelle modulieren. Die digitale Übertragung ist qualitativ besser, weil sie redundant erfolgt und durch Störung verloren gegangene Information bis zu einem gewissen Maß rekonstruiert werden kann.

31.3 Erste bis vierte Generation
Das Handy

Dein Smartphone ist eine eierlegende Wollmilchsau, ein Computer im Taschenformat. Hier geht es nicht darum, was dein Handy inzwischen alles kann, sondern wie es Daten sendet und empfängt.

F11 E1 Wie ist es möglich, dass gleichzeitig viele tausende Menschen miteinander per Handy sprechen, ohne dass die Gespräche einander stören und überlagern?

F12 S1 Eine größere Anzahl an Sendemasten bedeutet eine höhere Strahlenbelastung für uns Menschen. Richtig oder falsch? Und kannst du das begründen?

F13 E1 Auf deinem Handy kannst du in der Kopfzeile oben 3G, 4G oder manchmal auch E lesen (Abb. 31.14). Was bedeutet das?

Abb. 31.14

Vor allem bei **Handys** bewahrheitet sich: Was gestern noch hoch innovativ war, ist morgen hoffnungslos veraltet. Dazu musst du dir nur das Mordstrum in Abb. 31.1 (S. 33) ansehen. Seit **1980** gibt es nun schon die 4. Handygeneration (Stand 2018). Während die erste Generation tatsächlich nur zum

Telefonieren da war, ist es über die Jahrzehnte aber immer wichtiger geworden, auch große Datenmengen zu übertragen. Von Generation zu Generation wurde also auch die **Datenübertragungsrate** immer wichtiger, wie du in Tab. 31.2 beeindruckend sehen kannst.

Generation	Bezeichnung	max. Datenübertragungsrate	Frequenzbereiche
1G ab 1981	AMPS	–	0,88–0,96 GHz 1,7–1,88 GHz
2G ab 1991	GSM, GPRS und Edge	$2{,}2 \cdot 10^5$ bit/s (220 kbit/s)	
3G ab 2001	UMTS, HSDPA, HSPA+	$1{,}44 \cdot 10^7$ bit/s (14,4 Mbit/s)	1,9–2,200 GHz
4G ab 2009	LTE, LTE-A	10^9 bit/s (1 Gbit/s)	Bänder um 0,8 GHz, 1,8 GHz, 2 GHz und 2,6 GHz

Tab. 31.2: Vergleichsdaten der verschiedenen Mobilfunkgenerationen: Welche Methode gerade verwendet wird, zeigt dein Handy links oben an (→ F13). E steht für Edge, also für 2G. Diese Technik wird nur mehr bei sehr schlechtem Empfang eingesetzt.

Wie ist es möglich, die einzelnen Gespräche zu trennen (→ F11)? Mit Hilfe sogenannten **Multiplex**-Verfahren (lat. multiplex = vielfältig). Hier gibt es eine verwirrende Vielfalt von Methoden, die ständig weiterentwickelt werden. Wir sehen uns exemplarisch ein paar davon an. Das **Zeitmultiplexverfahren** wurde bei 2G (Edge) verwendet. Dabei senden bis zu 8 Handys auf einer Frequenz, aber jedes bekommt nur 1/8 der Sendezeit. Dazu wurde jedes Gespräch in kleine Datenpakete zerlegt (Abb. 31.15).

Das **Codemultiplexverfahren** wird bei 3G eingesetzt. Auch hier senden die Handys auf einer Frequenz, aber jedem wird ein eigener Code zugewiesen (Abb. 31.16). Durch gefinkelte Techniken ist es möglich, dass die Mobilfunkanlage trotz Überlagerung vieler Signale jedes wieder dem richtigen Handy zuordnen kann. Bei 4G wird ein **Frequenzmultiplexverfahren** angewendet. Dabei werden die Datenströme auf viele verschiedene Frequenzen, die teilweise sehr nahe beieinander liegen, verteilt.

→ Info: XOR und Spreizcode

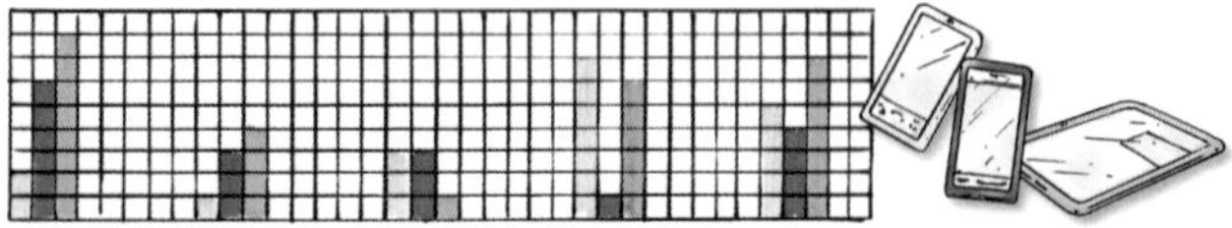

Abb. 31.15: Das **Zeitmultiplexverfahren** wurde bei 2G verwendet. Die einzelnen Impulse (farbig dargestellt) dauern $5{,}8 \cdot 10^{-4}$ s und werden 217-mal pro Sekunde gesendet. Das entspricht in Summe 1/8 Sekunde. Daher haben auf einer Frequenz 8 Gespräche Platz.

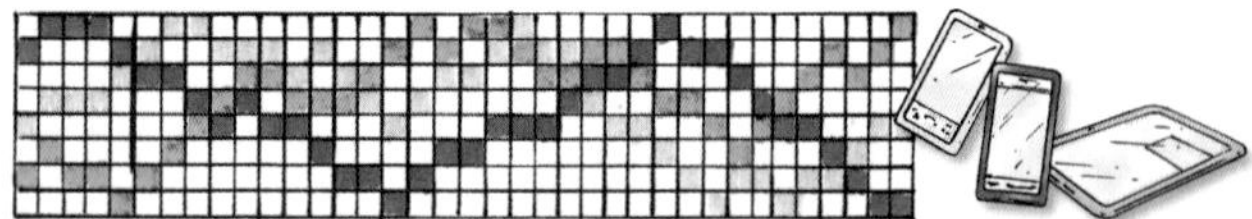

Abb. 31.16: Das **Codemultiplexverfahren** wird bei 3G verwendet. Jedes Handy hat seinen eigenen Code und daher die gesamte Übertragungszeit zur Verfügung.

XOR und Spreizcode

Das **Codemultiplexverfahren** ist wirklich sehr trickreich. Man braucht dazu die logische **XOR-Verknüpfung**, die man am besten mit „entweder – oder" übersetzt. Die XOR-Verknüpfung zweier Bits sieht so aus:

0 XOR 0 = 0; 0 XOR 1 = 1; 1 XOR 0 = 1; 1 XOR 1 = 0

Sind beide Bits gleich, ergibt sich 0, sonst 1. Der Vorteil dieser Verknüpfung ist ihre Umkehrbarkeit. Im Beispiel unten wird die Information durch den **Code** verschlüsselt und wieder entschlüsselt. Zum Beispiel:

101 XOR **011** = 110 → 110 XOR **011** = 101

Nach diesem Prinzip funktioniert auch das Codemultiplexverfahren (Abb. 31.17). Das **Ausgangssignal** (a) eines Handys wird durch XOR mit dem sogenannten **Spreizcode** (b) verknüpft (c). Dieser heißt so, weil auf 1 Bit des Ausgangssignals 8 Bit des Codes kommen – das Signal wird „gespreizt". Nun überlagern sich Signale mehrerer Handys (d). Das Gesamtsignal wird beim **Empfänger** wieder mit dem Code des ursprünglichen Handys verknüpft (e). Das rekonstruierte Signal (f) wird integriert (d.h. die Fläche unter der Kurve wird ermittelt) und die Werte gemittelt. Das ergibt in diesem Beispiel in der ersten Hälfte +8/8 = 1 und in der zweiten −8/8 = −1, und das entspricht genau dem Ausgangssignal.

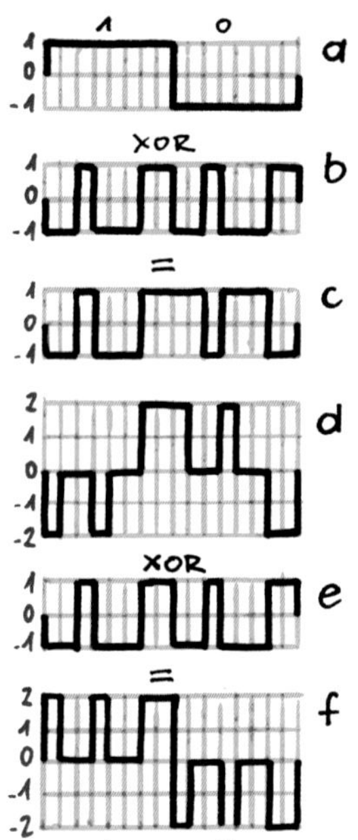

Abb. 31.17: Codemultiplexverfahren.
Binäres 1 ist hier auf der x-Achse als +1 dargestellt und 0 als −1.
a) Ausgangssignal 10
b) Spreizcode 2 × 00100011
c) Verknüpfung
d) Überlagerung mehrerer Signale
e) Spreizcode 2 × 00100011
f) rekonstruiertes Signal 10

Natürlich gibt es keine Technik, mit der man beliebig viele Gespräche **auf einer Frequenz** übertragen kann. Deshalb arbeiten alle Systeme zusätzlich in verschiedenen Frequenzbereichen (Tab. 31.2). Wenn also zu lesen ist, dass 2G auf 1,8 GHz sendet oder 3G auf 2 GHz, dann ist das als Richtwert zu sehen. Frequenzen sind bei Handys eine knappe Ressource. Neben dem erwähnten Zeit-, Code- und Frequenzmultiplexen gibt es auch noch das **räumliche Multiplexen.** Weil jeder Sender nur eine gewisse Reichweite hat, kann man Frequenzen in bestimmtem Abstand mehrfach vergeben, ohne dass sie einander beeinflussen. Das ergibt im Idealfall **bienenwabenartige, ineinandergeschachtelte Zellstrukturen** (Abb. 31.18).

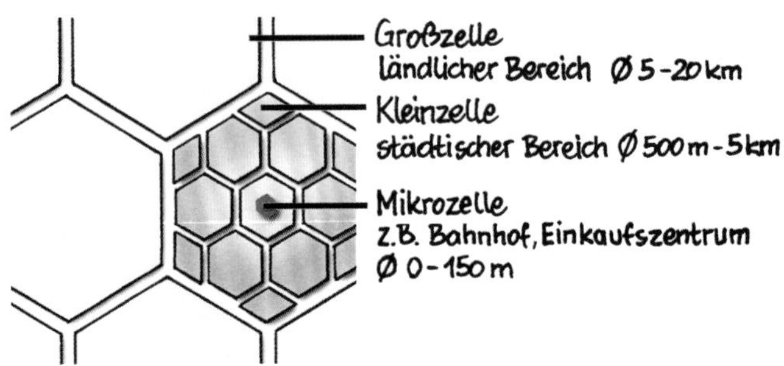

Abb. 31.18: Wie räumliches Multiplexen funktioniert: Liegen die Zellen weit genug auseinander, können sie dieselben Frequenzen verwenden, ohne einander zu beeinflussen.

Die Zellen sind, je nach Ort, unterschiedlich groß und in der Praxis auch oft verbeult. Die **größten Zellen** mit **vielen Kilometern Durchmesser** haben ländliche Regionen, in denen die Signale kaum gestört werden. Die **kleinsten Zellen** befinden sich in engen Straßenschluchten oder Einkaufspassagen und haben Durchmesser von oft nur wenigen Metern (Abb. 31.18). Weil kleinere Zellen eine geringere Sendeleistung benötigen, ist ein dichteres Netz an Sendemasten überraschenderweise günstiger, weil dann die Strahlenbelastung der Menschen sinkt (→ F12).

Z Zusammenfassung

GSM, UMTS und LTE sind seit 1980 bereits die 2. bis 4. Handygeneration und basieren auf digitaler Technik. Um einzelne Telefongespräche trennen zu können, benutzt man Zeit-, Code- und Raum-Multiplexverfahren.

31.4 Es (f)liegt was in der Luft
Der Elektrosmog

Was ist Elektrosmog? Wie entsteht er und kann er unsere Gesundheit gefährden? Darum geht es hier.

F14 E1 Du hast sicher schon vom Ausdruck Elektrosmog gehört! Wie entsteht er? Welche Geräte verursachen ihn? Was bewirkt er beim menschlichen Körper?

F15 W1 Was versteht man unter elektrischer Feldstärke und magnetischer Induktion? Schau nach in Kap. 25.3 und 26.2, „Big Bang 6"!

F16 W1 Welche Geräte, die du aus dem Alltag kennst, arbeiten zur Informationsübertragung mit EM-Wellen?

F17 E1 Wie funktioniert ein Mikrowellenherd? Auf welche Weise werden dabei die Speisen gewärmt?

Mit **Elektrosmog** bezeichnet man alle vom Menschen erzeugten elektrischen und magnetischen Felder, die die Gesundheit schädigen oder zumindest beeinträchtigen könnten (→ F14). Die statischen Felder sind so schwach, dass sie keine biologischen Wirkungen hervorrufen. Wir sehen uns hier daher nur mögliche Auswirkungen durch elektromagnetische Felder an. **Niederfrequente elektromagnetische Felder** werden vor allem durch Wechselströme erzeugt (50 Hz). Im Alltag liegen die Feldstärken aber meist weit unter den empfohlenen Grenzwerten. Zum Beispiel beträgt die magnetische Induktion sogar unterhalb einer 380 kV-Leitung nur maximal 8 Mikrotesla (µT; Abb. 31.19), während der Grenzwert der WHO bei 100 µT liegt (Tab. 31.3).

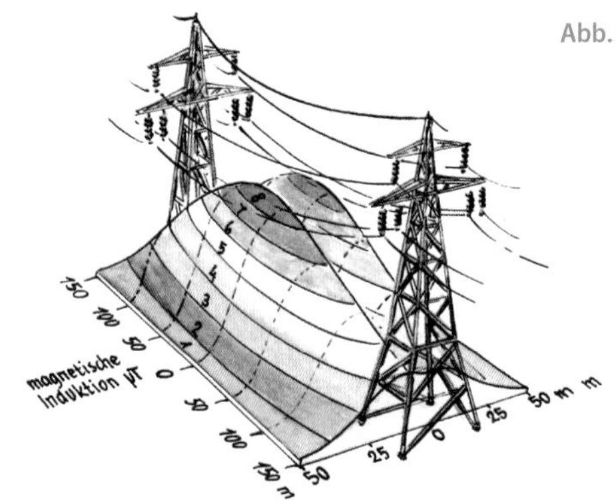

Abb. 31.19: Das Magnetfeld unter einer 380 kV-Leitung beträgt maximal 8 µT und liegt somit weit unter dem Grenzwert (Tab. 31.3).

Kopf und Rumpf bei beliebiger Expositionsdauer	elektrische Feldstärke	magnetische Induktion
Allgemeinbevölkerung	5 kV/m	100
Arbeitsplatz	10 kV/m	500 µT

Tab. 31.3: Die Grenzwerte der **internationalen Strahlenschutzkommission**, die in den meisten EU-Ländern gelten und auch von Österreich übernommen wurden

Hochfrequente elektromagnetische Felder werden zur Informationsübertragung verwendet (Kap. 31.2, S. 34). Solche Felder werden zum Beispiel durch Handynetze und WLAN verursacht. Per Definition sind EM-Wellen mit 1 GHz (= 1000 MHz) bis 300 GHz **Mikrowellen**. Viele der „Informationswellen" liegen also im Mikrowellenbereich (Tab. 31.4). Sie können, wie auch die Wellen eines Mikrowellenherdes, in Gewebe eindringen (Abb. 31.20, S. 40) und diese erwärmen (→ F17). Dieser **thermische Effekt** verursacht die Hauptbelastung des menschlichen Körpers, wenn man etwa Handystrahlung ausgesetzt ist.

CB-Funk	26,6–27,4 MHz
Modellbau (Funkautos und -flugzeuge)	35,1–35,9 MHz
UKW	88–108 MHz
Flugfunk und Seefunk	118–162 MHz
2G Mobiltelefone	880–960 MHz
GPS	1228–1228 MHz
Amateurfunk 23-cm-Band	1240–1300 MHz
GPS	1576–1576 MHz
2G Mobiltelefone	1700–1880 MHz
3G Mobiltelefone	1900–2200 MHz
Bluetooth	2400–2480 MHz
4G Mobiltelefone	um 2600 MHz
WLAN 2,4 GHz	2400–2485 MHz
WLAN 5 GHz	5150–5725 MHz

Tab. 31.4: Einige ausgewählte Beispiele aus dem EM-Wellen-Dschungel zur Informationsübertragung (→ F16; siehe auch Abb. 31.20, S. 40)

	TV-Sender	Radio-Sender	Mobilfunk-sender	Handy
Leistung	300 kW	100 kW	50 W	2 W
Messabstand	1500 m	1500 m	50 m	3 cm
Leistungsfluss-dichte	0,02 W/m²	0,05 W/m²	0,001 W/m²	2 W/m²

Tab. 31.5: Typische Leistungsflussdichten von Sendern: Die Werte fürs Handy sind Maximalwerte. Moderne Smartphones haben meistens wesentlich geringere Sendeleistungen um 0,2 W.

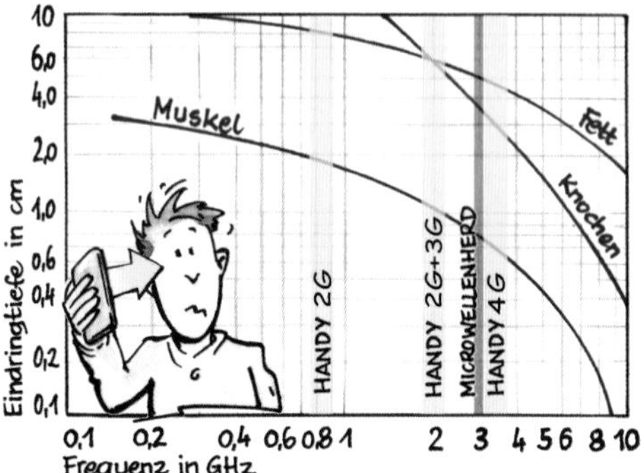

Abb. 31.20: Vergleich zwischen den Eindringtiefen (definiert als Absinken des Feldes unter 13 %) von Handywellen und den Wellen eines Mikrowellenherdes

Weil die Abstrahlleistung mit der Entfernung abnimmt (Abb. 31.21), verursachen nicht die Sendeanlagen, sondern die **Handys** selbst trotz ihrer geringen Sendeleistung die **größten Leistungsflussdichten** (Tab. 31.5) und belasten somit deinen Körper am stärksten. Deswegen wird als präventive Sicherheitsmaßnahme oft empfohlen, Handys nicht direkt am Körper zu tragen. Die körperliche Wirkung wird mit der **Spezifischen Absorptionsrate** angegeben.

→ **Info:** SAR-Wert

Abb. 31.21: Wenn sich die Funksignale kugelförmig ausbreiten, sinkt die Leistungsflussdichte sehr schnell ab, und zwar wie beim Gravitationsfeld mit $1/r^2$.

Sind Handys nun gesundheitsschädlich oder nicht! Tatsache ist, dass **wissenschaftliche Untersuchungen**, die oft mit vielen **hunderttausenden Personen** durchgeführt wurden, **in keinem Fall** einen statistischen Zusammenhang zwischen der Benutzung von Handys und dem Auftreten von Hirntumoren feststellen konnten. Dass manche Menschen „sensibel“ auf Elektrosmog reagieren, dürfte wohl eher auf den **Nocebo-Effekt** zurückzuführen sein: Wenn man denkt, etwas schadet, dann schadet es auch tatsächlich.

i SAR-Wert

Die Wirkung von Handywellen auf den Menschen wird mit der **Spezifischen Absorptionsrate (SAR)** gemessen. Je kleiner dieser SAR-Wert, desto weniger wird das Gewebe erwärmt. Der empfohlene oberste Grenzwert der WHO liegt bei 2 W/kg (Stand 2018). In der Praxis wird die Absorptionsrate mit einem dem menschlichen Kopf nachempfundenen Phantomkopf gemessen (Abb. 31.22). Moderne Handys wie iPhone, Samsung und Co. haben SAR-Werte von etwa 1 W/kg (Stand 2018).

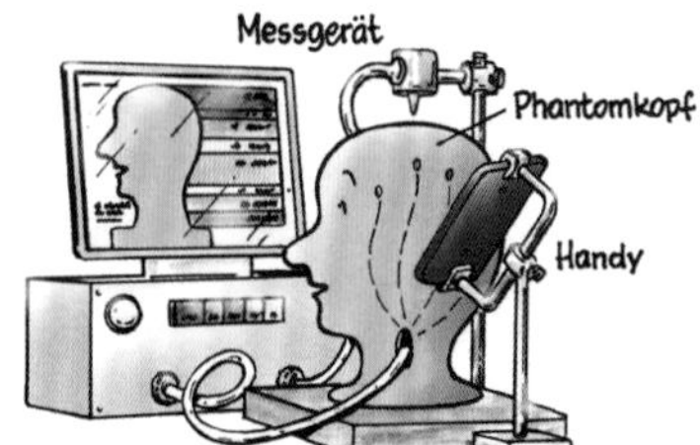

Abb. 31.22: Exakte Messung des SAR-Werts eines Handys mit Hilfe eines Phantomkopfs

Z Zusammenfassung

Der Hauptanteil des Elektrosmogs wird durch den Ausbau der Handynetze verursacht. Der Haupteffekt liegt in einer leichten Erwärmung des menschlichen Gewebes. Zum gegenwärtigen Zeitpunkt kann eine Gesundheitsschädigung durch EM-Wellen statistisch nicht nachgewiesen werden.

Informationsübertragung durch EM-Wellen

3

F18 W2 Welche zusätzlichen Informationen werden über RDS noch übertragen? Informiere dich dazu im Internet.

F19 W2 Wie wandelt man Dezimalzahlen in Binärzahlen um und umgekehrt? Verschaffe dir dazu Informationen aus dem Internet.

F20 E1 Sendet das Handy auch, wenn du nicht telefonierst? → L

F21 W2 Informiere dich im Internet über die SAR-Werte der momentan gerade aktuellen Handys.

F22 W2 Wandle die Dezimalzahl 123 in eine Binärzahl um. Diese soll nun dein 8-Bit-Spreizcode sein, um das binäre Signal 10 zu übertragen. Bilde mit der logischen XOR-Verknüpfung das Gesamtsignal und mache die Probe, indem du die Verknüpfung ein zweites Mal durchführst (siehe Infobox XOR und Spreizcode, S. 38). → L

F23 W1 Wie erzeugt man frequenz- und amplitudenmodulierte Schwingungen? Wie müssen die Schaltungen dazu aussehen? Wie filtert man beim Empfänger wieder die gewünschten Frequenzen heraus? Warum wird dabei die Welle gleichgerichtet? Besorge dir dazu Information aus dem Internet.

32 Klimaänderung und erneuerbare Energie

Du bist sicher schon einmal in einer Autoschlange gestanden und hast dir gedacht: „Ich steh im Stau!“ Mit dieser Ansicht bist du fein raus, denn du ziehst eine nicht vorhandene Trennlinie: Hier bin ich, da der Stau. Das ist kurzsichtig. Tatsache ist: Jedes Auto im Stau ist Mitverursacher des Staus. Oder, ganz plakativ: Du bist der Stau! In diesem Kapitel geht es darum, dass das Verbrennen von **Öl, Gas und Kohle** die Temperatur auf unserer Erde erhöht und was wir dagegen tun können. Ähnlich wie beim Stau denken wir Menschen meist nicht daran, dass wir Mitverursacher sind: Hier bin ich, da die **globale Erwärmung.** Auch das ist kurzsichtig. Wenn wir Menschen, also auch du, nichts dagegen unternehmen, dann steuern wir in den nächsten Jahrzehnten auf Umweltkatastrophen mit ungeahnten Folgen zu.

Abb. 32.1: Du bist der Stau!

32.1 Von der Urzeit bis heute
Die Luft-Zusammensetzung

In diesem Abschnitt geht es darum, wie sich die Luft heute zusammensetzt und wie und warum sich diese Zusammensetzung seit der Urzeit in Abermillionen von Jahren geändert hat.

F1 E1 Wie setzt sich unsere Luft zusammen? Was sind ihre Hauptbestandteile? Welcher Bestandteil ist für den Menschen unmittelbar besonders wichtig?

F2 W1 Stoffe in der Luft werden manchmal in ppm angegeben! Weißt du, was das bedeutet? Und was heißt Prozent und Promille eigentlich wörtlich?

F3 E1 Es gibt ein Gas, das Pflanzen im Prinzip als Abfall produzieren, das aber Menschen und Tiere zum Leben brauchen. Welches ist das?

F4 E1 Öl, Gas und Kohle sind sogenannte fossile Brennstoffe. Was ist damit gemeint? Was unterscheidet sie von Brennstoffen wie zum Beispiel Holz?

Die Luft, die du atmest, ist ein Gemisch aus über 20 verschiedenen Gasen. Mehr als drei Viertel bestehen aber aus **Stickstoff** (N_2) (Abb. 32.2; → F1). Der zweitgrößte Bestandteil mit über einem Fünftel ist **Sauerstoff** (O_2), der die Entstehung von höheren Lebewesen ermöglicht hat. Beide Gase zusammen machen bereits über 99 % der Luft aus.

In nennenswerter Menge kommen in der Luft nur noch **Argon** (Ar) und **Kohlenstoffdioxid** (CO_2) vor. Die Konzentration von CO_2 ist aber bereits so gering, dass eine Angabe in Prozent unhandlich ist. Daher gibt man diese meistens in **ppm** an: 0,04 % sind zum Beispiel 400 ppm. Alle weiteren Luftbestandteile kommen in noch geringeren Mengen vor und spielen für unsere momentanen Betrachtungen keine Rolle.

→ **Info:** Teile pro irgendwas

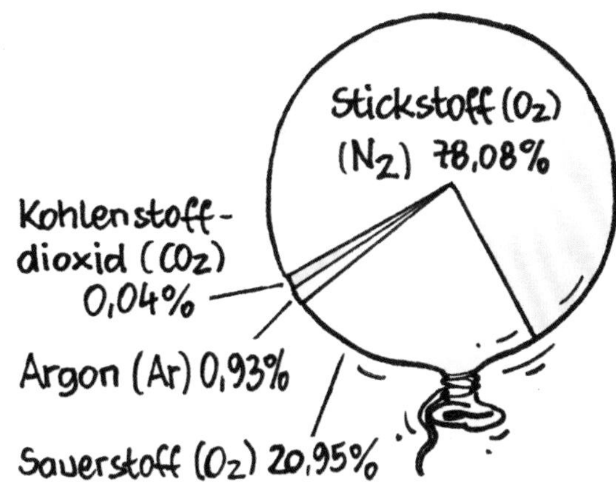

Abb. 32.2: Die volumenmäßig vier größten Bestandteile in trockener Luft auf Meeresniveau: Das Tortenstück von CO_2 ist so dünn, dass man es kaum darstellen kann, wächst aber leider ständig an.

Teile pro irgendwas

Die Bezeichnung **Prozent** ist dir aus dem Alltag bekannt (→ F2). Sie bedeutet sinngemäß **Teile pro Hundert** (lat. pro = auf, in; centum = Hundert). Sie wird mit dem Symbol % abgekürzt. Zum Beispiel macht Argon knapp 1% der Luft aus. Das bedeutet, dass auf 100 Luftteilchen nur ein einziges Argonatom kommt.

Die Bezeichnung **Promille** (lat. mille = tausend) bedeutet sinngemäß **Teile pro Tausend** und wird mit dem Symbol ‰ abgekürzt. Promille sind dir sicher bei der Angabe des Blutalkohols bekannt. Wenn jemand bei der Kontrolle 1‰ hat, dann besteht ein Tausendstel seiner Blutmasse aus Alkohol. Eigentlich sehr wenig, aber doch zu viel!

Manchmal sind die Konzentrationen von Stoffen noch geringer. Um sich lästige Kommazahlen zu ersparen, erfolgt die Angabe dann in **parts per million** (ppm), also **Teilen pro Million.** Das CO_2 in der Luft überstieg 2015 erstmals 400 ppm (= 0,04 %). Auf eine Million Luftmoleküle kommen in diesem Fall also 400 CO_2-Moleküle. Oder anders gesagt: Auf rund 2500 Luftmoleküle kommt bloß ein einziges CO_2-Molekül. Durch die Verbrennung fossiler Stoffe erhöht sich dieser Wert im Schnitt um 2 ppm pro Jahr.

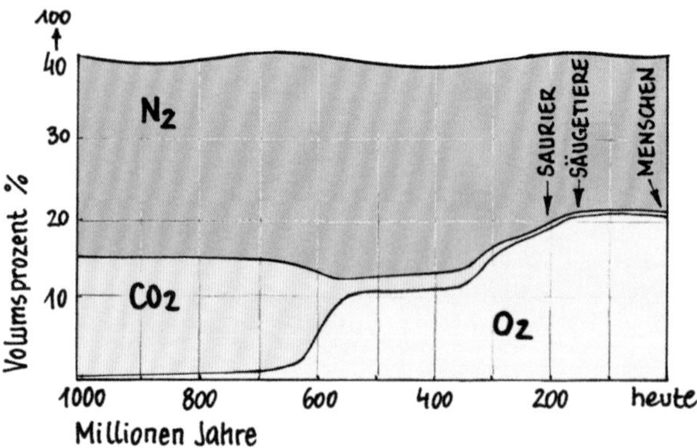

Abb. 32.3: Schematische Darstellung der Entwicklung der Uratmosphäre bis heute: Der Bereich von Stickstoff ist kleiner, Argon gar nicht dargestellt. Erst der größere Sauerstoffgehalt hat das Entstehen von höheren Lebewesen ermöglicht.

Die Zusammensetzung unserer Atmosphäre war aber nicht immer so wie heute. Vor etwa einer Milliarde Jahren gab es noch fast keinen Sauerstoff in der Luft, dafür über 15 % CO_2 (Abb. 32.3). Die nach und nach entstehende Pflanzenwelt hat seitdem durch **Photosynthese** das Kohlenstoffdioxid der Luft abgebaut und sie dafür mit Sauerstoff angereichert.

Eigentlich nur Abfall

Eine der wichtigsten Reaktionen für alle Lebewesen ist die Photosynthese:

$6CO_2 + 6H_2O + \text{Sonnenenergie} \Rightarrow C_6H_{12}O_6 + 6O_2$

Aus Wasser, dem Kohlenstoffdioxid der Luft und der Energie der Sonne erzeugen Pflanzen **Glucose** und **Sauerstoff.** Der hohe Sauerstoffgehalt in unserer Luft ist also eigentlich ein Abfallprodukt des Pflanzen-Stoffwechsels (→ F3).

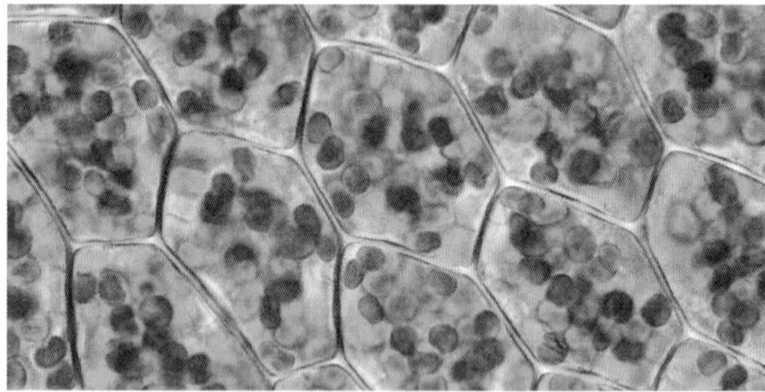

Abb. 32.4: In den Chloroblasten der Blätter läuft die Photosynthese ab, die für uns von mehrfachem Nutzen ist.

In der Glucose, einem **Einfachzucker**, ist nun der Kohlenstoff, der sich vorher in der Luft befunden hat. Zur Speicherung oder zum Zellaufbau werden diese Einfachzucker in den Pflanzen zu Mehrfachzuckern verkettet. Im Körper der meisten **Tiere** (auch des **Menschen**) läuft die Reaktion bei der Verbrennung von Kohlenhydraten in die Gegenrichtung ab:

$C_6H_{12}O_6 + 6O_2 \Rightarrow 6CO_2 + 6H_2O + \text{Energie}$

Unser Organismus kann also mit Hilfe von Sauerstoff aus Kohlenhydraten die früher gespeicherte Sonnenenergie wieder freisetzen. Dabei entsteht als Abfall CO_2, das wiederum die Pflanzen brauchen – ein beeindruckender Biokreislauf.

→ **Info:** Eigentlich nur Abfall

Parallel dazu sind die **urzeitlichen** (= fossilen) **Brennstoffe** Öl, Kohle und Gas entstanden. Es handelt sich dabei um umgewandelte Reste von Pflanzen bzw. Tieren, die sich von Pflanzen ernährt haben. In einem viele Millionen Jahre dauernden Prozess hat sich also der **Kohlenstoff** in der Atmosphäre durch Photosynthese abgebaut und ist nun unter anderem in den **fossilen Brennstoffen gespeichert** (→ F4).

Z Zusammenfassung

Die Zusammensetzung der Atmosphäre hat sich in vielen Millionen Jahren entwickelt. Durch Photosynthese wurde die Luft mit O_2 angereichert und gleichzeitig CO_2 abgebaut. Der Kohlenstoff ist nun in den fossilen Brennstoffen gespeichert.

32.2 Das größte Experiment der Welt

Der anthropogene Treibhauseffekt

In diesem Abschnitt geht es darum, wie sich das globale Klima auf der Erde verändert hat und welche Ursachen es dafür gibt.

F5 W1 Welcher Zusammenhang besteht zwischen Wärmestrahlung und Infrarotlicht? Lies nach in Kap. 30.3, S. 30!

F6 E1 Was versteht man unter dem Treibhauseffekt? Wie entsteht er? Was ist der Unterschied zwischen dem natürlichen und dem vom Menschen verursachten Treibhauseffekt?

F7 E2 Welche Temperatur hätte es auf der Erde, gäbe es den Treibhauseffekt nicht?

F8 E1 Wenn man im Sommer ein Auto in der Sonne stehen lässt, dann wird es drinnen unerträglich heiß. Warum?

Das sichtbare Licht der Sonne kann die Atmosphäre nahezu ungehindert durchdringen (Abb. 32.5 a). Wenn es auf die Erde trifft, wird es teilweise in **Infrarotstrahlung** umgewandelt (b). Diese wird von bestimmten Molekülen in der Atmosphäre absorbiert und dann in alle Richtungen weggestrahlt. Dadurch wird ein Teil auch wieder zur Erde zurückgeworfen (c), und es kommt somit zu einer stärkeren Erwärmung als ohne Atmosphäre. Das nennt man den **Treibhauseffekt** (→ F6). Der Begriff kommt daher, weil man genau dieses Prinzip in Pflanzen-Treibhäusern als „natürliche Heizung" ausnützt. In diesem Fall werfen die Glasscheiben die Infrarotstrahlung zurück. Wie effizient das funktioniert, merkst du, wenn du im Sommer mit dem Auto in der prallen Sonne stehst (→ F8).

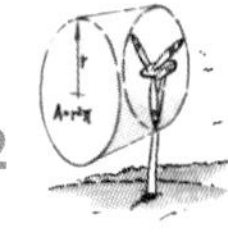

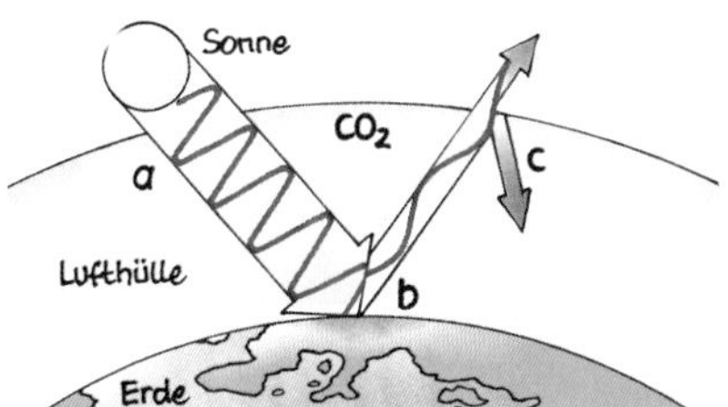

Abb. 32.5: Die Entstehung des Treibhauseffekts

Im Laufe der Erdgeschichte hat sich die Atmosphäre unseres Planeten auf **natürliche Weise** so entwickelt (Abb. 32.3), dass sich durch die Infrarot-Rückstrahlung eine durchschnittliche Temperatur von rund +15 °C eingestellt hat. Das nennt man den **natürlichen Treibhauseffekt.** Ohne diesen wäre es extrem kalt und hätte eine Durchschnittstemperatur von unglaublichen −18 °C. Es wäre also im Schnitt etwa 33 °C kälter (→ F7)! Der natürliche Treibhauseffekt hat also das Leben in der heutigen Form ermöglicht.

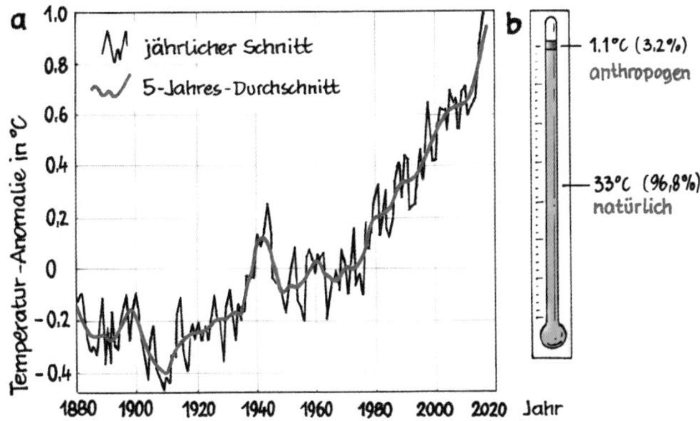

Abb. 32.6: a) Temperaturveränderungen seit 1880; b) Im Vergleich mit dem natürlichen Treibhauseffekt ist der anthropogene beinahe verschwindend klein (Stand 2018). Trotzdem wird er zu großen klimabedingten Veränderungen auf der Erde führen.

Bevölkerungszunahme und vor allem **Industrialisierung** führen aber zur Erzeugung und Freisetzung von Gasen, die die Infrarot-Rückstrahlung verstärken und somit auch die Durchschnittstemperatur auf der Erde erhöhen (Abb. 32.6 und 32.7). Diese **zusätzliche Erwärmung,** die seit 1880 etwa 1,1 °C ausgemacht hat (Stand 2018), nennt man den vom Menschen verursachten oder **anthropogenen Treibhauseffekt** (griech. anthropos = Mensch). Mehr als die Hälfte dieses Effekts ist auf das freigesetzte CO_2 zurückzuführen, der Rest auf andere Treibhausgase (siehe Tab. 32.1). Nun gibt es aber auch natürlich hervorgerufene Klimaschwankungen, und zwar durch Veränderungen der Sonnenaktivität, der Erdumlaufbahn, der kosmischen Strahlung oder des Vulkanismus. Wie stark die einzelnen Einflüsse sind und wie sie exakt zusammenhängen, wissen wir noch nicht. Es ist also wirklich nicht leicht, die **vom Menschen hervorgerufenen Klimaveränderungen** von den **natürlichen** abzugrenzen. Zum Beispiel sind momentan bloß etwa 3 % des gesamten Treibhauseffekts vom Menschen verursacht (Stand 2018). Vielleicht gibt es aus diesem Grund auch heute noch Skeptiker, die nicht an eine Mitschuld der Menschen glauben wollen?

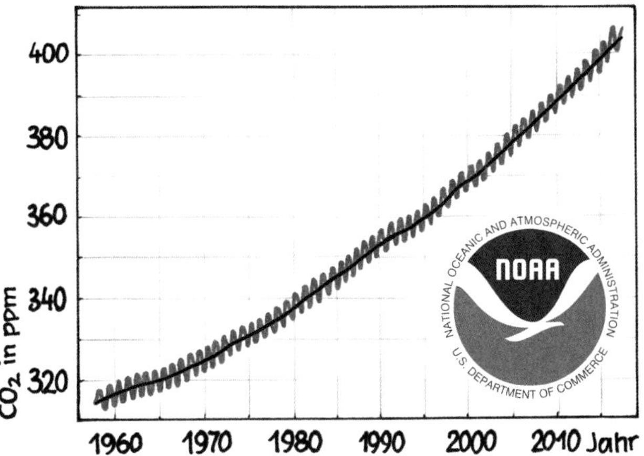

Abb. 32.7: Durchschnittlicher monatlicher CO_2-Gehalt der Luft am Mauna Loa Observatorium in Hawaii: Veränderung der CO_2-Konzentration der Luft in den letzten 60 Jahren.

→ Info: 97 Ärzte -> S. 44

Diese Mitschuld kann man aber sehr gut erkennen, wenn man vor allem die Entwicklung der Temperaturen und von CO_2 über einen wirklich **langen Zeitraum** betrachtet (Abb. 32.10, S. 44). Dann sieht man, dass es in den letzten 800.000 Jahren immer wieder große Schwankungen in den Durchschnittstemperaturen gegeben hat und dass es auch mal einen Tick wärmer war als jetzt. Man sieht aber auch, dass diese natürlichen Temperaturwechsel in **tausenden von Jahren** erfolgten, und nicht in wenigen Jahrzehnten. Aber noch wesentlich offensichtlicher ist Folgendes: Die Konzentration von CO_2 schwankte in den letzten 800.000 Jahren zwischen 180 ppm in Eiszeiten und maximal 300 ppm in Warmzeiten. Durch die Industrialisierung ist aber nun das CO_2 auf einen Wert von über 400 ppm gestiegen (Abb. 32.7). Und es steigt weiter!

Treibhausgas	**Kohlenstoffdioxid**	**Methan**	**Fluorkohlenwasserstoffe**	**Ozon**	**Distickstoffmonoxid (Lachgas)**
Kurzbezeichnung	CO_2	CH_4	FCKW	O_3	N_2O
Geschätzter Anteil am Treibhauseffekt	55 %	15 %	5–10 %	7 %	4 %
zusätzlicher Temperatureffekt bei Verdoppelung der Konzentration	2–4 °C	0,3 °C	0,3 °C	0,9 °C	0,4 °C
Quellen	fossile Brennstoffe, Waldrodung	Reisanbau, Rinderhaltung, Mülldeponien, Verbrennung von Biomasse	Treibgase, Kältemittel	indirekt durch CO, NO_2, CH_4	fossile Brensstoffe, Dünger, Bodenkultivierung

Tab. 32.1: Treibhausgase und geschätzter Anteil am Treibhauseffekt: Wasserdampf ist nicht berücksichtig. Er spielt zwar mit etwa 60 % beim natürlichen Treibhauseffekt die größte Rolle, sein Gehalt in der Atmosphäre wird aber vom Mensch nicht direkt beeinflusst.

97 Ärzte

Nimm an, du gehst zu 100 Ärzten, um eine fachliche Meinung einzuholen. 97 sagen dir, dass dein Blutdruck zu hoch ist, und nur 3 sagen, alles ist o.k. Es wäre verrückt und fahrlässig, nicht der Mehrheit der Fachleute zu glauben, oder?! Beim Klima ist es ähnlich. 97% aller **Klimatologen** sind sich einig, dass ein vom Menschen verursachter Klimawandel stattfindet (Abb. 32.8). Die Fakten liegen also auf dem Tisch. Es ist verwunderlich, dass trotzdem immer noch so viele Menschen skeptisch sind.

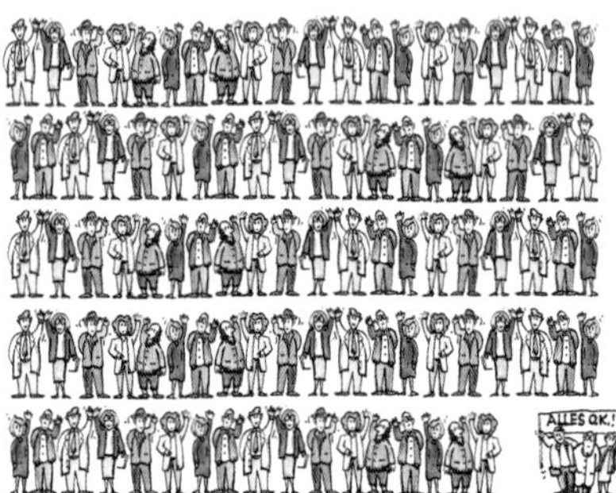

Abb. 32.8: 97 von 100 Klimatologen sind sich einig, dass der Mensch für den Klimawandel verantwortlich ist.

Die **Erwärmungsskeptiker** bestreiten, dass es überhaupt wärmer wird, gehören aber angesichts der erdrückenden gegenteiligen Belege zu einer aussterbenden Gattung. Die **Ursachenskeptiker** geben zwar zu, dass es wärmer wird, bezweifeln aber, dass der Mensch verantwortlich ist. Ihre Argumente lassen sich aber alle wissenschaftlich widerlegen. Die **Folgenskeptiker** meinen, dass alles eh nicht so schlimm wird. Dabei übersehen sie aber, dass **schnelle Änderungen** des Klimas **immer zu Problemen führen**, weil Ökosystem und Gesellschaft sich nur langsam anpassen können. Zum Beispiel sind starke Niederschläge und steigender Meeresspiegel kein prinzipielles Problem, wohl aber, dass die Infrastruktur nicht darauf eingestellt ist (Abb. 32.9).

Abb. 32.9: Durch die zunehmenden Wetterkapriolen wird es in Zukunft vermehrt zu Überschwemmungen kommen.

Als **wissenschaftlich gesichert** gilt heute, dass für diesen Anstieg der Mensch verantwortlich ist, in erster Linie durch die Verbrennung fossiler Stoffe (dadurch entsteht CO_2), in zweiter Linie durch Abholzung von Wäldern (dadurch wird weniger CO_2 abgebaut). Wir alle sind somit Teilnehmer am größten Experiment, das die Menschheit je durchgeführt hat: dem Klimaexperiment. Und das mit ungewissem Ausgang!

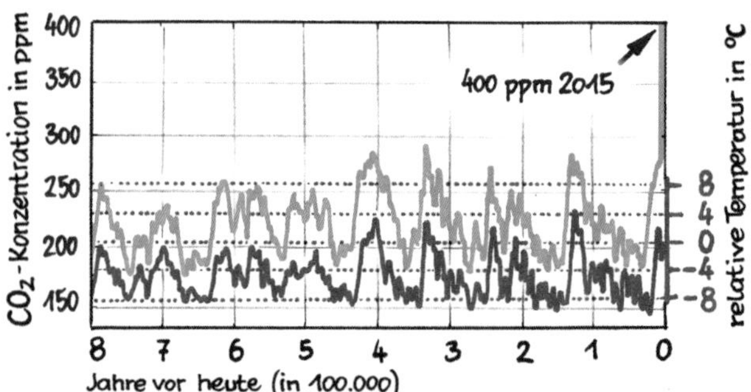

Abb. 32.10: Veränderung der Temperatur und von CO_2 in den letzten 800.000 Jahren! Die Werte sind Rückschlüsse, die man aus Eisbohrungen in der Antarktis gezogen hat.

Z Zusammenfassung

Seit es die Erde gibt, gibt es auch natürliche Klimaschwankungen, die verschiedenste Ursachen haben. Unumstößlich ist aber, dass sich in den letzten Jahrzehnten die CO_2-Konzentration in der Atmosphäre auf einen Wert erhöht hat, der etwa 25% über dem Spitzenwert der letzten 400.000 Jahre liegt! Die natürlichen Klimaschwankungen wurden somit von einer künstlich erzeugten Temperatursteigerung von global rund 1°C in den letzten 100 Jahren überlagert.

32.3 Wie wird es weitergehen?
Mögliche Entwicklungen des globalen Klimas

Wie wird sich das Klima in den kommenden Jahrzehnten verändern, welche Folgen wird das haben und was kann man dagegen tun? Sehen wir mal nach!

F9 E1 Welche Auswirkungen wird es haben, dass die globalen Durchschnittstemperaturen ansteigen?

F10 E2 In einem See schwimmt ein Eisbrocken. Was passiert mit dem Wasserspiegel, wenn er schmilzt? Steigt der Wasserspiegel, sinkt er oder bleibt er gleich? Und würde es etwas ändern, wenn der Eisbrocken auf einem Felsen im See liegt? → L

F11 E1 Was denkst du, wie viel CO_2 eine Person in Österreich im Schnitt in einem Jahr produziert?
a) etwa 1 kg, b) 10 kg, c) 100 kg, d) 1000 kg, e) 10.000 kg

F12 W1 Hast du schon einmal etwas von der UN-Klimakonferenz gehört? Weißt du, was man darunter versteht?

F13 E2 Wenn du mit einem Mikrofon zu nahe an einen Lautsprecher kommst, dann pfeift es höchst unangenehm. Warum? Und was könnte das mit dem Treibhauseffekt zu tun haben?

Ähnlich wie bei der Wettervorhersage wird auch die **Klimaentwicklung** (Abb. 32.11) mit **Supercomputern** simuliert, die ganze Hallen füllen. Dazu werden die komplexesten und aufwändigsten Computermodelle verwendet, die jemals entwickelt wurden. Die berechnete Zeitspanne beträgt aber nicht wie beim Wetter eine Woche, sondern Jahrzehnte. Außerdem ist man auf viele Annahmen angewiesen, etwa wie sich der Ausstoß der Treibhausgase entwickeln wird. Daher sprechen Klimatologen lieber von **Klimaszenarien** als von Vorhersagen.

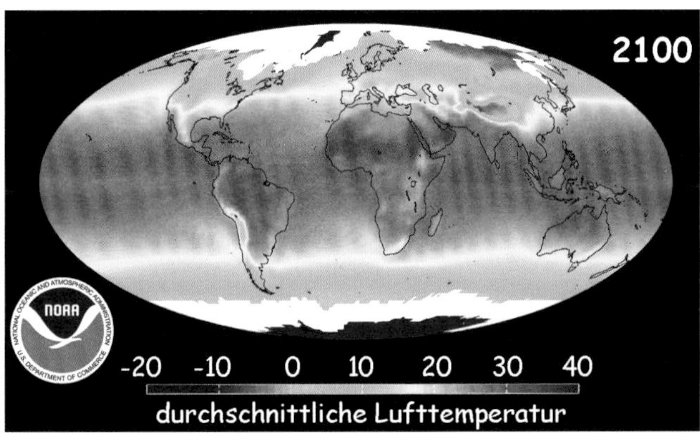

Abb. 32.11: Klimaszenario für 2100: Es ist die durchschnittliche jährliche Lufttemperatur dargestellt. Eisflächen sind weiß.

Wie sehen diese **Klimaszenarien für das 21. Jahrhundert** aus? Je nachdem, ob man die Entwicklung des CO_2-Ausstoßes optimistisch oder pessimistisch prognostiziert, kann man bis 2100 eine **Temperaturerhöhung von 2 bis 6 °C** über dem Niveau von 1900 abschätzen (siehe Abb. 32.12). Trotz aller Unwägbarkeiten kann man also eines sicher sagen: Global gesehen wird es dramatisch wärmer werden, und das wird wiederum drastische Folgen haben! Die globale Erwärmung schließt nicht aus, dass es an bestimmten Orten auch kälter werden kann, zum Beispiel in Europa, wenn der **Golfstrom** nachlässt.

→ Info: Arche Noah

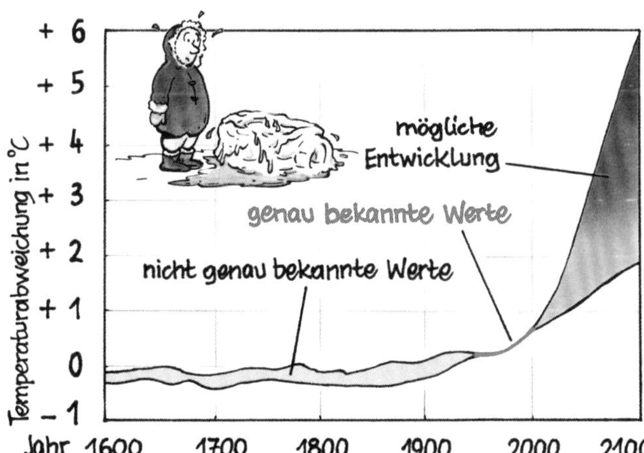

Abb. 32.12: Berechnete Entwicklung der globalen Durchschnittstemperatur bis 2100: Die große Streuung entsteht vor allem durch Unsicherheit in der Entwicklung des CO_2-Ausstoßes. Der CO_2-Gehalt der Atmosphäre wird 2100 im besten Fall bei 450 ppm liegen, vielleicht aber auch weit über 1000 ppm.

Arche Noah

Das sind die wahrscheinlichen Auswirkungen der Temperaturzunahme im 21. Jahrhundert (→ F9):

Zunahme der Wetterkapriolen: Starkniederschläge und Überflutungen, Dürre-, Hitze- und Kälteperioden sowie heftige Stürme werden hinsichtlich Stärke, Dauer und Häufigkeit zunehmen.

Verschiebung der Klimazonen: Die Trockenzonen werden sich in Richtung Pole verschieben. Die heute fruchtbaren Kornkammern wie zum Beispiel in Südeuropa wird es dann nicht mehr geben.

Bedrohung der Wälder: Eine Temperaturerhöhung um mehrere Grad innerhalb eines Jahrhunderts würde – nachdem bereits der Tropenwald großflächig vernichtet sein wird – auch die Bäume in unseren Breiten durch Klimastress und vermehrte Winde bedrohen.

Abb. 32.13: Die Antarktis ist flächenmäßig um 40 % größer als Europa! Ihre Eisschicht liegt auf dem Festland und hat eine Dicke von etwa 4,5 km! Viel Eis, das schmelzen kann!

Abschmelzen des Eises: Die Eismassen werden weiter abschmelzen. Besonders folgenreich ist das beim Festlandeis, etwa in Grönland oder der Antarktis (Abb. 32.13), weil das zu einem Anstieg des Meeresspiegels führt (→ F10), im schlimmsten Fall um knapp 1 m bis 2100. Vor allem Entwicklungsländer, die über keinen ausreichenden Küstenschutz verfügen, wären davon betroffen.

Positive Feedbackschleife: Die Erwärmung hat zwei Auswirkungen, die wiederum die Erwärmung verstärken: 1) Durch das Abschmelzen der Eismassen wird weniger Licht von der Erdoberfläche reflektiert und mehr absorbiert. 2) Durch die Erwärmung können die Ozeane weniger CO_2 binden und dieses wird vermehrt frei. Der Treibhauseffekt verstärkt sich dadurch selbst. Dasselbe Prinzip liegt bei einem pfeifenden Lautsprecher vor (→ F13). Das nennt man allgemein eine positive Feedbackschleife.

EU-Ziel wäre, die untere Grenze der Schätzung zu erreichen und die Temperaturerhöhung bei 2 °C zu stabilisieren (Abb. 32.12). Um dieses Ziel zu erreichen, muss natürlich eine Menge geschehen. Erste Ansätze dazu gibt es seit 1997.

Leider sind die **Emissionen trotzdem weiter gestiegen**, und wenn sich nichts ändert, dann wird die 2-Grad-Grenze bereits in einigen Jahrzehnten überschritten. Damit das nicht passiert, müsste jedes Land die **Emissionen** Schritt für Schritt **senken**, damit sich letztlich ein Wert von 450 ppm einstellen kann. Die Welt profitiert momentan noch davon, dass in extrem bevölkerungsreichen Ländern wie China oder Indien die CO_2-Produktion vergleichsweise niedrig ist (Tab. 32.2).

→ Info: UN-Klimakonferenz

UN-Klimakonferenz

Die **UN-Klimakonferenz** findet seit 1995 jährlich statt und hat sich im Laufe der Zeit zu einer Großveranstaltung mit mehr als 10.000 Teilnehmern entwickelt (→ F12). Dabei versuchen ausgewählte Regierungsvertreter aus **rund 200 Staaten gemeinsame Lösungen** gegen den vom Menschen verursachten Klimawandel zu finden. Wie schwer die Umsetzung ist, zeigt Abb. 32.14. Österreich verpflichtete sich zum Beispiel 1997 auf der Konferenz in **Kyoto**, den CO_2-Ausstoß, verglichen mit dem Wert von 1990, bis 2012 um bloß 13 % zu verringern – und scheiterte grandios! Dass die Welt momentan noch von sehr bevölkerungsreichen Ländern mit sehr niedrigen Pro-Kopf-Emissionen profitiert, zeigt Tab. 32.2.

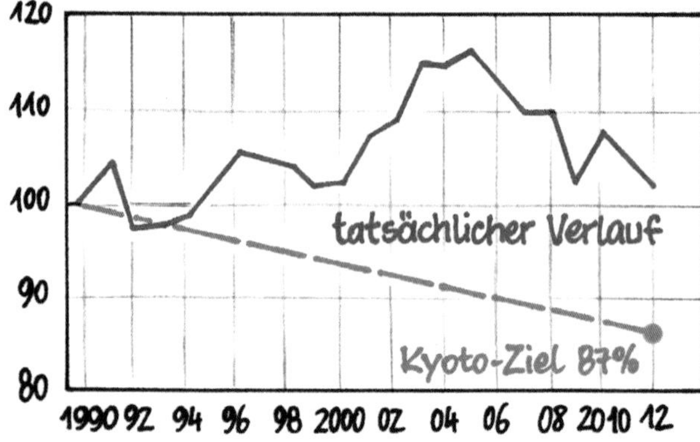

Abb. 32.14: Geplanter und tatsächlicher Verlauf der CO_2-Emissionen zwischen 1990 und 2012

	Tonnen/Person	Millionen Tonnen pro Land	Prozent weltweit
Katar	40,37	85	0,23
USA	16,5	5167	13,96
Australien	14,47	374	1,01
Österreich	7,35	61	0,16
China	6,18	9087	24,56
Welt	5	37000	100,00
Indien	1,64	2020	5,46

Tab. 32.2: Relative und absolute Wert der CO_2-Emission für ausgewählte Länder für 2015: Jeder Österreicher produzierte im Schnitt über 7 Tonnen CO_2 pro Jahr (→ F11)! Unvorstellbar!

Einen großen Teil der Maßnahmen müssen natürlich die **Regierungen** tragen, etwa durch den Ausbau von „Schiene statt Straße" oder durch die Förderung CO_2-neutraler Energiequellen (siehe Kap. 32.4 bis 32.6 ab S. 47). Einen gewissen Teil kann aber **jeder** dazu beitragen, weil auch Privatverkehr und Heizen in den Wohnungen eine beträchtliche Belastung darstellen (Abb. 32.15 und 32.16). Bedenke: Du bist der Stau!

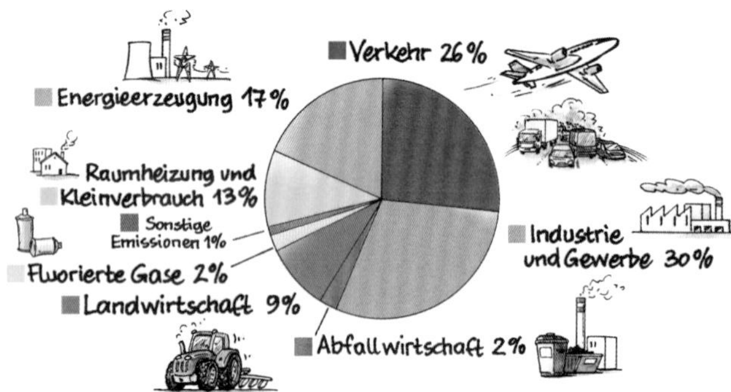

Abb. 32.15: Gesamtanteile an der CO_2-Emission in Österreich (Stand 2015): Etwa 50 % der Emissionen durch Verkehr werden durch PKWs verursacht, also absolut etwa 13 %.

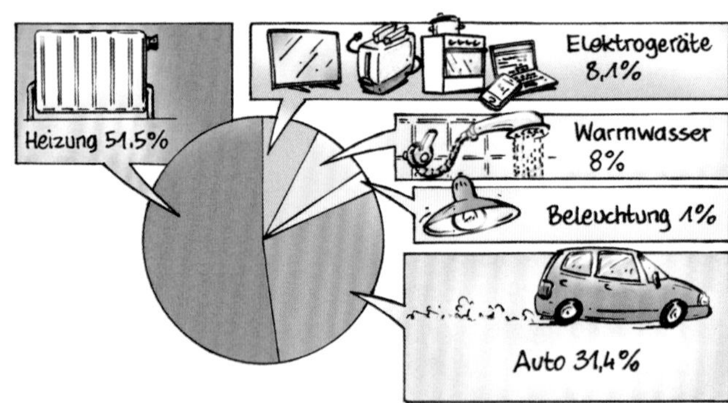

Abb. 32.16: Energiebedarf in einer Familie: Durch Sparen beim Heizen und Autofahren können auch Privatpersonen den CO_2-Ausstoß merkbar verringern.

Z Zusammenfassung

Die Temperatur wird in diesem Jahrhundert auf jeden Fall weiter ansteigen. Wie stark diese Erwärmung und somit auch die Umweltfolgen sein werden, hängt sehr von der Emission der Treibhausgase ab. Deshalb sind alle Länder, aber auch jeder Einzelne gefordert, ökologisch zu denken!

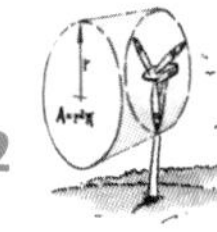

32.4 Beinahe unerschöpflich
Energie aus der Sonne

Es gibt eine beinahe unerschöpfliche Energiequelle, die seit rund 4,6 Milliarden Jahren die Erde versorgt: die Sonne. Wenn wir die Sonnenenergie ausnützen, dann haben wir eine Chance, den Treibhauseffekt in der Zukunft zumindest einzudämmen.

F14 W1 Was versteht man unter dem Fotoeffekt (Kap. 33.3, S. 57)? Welche Bedeutung könnte er im Zusammenhang mit Solarenergie haben? Was versteht man unter einem Halbleiter? Was versteht man unter Valenzelektronen (Kap. 34.5, S. 75)? Was versteht man unter dem Wirkungsgrad (Kap. 8.8, „Big Bang 5")?

F15 E1 In Abb. 32.17 siehst du die Entwicklung des Weltenergiebedarfs ab 1965. Welche wichtigen Aussagen kannst du dazu machen?

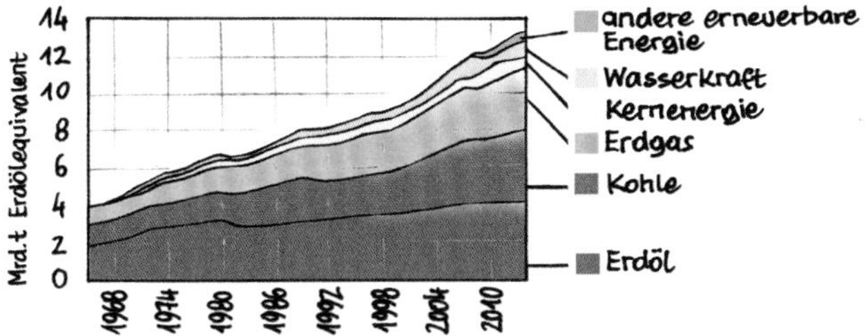

Abb. 32.17: Die Entwicklung des Weltenergiebedarfs: Die Angaben variieren je nach Quelle, aber es geht hier ums Prinzip.

F16 E1 Wie lange, denkst du, muss die Sonne scheinen, damit die auf die Erde gestrahlte Energie theoretisch dem Jahresbedarf der gesamten Menschheit entspricht?

F17 E1 Was passiert mit dem Wasser in einem Gartenschlauch, der lange in der Sonne gelegen ist? Wie könnte man diesen Effekt nutzen?

Der **Weltenergiebedarf** hat sich seit 1965 mehr als verdreifacht und er steigt weiter. Der Großteil der Energie wird immer noch aus fossilen Brennstoffen gewonnen (→ F15), und das verstärkt den anthropogenen Treibhauseffekt (siehe Kap. 32.3, S. 44). Nun gibt es aber eine nahezu unerschöpfliche Energiequelle, die kein CO_2 produziert: die Sonne. Wie viel Energie strahlt sie auf die Erde?

Außerhalb der Erd-Atmosphäre beträgt die Strahlungsleistung der Sonne bei senkrechter Einstrahlung im Mittel 1367 W/m². Das nennt man die Solarkonstante. Der Begriff ist nicht glücklich gewählt, weil eine vernünftige Konstante auch konstant sein sollte. Die Sonnenstrahlung, die die Erdatmosphäre erreicht, schwankt aber, weil sowohl der Abstand zwischen Erde und Sonne als auch die Sonnenaktivität variieren (Abb. 32.18). Deshalb hat man Anfang der 1980er den oben genannten **Durchschnittswert** quasi verordnet. Für Überlegungen zum Strahlungshaushalt ist das sehr sinnvoll, weil man nicht am Spitzenwert interessiert ist, sondern am Mittelwert. Mit diesem kann man recht einfach abschätzen, dass die auf die Erde gestrahlte **Sonnenenergie** den Weltenergiebedarf um ein Vielfaches übersteigt.

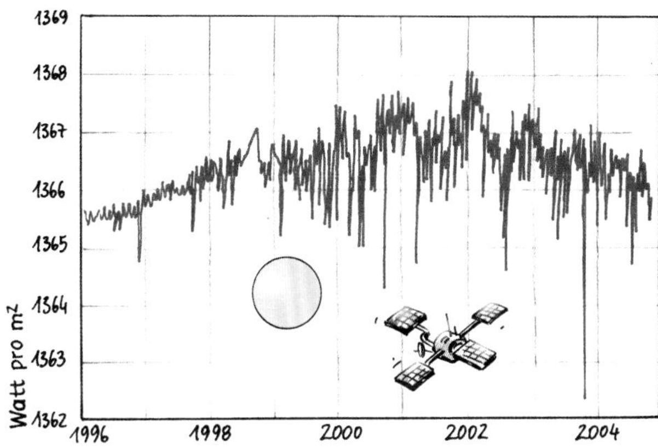

Abb. 32.18: Strahlungsleistung der Sonne, gemessen mit dem Satelliten SOHO (**So**lar and **H**eliospheric **O**bservatory): Die Schwankungen entstehen durch Änderungen der Entfernung und der Sonnenaktivität.

→ Info: Jahresdosis Sonnenenergie

Jahresdosis Sonnenenergie

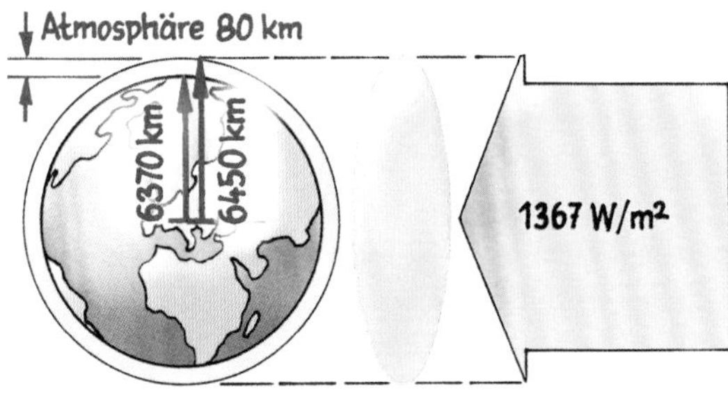

Abb. 32.19: Abschätzung der Strahlungsenergie der Sonne: Die berechnete Kreisfläche ist die 2-dimensionale Projektion der Erde.

Wenn man zum Erdradius (6370 km) noch 80 km Atmosphäre rechnet, dann bestrahlt die Sonne eine **Kreisscheibe** mit einem Radius von 6450 km (Abb. 32.19). Das ergibt eine Fläche von $r^2\pi = (6{,}45 \cdot 10^6\,\text{m})^2 \cdot \pi = 1{,}31 \cdot 10^{14}\,\text{m}^2$.

Wenn du mit der Solarkonstante multiplizierst, bekommst du die Joule pro Sekunde, die auf die Erde gestrahlt werden:
$1{,}31 \cdot 10^{14}\,\text{m}^2 \cdot 1367\,\text{J/sm}^2 = 1{,}79 \cdot 10^{17}\,\text{J/s}$

Wenn du mit den Sekunden eines Jahres multiplizierst, dann bekommst du die **Jahresdosis an Sonnenenergie:**
$1{,}79 \cdot 10^{17}\,\text{J/s} \cdot 3{,}16 \cdot 10^7\,\text{s} = 5{,}64 \cdot 10^{24}\,\text{J}$

Das ist rund 13.000-mal mehr als der Weltenergiebedarf (Abb. 32.17)! Anders gesagt: Die Sonne liefert in 40 Minuten so viel Energie, wie die ganze Erdbevölkerung in einem Jahr benötigt (→ F16)! Natürlich ist das ein **Bruttowert**, der nicht genutzt werden kann. Du siehst aber, welches gigantische Energiepotenzial in den Sonnenstrahlen steckt.

Solarkonstante, Ausgangswert	1367 W/m²
Erdatmosphäre verringert den Wert durch Streuung und Absorption (−27 %)	1000 W/m²
Wolken verringern den Wert (−50 %)	500 W/m²
Sonne scheint im Schnitt nur 12 Stunden (−50 %)	250 W/m²
Sonne strahlt nicht senkrecht ein (−50 %)	125 W/m²
Wirkungsgrad einer Solarzelle (−80 %)	25 W/m²

Tab. 32.3: Abschätzung, wie sich die Strahlungsleistung der Sonne auf der Erde verringert und was im Schnitt **in unseren Breiten** am Boden übrig bleibt.

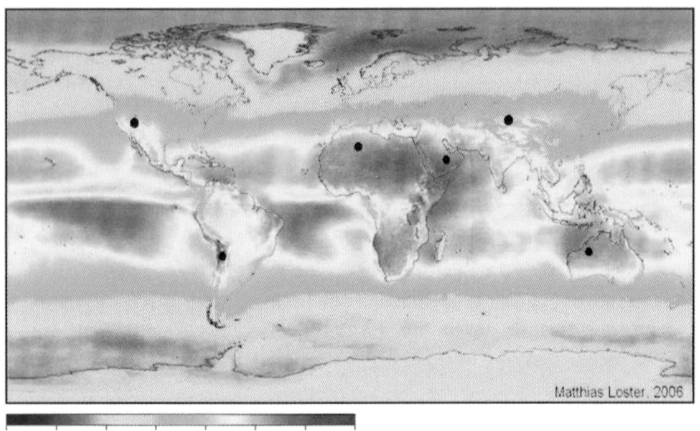

Abb. 32.20: Die Karte zeigt die lokale Sonneneinstrahlung auf die Erdoberfläche (Mittel 1991–93). Zur Deckung des derzeitigen Weltenergiebedarfs durch Solarstrom wären die dunkel gekennzeichneten Kreisflächen ausreichend, die einen Durchmesser von 240 km besitzen müssen (siehe Abb. 32.27, S. 50).

Wie viel **Strahlungsleistung** letztlich **am Boden** ankommt, ist von verschiedenen Faktoren abhängig (Tab. 32.3). In Österreich ist es im Schnitt rund 1/10 der Solarkonstante. Aber das ist immer noch jede Menge, nämlich über den Daumen 125 W/m². Je näher man dem Äquator kommt, desto steiler strahlt die Sonne ein und desto größer wird die Nettoausbeute (Abb. 32.20).

Solaranlagen	Das ist der allgemeine Ausdruck für Anlagen, die Sonnenenergie in andere Energieformen umwandeln.
thermische Solaranlagen	Sie wandeln Sonnenenergie in Wärme um. Sie werden oft kurz ebenfalls Solaranlagen genannt, was zu Verwechslungen führen kann.
Sonnenkollektoren	Dies sind die Kernstücke von thermischen Solaranlagen. Sie wandeln Sonnenstrahlung in Wärme um.
thermische Solarkraftwerke	Sie wandeln Sonnenenergie zuerst in Wärme um und diese dann in Strom.
Photovoltaik-Anlagen	Sie wandeln Sonnenenergie direkt in Strom um.
Solarzellen	Das sind Halbleiterelemente, die das Sonnenlicht in elektrischen Strom umwandeln. Sie sind Bestandteil von Photovoltaik-Anlagen.

Tab. 32.4: Gebräuchliche Ausdrücke im Zusammenhang mit Sonnenenergie

Einrichtungen, die Sonnenenergie in eine andere Energieform umwandeln, nennt man generell **Solaranlagen** (Tab. 32.4). Je nachdem, ob Wärme oder Strom erzeugt wird, verwendet man spezielle Bezeichnungen. **Thermische Solaranlagen** etwa wandeln die Sonnenenergie in Wärme um. Oft lässt man aber den Zusatz thermisch weg und nennt sie salopp Solaranlagen, was zu Verwechslungen führen kann.

→ Info: Sonnenkollektoren

Thermische Solaranlagen werden zur **Warmwasserbereitung** genutzt, also für Bad und Zentralheizung. Was die Sonne nicht schafft, etwa wegen Schlechtwetters, übernimmt ein konventioneller Heizkessel (siehe Abb. 32.21). Diese Form der umweltschonenden Energiebereitstellung ist in Österreich Gott sei Dank inzwischen sehr verbreitet. Im Jahr 2018

Sonnenkollektoren

Das Kernstück einer thermischen Solaranlage ist der **Sonnenkollektor** (Abb. 32.21). Dieser besteht im Wesentlichen aus einem schwarzen **Absorber** mit einer integrierten Rohrschlange. Scheint die Sonne, werden der Absorber und somit auch das durchfließende Wasser heiß (Abb. 32.21 a). Es ist genau derselbe Effekt, wie wenn du einen dunklen Gartenschlauch in der Sonne liegen lässt (→ F17), nur eben professioneller. Bei der Erwärmung des Absorbers wird Licht in Infrarotstrahlung umgewandelt. Eine Glasplatte wirft den Großteil davon wieder in den Kollektor zurück (b) und erhöht somit den Wirkungsgrad. Dieser liegt typischerweise bei 60 bis 75 %. Das ist hoch effizient!

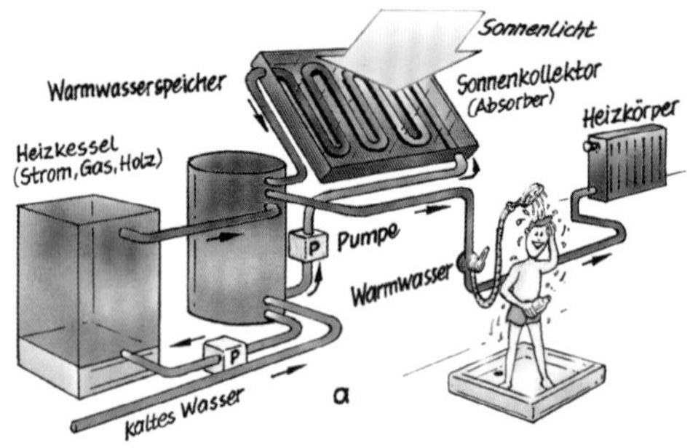

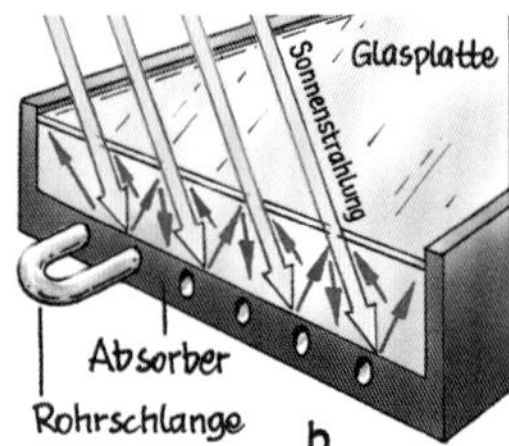

Abb. 32.21: Schematischer Aufbau einer thermischen Solaranlage (a) und eines Sonnenkollektors im Querschnitt (b)

Eine besonders einfache Methode wird beim Beheizen von **Schwimmbecken** benutzt. Dabei verwendet man schwarze Kunststoffschläuche, die zu Matten zusammengefügt sind, also quasi nur einen Absorber (Abb. 32.22). Damit kann man die Wassertemperatur um etwa 5 °C erhöhen – und das völlig gratis!

Abb. 32.22: Prinzip eines Schwimmbadabsorbers

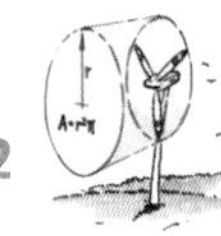

waren bereits 5,5 Millionen m^2 Kollektoren in Betrieb. Das entspricht einer Fläche von rund 700 Fußballfeldern und erspart den Ausstoß von fast 450.000 Tonnen CO_2!

Heißes Wasser ist eine feine Sache, aber damit kann man keine elektrischen Geräte betreiben. Es gibt aber noch eine zweite grundlegende Technik, die auf der Nutzung der Sonnenenergie beruht, und die genau das kann: nämlich **Fotovoltaik-Anlagen.** Dabei nutzt man den Fotoeffekt aus, um mit Hilfe von Halbleitern Strom zu erzeugen.

→ Info: Solarzelle

Prozentuell gesehen ist diese Art der Stromgewinnung sowohl in Österreich als auch weltweit verschwindend klein. Der große Vorteil liegt aber darin, dass man mit solchen Anlagen völlig unabhängig vom Netz Strom erzeugen kann. Man spricht dann von **Inselsystemen.** Diese werden etwa in entlegenen Wohnhäusern, Schrebergartenhäusern oder Almhütten eingesetzt – und auch an entlegenen Orten außerhalb der Erde (Abb. 32.23). Inselanlagen benötigen **Speicher-Akkus**, damit auch ohne Sonnenschein die erforderliche Energie zur Verfügung steht.

Abb. 32.23: Alle jemals eingesetzten Marsrover waren mit einer Fotovoltaik-Anlage ausgerüstet.

Weil die üblichen, relativ billig herzustellenden Solarzellen momentan einen **Wirkungsgrad** von nur rund 5 bis 20 % aufweisen, ist diese Art der Stromgewinnung generell ziemlich flächenintensiv. Mit einem Solar-Panel von 1 m^2 kann man in unseren Breiten im Schnitt nur rund 25 W Leistung erzeugen, an den günstigsten Orten der Welt 60 W (siehe Abb. 32.20). Trotzdem ist es faszinierend abzuschätzen, wie man rein prinzipiell die ganze Welt mit Hilfe der Sonnenenergie versorgen könnte.

→ Info: 6 fette Solarpanele -> S. 50

Solarzelle

Solarzellen bestehen hauptsachlich aus **Silicium** (Si). Dieser Halbleiter besitzt vier **Valenzelektronen** (Außenelektronen). Wenn man Silicium mit anderen Stoffen „verunreinigt“ (dotiert), die 5 oder 3 Valenzelektronen besitzen, kann man Stoffe mit weniger beziehungsweise mehr freien Elektronen erzeugen (Abb. 32.24). Wichtig: Die Stoffe sind nach wie vor **elektrisch neutral.** Die Bezeichnung n und p bezieht sich auf die relative Anzahl der frei beweglichen Elektronen.

Interessant wird es nun, wenn man n- und p-dotierte Halbleiter in Kontakt bringt (Abb. 32.25). An der **Grenzschicht** kombinieren sich Elektronen und Elektronenlöcher und es entsteht eine Zone (rot/blau), in der sich praktisch keine frei beweglichen Ladungsträger befinden. Durch die Verschiebung der Elektronen erhält der p-Bereich eine negative und der n-Bereich eine positive Raumladung. Das ist die Voraussetzung für das Erzeugen von Solarstrom.

Eine **Solarzelle** besteht aus einer dünnen n-dotierten und einer dicken p-dotierten Schicht (Abb. 32.26). Die n-Schicht muss sehr dünn sein (rund 10^{-6} m), damit die Photonen diese durchdringen und in die Grenzschicht gelangen können. Wenn sie dort auf ein Atom treffen, können sie ein Elektron ablösen. Das nennt man den **Fotoeffekt** (siehe Kap. 33.3, S. 57). Die freigewordenen Elektronen wandern in die positive n-Schicht, die Löcher in die negative p-Schicht. **Sonnenlicht wurde in Solarstrom umgewandelt!**

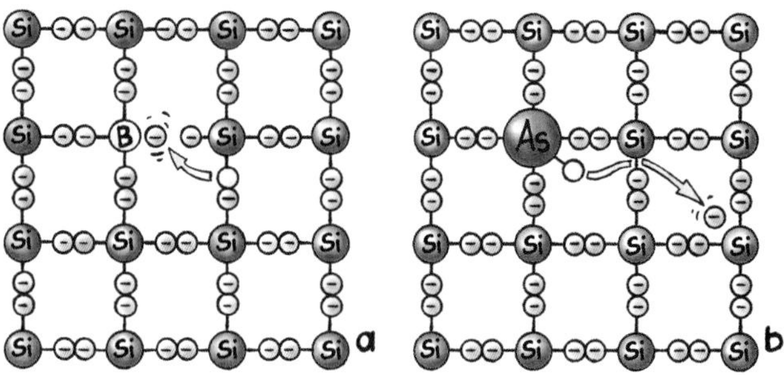

Abb. 32.24: a) Silicium (4 Valenzelektronen) wird mit Bor (3) „verunreinigt“. Dadurch erzeugt man ein „Elektronenloch“, das man als positive Ladung interpretieren kann. b) Nimmt man Arsen (5 Valenzelektronen), entsteht ein Elektron, das praktisch frei herumschwirren kann.

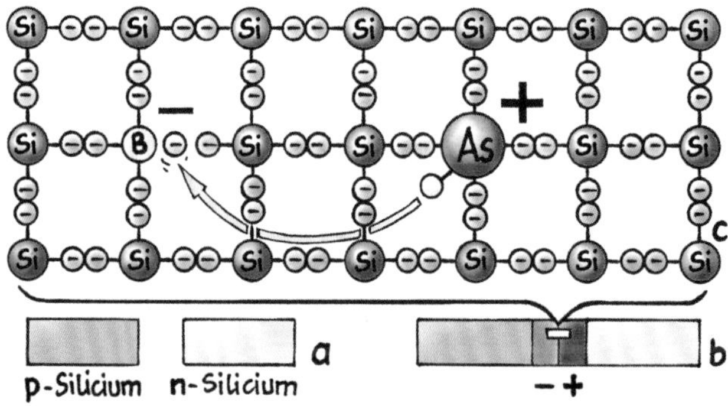

Abb. 32.25: Durch Kontakt von p- und n-dotiertem Silicium (etwas anders dargestellt als oben) entsteht eine geladene Grenzschicht.

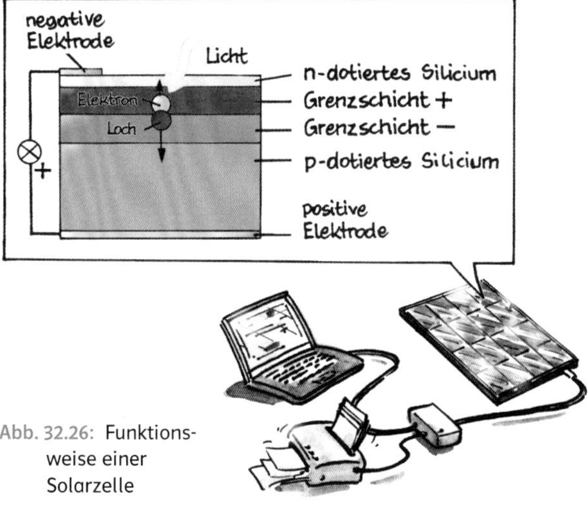

Abb. 32.26: Funktionsweise einer Solarzelle

6 fette Solarpanele

Wie groß müsste ein **Solar-Panel** sein, damit man den Energiebedarf der Menschheit decken könnte? Nehmen wir an, dass die Solaranlage an einem günstigen Ort positioniert ist, wo die durchschnittliche Sonneneinstrahlung bei 300 W/m^2 liegt. Bei einem Wirkungsgrad von 20 % liefert dann ein Quadratmeter 60 W, also 60 J/s, und ein Quadratkilometer $6 \cdot 10^7$ J/s. In einem Jahr (= $3{,}16 \cdot 10^7$ s) summiert sich die Energie daher auf rund $1{,}9 \cdot 10^{15}$ J pro Quadratkilometer.

Der **Weltenergiebedarf** lag 2017 bei $5{,}2 \cdot 10^{20}$ J. Um das abzudecken, müsste das Solar-Panel eine Fläche von $2{,}75 \cdot 10^5$ km^2 besitzen. Auf 6 Solarpanele aufgeteilt hätte eines einen Durchmesser von etwa 240 km (Abb. 32.27).

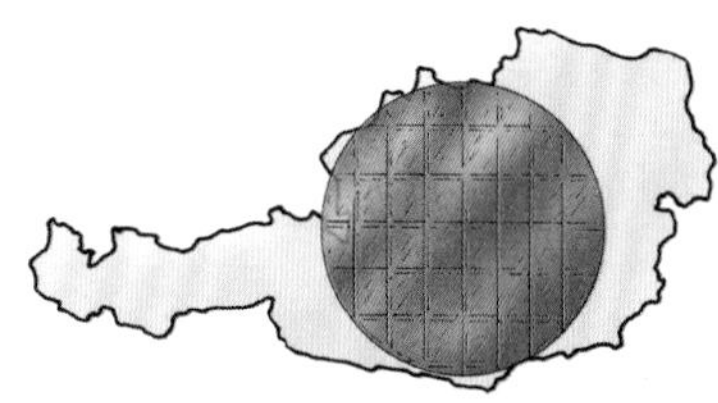

Abb. 32.27: Mit 6 Solarpanelen dieser Größe könnte man, an den richtigen Stellen der Welt ausgelegt, den momentanen Weltenergiebedarf decken (siehe auch Abb. 32.20, S. 48).

Z Zusammenfassung

Die Sonne strahlt viel, viel mehr Energie auf die Erde als wir Menschen benötigen. Entweder man wandelt das Sonnenlicht in thermischen Solaranlagen in Wärme um, oder man erzeugt in Photovoltaik-Anlagen Strom.

32.5 Ein Zylinder voller Luft
Windenergie

Neben der Sonne gibt es eine weitere Energiequelle, die keinerlei Schadstoffe produziert: den Wind!

F18 W1 Welche geschichtlichen Nutzungen der Windenergie fallen dir ein? → L

F19 E1 Die Windenergie ist eine indirekte Form der Sonnenenergie! Warum? Und wie entstehen Winde eigentlich?

F20 W2 Wie hängt die Windrotorleistung von der Größe des Rotors und der Windgeschwindigkeit ab?

F21 E1 Man kann rein prinzipiell dem Wind niemals mit einem Rotor die gesamte Energie entziehen! Warum?

Winde werden – einfach gesagt – durch unterschiedlich starke Sonneneinstrahlung verursacht, etwa durch die geografische Breite oder Tag und Nacht. Dadurch entstehen Hoch- und Tiefdruckgebiete, die die Luft zum Fließen bringen.

Windenergie ist also eine indirekte Form der **Sonnenenergie** (→ F19). Die Nutzung des Windes gehört zu den ältesten Formen der Energiegewinnung. Windmühlen etwa gibt es schon seit über 1000 Jahren und sie waren neben den Wassermühlen lange Zeit die einzigen energiebetriebenen Maschinen (Abb. 32.28). Windenergie ist nichts anderes als die kinetische Energie der Luftmoleküle. Bei einem Windkraftwerk wird ein Teil davon durch den Rotor auf einen Generator übertragen (siehe Kap. 27.1, S. 4) und somit in elektrische Energie umgewandelt. Dem Wind kann aber nicht die gesamte Energie entnommen werden (→ F21). Warum?

Abb. 32.28: Windmühlen sind die Vorgänger der heutigen Windanlagen. Natürlich wurde damit kein Strom erzeugt, sondern Korn gemahlen.

Windleistung

Schätzen wir die Leistung eines Rotors ab (→ F20). In einer bestimmten Zeit strömt eine zylinderförmige Luftmasse durch dessen Querschnittsfläche (Abb. 32.29). Rechnen wir zuerst das **Volumen** des Zylinders aus: $V = As = r^2\pi s$. s ist der Weg, den die Luftmoleküle zurücklegen. Aus $v = s/t$ folgt $s = vt$ und somit $V = r^2\pi vt$.

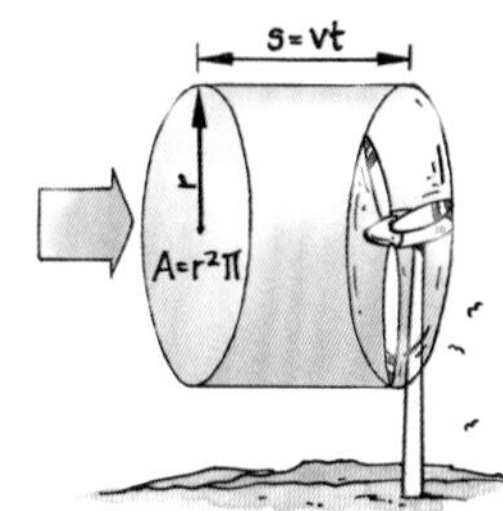

Abb. 32.29: In der Zeit t strömt die Luft dieses Zylinders durch den Rotor.

Welche **Masse** hat die Luft in diesem Zylinder? Aus der Gleichung Dichte (ρ) ist Masse pro Volumen folgt $m = \rho V$. Wenn man nun das Volumen durch den Ausdruck von oben ersetzt, bekommt man $m = \rho r^2\pi vt$. Nun kann man die **kinetische Energie** berechnen:

$$E_k = \frac{mv^2}{2} = \frac{\rho r^2 \pi v t v^2}{2} = \frac{\rho r^2 \pi v^3 t}{2}$$

Leistung ist allgemein Energie pro Zeit. Daraus folgt:

$$P = \frac{E_k}{t} = \frac{\rho r^2 \pi v^3}{2} \sim r^2 v^3$$

Die Leistung eines Rotors ist also proportional zum Quadrat seines Radius: **Doppelter Radius, vierfache Leistung.** Das ist einleuchtend, denn mit der Verdopplung des Radius vervierfacht sich die Fläche. Die Leistung wächst aber mit der dritten Potenz der Windgeschwindigkeit: **Doppelte Windgeschwindigkeit, achtfache Leistung.** Die durchschnittliche Windgeschwindigkeit ist also der bestimmende Faktor bei der technischen Nutzung der Windenergie.

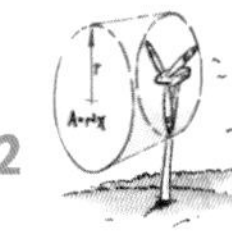

Weil sich ja dann die Luft hinter dem Rotor nicht mehr bewegt und somit auch die Luft vor dem Rotor zum Stillstand käme. Man kann berechnen, dass eine Windkraftanlage im idealen Fall knapp 60 % der Windenergie „ernten" kann.

Abb. 32.30: Als Standort für Windkraftwerke eignen sich Bergrücken und Ebenen. Oben: Oberzeiring (Stmk); Unten: Bruck an der Leitha (NÖ)

Die **Leistung** eines Windkraftwerkes ist von seiner Rotorgröße, vor allem aber von der durchschnittlichen Windgeschwindigkeit abhängig. Deshalb spielt der Standort eine große Rolle (Abb. 32.30). Ende 2016 wurden in Österreich bereits knapp 9 % des Stroms durch Windenergie erzeugt. Das klingt nach nicht viel, aber damit kann man rund 350.000 Haushalte komplett mit Strom versorgen.

→ Info: Windleistung

Z Zusammenfassung

Windkraftwerke wandeln einen Teil der kinetischen Energie der Luftmoleküle in elektrische Energie um. Die bestimmenden Faktoren dabei sind Rotorgröße und Windgeschwindigkeit.

32.6 Von der Pfanne in den Tank
Bioenergie aus Biomasse

Biomasse ist eine umweltschonende Sache, obwohl auch dabei CO_2 entsteht, etwa bei der Verbrennung von Holz. Worin liegt dann der Vorteil im Vergleich mit der Verwendung fossiler Brennstoffe?

F22 Du hast sicher schon einmal vom Begriff Biomasse
W1 gehört. Was versteht man darunter?

F23 Warum ist das Verbrennen von Biomasse ökologischer
E1 als das Verbrennen von fossilen Stoffen? Es wird doch in beiden Fallen CO_2 freigesetzt!

F24 Die Energie aus Biomasse ist eine indirekte Form der
W1 Sonnenenergie! Warum?

Biomasse ist ein sehr umfassender Begriff. In Zusammenhang mit Bioenergie meint man Pflanzen, etwa Holz, Gras, Raps oder Zuckerrüben, und die Ausscheidungen von Tieren, also zum Beispiel Kuhmist (→ F22). Diese Energieträger lassen sich durch Verbrennung auf umweltfreundliche Weise in Bewegung, Strom oder Wärme umwandeln. Man spricht von **CO_2-neutralen Prozessen.** Aber warum ist Biomasse umweltverträglicher als fossile Brennstoffe? Es wird doch in beiden Fällen CO_2 frei (→ F23)!

Der Begriff CO_2-neutral ist ungünstig gewählt! Man meint damit nicht, dass kein CO_2 frei wird, sondern dass die **CO_2-Bilanz** im längeren Schnitt **ausgeglichen** ist. Beim Verbrennen wird CO_2 frei, beim Wachsen von Pflanzen wird CO_2 gebunden. Wenn in einer bestimmten Zeit genauso viele Pflanzen nachwachsen, wie man verbrannt hat, dann ist die CO_2-Bilanz ausgeglichen. Und dann nennt man das CO_2-neutral.

→ Info: CO_2-Bilanz

Warum ist das Verbrennen fossiler Stoffe nicht CO_2-neutral? Öl, Gas und Kohle sind zwar letztlich auch aus Biomasse entstanden, aber dieser Prozess hat **viele Millionen Jahre** gedauert. Bis zum Beispiel wieder Erdöl „nachwächst", gibt es vielleicht gar keine Menschen mehr. Deshalb produziert dessen Verbrennung einen CO_2-Überschuss.

i CO_2-Bilanz

Aus Wasser, Kohlenstoffdioxid und Sonnenenergie erzeugen Pflanzen Glucose und Sauerstoff. Das nennt man Photosynthese (siehe auch S. 42):

$$6CO_2 + 6H_2O + \text{Sonnenenergie} \Rightarrow C_6H_{12}O_6 + 6O_2$$

Biomasse ist also gespeicherte Sonnenenergie (→ F24). Bei ihrer **Verbrennung** läuft diese Reaktion in die Gegenrichtung ab und die vorher gespeicherte Energie wird wieder frei:

$$C_6H_{12}O_6 + 6O_2 \Rightarrow 6CO_2 + 6H_2O + \text{Energie}$$

Das freigesetzte CO_2 und Wasser sind wiederum die **Grundbausteine**, um durch Photosynthese neue Pflanzen wachsen zu lassen und so weiter. Wenn für jeden Baum, den du verbrennst, irgendwo einer nachwächst, dann wäre die CO_2-Bilanz der Welt ausgeglichen.

Abb. 32.31: a) Wald wächst und bindet CO_2. b) Das Holz wird verbrannt und liefert Wärme. Dabei wird das CO_2 wieder frei. c) Wenn wieder dieselbe Menge Wald irgendwo nachgewachsen ist, ist die Bilanz neutral.

Abb. 32.32: Produktion von Bioethanol in Brasilien: Dabei entsteht auch jede Menge CO_2, das man in der Bilanz nicht vergessen darf.

Das klingt alles eigentlich sehr vielversprechend!? **Bioenergie** ist aber auch **umstritten** und zeigt, wie knifflig die Sache mit dem Umweltschutz tatsächlich sein kann – auch wenn man es wirklich gut meint. Die CO_2-Bilanz sieht nämlich nicht mehr so rosig aus, wenn man **alle Prozesse** mit einbezieht. Nehmen wir als Beispiel die **Düngung**. Dafür benötigt man **Pestizide**, bei deren Herstellung Treibhausgase entstehen – und die nebenbei auch den Boden belasten. Die **Maschinen**, mit denen die Rohstoffe verarbeitet werden, tragen ebenfalls zur Erwärmung der Erdatmosphäre bei (Abb. 32.32). Du siehst daran, dass sinnvolles ökologisches Handeln sehr kompliziert sein kann.

→ Info: Es ist nicht alles Gold, was glänzt

i Es ist nicht alles Gold, was glänzt

Mit der **Bioenergie** ist das eine knifflige Sache, weil viele **widersprüchliche Punkte** zu berücksichtigen sind. Sehen wir uns ein paar Vor- und Nachteile an:

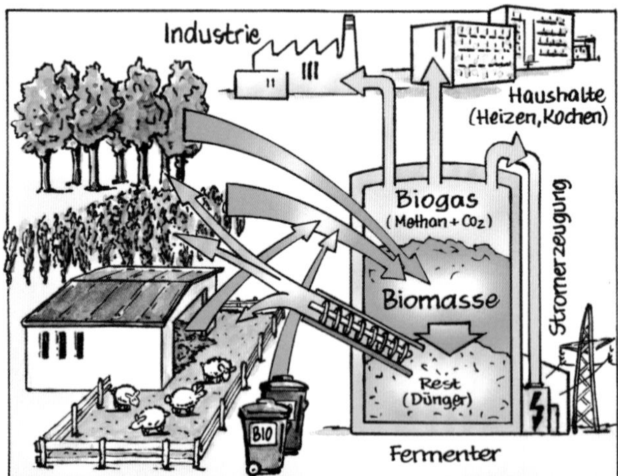

Abb. 32.33: Bau und Funktion einer Biogasanlage

Vorteile: Biomasse wächst schnell nach und bindet dabei wieder CO_2 (Abb. 32.31, S. 51). Die **verstärkte** Nutzung von Biomasse kann die Abhängigkeit von Erdöl- und Erdgasimporten **reduzieren.** Biomassekraftwerke und Biogasanlagen zur Stromerzeugung sind im Gegensatz zu Wind- und Solarenergie regelbar und funktionieren auch bei Windstille und Wolken. Organische Abfälle können noch weiter verwendet werden und sind preiswert oder sogar kostenlos.

In armen Ländern sind **Kleinstbiogasanlagen** verbreitet (Abb. 32.33).

Nachteile: Bioenergie braucht beim **Anbau** viel Platz und steht in **Flächenkonkurrenz** zur Nahrungs- und Futtermittelerzeugung. Der Anbau führt zu Umweltbelastungen durch **Dünger** und **Pestizide.** Stickstoffdünger kann zu erhöhten Emissionen des Klimagases N_2O führen (siehe Tab. 32.1, S. 43). Die **Umwandlung** von Regenwald, Mooren oder Grünland in Ackerland verringert die Biodiversität. Zudem können diese Flächen große Mengen CO_2 gespeichert haben, welches bei der Umwandlung durch Brandrodung oder Trockenlegung freigesetzt wird.

Z Zusammenfassung

Biomasse nennt man CO_2-neutral, wenn jedes Jahr so viele Pflanzen nachwachsen, dass das freigesetzte CO_2 wieder aufgenommen wird. Obwohl bei der Produktion Treibhausgase entstehen, schneidet Biomasse in der Regel besser ab als fossile Brennstoffe.

Klimaänderung und erneuerbare Energie

F25 W1 Manchmal ist bei Angaben von Stoffmengen von ppb die Rede. Was ist damit gemeint? → L

F26 E1 Auch auf Venus und Mars gibt es einen natürlichen Treibhauseffekt! Gib mal einen Tipp ab, wie viel Grad dieser ausmacht. → L

F27 E2 Wird nicht der 2. HS der Wärmelehre verletzt, wenn es im Inneren eines in der Sonne geparkten Autos heißer wird als draußen? → L

F28 E1 Warum kann man das Wetter auf eine Woche, das Klima aber auf ein Jahrhundert im Voraus sinnvoll einschätzen? → L

F29 E1 Wie ist es möglich, dass die Luft hinter dem Rotor eines Windkraftwerkes langsamer strömt? Es muss doch durch den imaginären Zylinder (Abb. 32.29) immer dieselbe Luftmasse pro Zeit strömen. → L

F30 W1 Welche Umweltbeeinträchtigungen durch Windkraftanlagen gibt es? Recherchiere zu den Begriffen Vogelschlag, Landschaftsverbrauch, Schattenwurf, Diskoeffekt, Lärmentwicklung und Energierücklaufzeit.

F31 S1 Manchmal wird der Mythos von der CO_2-freien Atomkraft strapaziert. Was ist falsch daran? → L

F32 E1 Auf vielen Karten zur Sonneneinstrahlung werden nicht W/m^2, sondern auf Kilowattstunden pro Quadratmeter und Jahr angegeben. Welcher Zusammenhang besteht hier? → L

Welle und Teilchen

Abb. 33.1: Mit einem Snowboard geht das leider nicht. Quanten können aber gleichzeitig mehrere verschiedene Wege nehmen. Mehr dazu in Kap. 33.5, S. 61.

Stell dir einmal vor, du könntest durch die Wand gehen oder mit dem Snowboard gleichzeitig links und rechts an einem Baum vorbeifahren (Abb. 33.1). Klingt sehr nach Sciencefiction?! In unserer alltäglichen Welt der großen Objekte ist das natürlich unmöglich. In der Welt des Allerkleinsten passieren solche Absurditäten aber pausenlos. Kleinste Objekte wie Atome oder deren Bestandteile nennt man **Quanten**, und die Physik, die sich mit ihnen beschäftigt, **Quantenmechanik**. Die Effekte in der Welt der kleinsten Teilchen sind meist sehr absurd, und nicht einmal die allerschlauesten Physiker können sie sich **bildlich** vorstellen. Lassen wir dazu drei Physik-Nobelpreisträger zu Worte kommen.
Albert Einstein lehnte die Quantentheorie Zeit seines Lebens ab. Er mochte die Idee nicht, dass sich die Quantenmechanik nur mit Hilfe von Wahrscheinlichkeiten berechnen lässt, und fasste sein Unbehagen mit den berühmten Worten „Gott würfelt nicht!" zusammen. Er irrte sich allerdings gewaltig: Das Verhalten von Quanten unterliegt immer dem Zufall.
Auch Max Born hatte zunächst Probleme mit dem Akzeptieren der Quantenmechanik und schrieb einmal ironisch in einem Brief an Albert Einstein: **„Die Quanten sind doch eine hoffnungslose Schweinerei."** Und Richard Feynman soll gar einmal gesagt haben: **„Ich gehe davon aus, dass niemand die Quantenmechanik versteht."** Mit „nicht verstehen" meinte er, dass wir uns die Effekte der Quantenmechanik nicht bildlich vorstellen können und sie sich somit unserer Intuition entziehen, obwohl wir sie exakt berechnen können. Was ist der Grund dafür? Mechanische oder thermische Effekte kannst du spüren, optische sehen, akustische hören. Wir haben aber keinen „Quanten-Sinn" entwickelt. Die Dinger sind einfach viel zu klein, als dass sie für unser Leben **direkt** von Bedeutung wären. Und deshalb fehlt uns auch die konkrete Vorstellung davon.
In diesem einleitenden Kapitel geht es um die Tatsache, dass Quanten sowohl Wellen- als auch Teilcheneigenschaften aufweisen. Das klingt zunächst nicht besonders spektakulär. Aber diese Tatsache führt uns letztlich zu allen Überraschungen, die die Quantenmechanik so zu bieten hat. Wir fangen mit dem kurzen Aufpolieren einiger Wellenphänomene an.

33.1 Ein Spalt in der Wand
Interferenz und Beugung

Wir gehen es gemütlich an und frischen noch einmal die Begriffe Interferenz und Beugung auf. Sie sind sehr wichtig für unsere weiteren Überlegungen.

→ ? Fragenbox

Die Überlagerung von Schwingungen beziehungsweise Wellen bezeichnet man als Interferenz (→ F1). Wir betrachten im Folgenden nur die Überlagerung von Wellen. Nimm an, zwei Wellen mit gleicher Länge und Höhe treffen aufeinander. Wenn Berg auf Berg trifft, dann verstärkt sich die Amplitude der Gesamtwelle. Das nennt man **konstruktive Interferenz**. Wenn Berg auf Tal trifft, dann löschen einander die Wellen komplett aus. Das nennt man **destruktive Interferenz** (Abb. 33.3, S. 54). Zwischen diesen beiden Extremfällen sind alle Amplituden möglich.

Unter Beugung versteht man, dass ein Teil einer Welle an einem Hindernis die Richtung ändert (→ F2). Diesen Effekt kann man mit dem **Huygens-Prinzip** erklären, das nach dem Holländer Christian Huygens benannt ist. Es besagt, dass jeder Punkt der Wellenfront eine neue Elementarwelle aussendet. Was wir sehen, ist die Überlagerung all dieser Wellen. Ein sehr anschaulicher Beleg für dieses Prinzip ist eine Welle, die durch einen engen Spalt läuft (siehe

F1 W1 Was versteht man unter Interferenz? Lies nach in Kap. 18.6, „Big Bang 6"!

F2 W1 Was versteht man unter Beugung? Was besagt das Prinzip von Huygens? Lies nach in Kap. 20.1 „Big Bang 6"!

F3 S1 Eine Wasserwelle läuft gegen eine Wand mit einem Spalt (Abb. 33.2). Wie läuft sie dahinter weiter? Und kannst du deine Antwort begründen?

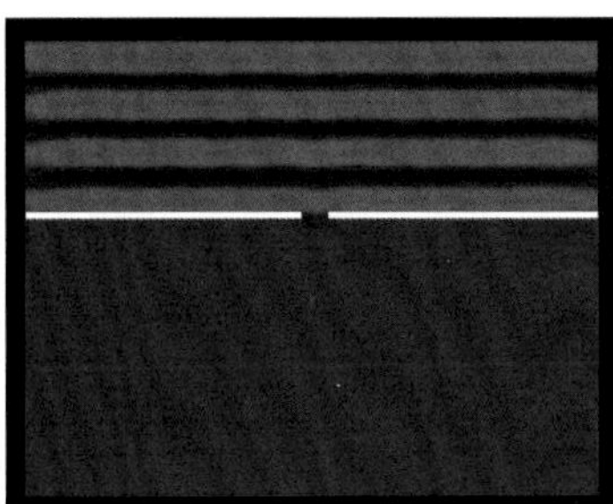

Abb. 33.2: Wie läuft die Welle hinter der Wand weiter?

F4 E2 Warum kannst du eine Person hören, die nicht in deine Richtung spricht? Warum kannst du dich selber sprechen oder eine Schallquelle auch mit dem abgewandten Ohr hören?

Abb. 33.5 a). Man kann dadurch quasi eine Elementarwelle isolieren. Sie ist gewissermaßen die Hälfte des Musters das entsteht, wenn du einen Stein ins Wasser wirfst.

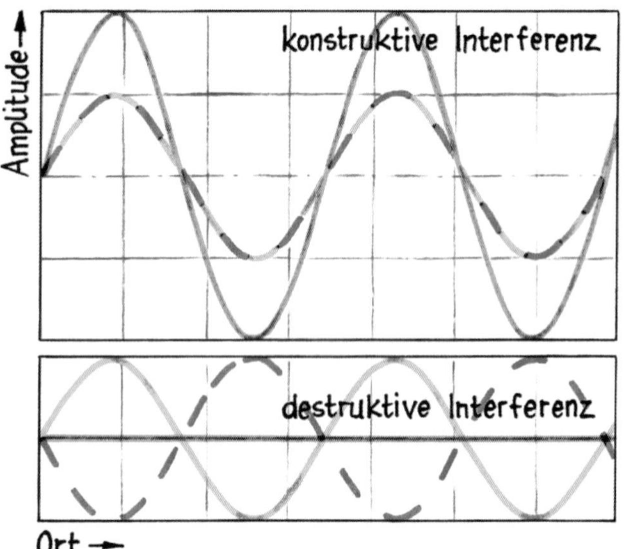

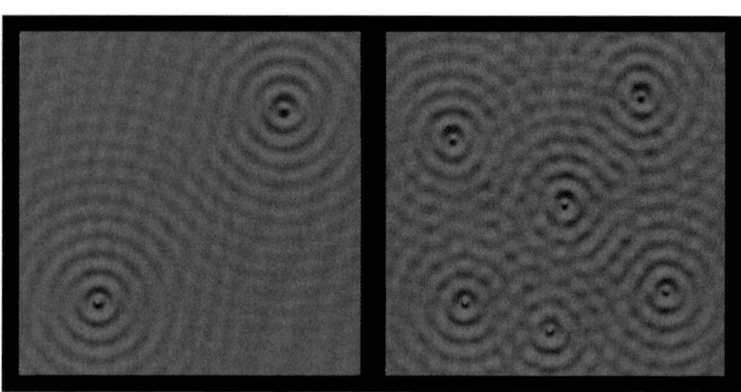

Abb. 33.3: Die zwei Extremfälle bei der Überlagerung von Wellen

Abb. 33.4: Überlagerung von 2 und 6 Kreiswellen: Man kann sehr gut die Stellen konstruktiver und destruktiver Interferenz erkennen.

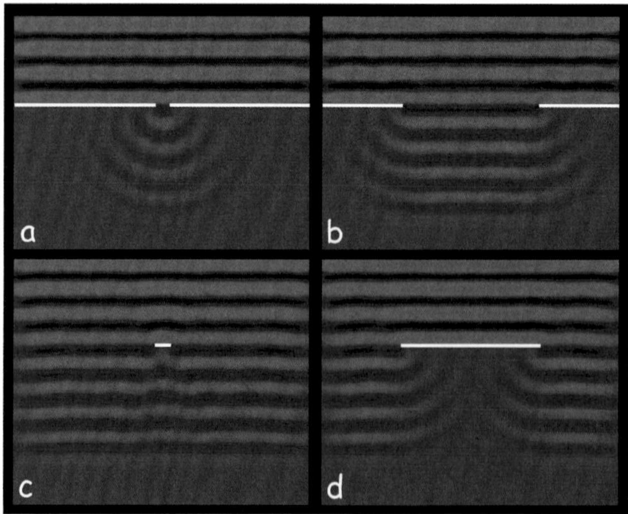

Abb. 33.5: Eine Welle läuft auf einen Spalt beziehungsweise ein Hindernis auf. a) und c) sind ein Modell für Schallwellen (→ F3): Die Hindernisse sind in der Größenordnung der Wellenlänge und der Großteil der Wellen wird gebeugt. b) und d) sind ein Modell für Lichtwellen: Die Hindernisse sind viel größer als die Wellenlänge und nur ein geringer Teil der Wellen wird gebeugt.

Wie stark die Beugung ist, hängt vom Größenverhältnis zwischen Wellenlänge und Hindernis ab. Sind diese etwa gleich groß, dann ist die Beugung am stärksten. Die an der Wellenfront entstehenden Elementarwellen können auch **hinter ein Hindernis** laufen (Abb. 33.5 c und d).

Beugung ist auch die Antwort auf alle Fragen in → F4. Die **Schallwellen** werden beim Austritt aus dem Mund in alle Richtungen gebeugt, auch um deinen Kopf herum. Deshalb kannst du dich selbst und auch alle anderen Personen von der Seite sprechen hören. Beugung ist also extrem wichtig für unsere Kommunikation.

Z Zusammenfassung

Interferenz ist die Überlagerung von Wellen. Dabei kann es zur Verstärkung oder sogar zur völligen Auslöschung kommen. Beugung bedeutet, dass eine Welle an einem Hindernis abgelenkt wird.

33.2 Viele helle Streifen

Licht als Welle

In diesem Abschnitt geht es um ein legendäres Experiment, mit dem Thomas Young vor mehr als 200 Jahren zeigen konnte, dass Licht Welleneigenschaften besitzt. Um die Aussage des Experiments zu verstehen, musst du Beugung und Interferenz verbinden.

F5 S1 In der Antike dachte man, unsere Sehfähigkeit beruhe darauf, dass Strahlen von unseren Augen ausgehen! Wie kann man diese Ansicht entkräften?

F6 E1 Eine Wasserwelle läuft gegen eine Wand mit einem Doppelspalt (Abb. 33.6). Wie sieht das Wellenmuster hinter der Wand aus?

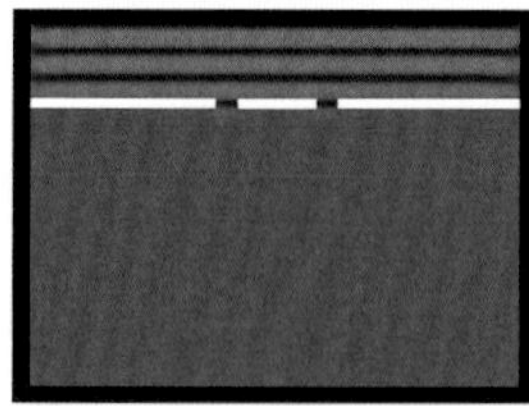

Abb. 33.6: Wie läuft die Welle hinter der Wand weiter?

F7 E1 Stell dir vor, du schießt mit einem Maschinengewehr durch einen Doppelspalt. Welche Form hätten dann die Bereiche der Einschlagstellen auf einer Wand dahinter?

F8 E1 Warum schillert eine CD im weißen Licht farbig (Abb. 33.7)?

F9 E2 Warum kann man um die Ecke hören, aber nicht um die Ecke sehen?

Abb. 33.7: Eine schillernde CD

Die Lehre vom Licht, also die **Optik**, gehört zu den ältesten Gebieten der Physik. Schon die alten Griechen diskutierten darüber, ob **Licht** von den Dingen ausgeht oder ob unsere Augen die Dinge quasi abtasten. Erst der arabische Naturforscher IBN AL HAITHAM scheint um das Jahr 1000 klargestellt zu haben, dass sichtbare Dinge Licht aussenden, also selbst leuchten oder fremdes Licht zurückwerfen. Das klingt sehr logisch! Nach der „Abtasthypothese" könntest du ja auch im Dunkeln sehen (→ F5)!

Aber was ist Licht? Was wird dabei ausgesendet? Im 17. Jahrhundert gab es zwei Ansichten. CHRISTIAN HUYGENS (siehe Kap. 33.1, S. 53) war der Ansicht, dass Licht eine Welle sei. Er vertrat also die **Wellentheorie**. ISAAC NEWTON war hingegen der Meinung, dass Licht ein Strom von Teilchen sei und vertrat somit die **Teilchentheorie**. Newtons Autorität war dermaßen groß, dass sich seine Ansicht für mehr als ein Jahrhundert lang durchsetzte.

Aber dann kam das Jahr **1801**, und THOMAS YOUNG stellte ein Experiment vor, mit dem er eindeutig zeigen konnte, dass Licht Welleneigenschaften besitzt. Das von ihm erfundene **Doppelspalt-Experiment** ist ein absoluter Klassiker und wird bis heute durchgeführt (siehe etwa Abb. 33.23, S. 60). Warum war dieses Experiment ein starker Hinweis für die Wellentheorie des Lichts?

Um die Aussagekraft des Experiments zu verstehen, muss man sich zuerst überlegen, was das Licht hinter einem Doppelspalt macht – je nachdem, ob es sich wie ein Teilchen oder eine Welle verhält. Nehmen wir zunächst an, Licht verhält sich wie ein Schauer von **Teilchen**. Auf einem Schirm hinter dem Doppelspalt müssten dann **zwei helle Streifen** entstehen, hinter jedem Spalt einer. RICHARD FEYNMAN hat dazu gerne den Vergleich mit einem Maschinengewehr gebraucht, mit dem man durch zwei Spalte schießt (→ F7; Abb. 33.8).

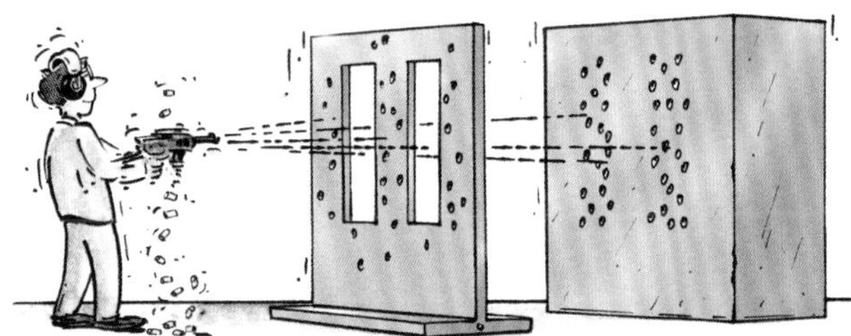

Abb. 33.8: Wenn du mit einem Maschinengewehr durch einen „Doppelspalt" schießt, bekommst du dahinter zwei Streifen mit den Einschlagstellen der Geschosse.

Was würde nun aber passieren, wenn sich Licht wie eine **Welle** verhält? Für alle folgenden Überlegungen nehmen wir an, dass das Licht nur aus einer Frequenz besteht, also **monochromatisch** ist. Hinter jedem der beiden Spalte gäbe es dann eine Kreiswelle (Abb. 33.9). Ihre Überlagerung würde zu Interferenzen führen, sodass sich an manchen Stellen das Licht verstärkt und an manchen komplett auslöscht. Wäre Licht also eine Welle, müsste man hinter dem Doppelspalt nicht nur zwei, sondern **viele helle Streifen** sehen (→ F6; Abb. 33.10). Und genau das konnte YOUNG mit seinem **Doppelspalt-Experiment** zeigen: viele helle Streifen!

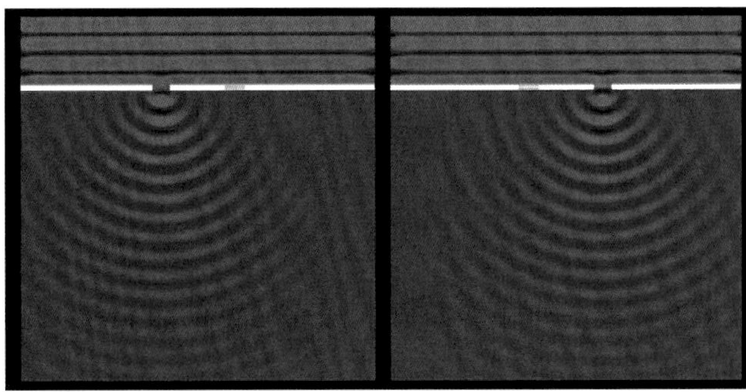

Abb. 33.9: Wenn man jeweils einen der Spalte abdeckt, dann bekommt man das bekannte Muster einer Kreiswelle (siehe auch Abb. 33.5 a, S. 54).

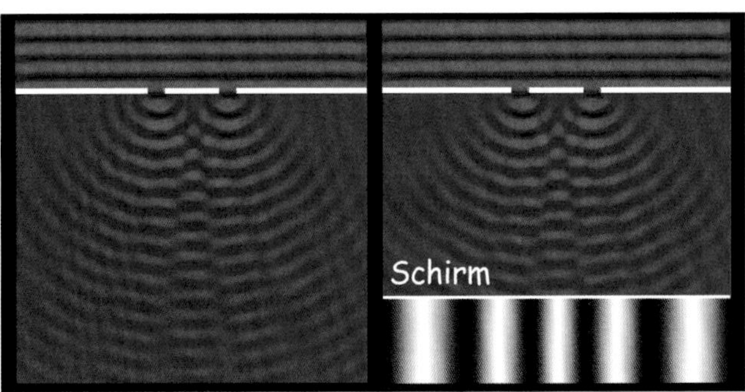

Abb. 33.10: Durch die Überlagerung der beiden Kreiswellen kommt es zur Interferenz. Bei einer Lichtwelle würdest du dann am Schirm in diesem Fall mehrere helle Streifen bekommen. Das Experiment ist von oben betrachtet, aber der Schirm zur besseren Übersicht gedreht dargestellt.

Mit der Teilchentheorie konnte man den Ausgang des Doppelspalt-Experiments nicht erklären. Denn es müssten sich ja an den dunklen Stellen zwei Teilchen zu keinem addieren, quasi $1 + 1 = 0$! Im Rahmen der **Wellentheorie** ist die Erklärung mit Hilfe der destruktiven **Interferenz** aber kein Problem. Das Experiment von Young führte nach und nach zu einem Umdenken. Die Wellentheorie setzte sich schließlich durch und die Teilchentheorie wurde wieder verworfen.

Warum hat man erst so spät erkannt, dass Licht Welleneigenschaften hat? Vom Schall wusste man das schon wesentlich früher. Das liegt daran, dass die **Wellenlänge des Schalls rund eine Million Mal größer ist als die des Lichts.** Die typischen Lichtwelleneigenschaften spielen daher im Alltag keine so offensichtliche Rolle wie beim Schall.

→ **Info:** Schillernde CDs -> S. 56
→ **Info:** Um die Ecke sehen -> S. 56

Schillernde CDs

Es gibt nur wenige Situationen im Alltag, in denen du die **Wellennatur des Lichts** bemerken kannst. Ein Beispiel ist das **farbige Schillern einer CD** in weißem Licht (→ F8). Wie kommt es zustande? Die Information auf einer CD ist in Form von Pits gespeichert, die in die Oberfläche eingepresst oder eingebrannt werden (Abb. 33.11 und Abb. 31.13, S. 37). Der Übergang von einer flachen Stelle zu einer Mulde oder umgekehrt wird als 1 interpretiert. Hindernisse, die sich wie die CD-Oberfläche aus vielen Spalten zusammensetzen, nennt man allgemein **optische Gitter.** Die Beugungseffekte sind ganz ähnlich wie bei einem Doppelspalt: Es entstehen viele helle Streifen.

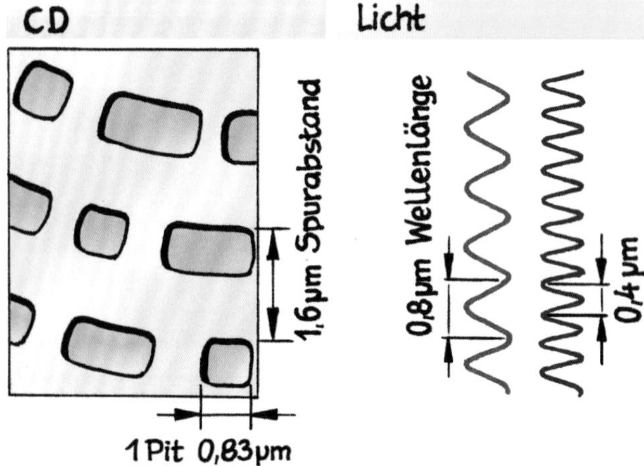

Abb. 33.11: Bei einer DVD ist der Spurabstand sogar nur 0,75 µm (siehe Abb. 35.27, S. 86).

Der Spurabstand der Pits liegt in der **Größenordnung der Lichtwellenlänge.** Daher wird das einfallende Licht stark gebeugt. Beugung und Interferenz hängen aber von der Wellenlänge des Lichts ab. Bestimmte Farben löschen sich daher durch destruktive Interferenz auch nur an bestimmten Stellen aus. Das weiße Licht wird somit in seine einzelnen Komponenten zerlegt.

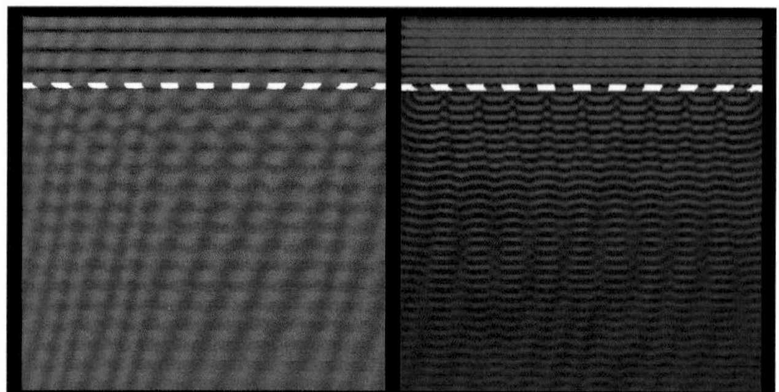

Abb. 33.12: Beugungsmuster und Interferenzeffekte hängen bei gleichem Gitterabstand von der Wellenlänge ab. Die Wellenlänge von rotem Licht ist etwa doppelt so groß wie die von blauem. Die Interferenzmuster sind bei blauem Licht wesentlich enger.

Um die Ecke sehen

Warum ist die **Lichtbeugung im Alltag** nicht zu bemerken? Anders gefragt: Warum kannst du um die Ecke hören, aber nicht um die Ecke sehen (→ F9)? Das liegt an der extrem kurzen Wellenlänge des Lichts. An einer Ecke wird nur jener Wellenteil gebeugt, der in der Größenordnung der Wellenlänge liegt (Abb. 33.13 rechts). Der Rest läuft geradlinig weiter.

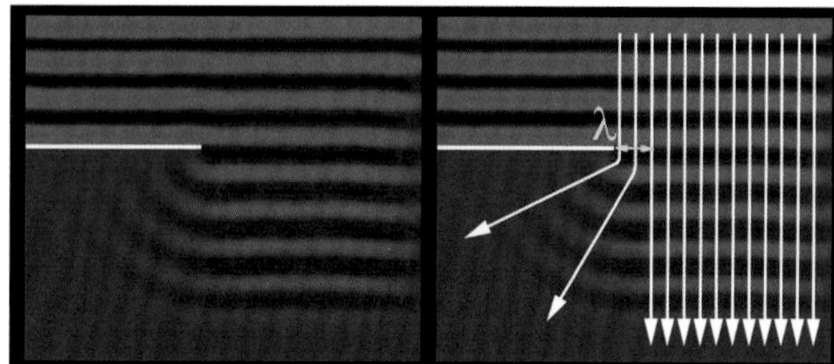

Abb. 33.13: Eine Welle läuft gegen eine Kante. Es wird nur der Teil der Welle gebeugt, dessen Abstand zum Hindernis innerhalb einer Wellenlänge liegt. Bei Schall beträgt der abgelenkte Bereich einige Dezimeter, bei Licht aber nur einige Millionstel Meter.

Die **Wellenlänge von Luftschall** liegt im Bereich von **einigen Dezimetern**, die von **Licht** aber im Bereich von **Millionstel Metern.** Wenn eine Schallwelle an einer Ecke vorbeiläuft, wird sie bis einige Dezimeter vom Hindernis entfernt abgelenkt. Es läuft somit genug Schall ums Eck, um jemand dahinter hören zu können. Bei einer Lichtwelle beträgt der abgelenkte Wellenteil aber größenordnungsmäßig nur etwa 1/1000 mm. Das ist viel zu wenig, um es im Alltag zu bemerken. Auch bei Löchern ist es ähnlich. Diese sind ja quasi „Doppelkanten". Im Vergleich mit der Wellenlänge sind Löcher meist so groß, dass das Licht praktisch geradlinig weitergeht (siehe auch Abb. 33.5 b, S. 54).

Z Zusammenfassung

Die Wellenlänge von Licht ist extrem klein. Daher spielen Beugungserscheinungen im Alltag keine Rolle. Es dauerte somit sehr lange, bis man die Wellennatur des Lichts erkannte. Das Ergebnis des Doppelspalt-Experiments kann man sehr gut mit dem Wellenmodell erklären, das sich daher im 19. Jh. auch nach und nach durchsetzte.

33.3 Und dann kam Einstein...
Licht als Teilchen

EINSTEIN ist auch bei Nicht-Physikern bekannt wie ein bunter Hund. Er wird aber meist nur mit seiner Relativitätstheorie in Verbindung gebracht. Tatsächlich war er aber auch maßgeblich an der Begründung der Quantenmechanik beteiligt – obwohl er sie nicht leiden konnte!

F10 W1 Im Jahr 1921 bekam Albert Einstein den Nobelpreis für Physik. Für welche Arbeit? → L

F11 S1 Wenn du dich nahe an eine helle Glühbirne setzt, dann gibt diese pro Fläche mehr Energie an deine Haut ab als die prallste Sonne (Abb. 33.14). Trotzdem wirst du keinen Sonnenbrand bekommen! Warum?

Abb. 33.14: Warum bekommt man von einer Glühbirne keinen Sonnenbrand?

F12 W1 Was versteht man unter einem Potenzialtopf? Was versteht man unter potenzieller und kinetischer Energie? Sieh nach in Kap. 4.3 und Kap. 8, „Big Bang 5"! Was versteht man unter der Einheit Elektronvolt (siehe Infobox Dreizehnkommasechs, S. 79)?

F13 E1 Fotografie mit Filmen ist heute eine fast ausgestorbene Technologie. In der Dunkelkammer verwendete man beim Entwickeln rotes Licht. Warum? → L

F14 E1 Wie funktioniert die Belichtung bei einer Digitalkamera? Was wird dabei belichtet?

Die Frage nach dem Wesen des Lichts könnte man auch so stellen: **Ist Licht kontinuierlich** (hat es Welleneigenschaften) **oder körnig** (hat es Teilcheneigenschaften)? Beginnend mit Youngs Doppelspaltexperiment setzte sich im 19. Jahrhundert nach und nach wieder die erste Ansicht durch. Als dann auch noch um **1860** JAMES CLERK MAXWELL zeigen konnte, dass Licht zur Familie der elektromagnetischen Wellen gehört (siehe Kap. 28 ab S. 14), schien die Sache endgültig geritzt zu sein: Licht ist eine Welle!

Dann kam aber das Jahr **1905**. In diesem veröffentlichte ALBERT EINSTEIN neben seiner speziellen Relativitätstheorie auch eine Arbeit, in der er ein gewichtiges Argument für die **Teilchentheorie des Lichts** lieferte. Er war damit in der Lage, den seltsamen **Fotoeffekt** erklären zu können.

→ Info: Fotoeffekt

Das Irritierende an diesem ist, dass man die Elektronen mit **UV-Licht** aus der Zinkplatte herauslösen kann, nicht aber mit sichtbarem Licht gleicher oder sogar höherer Intensität. Das kann man mit dem Wellenmodell nicht erklären. Nach diesem würde es nämlich nur auf die Intensität der Lampe ankommen, also auf die **Watt**, die sie abstrahlt. Ob UV oder sichtbares Licht dürfte keine Rolle spielen. Genau das ist aber der Fall!

EINSTEINS Erklärung dafür war revolutionär. Er zeigte, dass Licht aus kleinen Teilchen besteht, den **Lichtquanten** oder, wie man sie später nannte, **Photonen**. Ihre Energie ist proportional zu ihrer Frequenz. UV-Licht hat eine größere Frequenz als sichtbares Licht und daher haben UV-Photonen mehr Energie (siehe Tab. 33.1, S. 58). Sie schlagen somit härter auf der Zinkplatte auf und können somit die Elektronen herausschlagen. EINSTEIN verwendete für die Photonen-Energie eine Gleichung, die MAX PLANCK ein paar Jahre früher aufgestellt hatte. Die Konstante h, die in der Gleichung vorkommt, ist das **Planck'sche Wirkungsquantum** (siehe Kapitel 30.1, S. 27). Es spielt in der Quantenmechanik eine sehr große Rolle und wird uns noch oft über den Weg laufen. Es kann nur experimentell bestimmt werden (siehe Abb. 33.17, S. 58).

Ein dir aus dem Alltag bekannter Effekt ist ein guter Beleg für den Zusammenhang zwischen Licht-Frequenz und Photonen-Energie: der **Sonnenbrand**. Dabei werden die Zellen der obersten Hautschicht durch die Photonen beschädigt (→ F11). Diese benötigen dafür aber eine Mindestenergie,

→ Info: Fußball und die Einstein-Gleichung

→ Info: CCD und Digital-Kamera

Fotoeffekt

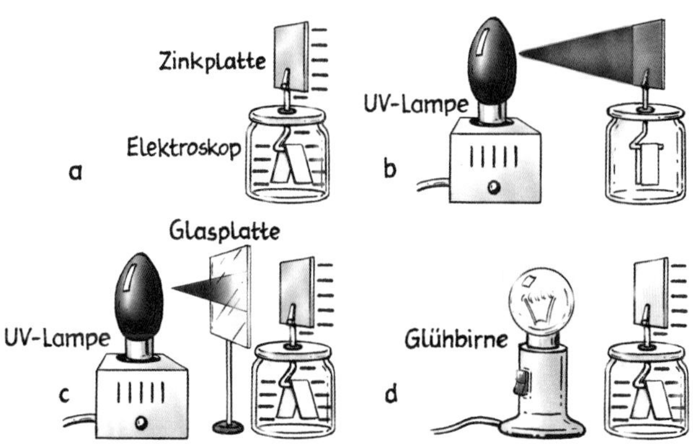

Abb. 33.15: Wenn man eine negativ geladene Zinkplatte mit UV-Licht bestrahlt, dann verliert die Platte wieder ihre überschüssigen Ladungen. Das kann man mit einem Elektroskop messen.

Der **Fotoeffekt** wurde bereits von BECQUEREL **1839** entdeckt. Worum geht es dabei? Wenn man eine **Zinkplatte** negativ auflädt (Abb. 33.15 a) und sie dann mit UV-Licht bestrahlt, verliert sie wieder ihre Ladung (b). Wenn man aber vor die UV-Lampe eine Glasplatte gibt, bleibt die Platte negativ geladen (c). Besonders verblüffend: Wenn man die Platte mit einer normalen, sehr starken Lampe bestrahlt (d), kann man sie ebenfalls nicht zum Entladen bringen. Hast du eine Erklärung dafür?

F Formel: Photonen-Energie

$$E = h \cdot f$$

E … Photonenenergie [J]
h … Planck'sches Wirkungsquantum [Js] $h = 6{,}63 \cdot 10^{-34}$ Js
f … Frequenz des Lichts [s^{-1}]

die die Photonen von sichtbarem Licht Gott sei Dank nicht besitzen. Sonst würdest du im Scheinwerferlicht einen Mordssonnenbrand bekommen. Die Photonen des UV-B-Lichts haben aber mehr Energie (siehe Tab. 33.1) und können deshalb deine Haut schädigen.

Fußball und die Einstein-Gleichung

Das Herausschlagen von Elektronen aus einer Zinkplatte kann man mit einem **Fußballstoß** aus einer Grube vergleichen (Abb. 33.16). Um den Ball herauszubekommen, ist eine bestimmte **Austrittsarbeit** notwendig, die von der Tiefe (h) und der Ballmasse (m) abhängt: $W = m \cdot g \cdot h$. Mit dem Fußtritt überträgst du Energie (E) auf den Ball, die sich durch das Hinaufrollen um die Austrittsarbeit verringert: $E_k = E - W$. Wenn E kleiner ist als W, kann der Ball gar nicht aus der Grube rollen.

Abb. 33.16: Um den Ball aus der Grube zu bekommen, ist eine Mindestenergie nötig. Bei den Elektronen in der Zinkplatte ist es ähnlich.

Mit den **Elektronen** in der Zinkplatte ist es genauso. Um sie abzulösen, ist eine bestimmte Austrittsarbeit (W) notwendig. Von den aufprallenden Photonen bekommen die Elektronen die Energie $E = h \cdot f$. Für die kinetische Energie der abgelösten Elektronen ergibt sich dann in Analogie zum Fußballstoß $E_k = E - W = hf - W$. Das nennt man auch die **Einstein-Gleichung**, und sie passt perfekt zu den im Experiment gefundenen Ergebnissen. Ist die Energie der Photonen kleiner als die Ablösearbeit, dann kann das Elektron nicht herausgeschlagen werden – etwa bei einer Zinkplatte in normalem Licht.

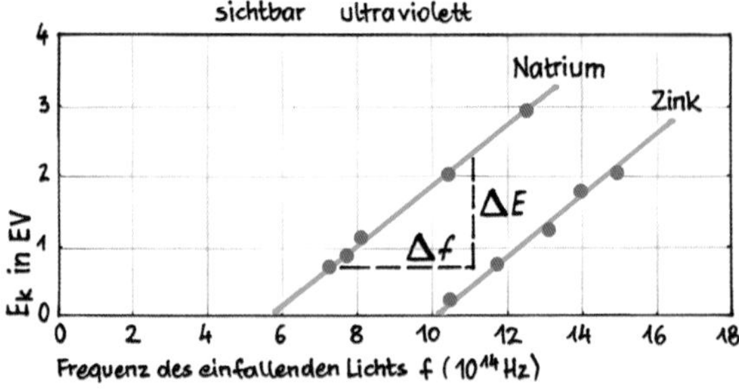

Abb. 33.17: Frequenz der einfallenden Photonen und kinetische Energie der herausgeschlagenen Elektronen: Der Anstieg der Geraden ist $\Delta E/\Delta f = h$. Die Energie muss dazu von eV in J umgerechnet werden.

	relative Photonenenergie	Wellenlänge in 10^{-7} m	Frequenz 10^{14} Hz
rot	1–1,2	6,5–7,5	4,0–4,6
grün	1,3–1,5	4,9–5,8	5,2–6,1
blau	1,5–1,8	4,2–4,9	6,1–7,1
UV-A	1,9–2,3	3,2–4,0	7,5–9,38
UV-B	2,3–2,7	2,8–3,2	9,38–10,7

Tab. 33.1: Relative **Photonenenergie** von sichtbarem und ultraviolettem Licht: Die niedrigste Energie von roten Photonen wurde mit 1 angenommen. Um Elektronen aus einer Zinkplatte zu lösen oder einen Sonnenbrand auszulösen, sind mindestens rund 10^{15} Hz notwendig. Das ist nur bei UV-B-Licht der Fall.

CCD und Digital-Kamera

Analoge Kameras mit Film gehören praktisch der Vergangenheit an. Gegenwart und Zukunft gehören den **digitalen Kameras.** Aber was wird bei diesen belichtet (→ **F14**)? Ein sogenanntes **CCD**, ein **charge-coupled device** (Abb. 33.18)! Am besten kann man das mit „ladungsgekoppelter Bauteil" übersetzen. Ein CCD besteht aus einer Matrix von lichtempfindlichen Punkten. Wenn eine Kamera zum Beispiel 24 Megapixel (also 24 Millionen Bildpunkte) hat, dann befinden sich auf dem CCD 6000 mal 4000 solcher Punkte.

Abb. 33.18: Der CCD-Sensor in einer aufgeklappten Spiegelreflexkamera

Die genaue Funktionsweise kann man nur im Rahmen der **Halbleitertechnik** erklären. Ganz grob gesagt wird dabei aber der Fotoeffekt ausgenutzt. Im CCD werden durch den Aufprall der Photonen Elektronen freigesetzt, die dann gemessen werden können. Auf diese Weise kann man feststellen, welche Pixel belichtet wurden. Weil die Elektronen den Kristall nicht verlassen, spricht man in diesem Fall vom **inneren Fotoeffekt.** Die Austrittsarbeit in einem CCD ist so gering, dass der Effekt auch von sichtbarem Licht ausgelöst werden kann.

Z Zusammenfassung

1905 lieferte Albert Einstein eine Erklärung für den Fotoeffekt. Er konnte rechnerisch belegen, dass man diesen dann schlüssig erklären kann, wenn Licht Teilcheneigenschaften besitzt. Diese Entdeckung leitete eine Revolution in der Physik ein.

33.4 Fußballquanten
Materiewellen

Es gab nun also sowohl Belege für die Wellen- als auch für die Teilchennatur des Lichts. Das war ein unglaublicher Schock, weil es das nach damaliger Ansicht nicht geben konnte. Aber diese Doppelnatur zeigt sich nicht nur bei Photonen, sondern auch bei anderen kleinen Teilchen.

F15 W1 Mit einem Elektronenmikroskop gelingen Aufnahmen in verblüffender Vergrößerung und Qualität (Abb. 33.19). Aber wie kann man eigentlich mit Hilfe von Elektronen Bilder machen?

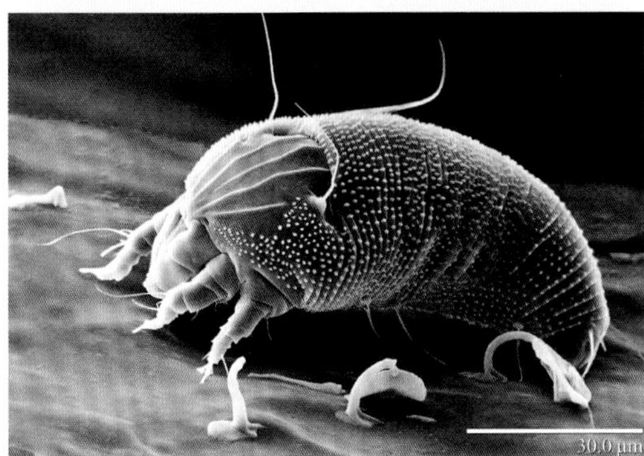

Abb. 33.19: Oben: Schneekristalle; unten: Hausstaubmilbe; Beide Fotos sind koloriert.

F16 W1 Wie verändert sich der Abstand der hellen Streifen bei einem Beugungsexperiment mit der verwendeten Wellenlänge? Sieh nach in Abb. 33.12, S. 56!

F17 E1 Warum baut man zur Untersuchung von Quanten immer größere Teilchenbeschleuniger? → L

Es war nun also nachgewiesen, dass Licht **sowohl Wellen- als auch Teilcheneigenschaften** besitzt. Im Jahr **1924** stellte der französische Physiker Louis De Broglie (sprich „de Broi") eine gewagte Hypothese auf. Warum sollte diese **Doppelnatur** nur für Photonen und nicht auch für andere Quanten gelten? Wieso sollten zum Beispiel Elektronen neben ihren Teilcheneigenschaften nicht auch Welleneigenschaften aufweisen, quasi auch eine **Materiewelle** sein? De Broglie stellte einen Zusammenhang zwischen Teilchen-Impuls und Wellenlänge her (Tab. 33.2; siehe auch → F31, S. 65).

F Formel: Materiewellenlänge (de Broglie-Wellenlänge)

$$\lambda = \frac{h}{p} = \frac{h}{mv}$$

λ ... Wellenlänge der Materiewellen [m]
p ... Impuls [$kgms^{-1}$]
m ... Masse [kg]
v ... Geschwindigkeit des Teilchens [ms^{-1}]
h ... Planck'sches Wirkungsquantum [Js]

	Wellenlänge in m
rotes Photon	10^{-6}
UV-B-Photon	10^{-7}
Röntgenlicht-Photon (harte Strahlung)	10^{-11}
Elektron, 10^8 m/s (30 keV)	10^{-11}
„Fußballmoleküle" (C60), 220 m/s	10^{-12}
Tennisball, 30 m/s	10^{-34}
Mensch mit 75 kg bei 10 m/s	10^{-36}

Tab. 33.2: Größenordnungsmäßige Beispielswerte für Wellenlängen bei Licht und Materie: Auch makroskopischen Objekten, etwa einem Tennisball, kann man demnach eine Wellenlänge zuordnen. Diese ist aber so absurd winzig, dass ihre Welleneigenschaften im Alltag nicht zu bemerken sind.

Das klang ziemlich verrückt. Tatsächlich konnte man aber bereits **1927** die **Welleneigenschaften der Elektronen** und auch die Richtigkeit der Gleichung für die Materiewellen belegen. Bis heute hat man die Doppelnatur der Quanten auch für Neutronen, Atome und sogar für Riesenmoleküle nachgewiesen. De Broglies scheinbar absurde Annahme erwies sich als völlig richtig und war ein wichtiger Schritt in Richtung heutiger Quantenmechanik.

→ Info: Fußballquanten -> S. 60

→ Info: Elektronenmikroskop -> S. 60

Die de Broglie-Gleichung erlaubt es im Prinzip, **jedem Objekt** eine Wellenlänge zuzuordnen (Tab. 33.2). Da mit zunehmender Masse die Wellenlänge sinkt, schieben sich die Interferenzstreifen zusammen (→ F16). Deshalb wird es immer schwieriger diese nachzuweisen, je größer die Objekte werden. Wo liegt also die Grenze für die Beobachtungen von **Quanteninterferenzen**? Anton Zeilinger, österreichischer Quantenphysiker von Weltformat, meint dazu: „Die Beantwortung dieser Frage wird wohl eher dem Erfindungsreichtum des Experimentators überlassen sein als prinzipiellen theoretischen Überlegungen". Für makroskopische Objekte wird es aber wahrscheinlich niemals möglich sein, weil deren Wellenlänge so absurd winzig ist.

Elektronenmikroskop

In der Mikroskopie spielt das sogenannte **Auflösungsvermögen** eine große Rolle. Darunter versteht man, wie groß die Unterscheidbarkeit feiner Strukturen ist. Damit man zwei Objekte noch getrennt wahrnehmen kann, muss die verwendete Wellenlänge kleiner als der Objektabstand sein (Abb. 33.20).

Da Elektronen Welleneigenschaften aufweisen, kann man sie in einem **Elektronenmikroskop** ähnlich wie Licht verwenden, um kleine Objekte darzustellen (Abb. 33.21). Wegen ihrer geringen Wellenlänge (Tab. 33.2, S. 59) haben Elektronen ein viel besseres Auflösungsvermögen als Photonen und liefern daher extrem detaillierte Bilder (→ F15).

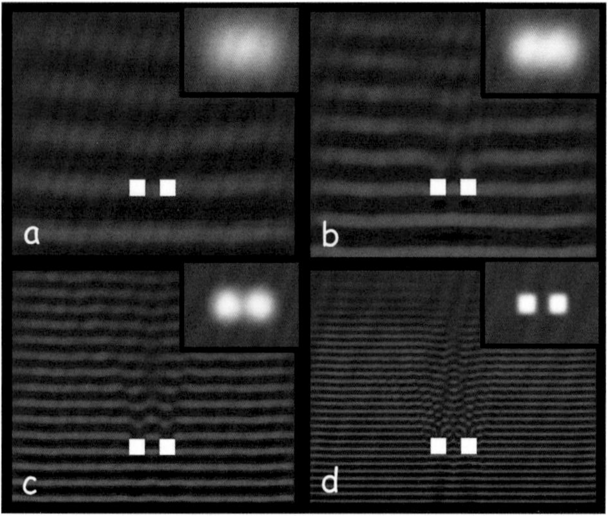

Abb. 33.20: Schematische Darstellung des Zusammenhangs zwischen Objektabstand und Wellenlänge: Das kleine Bild rechts oben entspricht dem jeweiligen Blick durch das Mikroskop. Nur bei c und d sind die zwei Quadrate getrennt zu sehen, also aufgelöst.

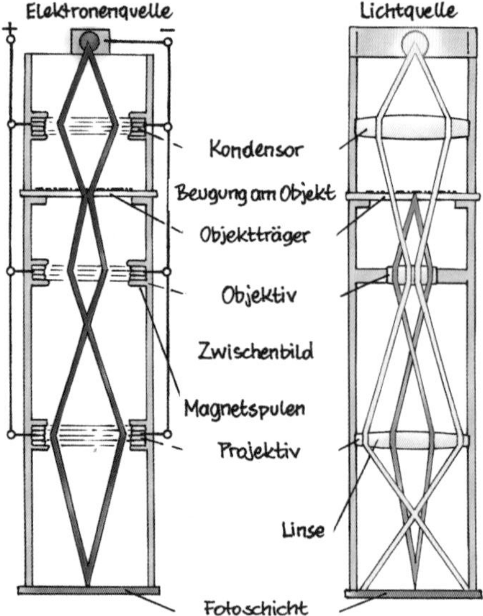

Abb. 33.21: Vergleich zwischen Licht- und **Transmissions-Elektronenmikroskop:** An Stelle der optischen Linsen werden hier elektromagnetische verwendet. Das Bild kann auf Grund der hohen Elektronenenergie nicht mit dem freien Auge betrachtet werden. Die Bilder sind immer s/w und werden koloriert.

Fußballquanten

1927 konnten die Physiker Davisson und Germer die **Wellennatur von Elektronen** nachweisen, indem sie diese durch Beugung an einem Kristall zur Interferenz brachten. Abb. 33.22 zeigt das Ergebnis eines modernen und etwas veränderten Experiments. Unter bestimmten Bedingungen ist die Wellenlänge von **Röntgenlicht** und **schnellen Elektronen** gleich groß (Tab. 33.2, S. 59). Deshalb müssen die Beugungsmuster auch gleich aussehen. Genau das konnte inzwischen in vielen Experimenten gezeigt, und somit auch die Richtigkeit der de-Broglie-Gleichung belegt werden.

1999 gelang es einer **Forschergruppe in Wien**, sogar Riesenmoleküle aus 60 Kohlenstoffatomen zur Interferenz an einem Gitter zu bringen. Man nennt diese auch Fußballmoleküle, weil sie exakt wie kleine Fußbälle aussehen (Abb. 33.23). Die Masse dieser Riesenmoleküle ist rund 1 Million Mal größer als die von Elektronen. Richtige Quantenbrocken also!

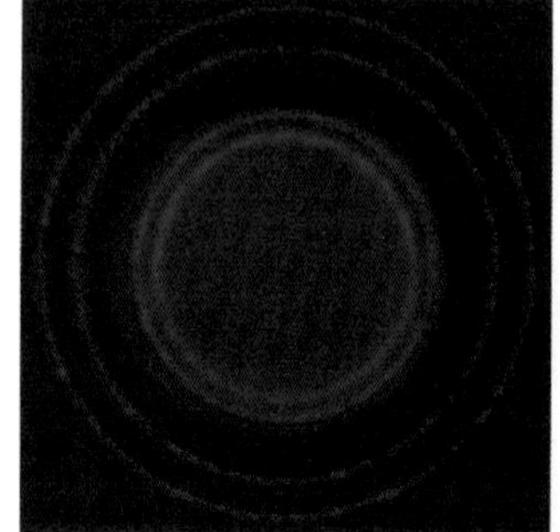
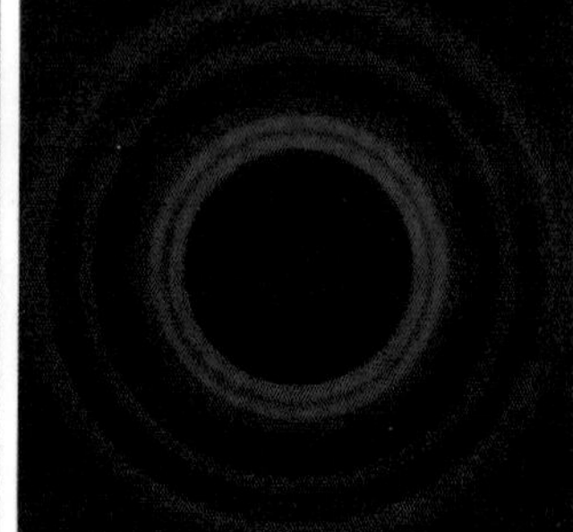

Abb. 33.22: Beugungsmuster des **Röntgenlichts** (links) und eines **Elektronenstrahls** nach dem Durchqueren von Aluminiumpulver: Weil die Wellenlängen vergleichbar sind (siehe Tab. 33.2), sind auch die Beugungsmuster praktisch gleich.

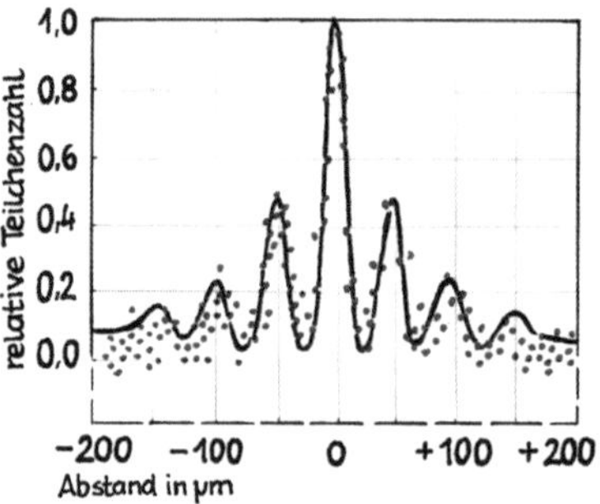

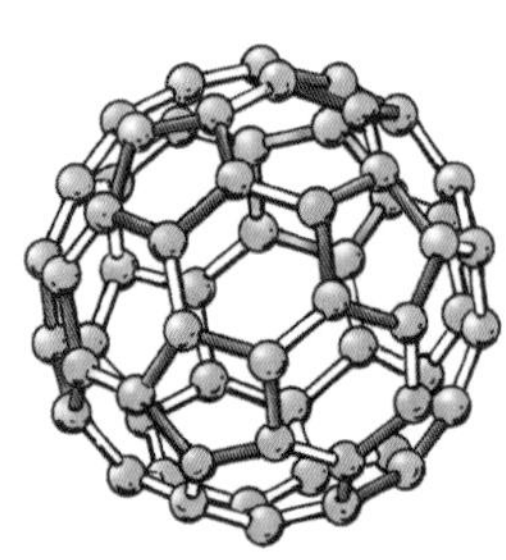

Abb. 33.23: Beugungsbild von Fußballmolekülen an einem Gitter: Auf der y-Achse ist die **relative Häufigkeit** aufgetragen, mit der die Moleküle an bestimmten Stellen auftrafen. Die roten Punkte sind die Messwerte, die schwarze Kurve gibt die theoretischen Werte an. Rechts die Struktur des Riesenmoleküls.

Z Zusammenfassung

De Broglie erkannte, dass nicht nur Licht, sondern alle kleinen Objekte sowohl Wellen- als auch Teilcheneigenschaften aufweisen. Man kann daher auch Elektronen, Atome und sogar Riesenmoleküle zur Interferenz bringen.

33.5 Es wird gewürfelt
Quanten, Zufall und Wahrscheinlichkeit

RICHARD FEYNMAN hat das Doppelspalt-Experiment einmal als das „Herz der Quantenmechanik“ bezeichnet. Anhand dieses Experiments wird tatsächlich jene Paradoxie sehr klar, die ALBERT EINSTEIN immer ein Gräuel war.

F18 E1 Wie groß ist die Wahrscheinlichkeit, mit einem Würfel einen 6er zu werfen? Und hilft dir das Wissen um diese Wahrscheinlichkeit, um den nächsten Wurf vorherzusagen?

F19 E1 Was passiert mit dem Muster hinter einem Doppelspalt, wenn man die Photonen oder Elektronen einzeln durchschießt? Gibt es dann auch viele helle Streifen?

Was passiert, wenn man Quanten **nacheinander** durch einen Doppelspalt schießt? Abb. 33.24 zeigt das Ergebnis eines Versuches mit **Elektronen**. Die ersten treffen scheinbar völlig zufällig auf den Schirm. Nachdem jedoch viele Tausende Elektronen durch den Doppelspalt geflogen sind, erscheint wieder das typische Streifenmuster! Das funktioniert im Übrigen mit allen Quanten, also auch mit Photonen oder Fußballmolekülen.

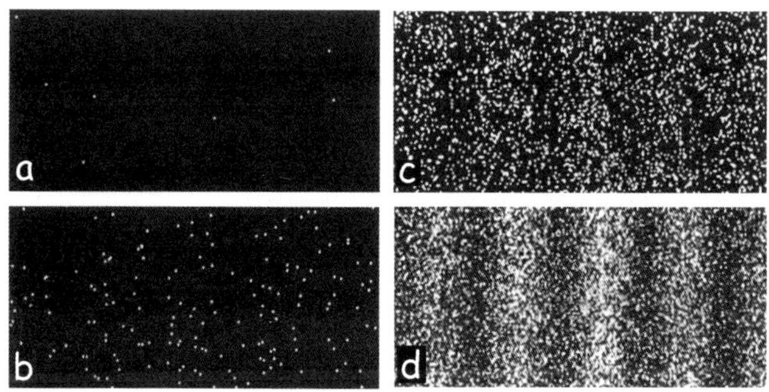

Abb. 33.24: Die Abbildungen zeigen den Aufbau eines Interferenzmusters bei einem Doppelspalt-Experiment mit **einzelnen Elektronen.** Die Anzahl der Elektronen beträgt von a bis d: 7, 100, 3000, 70.000

Dieses Ergebnis ist verblüffend und sehr absurd! Es sieht nämlich so aus, als würde jedes Teilchen durch **beide Spalte** fliegen und quasi mit sich selbst interferieren. Sonst dürfte man ja nur zwei Streifen sehen (wie in Abb. 33.8, S. 55). Hier stoßen wir an die im Prolog angesprochene Grenze des menschlichen Verstandes. Man kann dieses Phänomen zwar berechnen, aber niemand kann es sich bildlich vorstellen.

Die heute gängige Interpretation dieses Phänomens ist die, dass der Aufprallpunkt eines Teilchens durch eine **Wahrscheinlichkeitswelle** bestimmt wird, die tatsächlich durch **beide Spalte** geht. Die mathematische Beschreibung dazu entwickelte der österreichische Nobelpreisträger ERWIN SCHRÖDINGER. Die Interferenzen dieser Wahrscheinlichkeitswelle sind dann gewissermaßen „Wahrscheinlichkeitsstreifen“ (Abb. 33.25). An Orten mit konstruktiver Interferenz (a) ist das Auftreffen des Teilchens wahrscheinlicher als an Orten mit destruktiver Interferenz (b). Es ist aber **unmöglich vorherzusagen**, wo ein bestimmtes Teilchen tatsächlich aufprallen wird.

→ **Info:** Welcher-Weg-Detektor

→ **Info:** Kleine Quantenmathematik -> S. 62

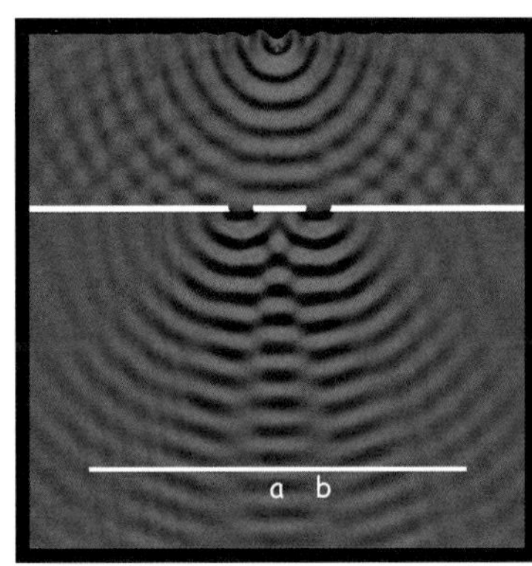

Abb. 33.25: Der Aufprallpunkt des Teilchens wird durch eine Wahrscheinlichkeitswelle bestimmt, deren Wellenlänge der de Broglie- bzw. der Lichtwellenlänge entspricht. An Stellen von konstruktiver Interferenz (a) ist die Wahrscheinlichkeit für das Auftreffen des Einzelteilchens sehr groß, an Stellen destruktiver Interferenz (b) praktisch null.

Es ist ähnlich wie beim **Würfeln**: Die Wahrscheinlichkeit einen 6er zu würfeln beträgt 1/6. Diese Wahrscheinlichkeit bezieht sich aber auf den Schnitt sehr vieler Würfe. Es kann durchaus sein, dass du 100-mal würfelst und kein einziger 6er dabei ist (→ F18).

Welcher-Weg-Detektor

Die Tatsache, dass ein einzelnes Teilchen scheinbar durch beide Spalte gehen muss, damit ein Interferenzmuster auftreten kann, ist auch vielen Physikern unheimlich. Deshalb wurden immer wieder Gedankenexperimente entworfen (auch von EINSTEIN), in denen man den Spalt feststellen kann, durch den das Teilchen läuft, quasi mit einem **„Welcher-Weg-Detektor“.** Das geht tatsächlich, aber dann verschwindet auch das Interferenzmuster (→ F19; Abb. 33.26). Das konnte man in Experimenten bestätigen.

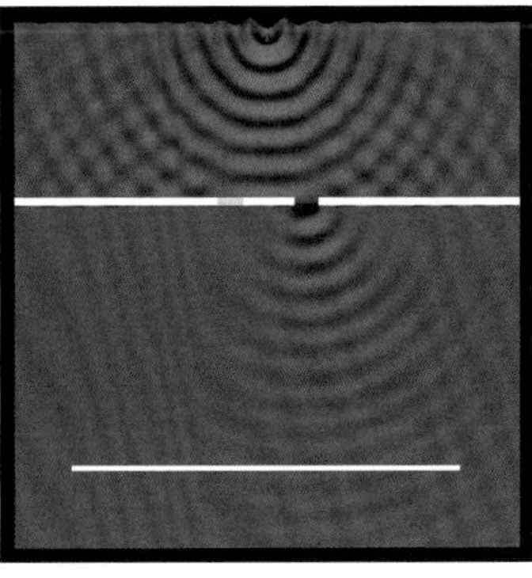

Abb. 33.26: Lässt sich das Teilchen an einem der Spalte lokalisieren (in diesem Fall rechts), dann verschwindet die Interferenz (vergleiche mit Abb. 33.25). Es ist dann genau so, als ob nur ein Spalt offen wäre.

Der springende Punkt ist der: Quanteninterferenz tritt immer dann auf, wenn man den Weg des Teilchens nicht weiß. Die Quanteninterferenz verschwindet, wenn **in irgendeiner Form Information** vorhanden ist, durch welchen Spalt das Teilchen gegangen ist. Spooky, oder?

i Kleine Quantenmathematik

In der klassischen Physik gibt es zwei erfolgreiche Konzepte: **Teilchen- und Wellenmodell.** Bei Teilchen gibt man Energie (E) und Impuls an (p), bei Wellen Wellenlänge (λ) und Frequenz (f). In der Quantenwelt, der Welt der Doppelnatur, werden diese beiden Konzepte verknüpft. Zwei Gleichungen kennst du schon: die für die **Photonen-Energie** $E = h \cdot f$ (Kap. 33.3, S. 58) und die **de Broglie-Wellenlänge** $\lambda = h/p$ (Kap. 33.4, S. 59).

Ein weiteres wichtiges mathematisches Werkzeug in der Quantenmechanik ist die **Wellenfunktion**, mit der man die Wahrscheinlichkeitswelle beschreibt. Sie hat den griechischen Buchstaben Psi (ψ). Wenn man zum Beispiel die Wellenfunktion eines Quants kennt, dann kann man berechnen, wie es sich hinter einem Doppelspalt verhält.

ψ kann ein sehr komplizierter Ausdruck sein, und wir werden ihn daher bei den späteren Überlegungen (ab Kap. 34.3, S. 70) nur grafisch darstellen. Das Quadrat des Betrages dieser Funktion, also $|\psi|^2$, nennt man die **Wahrscheinlichkeitsdichte.** Auch hier zeigt sich wiederum eine Verbindung zwischen Welle und Teilchen. Vereinfacht kann man sagen: Die Wahrscheinlichkeit (P), das Teilchen in einem kleinen Volumen (ΔV) der Wahrscheinlichkeitswelle nachzuweisen, ist proportional zu $|\psi|^2$ an dieser Stelle. In Abb. 33.25, S. 61 ist also die Wahrscheinlichkeitsdichte bei a größer als bei b. Deshalb entsteht nach dem Durchschuss vieler Photonen bei a ein heller Streifen und bei b ein dunkler.

Energie – Frequenz	$E = h \cdot f$
Impuls – Wellenlänge	$p = h/\lambda$
Aufenthaltswahrscheinlichkeit – Wellenfunktion	$P = \|\psi\|^2 \Delta V$

Tab. 33.3: Jene drei Formeln, die den Zusammenhang zwischen dem Teilchen- und Wellenmodell herstellen: Auf der linken Seite der Gleichung steht immer die Teilcheneigenschaft. Verwechsle nicht den Impuls klein ***p*** mit der Wahrscheinlichkeit groß *P*!

Abb. 33.27: EINSTEIN und BOHR, die gut befreundet waren, bei einem ihrer Streitgespräche. Zur Aussage „Gott würfelt nicht" soll Bohr bemerkt haben: „Einstein, schreiben Sie Gott nicht vor, was er zu tun hat!".

Es ist prinzipiell unmöglich, aus einer Wahrscheinlichkeitsangabe auf ein Einzelereignis zu schließen, egal ob es sich nun um den Aufprallpunkt eines Quants handelt oder um die Augenzahl beim nächsten Wurf. Die unbehagliche Tatsache, dass die Natur im Bereich der Quanten nicht vorhersagbar und Einzelereignisse dem Zufall unterworfen sind, war der Grund für EINSTEINS Ausspruch „Gott würfelt nicht" (Im Original: „I cannot believe, that God plays dice with the cosmos"; Abb. 33.27). EINSTEIN hatte noch die Hoffnung, dass dieser Zufall nur ein scheinbarer ist und durch unsere Unwissenheit verursacht wird. Nach dem, was wir heute wissen, muss man aber sagen: **Im Quantenreich wird ausschließlich gewürfelt!**

Z Zusammenfassung

Quanten folgen Wahrscheinlichkeitsgesetzen. Das bedeutet, dass das Verhalten einer sehr großen Zahl von Quanten vorhersagbar ist. Zum Beispiel entsteht bei einem Doppelspalt nach dem Durchschuss vieler Teilchen immer das bekannte Streifenmuster. Das Verhalten eines einzelnen Teilchens ist aber nicht vorhersagbar und vollkommen dem Zufall überlassen. Das hat viele Physiker schockiert!

33.6 Energie aus dem Nichts
Die Heisenberg'sche Unschärferelation

Die Tatsache, dass im Quantenreich der Zufall regiert, war für die Physiker in der damaligen Zeit ein ziemlicher Hammer. Aber es kam noch schlimmer. Der Deutsche WERNER HEISENBERG machte eine weitere schockierende Entdeckung.

F20 E1 Der Philosoph und Mathematiker BARON PIERRE DE LAPLACE stellte zu Beginn des 19. Jahrhunderts folgende Behauptung auf: Wenn man alle Naturgesetze kennt und den genauen Zustand des Universums zu einem bestimmten Zeitpunkt, dann ist die weitere Entwicklung völlig vorausbestimmt. Das nennt man Determinismus. Was ist aus Sicht der Quantenmechanik dazu zu sagen?

F21 E2 In Abb. 33.28 siehst du eine Welle, die durch einen Einzelspalt läuft. Was kannst du über den Zusammenhang zwischen Wellenlänge, Spaltbreite und Stärke der Beugung sagen?

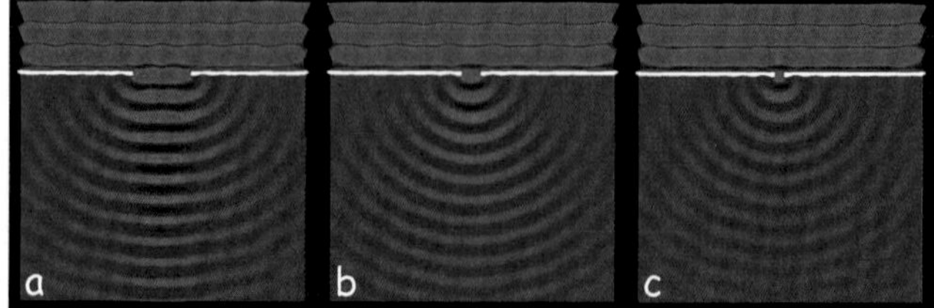

Abb. 33.28: Beugungsmuster in Abhängigkeit von der Spaltenbreite

F22 E2 Beamen ist ein besonderes Markenzeichen der Serie Star Trek. Was muss man mit einem Menschen machen, bevor man ihn beamen kann? Und welche Probleme könnten dabei auftreten?

F23 W1 Was versteht man unter einer Fourier-Synthese? Lies nach in „Big Bang 6"!

Es gibt in der modernen Physik einige gewichtige Argumente gegen die Vorherbestimmtheit, also gegen den **Determinismus** (→ F20). Ein Argument hast du in Kap. 33.5 bereits kennen gelernt: Im Reich der Quanten wird gewürfelt! Es ist also prinzipiell unmöglich, für ein einzelnes Quant eine exakte Vorhersage zu treffen. Du kannst nur eine Wahrscheinlichkeit angeben, ähnlich wie beim Würfeln.

Es gibt aber noch ein weiteres Argument gegen den Determinismus, das noch eine Ebene tiefer liegt. Es ist nämlich bereits unmöglich, den exakten Zustand eines Quants zu einem bestimmten Zeitpunkt festzustellen. Konkret gesagt: Es ist unmöglich, sowohl den exakten Ort als auch den exakten Impuls eines Teilchens gleichzeitig zu bestimmen. Es bleibt beim Messen immer eine gewisse Unbestimmbarkeit über, die man auch **Unschärfe** nennt. Das hat der deutsche Physiker WERNER HEISENBERG **1927** entdeckt (Abb. 34.20, S. 73), und man nennt diesen Effekt daher **Heisenberg'sche Unschärferelation.**

Einzelspalt 1

Eine Möglichkeit, die Unschärferelation **qualitativ** herzuleiten, ist mit Hilfe eines Einzelspalts, durch den du ein Quant schickst. In dem Moment, wenn das Quant den Spalt passiert, kannst du den Ort bestimmen. Δ kann man als Schwankung um einen Mittelwert auffassen. Die Spaltbreite entspricht daher $\pm\Delta x$ bzw. $2\Delta x$ (Abb. 33.29 a), also der doppelten Ortsunschärfe. Je geringer diese ausfallen soll, desto kleiner musst du logischerweise den Spalt machen.

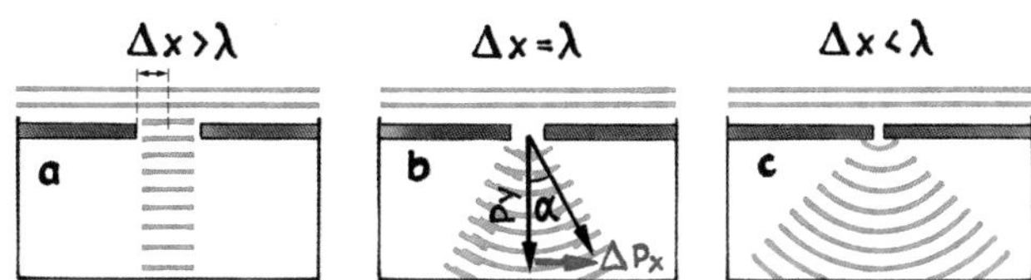

Abb. 33.29: Je enger der Spalt wird, desto kleiner wird die Ortsunschärfe Δx (von a nach c). Gleichzeitig wird aber die Impulsunschärfe Δp größer. Das kannst du am Auseinanderlaufen der Helligkeitsverteilung am Schirm erkennen.

Die Wahrscheinlichkeitswelle des Quants wird beim Durchgang durch den Spalt gebeugt. Diese Beugung fällt umso stärker aus, je enger der Spalt ist (→ F21). Mit dem Verkleinern des Spaltes wächst also die **Impulsunschärfe Δp**. Das bedeutet: **Je kleiner die Ortsunschärfe Δx wird, desto größer wird die Impulsunschärfe Δp und umgekehrt.** Es können aber nicht beide Unschärfen **gleichzeitig** verkleinert werden.

F Formel: Heisenberg'sche Unschärferelation für Impuls und Ort

$$\Delta p \cdot \Delta x \geq \frac{h}{4\pi} \approx \frac{h}{13} \approx 5 \cdot 10^{-35}\ \text{Js}$$

Δp ... Impulsunschärfe [kgms^{-1}]
Δx ... Ortsunschärfe [m]
h ... Planck'sches Wirkungsquantum [Js] $h = 6{,}63 \cdot 10^{-34}$ Js

Es gibt verschiedene Möglichkeiten, die Unschärferelation qualitativ herzuleiten. Das Ergebnis ist immer dasselbe: Es bleibt eine Mindestunschärfe über, die bei rund $h/13$ oder $5 \cdot 10^{-35}$ Js liegt (Abb. 33.30). Du kannst zwar die Ortsunschärfe reduzieren **oder** die Impulsunschärfe, aber **niemals beide gleichzeitig.** Die Mindestunschärfe verhält sich wie die Fläche eines Rechtecks und Δx und Δp wie dessen Seiten. Durch diesen Umstand verliert auch der „Bahnbegriff" in der Quantenmechanik seine Gültigkeit. Das spielt vor allem beim quantenmechanischen Atommodell eine große Rolle (siehe Kap. 34.2 f., ab S. 68).

→ Info: Einzelspalt 1 + 2
→ Info: Frequenzunschärfe -> S. 64
→ Info: Voyager und Elektron -> S. 64

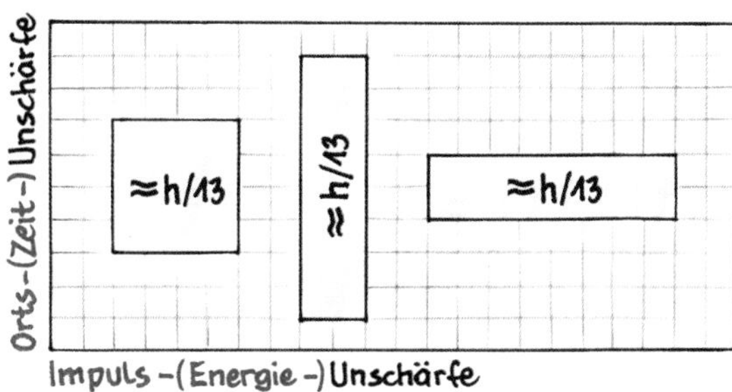

Abb. 33.30: Es gibt eine Mindestunschärfe, die man nicht verkleinern kann, und diese verhält sich wie die Fläche eines Rechtecks. Die Verkleinerung einer Seite führt automatisch zu einer Vergrößerung der anderen, aber die Fläche bleibt gleich groß.

Einzelspalt 2

Exakt lässt sich die Unschärferelation nur mit Hilfe der Wellengleichung herleiten. Es gibt aber eine einfache Herleitung, die zumindest die **Größenordnung** trifft. Wir nehmen an, dass der Großteil der Teilchen zwischen den beiden ersten Beugungsminima auftrifft. Der Spalt soll die Breite $d = 2\Delta x$ haben. In der Literatur findest du, dass der Winkel, unter dem das erste Beugungsminimum auftritt, durch $\sin\alpha = \lambda/d = \lambda/(2\Delta x)$ gegeben ist.

Nach dem Durchgang durch den Spalt ist der Impuls in x-Richtung $p_x = 0 \pm\Delta p_x$ (siehe Abb. 33.29 b). Weiters gilt $\tan\alpha = \Delta p_x/p_y$. Weil für kleine Winkel $\sin\alpha \approx \tan\alpha$ gilt, folgt daraus $\lambda/(2\Delta x) \approx \Delta p_x/p_y$. Nun ist aber der Impuls eines Quants $p = h/\lambda$ (siehe Kap. 33.4, S. 59). Daher gilt $\lambda/(2\Delta x) \approx \Delta p_x \lambda/h$ und daraus folgt $\boldsymbol{\Delta x \cdot \Delta p_x \approx h/2}$. Diese Gleichung stimmt immerhin bis auf einen Faktor 2π mit der exakten Formulierung der Unschärferelation überein.

Weil es bei vielen Überlegungen zur Herleitung der Unschärferelation ums Messen geht, könnte man jetzt meinen, dass die Unschärfe an unserer Unfähigkeit liegt, bessere Apparate zu bauen. Das stimmt aber nicht! Diese Unschärfe ist eine **prinzipielle Eigenschaft der Natur**, und sie gilt auch dann, wenn man gar keine Messung vornimmt. Es gibt eben kein Entrinnen vor den Gesetzen des Universums.

→ **Info:** Heisenberg-Kompensator -> S. 65

Frequenzunschärfe

Um die nachfolgenden Überlegungen zu verstehen, musst du dir in Erinnerung rufen, dass der Impuls eines Quants $p = h/\lambda$ ist. Für ein **Photon** gilt außerdem $c = f \cdot \lambda$. Man kann daher für den Impuls auch $p = (h \cdot f)/c$ schreiben. Der Impuls eines Photons ist also proportional zu seiner Frequenz.

Versuchen wir jetzt, ein **einzelnes Photon** mit einer Wellenfunktion zu beschreiben. Man könnte dazu eine **Sinuswelle** nehmen, deren Länge genau der Wellenlänge des Photons entspricht. Dann hat man die **Frequenz exakt** beschrieben. Der Nachteil daran ist, dass nun der **Ort völlig unbestimmt** ist, denn eine Sinuswelle hat weder Anfang noch Ende (Abb. 33.31).

Abb. 33.31: Eine einzelne Sinuswelle hat mathematisch gesehen weder Anfang noch Ende.

Nun gibt es aber einen mathematischen Trick, den man Fourier-Synthese nennt (siehe Kap. 18.7, „Big Bang 6"). Dabei überlagert man **viele Wellen unterschiedlicher Frequenz und Amplitude** und bekommt eine Welle mit endlicher Ausdehnung (siehe Abb. 33.32). Je enger man den Ort eingrenzen möchte, desto mehr Wellen mit unterschiedlicher Frequenz muss man überlagern. Das erhöht natürlich die Frequenz- und somit auch die **Impulsunschärfe**.

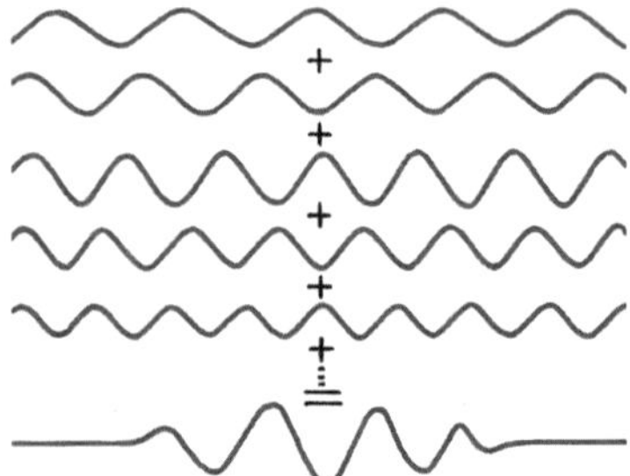

Abb. 33.32: Durch eine Fourier-Synthese kann man eine Welle erzeugen, die eine endliche Ausdehnung hat.

Du siehst also das Dilemma! **Wenn du die Ortsunschärfe Δx gering halten möchtest, dann vergrößerst du damit die Impulsunschärfe Δp und umgekehrt.** Du siehst, dass es sich hier um ein rein mathematisches Problem handelt, da ja keine Messung vorgenommen wird. Die Unschärfe ist eine direkte Folge der Welleneigenschaft des Teilchens!

Die **Unschärfe** hat die Dimension **Joule mal Sekunden,** genauso wie die Planck-Konstante h. Man bezeichnet diese Einheit auch als **Wirkung**. Deshalb nennt man h auch das **Wirkungs**quantum. Wir wissen heute, dass die Unschärferelation immer dann gültig ist, wenn das Produkt zweier Größen die Einheit einer Wirkung hat, wie das zum Beispiel auch bei Energie und Zeit der Fall ist. Diese Tatsache führt zu sehr erstaunlichen Effekten.

→ **Info:** Fluktuierendes Nichts -> S. 65

Voyager und Elektron

Der Begriff „Bahn" bedeutet, dass man Ort und Impuls eines Objekts **gleichzeitig** exakt bestimmen und die weitere Bewegung vorausberechnen kann. Bei großen Dingen ist das im Prinzip immer möglich. Man kann zum Beispiel schon heute Sonnen- und Mondesfinsternisse für die nächsten Jahrhunderte sekundengenau vorausberechnen. So weiß man zum Beispiel schon jetzt, dass am 24. Jänner 3098 eine **ringförmige Sonnenfinsternis** stattfindet, die genau 12 Minuten und 5 Sekunden dauern wird. Ein sehr beeindruckendes Beispiel für **die Bahnberechnung eines künstlichen Objekts** findet man bei den Voyager-Missionen (Abb. 33.33). Voyager 2 wurde im August 1977 gestartet und flog rund 12 Jahre später, wie geplant knapp am Neptun vorbei.

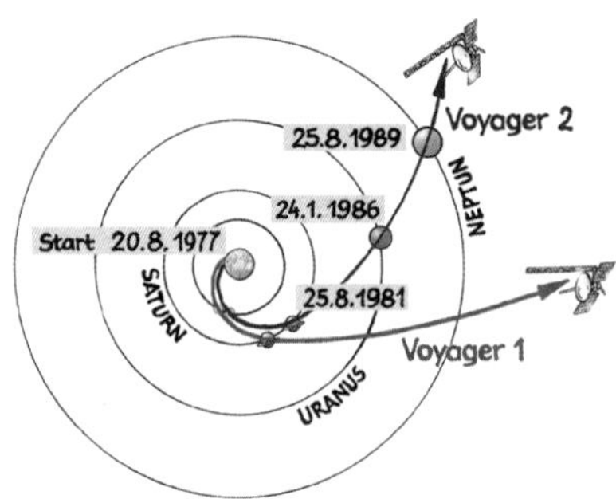

Abb. 33.33: Die Bahnen der beiden Voyager-Sonden: Die Sonden verfügen zwar über Düsen, aber mit diesen sind nur kleine Kurskorrekturen möglich.

In der **Quantenmechanik** sind solche Voraussagen auf Grund der Unschärfe unmöglich. Vergleichen wir dazu die Voyager (Masse rund 10^3 kg) mit einem Elektron (Masse rund 10^{-30} kg). Beide sollen eine Geschwindigkeit von 10 km/s (also 10^4 m/s) haben. Formen wir die Unschärferelation etwas um:

$$\Delta p \cdot \Delta x = m \Delta v \cdot \Delta x \geq \frac{h}{4\pi} \Leftrightarrow \Delta v \geq \frac{h}{4\pi m \Delta x}$$

Nehmen wir jetzt an, dass wir den Ort des Elektrons beziehungsweise den Schwerpunkt der Voyager auf 1 mm (10^{-3} m) genau bestimmen können. Für ein Quant ist das sogar eine sehr unexakte Ortsbestimmung. Für die **Geschwindigkeitsunschärfe** Δv ergeben sich für die Voyager dann $5 \cdot 10^{-35}$ m/s – das ist zu vernachlässigen. Das Elektron hat aber ein Δv von $5 \cdot 10^{-2}$ m/s, also von 5 cm/s! Es wäre also bereits **theoretisch** unmöglich, ein Elektron mit dieser Geschwindigkeitsunschärfe zum Neptun zu schießen. Bereits nach 20 Sekunden könnte das Elektron 1 m von der Bahn abweichen, nach 12 Jahren wären es bis zu $2 \cdot 10^7$ m, also 20 Millionen Meter!

Der Heisenberg-Kompensator

Beim **Beamen** wird der Mensch zuerst exakt gescannt und dann aufgelöst. Diese Informationen werden mit einem Transporterstrahl zum Zielort geschickt (engl. „beam" = Strahl), wo der Mensch wieder zusammengesetzt wird. Da die Abtastung völlig exakt sein muss, kommt man in die extrem kleinen Dimensionen der Quantenwelt. Und genau das schafft ein Problem (→ F22). Darauf machte der 2018 verstorbene Physiker STEPHEN HAWKING die Produzenten nach einem Gastauftritt in einer Star-Trek-Folge aufmerksam: Das quantengenaue Abtasten wird durch die **Heisenberg'sche Unschärferelation** verhindert.

Abb. 33.34: Beim Beamen gibt es ein Abtastproblem, das durch die Gesetze der Quantenmechanik verursacht wird.

Also „erfand" man den „**Heisenberg-Kompensator**", der diese Messprobleme ausgleicht. Auf die Frage, wie denn dieser funktioniere, antwortete der Star-Trek-Erfinder GENE RODDENBERRY trocken: „Danke, gut!" Natürlich ist der „Heisenberg-Kompensator" eine reine Fiktion. Solltest du ihn eines Tages erfinden, ist dir der Nobelpreis sicher!

Fluktuierendes Nichts

Auch der **Energieerhaltungssatz** ist aus quantenmechanischer Sicht unscharf und das **Vakuum ist niemals leer**. Die Unschärferelation für Energie und Zeit (Formel rechts oben) lässt nämlich zu, dass wirklich aus dem Nichts ein **Teilchen-Antiteilchen-Paar** entsteht und kurze Zeit später wieder zu Energie zerstrahlt. Es wird zuerst quasi Energie „ausgeliehen" und dann wieder „zurückgezahlt". Weil die Teilchen nur sehr kurz existieren, nennt man sie auch **virtuelle Teilchen.**

Abb. 33.35: Das Vakuum ist niemals „leer". Pausenlos entstehen Teilchen-Antiteilchenpaare, die nach Sekundenbruchteilen wieder zerstrahlen.

Wie lange leben sie? Nehmen wir ein **Elektron** und sein Antiteilchen, ein **Positron**. Sie haben gemeinsam eine Masse von $2 \cdot 10^{-30}$ kg. Nach der berühmten Gleichung $E = mc^2$ muss eine Energie von $2 \cdot 10^{-13}$ J ausgeliehen werden. Für Δt ergibt sich dann eine Zeit in der Größenordnung von 10^{-22} Sekunden. Selbst mit Lichtgeschwindigkeit würden die Teilchen nur rund 10^{-13} m weit kommen. Das ist weit weniger als ein Atomdurchmesser (10^{-10} m).

F Formel: Heisenberg'sche Unschärferelation für Energie und Zeit

$$\Delta E \cdot \Delta t \geq \frac{h}{4\pi} \approx \frac{h}{13} \approx 5 \cdot 10^{-35}\ \text{Js}$$

ΔE ... Energieunschärfe [J]
Δt ... Zeitunschärfe [s]
h ... Planck'sches Wirkungsquantum [Js] $h = 6{,}63 \cdot 10^{-34}$ Js

Z Zusammenfassung

Impuls und Ort eines Quants sind gleichzeitig nicht beliebig exakt bestimmbar. Das ist aber kein messtechnisches Problem, sondern eine prinzipielle Eigenschaft der Natur. Eine Konsequenz daraus ist, dass man Quanten keine „Bahnen" zuordnen kann, auf denen sie sich bewegen. Das hat große Folgen für das Atommodell.

33

Welle und Teilchen

F24 Welches sind die Vor- und Nachteile eines Elektronen-
E2 mikroskops?

F25 Wie ist es möglich, dass es auch bei einem Einzelspalt,
W1 wie in Abb. 33.29, S. 63, zur Interferenz kommt? → L

F26 Wieso kann aus dem Vakuum nur ein Teilchen-Antiteil-
S1 chen-Paar entstehen (Abb. 33.35)? Wieso nicht zwei Elektronen? → L

F27 Du gehst mit 5 m/s durch eine Tür. Schätze die
E1 Geschwindigkeitsunschärfe ab, die nach dem Durchgang durch die Tür auftritt. → L

F28 Ein Elektron (Masse rund 10^{-30} kg) fliegt mit 5 m/s
E1 durch einen Spalt mit der Breite von 10^{-6} m. Schätze die Geschwindigkeitsunschärfe ab. → L

F29 Ein Elektron (Masse rund 10^{-30} kg) fliegt mit 5 m/s
E1 durch einen Spalt mit der Breite von 1 m. Schätze die Geschwindigkeitsunschärfe ab. → L

F30 Die Voyager-Sonde hat eine Masse von rund 10^3 kg.
E1 Auf wie viele Stellen genau kann man Ort und Geschwindigkeit theoretisch messen? → L

F31 Wie kann man die Gleichung für die Materiewellen-
W2 länge herleiten? Versuche mit Hilfe des Lösungsteils nachzuvollziehen. → L

F32 Wie kann man das Doppelspaltexperiment mathe-
W2 matisch beschreiben? Versuche an Hand des Lösungsteiles nachzuvollziehen. → L

34 Das moderne Atommodell

Der griechische Philosoph Demokrit meinte vor rund 2400 Jahren salopp gesagt, dass alle Stoffe aus winzigen, unteilbaren Kügelchen bestehen. Aus dem griechischen Wort „atomos“ (= unteilbar) leitet sich das heute gebräuchliche Wort **Atom** ab. Demokrits Modell hielt im Prinzip bis Ende des 19. Jahrhunderts, also rund 2300 Jahre lang! Dann ging es aber Schlag auf Schlag, denn innerhalb von knapp 30 Jahren wurde über mehrere Zwischenstufen jenes Atommodell entwickelt, das noch heute seine Gültigkeit besitzt. Es basiert auf den Erkenntnissen der **Quantenmechanik** (siehe Kap. 33 ab S. 53).
Dieses quantenmechanische Atommodell wirft ein Problem auf: Es ist sehr unanschaulich. Auf die Frage, wie man sich ein Atom vorstellen soll, hat Werner Heisenberg angeblich einmal geantwortet: „Versuchen Sie es erst gar nicht!“ Aus diesem Grund findet man heute noch auf sehr vielen Abbildungen das veraltete Atommodell, bei dem die Elektronen den Kern umkreisen, ähnlich wie Planeten die Sonne (Abb. 34.1 und Abb. 34.2). Dieses Modell widerspricht vielen experimentellen Eigenschaften des Atoms. Es ist aber das **letzte anschauliche Atommodell** und hat wohl aus diesem Grund all die Jahrzehnte überdauert.
Bevor wir das moderne Atommodell ab S. 68 unter die Lupe nehmen, werden wir trotzdem einen kurzen Blick auf alte Modelle werfen, obwohl sie den tatsächlichen Eigenschaften der Atome nicht gerecht werden. Das hat aber einen guten Grund: Die Entwicklung des Atommodells ist ein sehr schönes Beispiel dafür, wie in der Physik generell Modelle mit der Zeit immer wieder verbessert werden, indem man Experimente und theoretische Überlegungen einbezieht.

Abb. 34.1: Die Flagge der Internationalen Atom-Energie-Behörde (International Atomic Energy Agency, IAEA) zeigt ein Atom mit umlaufenden Elektronen, quasi ein Mini-Planetensystem. **Wir wissen seit über 80 Jahren, dass diese Vorstellung falsch ist!**

34.1 Rasen betreten verboten
Atommodelle vor der Quantenmechanik

Wir werfen hier einen kurzen Blick auf die historischen Atommodelle zwischen 1897 und 1913. Natürlich sind diese aus heutiger Sicht nicht richtig, aber es geht darum zu zeigen, wie durch experimentelle Ergebnisse und theoretische Überlegungen diese Modelle verbessert und an die Wirklichkeit angepasst wurden.

F1 W1 Was versteht man in der Physik unter Beschleunigung? Lies nach in „Big Bang 5“!

F2 W1 Was entsteht, wenn man Ladungen, wie zum Beispiel Elektronen, beschleunigt? Sieh nach in Kap. 28.1, S. 14!

F3 W1 Was versteht man unter α-, β- und γ-Strahlung? Woraus „besteht“ diese Strahlung? Lies ab Kap. 5.4 in „Big Bang 5“ nach!

F4 E1 Warum schießt man in einem Teilchenbeschleuniger Teilchen aufeinander? Was will man dadurch erreichen?

F5 E2 Es gibt einen prinzipiellen, nicht quantenmechanischen Grund, der dagegen spricht, dass die Elektronen um den Kern kreisen! Welcher könnte das sein?

Das Atommodell der kleinen unteilbaren Kugeln von Demokrit hielt von der Antike bis 1897. In diesem Jahr konnte der britische Physiker Joseph J. Thomson im Experiment die Existenz von **Elektronen** nachweisen. Damit war natürlich das Modell von Demokrit erledigt, denn man hatte nun einen Beleg dafür, dass Atome doch noch weiter teilbar sind.

Thomson vermutete, dass Atome aus einer gleichmäßig verteilten positiven Ladung und den negativ geladenen Elektronen bestehen, die sich darin wie Rosinen in einem Kuchen befinden. Deshalb nannte man das Modell auch **Rosinenkuchenmodell** (Abb. 34.2).

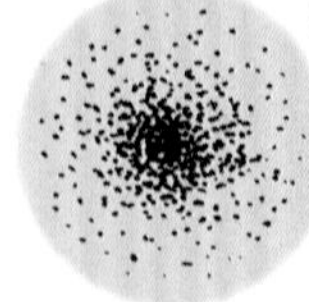

Abb. 34.2: Wichtige Stationen in der Entwicklung des Atommodells (siehe auch Tab. 34.1, S. 68): Du siehst, der Weg von den harten Kugeln bis zum modernen Modell dauerte nur etwa 30 Jahre!

Etwa 10 Jahre später konnte Ernest Rutherford aber in einem Experiment zeigen, dass auch das Rosinenkuchenmodell nicht stimmen kann. Er stellte nämlich fest, dass die Masse im Atom keineswegs gleichmäßig verteilt, sondern auf einen überaus winzigen positiven **Kern** konzentriert ist, der nur etwa 10^{-14} m groß ist. Um diesen Kern kreisen laut Rutherford die Elektronen, so dass der Durchmesser des gesamten Atoms bei rund 10^{-10} m liegt.

→ Info: Das Rutherford-Experiment

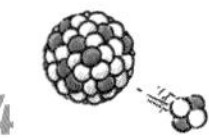

Die von Rutherford gefundene Einteilung des Atoms in **Kern und Hülle** gilt noch heute. Aber sein Atommodell hatte **zwei große Schwachstellen**. Die erste waren die um den Kern kreisenden Elektronen. Jede Kreisbahn bedeutet eine beschleunigte Bewegung (→ F1). Also wären auch die kreisenden Elektronen beschleunigt. Beschleunigte Elektronen senden aber generell **elektromagnetische Wellen** aus (→ F2). Daher müsste man bei einem Atom diese Strahlung nachweisen können. In der Realität tritt sie aber nicht auf. Außerdem müssten die Elektronen durch die Abstrahlung pausenlos Energie verlieren und auf einer **Spiralbahn** in den Kern hineinfallen (→ F5; Abb. 34.3). Auch das widerspricht der Realität.

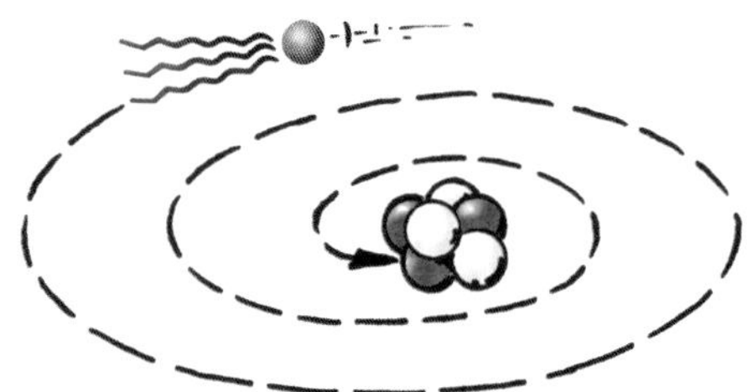

Abb. 34.3: Würden Elektronen tatsächlich wie Planeten um den Kern kreisen, würden sie elektromagnetische Strahlung aussenden, dabei Energie verlieren und schließlich in den Kern fallen. Der „Kollaps des Atoms" würde nur 10^{-8} s dauern.

Es gab aber noch eine weitere Schwachstelle. In Rutherfords Modell können die Elektronen in **beliebigem Abstand** um den Kern laufen. Sie könnten daher auch elektromagnetische Wellen beliebiger Frequenz aussenden. Deshalb müsste ein angeregtes Wasserstoffatom in allen Farben leuchten. Tatsächlich sendet es aber nur bei ganz bestimmten Frequenzen sichtbares Licht aus (Abb. 35.6, S. 80). Und das konnte man mit dem Rutherford'schen Modell nicht erklären.

→ **Info:** Spektrallinien -> S. 68

Abb. 34.4: Im Atommodell von Bohr dürfen die Elektronen quasi per Verordnung nur auf ganz bestimmten Bahnen um den Kern laufen. Die theoretische Grundlage dafür fehlte aber noch.

Niels Bohr (Abb. 33.27, S. 62) versuchte, das Modell von Rutherford zu retten. Das führte ihn **1913** zu einem neuen Modell, in dem die **Elektronen nur auf bestimmten Bahnen** um den Kern laufen dürfen und dort nicht strahlen. Bei einem Wechsel der Bahn sollten dann, gemäß der Gleichung $E = h \cdot f$ (siehe S. 58), nur ganz bestimmte Frequenzen abgestrahlt werden können.

Das Rutherford-Experiment

Rutherfords Experiment war deshalb so wichtig, weil es die Grundlage für alle späteren Teilchenbeschleuniger war. Will man Materie untersuchen, beschießt man sie mit kleinen Teilchen und untersucht, wie sich diese nach dem Zusammenstoß verhalten. Das nennt man ein **Streuexperiment** (→ F4). Rutherford nahm dazu **α-Teilchen** und schoss sie durch eine sehr dünne Goldfolie (etwa 10^{-7} m dick; Abb. 34.6). α-Teilchen sind Heliumkerne und gehören zur radioaktiven Strahlung. (Abb. 34.5; → F3).

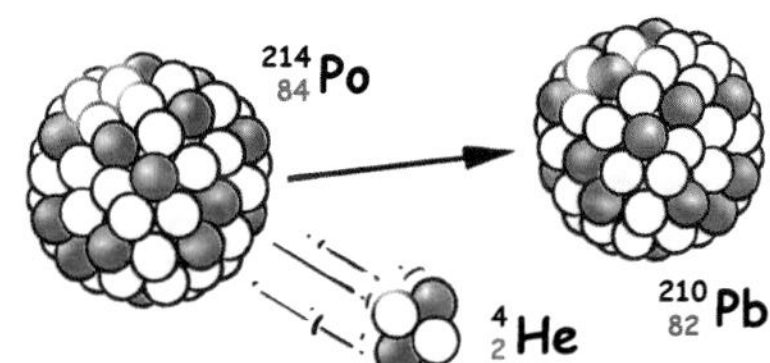

Abb. 34.5: Rutherford verwendete für seinen Versuch mit den α-Strahlen Polonium-214.

Nun war nach dem Rosinenkuchenmodell zu erwarten, dass die α-Teilchen wenig abgelenkt werden, weil die positive Ladung gleichmäßig verteilt ist. Tatsächlich betrug die durchschnittliche Ablenkung der Teilchen bloß rund 1°. Einige prallten aber richtiggehend von der Folie ab und manche flogen sogar in die Gegenrichtung zurück.

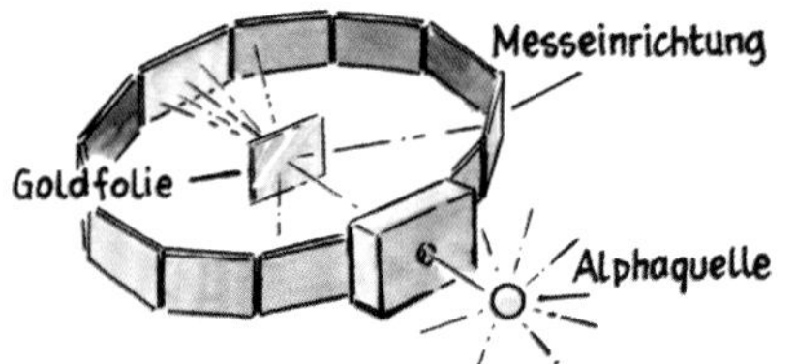

Abb. 34.6: Schematischer Aufbau des Rutherford-Experiments, quasi der erste „Teilchenbeschleuniger"

Rutherford soll dazu bemerkt haben: „Es war so ziemlich das unglaublichste Ereignis, das mir je in meinem Leben widerfahren ist. Es war so unglaublich, wie wenn man eine 15-Zoll-Granate auf ein Stück Seidenpapier abgefeuert hätte, und diese wäre zurückgeprallt und hätte den Schützen getroffen". Er zog aus den Ergebnissen den richtigen Schluss: **Atome** sind keine Kugeln gleichmäßiger Dichte, sondern bestehen zum größten Teil aus **leerem Raum**. Ihre Masse ist fast vollständig auf den **positiven Kern** konzentriert. Nur α-Teilchen, die in seine Nähe kommen, werden durch die elektrische Abstoßung stark abgelenkt (Abb. 34.7).

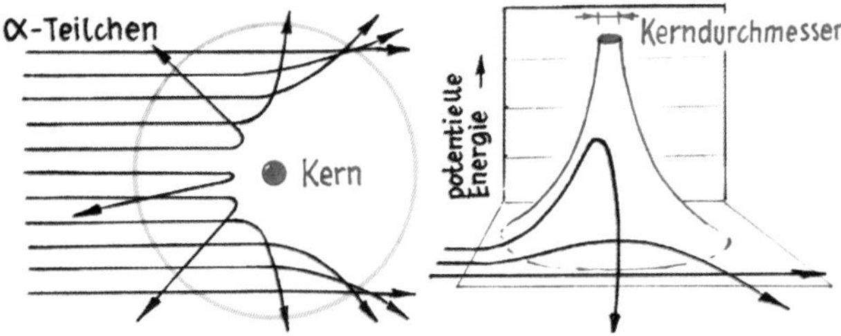

Abb. 34.7: Links: Je näher das positive α-Teilchen dem positiven Kern kommt, desto stärker wird es abgelenkt – im Extremfall sogar zurück. Rechts: Veranschaulichung der Teilchenstreuung mit Hilfe eines „Hügelmodells": Die Höhe steht für die Stärke der Abstoßung.

Spektrallinien

Dass das **Licht** in irgendeiner Form von den Elektronen im Atom ausgesendet wird, wenn sich deren Energie verändert, vermutete man seit rund 1900. Da nach dem Rutherfordschen Atommodell die Elektronen auf beliebigen Bahnen kreisen können, können sie bei Änderung der Bahn auch jede beliebige Energie abstrahlen und somit auch jede beliebige Farbe. Atome müssten also wie in Abb. 34.8 a ein **kontinuierliches Spektrum** aussenden. Tatsächlich enthält das Spektrum eines Gases aber nur ganz bestimmte Linien (Abb. 34.8 b bis d). Diese Spektrallinien sind gewissermaßen der „Fingerabdruck des Atoms“ (siehe auch Kap. 35.1, S. 78).

Abb. 34.8: a) Spektrum des weißen Lichts, das alle Farben beinhaltet; weiters Spektren von b) Wasserstoff, c) Helium und d) Neon

Atommodell	Jahr	stichwortartige Beschreibung
Demokrit	-400	Atome sind unteilbare Kugeln.
Thomson weist die Existenz von Elektronen nach.		
Thomson	1897	Elektronen befinden sich wie Rosinen im positiven Atomkuchenteig.
Rutherford weist den positiv geladenen Atomkern nach.		
Rutherford	1911	Um einen positiven Kern kreisen negative Elektronen auf beliebigen Bahnen.
Gase haben Linienspektren.		
Bohr	1913	Wie Rutherford-Modell, aber Elektronen „dürfen“ nur auf bestimmten Bahnen kreisen..
Atome strahlen nicht und kollabieren nicht.		
Heisenberg und Schrödinger	um 1926	Elektronen haben keine Bahnen, sondern Aufenthaltswahrscheinlichkeiten (Orbitale).

Tab. 34.1: Entwicklung des Atommodells sowie **fett gedruckt** experimentelle Erkenntnisse und Tatsachen, die zu dieser Entwicklung geführt haben (siehe auch Abb. 34.2, S. 66).

Bohr konnte mit diesem Trick zwar das Wasserstoffspektrum erklären, hatte aber **keine theoretische Grundlage**, um den Elektronen bestimmte Bahnen zu „erlauben“ und den Rest einfach zu „verbieten“ (Abb. 34.4, S. 67). Wir wissen heute, dass Bohr die richtige Lösung zu dieser Zeit noch nicht finden konnte. Denn das Atom kann man nur mit Hilfe von Wahrscheinlichkeitswellen sinnvoll beschreiben, und die Theorien dazu wurden erst in den 1920ern entwickelt, wie du in den folgenden Kapiteln hören wirst. Der große Verdienst Bohrs war es auf jeden Fall, das Atommodell als Erster über die Gleichung $E = hf$ mit der Quantenmechanik verbunden zu haben.

Z Zusammenfassung

Zwischen 1897 und 1913 wurde das Atommodell immer wieder verbessert. Aber die Zeit war einfach noch nicht reif, ein schlüssiges Modell zu finden. Denn dazu bedurfte es jener Erkenntnisse der Quantenmechanik, die die Physiker eben erst rund 10 Jahre später hatten.

34.2 Was stoppt den Atom-Kollaps? Das Wasserstoffatom

Wir schauen uns in diesem Abschnitt die Grundidee des quantenmechanischen Atommodells am Beispiel von Wasserstoff an. Man braucht dazu eigentlich nur die Unschärferelation. Aber Achtung: Jetzt wird's abstrakt.

F6 W1 Warum verliert der Bahnbegriff in der Quantenmechanik seine Bedeutung? Lies nach in Kap. 33.6, S. 64!

F7 E1 Im leeren Raum trifft ein Elektron auf ein Proton. Weil sie gegengleich geladen sind, ziehen sie einander an. Das Proton hat eine Masse, die rund 2000-mal so groß ist wie die des Elektrons. Was passiert bei diesem Aufeinandertreffen?

F8 E2 Was passiert mit der kinetischen Energie eines Quants, das man auf engem Raum einsperrt? Überlege mit Hilfe der Unschärferelation! Sehr knifflig!

Was passiert, wenn ein **Elektron** auf ein **Proton** trifft? Das ist eine Schlüsselfrage für das Verständnis des Atomaufbaus. Überlegen wir nochmals aus **klassischer Sicht!** Beide Teilchen werden angezogen, und es gibt nichts, was sie bremst. Entweder treffen sie direkt aufeinander, oder das Proton fängt das Elektron ein – wie ein Planet einen Mond. Dabei würde das Elektron aber Energie abstrahlen und letztlich doch auf das Proton stürzen (siehe Abb. 34.3, S. 67). Du siehst also: Aus klassischer Sicht würden die Teilchen in jedem Fall aufeinander „kleben“ und nach außen hin neutral sein.

Was passiert aber in der Realität, wenn ein Elektron auf ein Proton trifft (→ F7)? Es entsteht ein **Wasserstoffatom!** Du siehst also, warum es unmöglich war, Anfang des 20. Jahrhunderts ein schlüssiges Atommodell zu finden. Aus klassischer Sicht dürfte es Atome nämlich gar nicht geben!
Was verhindert aber den Kollaps des Atoms? Die Unschärferelation!

Die Unschärferelation führt zu einem sehr spektakulären Schluss: Je kleiner der Raum ist, in dem man ein Quant einsperrt, desto größer wird seine Energie, die sogenannte **Lokalisationsenergie** (→ F8). Je näher also das Elektron an das Proton herangezogen wird, desto geringer wird seine Ortsunschärfe und desto größer seine Lokalisationsenergie. Diese summiert sich zur **potenziellen Energie**, die durch die Anziehung zwischen den Teilchen gegeben ist. Das System Elektron-Proton stellt sich nun so ein, dass die **Energiesumme ein Minimum** wird (Abb. 34.9).

→ **Info:** Lokalisationsenergie

Es stellt sich also ein stabiler, dauerhafter Zustand beim Energieminimum ein. Daraus ergibt sich aber wiederum eine ganz bestimmte Ortsunschärfe des Elektrons. Diese Ortsunschärfe entspricht dem Radius des Atoms (Abb. 34.10). In der Quantenmechanik verliert der Bahnbegriff ja seine Gültigkeit. Das Elektron ist also quasi über den gesamten Bereich der Ortsunschärfe zu finden. Es ist salopp gesagt überall und gleichzeitig nirgends. Man nennt den Aufenthaltsbereich des Elektrons auch Orbital.

Lokalisationsenergie

Aus der **Unschärferelation** ergibt sich, dass mit Verkleinern der Ortsunschärfe die Impulsunschärfe wachsen muss. Wenn man also ein Teilchen „einsperrt“, dann erhöht sich zwangsläufig sein Impuls p, denn dieser kann natürlich nicht kleiner sein als die Impulsunschärfe:

$$p > \Delta p \geq \frac{h}{4\pi\Delta x}$$

Klassisch gesehen ist der **Impuls** eines Teilchens $p = mv$ und die **kinetische Energie** $E_k = (mv^2)/2$. Setzt man in die Energiegleichung für $v = p/m$ und verknüpft das Ganze mit der Unschärferelation, dann bekommt man

$$E_k = \frac{mv^2}{2} = \frac{p^2}{2m} \geq \frac{(\Delta p)^2}{2m} \geq \frac{\left(\frac{h}{4\pi\Delta x}\right)^2}{2m} \geq \frac{h^2}{32m\pi^2(\Delta x)^2}$$

Daraus kann man zwei Dinge ableiten:

1) Die **kinetische Energie** eines Elektrons in der Atomhülle **kann nicht null sein.**

2) Je enger man das Elektron einsperrt, desto größer wird die kinetische Energie – und umgekehrt, denn es gilt:

$$E_{kin} \sim \frac{1}{(\Delta x)^2}$$

Wichtig: Diese kinetische Energie kommt **nicht** durch irgendeine Bewegung zustande, sondern einzig und allein durch die Einschränkung des Aufenthaltsbereiches. Das ist, zugegeben, schwer zu verstehen – oder auch gar nicht! Weil diese Energie durch die Einschränkung des Ortes, also durch die Lokalisation entsteht, nennt man sie **Lokalisationsenergie**.

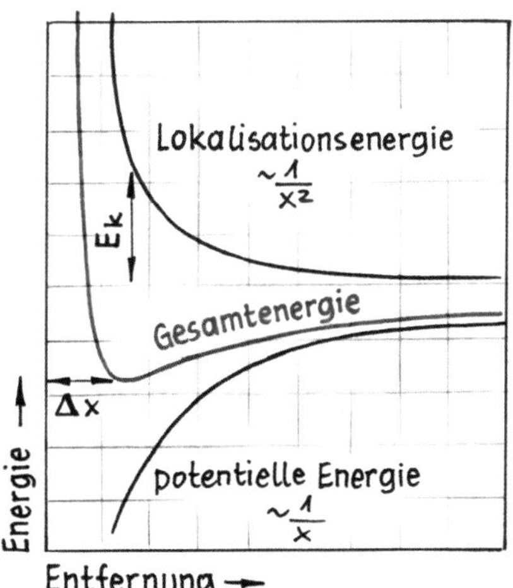

Abb. 34.9: Energien eines Elektrons im Feld eines Protons: Es summieren sich die potenzielle Energie, die durch die elektrische Anziehung zustande kommt, und die Lokalisationsenergie, die eine Folge der Unschärferelation ist.

Es ist paradox und zugleich faszinierend: Das, was allen Dingen die Masse verleiht, nämlich der Atomkern, hat so gut wie kein Volumen. Das, was den Dingen das Volumen verleiht, nämlich die Elektronenhülle, hat so gut wie keine Masse. Und überdies ist dieses Volumen nur darauf zurückzuführen, dass man dem Elektron keinen bestimmten Ort zuordnen kann. **Das Volumen entsteht durch die Ortsunschärfe der Elektronen.** Die Tatsache, dass Atome nicht kollabieren, ist also eine glänzende Bestätigung für die Richtigkeit der Unschärferelation.

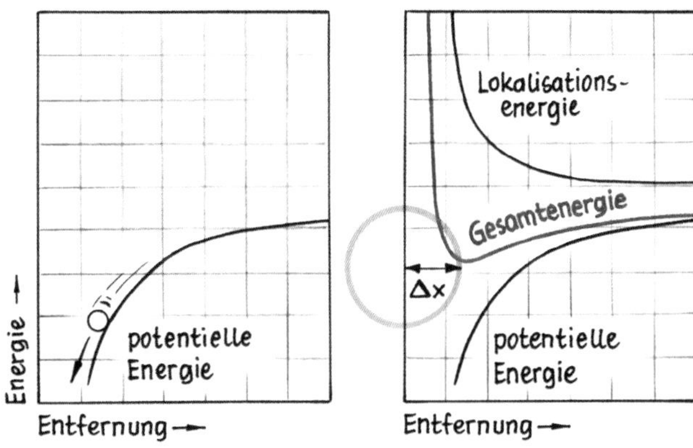

Abb. 34.10: a) Nach klassischer Sicht existiert nur die potenzielle Energie und das Elektron „stürzt“ quasi in den Potenzialtopf, also auf das Proton zu. b) Aus quantenmechanischer Sicht gibt es aber zusätzlich die Lokalisationsenergie, die mit der Annäherung zunimmt. Das Elektron stabilisiert sich mit einer Ortsunschärfe Δx, die dem Atomradius entspricht.

Z Zusammenfassung

Das Wasserstoffatom kollabiert deshalb nicht, weil das durch die Unschärferelation verhindert wird. Die Größe des Wasserstoffatoms ist nichts anderes als die Ortsunschärfe des Elektrons. Anders gesagt: Das Elektron kann nicht auf das Proton stürzen, weil man ihm gar keine bestimmte Bahn zuschreiben kann.

34.3 Im Quantenkäfig
Orbitale des Wasserstoffatoms

Mit der Unschärferelation kann man das Wasserstoffatom im Grundzustand sehr gut erklären. Um angeregte Zustände zu verstehen, braucht man aber die Wellenfunktion. Jetzt wird es noch abstrakter.

F9 W1 Was versteht man unter einer stehenden Welle? Was versteht man unter Grund- und Oberwellen? Lies nach in Kap. 19, „Big Bang 6"!

F10 W1 Was versteht man unter einem Potenzialtopf? Sieh nach in Kap. 4.3, „Big Bang 5"!

F11 W1 Was versteht man unter Wellenfunktion und Aufenthaltswahrscheinlichkeit? Lies nach in Kap. 33.5, S. 61!

Wir haben im Abschnitt 34.2 (S. 68) qualitativ abgeleitet, wie die Heisenberg'sche Unschärferelation den Kollaps der Atome verhindert. Um aber das Linienspektrum des Wasserstoffs erklären zu können (Abb. 34.8, S. 68), reicht diese Überlegung nicht aus. Dazu müssen wir **stehende Wellen, Potenzialtöpfe** und die **Wellenfunktion** miteinander verknüpfen. Weil das quantenmechanische Atommodell schwer zu verstehen ist, gehen wir langsam Schritt für Schritt vor und schauen uns diese drei Begriffe noch einmal etwas genauer an.

Fangen wir einmal mit den **stehenden Wellen** an. Eine „normale" Welle breitet sich durch den Raum aus, zum Beispiel wenn du einen Stein ins Wasser wirfst. Bei einer stehenden Welle sind Bäuche und Knoten aber an derselben Stelle (→ F9). Anschauliche Beispiele sind schwingende Saiten, Seifenlamellen oder die Felle von Trommeln.

→ **Info:** Stehende Wellen

Das Zweite ist die Sache mit dem **Potentialtopf** (→ F10). Überall dort, wo Kräfte auftreten, gibt es auch potenzielle Energien, zum Beispiel bei der Gravitationskraft oder der elektrischen Kraft. Mit dem Begriff Potenzialtopf bezeichnet man einen Bereich, in dem die potenzielle Energie geringer ist als in der Umgebung. Lass dich nicht vom Begriff irritieren. Oft sehen diese „Töpfe" eher wie Mulden aus. Der Punkt ist aber der: Befindet sich etwas in einem Potenzialtopf, dann muss man Energie aufwenden, es herauszubekommen. Ein sehr anschauliches Bild ist eine Kugel in einer Mulde. Aber auch ein **Elektron im elektrischen Feld eines Protons** befindet sich in einer Energiemulde. Willst du es ablösen, brauchst du Energie.

→ **Info:** Potenzialtopf

Stehende Wellen

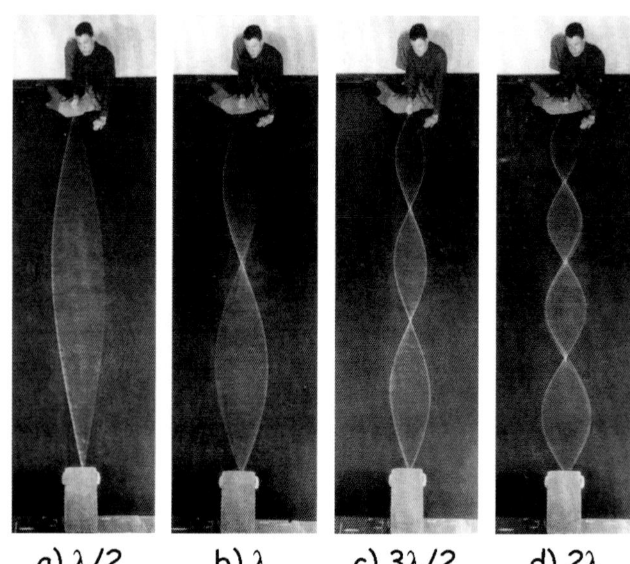

Abb. 34.11: Grundwelle und drei Oberwellen bei einer schwingenden Saite: Die Saitenlänge muss immer ein ganzzahliges Vielfaches von $\lambda/2$ sein.

Eine **schwingende Saite** ist ein gutes Beispiel für eine eindimensionale stehende Welle. Dabei bleiben Knoten und Bäuche immer an derselben Stelle (Abb. 34.11). Neben der **Grundwelle**, die nur einen Bauch hat, lassen sich auch **Oberwellen** erzeugen. In allen Fällen muss aber die Saitenlänge ein Vielfaches von $\lambda/2$ sein, weil sich am Rand natürlich immer Knoten befinden müssen. Zweidimensionale stehende Wellen können sich an jeder Membran ausbilden (Abb. 34.12 und 34.13).

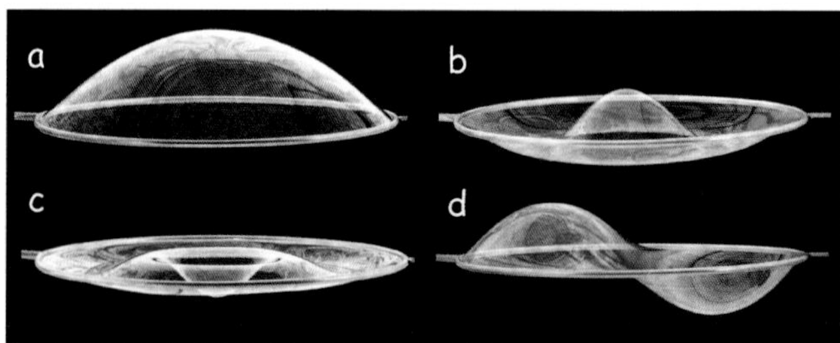

Abb. 34.12: Stehende Wellen auf einer kreisförmigen Seifenhaut: Die Schwingungen sind ein zweidimensionales Modell für folgende Atomorbitalen (siehe Tab. 34.2, S. 75): a) 1s, b) 2s, c) 3s, d) 2p

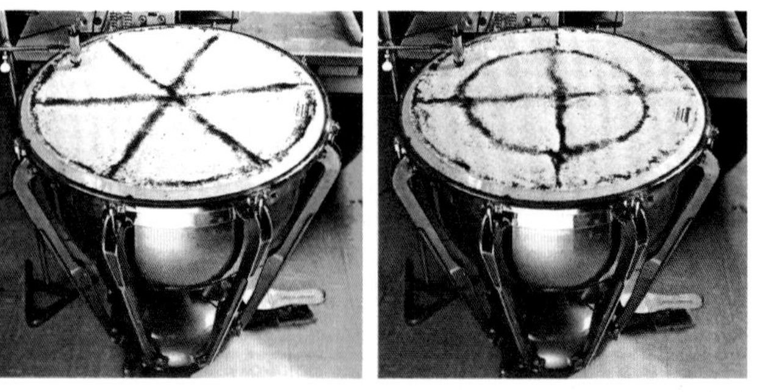

Abb. 34.13: Komplizierte stehende Wellen auf den Trommelfellen einer Pauke: Das aufgestreute Pulver zeigt die Wellenknoten an.

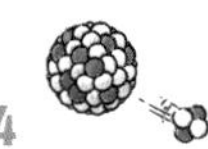

Potenzialtopf

Die griffigsten Beispiele für **Potenzialtöpfe** gibt es in der **Mechanik**, zum Beispiel eine Kugel in einer Mulde (Abb. 34.14). Ihre potenzielle Energie ist dort ein Minimum, und um sie zu befreien, musst du Energie aufwenden.

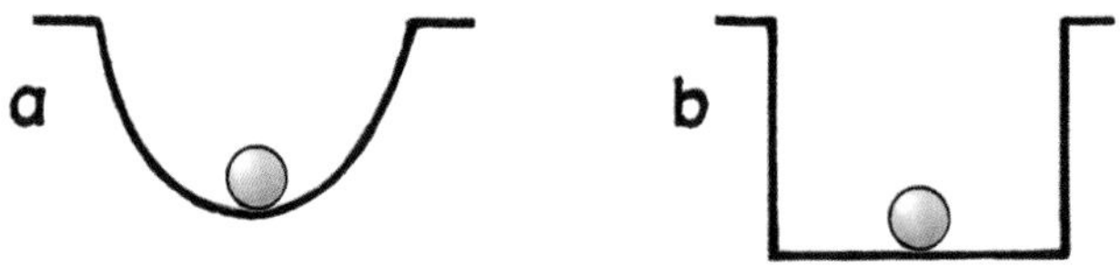

Abb. 34.14: Zwei Beispiele für Potenzial„töpfe" (auch wenn der linke wie eine Mulde aussieht): In beiden Fällen ist gleich viel Energie notwendig, die Kugel aus der Energiemulde herauszubekommen.

Bei der **elektrischen Kraft** gibt es natürlich keine Mulden, die du sehen oder angreifen kannst. Trotzdem gibt es Potenzialtöpfe, aber diese bezeichnen die **Mulde der potenziellen Energie** (Abb. 34.15).

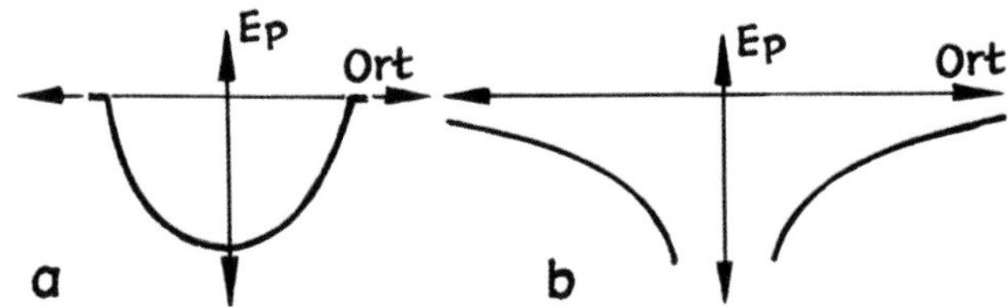

Abb. 34.15: Potenzialtöpfe, hier als Mulden in der Energie-Ort-Funktion dargestellt: a) Funktion, passend zur Mulde aus Abb. 34.14 a; b) Potenzialtopf eines Elektrons in der Hülle von Wasserstoff (siehe auch Abb. 34.9, S. 69)

Kommen wir zum letzten Begriff, der **Wellenfunktion**. Jedes Quant weist Welleneigenschaften auf, die man mit einer Wellenfunktion (Ψ) beschreiben kann (→ F11; siehe Kapitel 33.5, S. 62). Hat man diese, dann kann man auf die Aufenthaltswahrscheinlichkeit des Teilchens schließen. Der österreichische Physiknobelpreisträger Erwin Schrödinger (Abb. 34.16) stellte **1926** eine Gleichung auf, mit der man eben diese Wellenfunktion eines Quants berechnen kann. Weil die Mathematik dazu extrem schwierig ist, sehen wir uns eine grafische Lösung an. Wir beginnen bei einem **idealisierten Beispiel:** einem Elektron in einem eindimensionalen, unendlich hohen Potenzialtopf (Abb. 34.17).

Abb. 34.16: Der österreichische Nobelpreisträger Erwin Schrödinger war gemeinsam mit dem Symbol Ψ für die von ihm entwickelte Wellenfunktion auf dem alten 1000-Schillingschein verewigt.

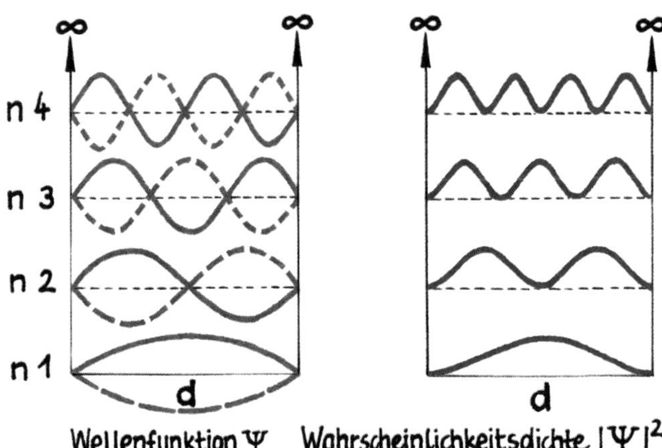

Abb. 34.17: Ein Elektron im „Quantenkäfig": Links die Wellenfunktion Ψ, die man mit der **Schrödingergleichung** berechnen kann. Sie beschreibt die **Wahrscheinlichkeitswelle.** In diesem Fall hat sie die Form einer schwingenden Saite wie in Abb. 34.11. Rechts die dazugehörige **Wahrscheinlichkeitsdichte** $|\Psi|^2$. Je höher diese an einer bestimmten Stelle ist, desto größer ist die Wahrscheinlichkeit, das Elektron bei der Messung dort anzutreffen. Verblüffend: Bei Oberwellen gibt es innerhalb der Box Orte mit der Wahrscheinlichkeitsdichte null. Genau an dieser Stelle wird man das Elektron niemals antreffen.

Was passiert, wenn ein Elektron in diesem „Käfig" gefangen ist? Ähnlich wie bei einem Seil bilden sich auch hier stehende Wellen aus (vergleiche Abb. 34.11 und 34.17). Wichtig: **Nicht das Elektron schwingt, sondern die Wahrscheinlichkeitswelle.** Das ist etwas völlig anderes. Das Elektron kann ja nicht schwingen, weil es dann Strahlung aussenden müsste (siehe Abb. 34.3, S. 67). Und wir wissen, dass es das nicht tut.

Ähnlich wie bei der Saite sind auch bei der **Wahrscheinlichkeitswelle** nur ganz bestimmte Längen möglich, die genau zu den Abmessungen des Potenzialtopfs passen müssen. Je kürzer die Wellenlänge, desto höher die Energie des Elektrons. Das Elektron kann nur ganz bestimmte Energiezustände einnehmen. Man sagt daher auch, die Energie ist quantisiert. Damit kann man die Linien im Wasserstoffspektrum erklären (siehe Kap. 35.1, S. 78)!

→ Info: Quantisierte Energie -> S. 72

Wenn man die Wellenfunktion Ψ des Elektrons kennt, dann kann man auch die Wahrscheinlichkeitsdichte $|\Psi|^2$ berechnen (Abb. 34.17 rechts). Je höher diese an einer bestimmten Stelle ist, desto größer ist die Wahrscheinlichkeit, bei einer **Messung** das Elektron **tatsächlich** dort anzutreffen. Dass bei der **Grundwelle** die größte Wahrscheinlichkeit in der Mitte liegt, scheint einleuchtend zu sein. Aber schon bei der ersten **Oberwelle** versagt unsere Intuition kläglich. Denn die Wahrscheinlichkeit, das Teilchen in der Mitte zu finden, ist bei dieser nämlich null (Abb. 34.17 rechts). Je kürzer die Wellenlänge ist, desto mehr solcher „verbotener" Stellen tauchen auf. Das ist sehr verblüffend! Denk zur Beruhigung wieder an den Ausspruch von Richard Feynman: „Ich gehe davon aus, dass niemand die Quantenmechanik versteht!".

Bis jetzt haben wir einen vereinfachten, eindimensionalen Fall betrachtet. Wie man sich die **Grundwelle in drei Dimensionen** vorstellen kann, zeigt Abb. 34.18. Das Elektron ist dann quasi in einem Potenzialwürfel eingesperrt (a). Weil die Wahrscheinlichkeitsdichte in alle drei Raumrichtungen in der Mitte am größten ist, ergibt sich in Summe ein kugelförmiges Orbital (b–d). Je weiter man sich vom Atomkern entfernt, desto geringer wird die Wahrscheinlichkeitsdichte.

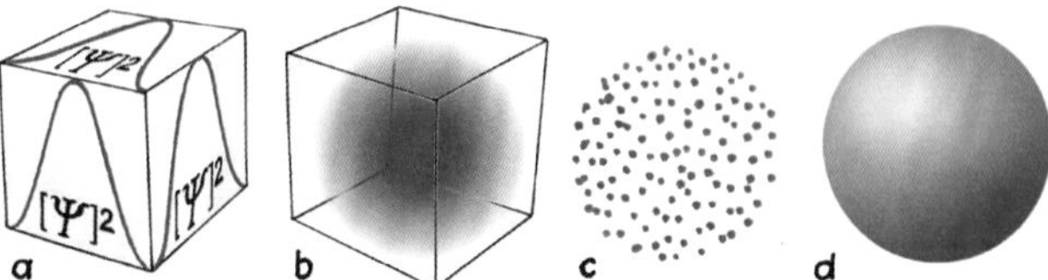

Abb. 34.18: Das einfachste Orbital, das 1s-Orbital, in verschiedenen Darstellungen: a) Wahrscheinlichkeitsdichte in den einzelnen Dimensionen im Potenzialwürfel, b) 3d-Wolke, c) Zufallspunkte, d) Fläche

Dass das Orbital mit der niedrigsten Energie, man nennt es das **1s-Orbital,** kugelförmig sein muss, haben wir schon aus der Unschärferelation abgeleitet (siehe Abb. 34.10, S. 69). Mit Hilfe der Wellenfunktion kann man aber auch die Orbitale berechnen, wenn sich das Elektron im angeregten Zustand befindet. Die einzige Variation bei eindimensionalen stehenden Wellen ist die, dass die Wellenlänge der Oberwellen kürzer wird. Aber bereits in zwei Dimensionen gibt es sehr viele Variationsmöglichkeiten, wie man an den Beispielen in Abb. 34.12 und 34.13 auf S. 70 sehr gut sehen kann.

Quantisierte Energie

Mit Hilfe der de Broglie-Gleichung kann man einer Materiewelle auf Grund ihrer Wellenlänge einen Impuls zuordnen: $p = h/\lambda$. Nun können sich aber im Potenzialtopf nur ganz bestimmte Wellenlängen ausbilden, nämlich immer nur **Vielfache von $\lambda/2$** (siehe Abb. 34.11, S. 70, und 34.17, S. 71). Wenn d die Breite des Potenzialtopfs ist, dann gilt $d = n\lambda/2$ und $\lambda = 2d/n$. Das setzen wir in die de Broglie-Gleichung ein und erhalten

$$\lambda = \frac{h}{p} = \frac{h}{\frac{2d}{n}} = n\frac{h}{2d}$$

Nun besteht aber auch ein Zusammenhang zwischen der **kinetischen Energie** und dem **Impuls** (siehe Kap. 34.2, S. 68):

$$E = \frac{p^2}{2m} \Leftrightarrow E = \frac{\left(\frac{nh}{2d}\right)^2}{2m} = n^2\frac{h^2}{8d^2m}$$

Je kürzer die Wellenlänge wird, desto größer wird die Energie des eingesperrten Elektrons. Es gilt: $E \sim n^2$. Das Elektron kann also nicht beliebige Energien haben, sondern nur ganz bestimmte. Man sagt daher, **die Energie des Elektrons ist quantisiert.**

Die **dreidimensionalen stehenden Wahrscheinlichkeitswellen** im Wasserstoffatom können noch wesentlich komplizierter sein. Einige Beispiele dazu siehst du in Abb. 34.19. Zu ihrer exakten Berechnung darf man aber nicht die idealisierte Form des Potenzialtopfs verwenden (Abb. 34.17, S. 71, und Abb. 34.18), sondern die tatsächliche (siehe Abb. 34.15 b, S. 71).

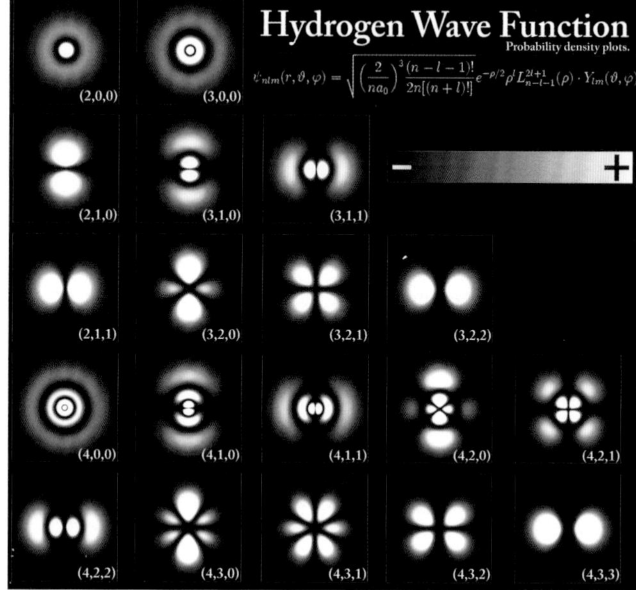

Abb. 34.19: Einige Beispiele für **Orbitalformen im Wasserstoffatom** in einer Querschnittsdarstellung: Rechts oben ist die Wellenfunktion zu sehen, mit der die Orbitale berechnet wurden. Mit zunehmender Energie werden die Formen immer bizarrer. Die drei Ziffern geben die Hauptquantenzahl n, die Drehimpulsquantenzahl l und die magnetische Quantenzahl m an (siehe Kap. 34.5. S. 76).

Z Zusammenfassung

Das Elektron in der Hülle eines Wasserstoffatoms kann mit einer stehenden Wahrscheinlichkeitswelle beschrieben werden. Sie erlaubt die Berechnung der Wahrscheinlichkeit, das Elektron an bestimmten Punkten messen zu können. Die Wahrscheinlichkeit wird auch als Orbital bezeichnet.

Wie bei einer schwingenden Saite sind auch bei den Orbitalen Oberwellen möglich, die den Wahrscheinlichkeitswellen der angeregten Elektronen entsprechen. Da aber nur ganz bestimmte Konfigurationen erlaubt sind, kann das Elektron auch nur ganz bestimmte Energien annehmen. Die Energie des Elektrons ist quantisiert.

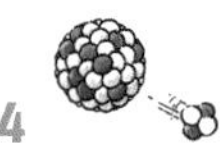

34.4 Ein Elektron sieht nicht aus!
Elektronenspin und Pauli-Verbot

Bevor wir uns das gesamte Periodensystem ansehen, werfen wir noch einen Blick auf die ersten paar Elemente und lernen dabei ein ganz wichtiges Prinzip kennen, für das der österreichische Physiker Wolfgang Pauli den Physiknobelpreis einstreifte.

F12 E1 Nur Wasserstoff und Helium haben *eine* Elektronenschale. Lithium, als drittes Element, hat bereits *zwei* Schalen. Was spricht dagegen, dass sich ein drittes Elektron auf der innersten Schale befindet?

F13 W1 Versuche die Elemente Wasserstoff, Helium und Lithium nach ihrem Atomradius zu ordnen!

F14 W1 Was versteht man unter dem Drehimpuls? Lies nach in Kap. 17.4 „Big Bang 6"! Was versteht man unter Vektor und Skalar? Lies nach in Kap. 3.1, „Big Bang 5"!

F15 E1 Dass die Sonne ein Magnetfeld haben muss, wusste man schon vor 1900. Aber woher konnte man das wissen?

Wolfgang Pauli (Abb. 34.20), österreichischer Physiknobelpreisträger, soll einmal auf die Frage: „Wie sieht ein Elektron aus?" geantwortet haben: „Ein Elektron sieht nicht aus!" Quantenobjekte wie Elektronen entziehen sich einfach unserer bildlichen Vorstellungskraft.

Abb. 34.20: Die beiden Quantenmechanik-Giganten Wolfgang Pauli (links) und Werner Heisenberg bei der Solvay-Konferenz 1927

Es gibt eine weitere Eigenschaft von Quanten, die Pauli **1925** bei Elektronen entdeckte und die man sich nicht bildlich vorstellen kann: den **Spin!** Leider lässt sich der Begriff schwer in einem Satz erklären. Etwas allgemein, aber nicht sehr befriedigend kann man so sagen: Der Spin ist eine grundlegende Eigenschaft jedes Quants, ähnlich wie seine Masse oder seine Ladung. Alle drei Eigenschaften können wir messen und belegen. Aber es kann niemand sagen, was Ladung, Masse oder Spin „wirklich" sind. Wie „sieht" zum Beispiel eine Ladung aus? Wolfgang Pauli würde wohl antworten: „Eine Ladung sieht nicht aus!"

→ Info: Zeeman-Effekt

Meistens wird der Teilchenspin mit einer **Analogie aus der Mechanik** erklärt. Jedes rotierende Objekt besitzt einen Eigendrehimpuls, also einen **Spin** (→ F14; Abb. 34.22). Das Wort Spin kommt aus dem Englischen und bedeutet **Drall**. Man könnte sich nun also vorstellen, dass auch der Spin eines Quants durch dessen Eigendrehung hervorgerufen wird, dass also Quanten kleine rotierende Bälle sind.

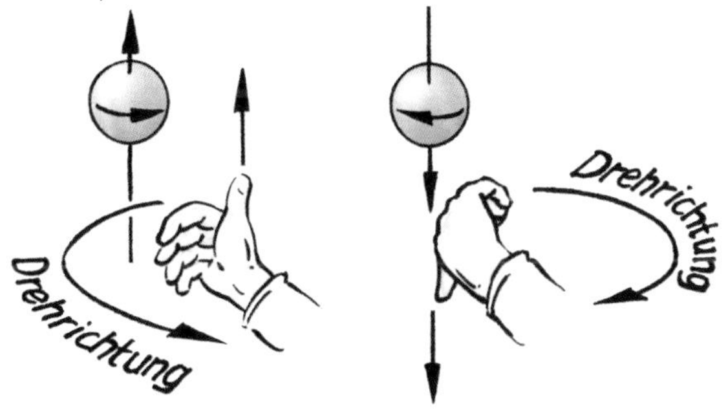

Abb. 34.22: Bei **makroskopischen Objekten** kann man die Richtung des Spinvektors mit der rechten Hand bestimmen. Wenn die Finger in Drehrichtung zeigen, dann zeigt der Daumen in Richtung des Drehimpulsvektors. Auch Quanten kann man einen Spin zuordnen. Aber Achtung: Quanten sind keine rotierenden Kugeln. Quanten „sehen nicht aus".

Du musst dir aber im Klaren darüber sein, dass die Sache mit dem rotierenden Elektron eine **bildliche Hilfskonstruktion** ist. Der Ort eines Quants ist generell „unscharf", und sie können daher auch keine kleinen rotierenden Bälle sein. Kurz: Man kann Quanten zwar einen Drehimpuls zuordnen, aber niemand weiß, wie man sich den **bildlich** vorstellen soll.

i Zeeman-Effekt

Welche Licht-Frequenzen ein Atom aussendet, hängt von der Differenz der Energieniveaus bei den Quantensprüngen ab (siehe Abb. 35.2, S. 78). Bereits **1896** beobachtete der Holländer Pieter Zeeman, dass sich die Linien eines Spektrums noch weiter aufspalten lassen, wenn sich die Atome in einem Magnetfeld befinden (siehe Abb. 34.21). Deshalb wusste man auch schon vor 1900, dass die Sonne ein Magnetfeld haben muss, weil die Spektrallinien des Sonnenlichtes aufgespalten sind (→ F15)!

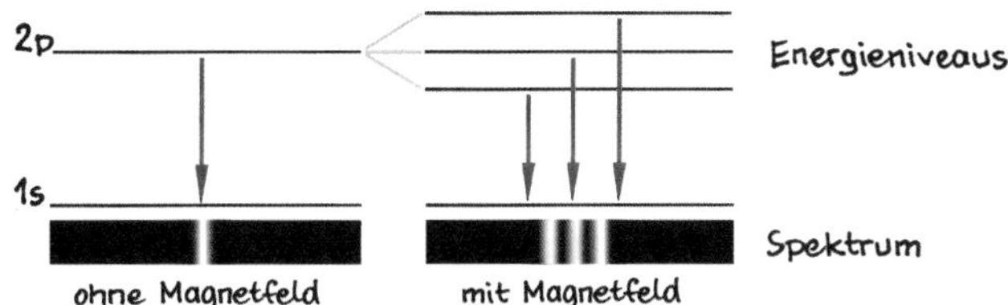

Abb. 34.21: Schematische Darstellung der **Aufspaltung einer einzelnen Linie** durch das Anlegen eines äußeren Magnetfeldes (rechts)

Manche dieser Aufspaltungen konnte man lange Zeit nicht erklären. Erst Wolfgang Pauli zeigt **1925** auf theoretischem Weg, dass man **alle Fälle von Aufspaltungen** erklären kann, wenn man annimmt, dass Elektronen eine Eigendrehung, also einen Spin besitzen. Dadurch werden sie salopp gesagt zu kleinen Stabmagneten, die vom äußeren Magnetfeld beeinflusst werden.

→ **Info:** Spin und Spinquantenzahl

Wolfgang Pauli konnte also den Zeeman-Effekt (Abb. 34.21, S. 73) erklären, indem er annahm, dass Elektronen einen Spin besitzen, der entweder +1/2 oder −1/2 ist. Und dann formulierte er sein berühmtes Prinzip, für das er **1945** den Nobelpreis erhielt. Das Ausschließungsprinzip, auch Pauli-Verbot genannt, lautet: Zwei Elektronen im selben Orbital dürfen nicht den gleichen Spin besitzen. Das hört sich harmlos an, aber das Universum würde ohne dieses Verbot völlig anders aussehen und auch das **Leben** hätte sich – zumindest in der gewohnten Form – **nicht entwickeln können**.

Sehen wir uns die ersten drei Elemente des Periodensystems an. **Wasserstoff** besitzt nur ein Elektron, das sich im 1s-Orbital befindet (Abb. 34.23). **Helium** hat zwei Elektronen im 1s-Orbital. Davon muss aber eines den Spin +1/2 und das andere −1/2 haben. Damit ist das Orbital voll. Das dritte Elektron im **Lithium** passt aufgrund des Pauli-Verbots nicht mehr auf das 1s-Orbital. Es muss quasi ein neues Orbital eröffnet werden, das 2s-Orbital (→ F12).

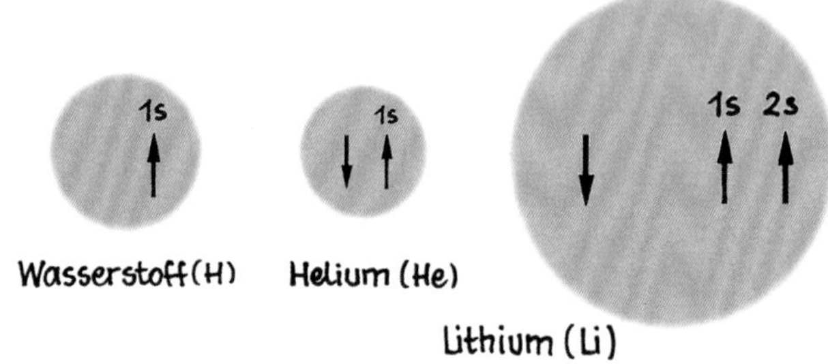

Abb. 34.23: Die ersten drei Elemente des Periodensystems: Die Größe ist absolut gesehen nicht richtig dargestellt (siehe Abb. 34.25). Die Pfeile geben den Spin der Elektronen an. Das ist aber nur ein Modell. Die Elektronen sind nicht lokalisierbar.

Spin und Spinquantenzahl

Nehmen wir als Beispiel ein **Elektron** her. Man kann diesem einen **Eigendrehimpuls** von $\pm\hbar$ zuordnen. $\hbar$ (man spricht es „h quer" aus) ist dabei $h/2\pi$. Sowohl h als auch $\hbar$ haben die Einheit Js. Die Einheit Js ist aber wiederum auch die Einheit des Drehimpulses (→ F14).

Es gibt also eine Eigenschaft der Elektronen und auch aller anderen Quanten, die man mit derselben Einheit beschreiben kann, wie einen Drehimpuls. Und daher kommt eben auch der Begriff **Spin**. Was man sich darunter bildlich vorstellen soll, das weiß aber niemand.

Die Zahl vor dem $\hbar$ nennt man auch die **Spinquantenzahl**. Oft lässt man $\hbar$ weg und sagt nur, dass ein Elektron den Spin +1/2 oder −1/2 haben kann. Der Spin wird durch einen **Vektor** beschrieben (→ F14). Wenn man bei einem Vektor das Vorzeichen ändert, dann zeigt er in die andere Richtung. Daher sagt man auch, ein Elektron hat entweder **Spin up** oder **Spin down** (siehe Abb. 34.22, S. 73).

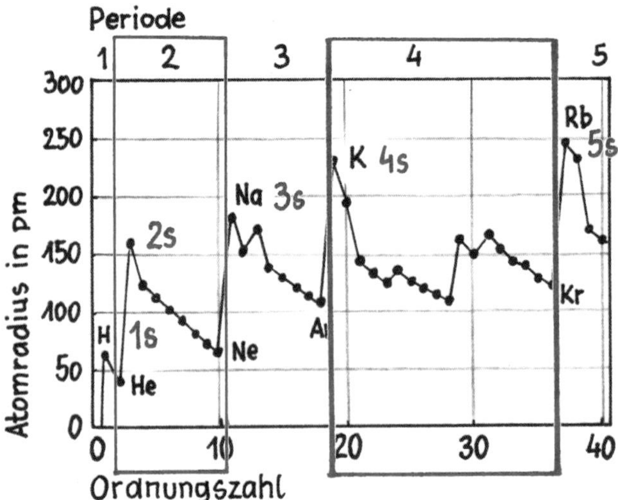

Abb. 34.24: Ordnungszahl und Atomgröße: Immer mit dem „Eröffnen" eines weiteren s-Orbitals steigt der Atomradius sprunghaft an. Rubidium hat bereits rund den 4-fachen Durchmesser von Wasserstoff.

Fermionen und Bosonen

Heute wissen wir, dass man alle Quanten nach ihrem Spin in zwei Gruppen einteilen kann: **Fermionen** besitzen einen halbzahligen, **Bosonen** einen ganzzahligen Spin (s). Das Pauli-Verbot gilt nur für Fermionen. Zu diesen zählen unter anderem die **Elektronen** mit einem Spin von $\pm\frac{1}{2}$. Die berühmtesten **Bosonen** sind Lichtteilchen, also **Photonen** ($s = 1$). Weil für Photonen das Pauli-Verbot nicht gilt, können sich beliebig viele Lichtteilchen an einem Ort befinden. Das ist gut so, denn sonst könnte man Lichtstrahlen gar nicht beliebig hell machen!

Auch ganze Atome wirken nach außen hin entweder bosonisch oder fermionisch. Bei ersteren ergibt die Summe aller Spins einen ganzzahligen Gesamtspin, und für diese Atome gilt das Pauli-Verbot daher nicht. Wenn man solche Stoffe auf unter 10^{-6} Kelvin abkühlt, dann entsteht eine neue, exotische Materie: das **Bose-Einstein-Kondensat.** Dabei vereinigen sich alle beteiligten Teilchen zu einem einzigen Superteilchen und es wird völlig unmöglich, die einzelnen Atome voneinander zu unterscheiden (Abb. 34.25).

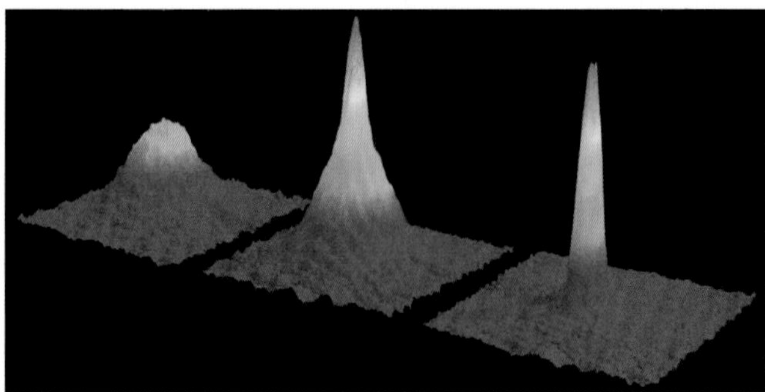

Abb. 34.25: Entstehung eines Bose-Einstein-Kondensats: Die Höhe des „Berges" entspricht der Anzahl der Teilchen. Deren Konzentration nimmt mit der Zeit zu (von links nach rechts).

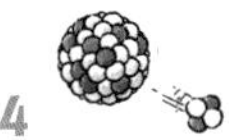

Was wäre, wenn es das Pauli-Verbot nicht gäbe? Dann würden sich **alle Elektronen** immer auf der **untersten Schale** befinden, also im niedrigsten Energiezustand. Uran zum Beispiel, das schwerste natürliche Element, hätte dann alle seine 92 Elektronen auf einer Schale. Die Elemente würden ihre typischen chemischen Eigenschaften (Kap. 34.5) verlieren. Alle Atome könnten sich dann mit allen Atomen verbinden, und die Atomanzahl in den Molekülen wäre nach oben hin nicht begrenzt.

→ Info: Fermionen und Bosonen

Außerdem würden ohne Pauli-Verbot die Elemente mit zunehmender Ordnungszahl immer kleiner werden. Warum? Wenn es nur eine Schale gäbe, dann würde mit der Erhöhung der Protonen im Kern auch die **elektrische Anziehungskraft** wachsen und somit würde die Orbitale näher an den Kern herangezogen. Das ist tatsächlich auch der Fall, aber nur so lange, bis ein neues s-Orbital eröffnet werden muss (Abb. 34.24; → F13). Das Pauli-Verbot verleiht also, gemeinsam mit der Unschärferelation, der Materie ihr **Volumen!**

Z Zusammenfassung

Jedem Quant kann man eine Eigenschaft zuordnen, die man als Spin bezeichnet. Für Quanten mit halbzahligem Spin ($s = \pm 1/2$), wie die Elektronen, gilt das Pauli-Verbot. Zwei Elektronen im selben Orbital können nicht den gleichen Spin haben. Diese Tatsache ist für das Verständnis des Periodensystems unbedingt notwendig.

34.5 Jenseits von Lithium
Das Periodensystem

Die chemischen Elemente sind im Periodensystem geordnet dargestellt. Diese Regelmäßigkeit kommt durch die möglichen Energiezustände der Elektronen zustande. Man kann das Periodensystem daher nur quantenmechanisch verstehen.

F16 Wodurch unterscheiden sich die Elemente dieses
E1 Universums ganz einfach gesagt?

F17 Was versteht man unter Valenzelektronen? Wie viele
W1 Valenzelektronen kann ein Element maximal haben?

Noch einmal kurz zur Wiederholung: Ein eingesperrtes Elektron kann man mit Hilfe einer **stehenden Wahrscheinlichkeitswelle** beschreiben. Aus dieser kann man auf den Aufenthaltsort des Elektrons schließen, das **Orbital**. Im eindimensionalen Fall sieht die Wellenfunktion wie eine schwingende Saite aus (Abb. 34.11, S. 70). In diesem simplen Fall kann nur die Wellenlänge variieren. Deshalb kann man den eindimensionalen Fall mit nur einer Quantenzahl vollständig beschreiben.

→ Info: Quantisierte Energie -> S. 72

Auch ein Elektron in der Atomhülle ist durch die elektrische Anziehung durch den Kern quasi „eingesperrt" und kann ebenfalls durch eine **stehende Wahrscheinlichkeitswelle** beschrieben werden. In diesem realen, **dreidimensionalen Fall** gibt es wesentlich mehr Variationsmöglichkeiten, und die Orbitale sehen teilweise ziemlich kurios aus. Zur Be-

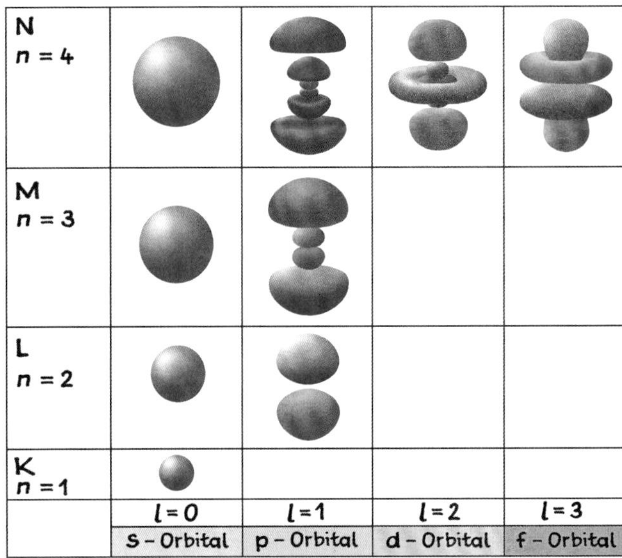

Tab. 34.2: Übersicht über die Orbitalformen der ersten 4 Schalen (K, L, M und N) bei Wasserstoff: Die Quantenzahlen *n* und *l* wurden variiert, *m* ist in allen Fällen 0. Im Gegensatz zu Abb. 34.19 (S. 72) ist die Darstellung hier dreidimensional. Die Farben geben die Schwingungsphase an. Vergleiche dazu das 2p-Orbital in der dritten Zeile in der zweiten Spalte mit der schwingenden Seifenlamelle in Abb. 34.12 d, S. 70.

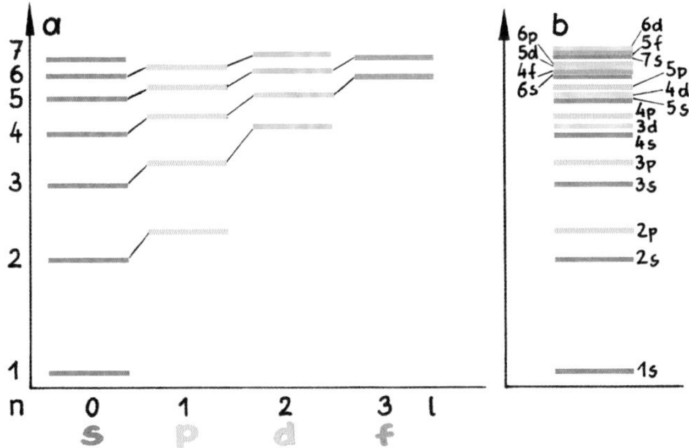

Abb. 34.26: a) Die Hauptquantenzahl *n* und die Drehimpulszahl *l* legen die Energie des Elektrons fest. b) „Ineinandergeschobene" Energieniveaus: Bei höheren Hauptquantenzahlen werden die Abstände kleiner, und es kommt zu „Unregelmäßigkeiten" in der Reihenfolge. So hat zum Beispiel ein Elektron im 4s-Orbital weniger Energie als im 3d-Orbital. Wasserstoff bildet mit nur einem Elektron eine Ausnahme. Bei ihm hängen die Energieniveaus nur von *n*, aber nicht von *l* ab.

schreibung sind in diesem Fall **vier Quantenzahlen** notwendig. Die Hauptquantenzahl *n* und die Drehimpulsquantenzahl *l* legen die Energie des Elektrons fest (Abb. 34.26, S. 75).

→ **Info:** Die vier Quantenzahlen

Die vier Quantenzahlen

Die Bezeichnungen der Quantenzahlen haben historische Gründe, die noch auf das **Bohr'sche Atommodell** zurückgehen (Kap. 34.1, S. 66). Beim Verwenden dieser Begriffe muss man sich im Klaren sein, dass ein Orbital stationär ist und sich das Elektron nicht in irgendeiner Form um den Kern bewegt. Man unterscheidet **vier** verschiedene **Quantenzahlen.**

1) Die Hauptquantenzahl *n*
Sie legt fest, in welcher Schale sich das Elektron befindet. Die ersten vier Schalen werden auch mit den Buchstaben K, L, M und N bezeichnet. Den eindimensionalen Fall der Hauptquantenzahl siehst du in Abb. 34.17, S. 71.

2) Die Drehimpulsquantenzahl *l*
Sie liefert den Betrag des Drehimpulsvektors des Elektrons. Die Bezeichnung geht noch auf die falsche Annahme zurück, dass sich Elektronen um den Kern bewegen. Aus historischen Gründen bezeichnet man die Orbitale je nach ihrer Drehimpulsquantenzahl noch zusätzlich mit einem Buchstaben:

$l = 0$ ... s-Orbital $\quad$ $l = 1$ ... p-Orbital
$l = 2$ ... d-Orbital $\quad$ $l = 3$ ... f-Orbital

Es gilt $l < n$. Wenn also $n = 1$ ist, dann gibt es nur ein s-Orbital, bei $n = 2$ ein s- und ein p-Orbital ($l = 0$ bzw. $l = 1$) und so weiter (siehe auch Tab. 34.3).

3) Die magnetische Quantenzahl *m*
Sie beschreibt die räumliche Orientierung des Elektronen-Bahndrehimpulses (Abb. 34.27). Sie heißt so, weil sie die zusätzliche potenzielle Energie des Elektron charakterisiert, die beim Anlegen eines Magnetfeldes auftritt (siehe Zeemann-Effekt Abb. 34.21). Durch seine Bewegung erzeugt das Elektron ein magnetisches Moment. Es gilt: $m \leq l$.

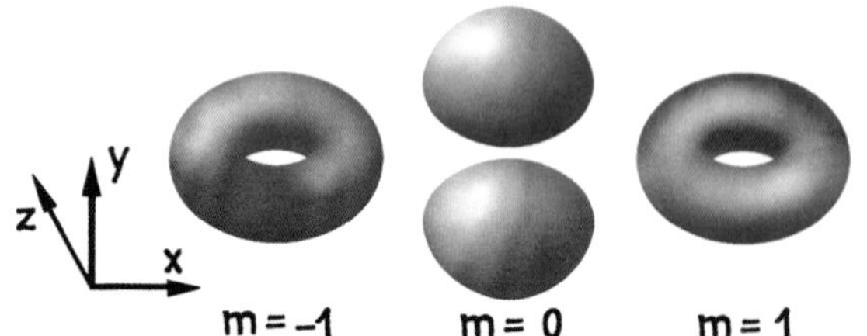

Abb. 34.27: Die drei möglichen Orbitale für $n = 2$ und $l = 1$: Es handelt sich also um die 2p-Orbitale.

4) Die Spinquantenzahl *s*
Sie gibt den Eigendrehimpuls des Elektrons an und kann nur zwei Werte annehmen, nämlich $\pm\frac{1}{2}$.

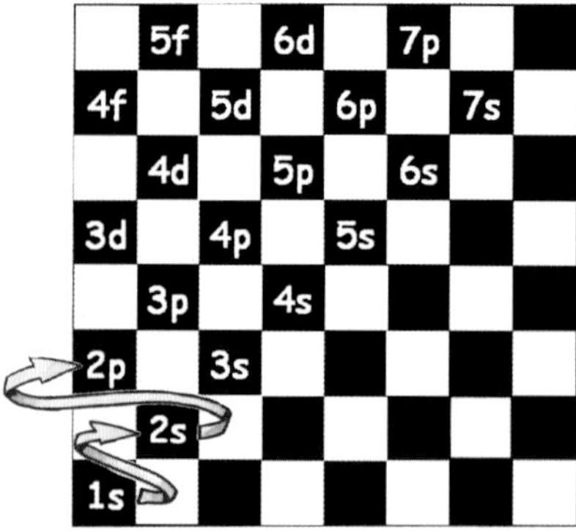

Abb. 34.28: Mit Hilfe der **Schachbrettregel** kannst du dir die Reihenfolge merken, mit der sich die Orbitale auffüllen. Sie liefert zwar keine Erklärung, ist aber eine prima Eselsbrücke. Du musst dazu von unten beginnend Zeile für Zeile von links nach rechts lesen. Diese Reihenfolge entspricht dann der in Abb. 34.26 b, S. 75.

Die **Elemente** dieses Universums unterscheiden sich durch die Anzahl der **Protonen** (→ F16). Die Zahl der **Elektronen** und Protonen ist pro Element immer gleich groß – Atome sind ja nach außen elektrisch neutral. Für die chemischen Eigenschaften sind nur die Elektronen bedeutend. Will man also die Merkmale eines Elements wissen, muss man Anzahl und Energien seiner äußeren Elektronen kennen.

→ **Info:** Valenzelektronen

Die Energien der Elektronen kann man mit Hilfe der **Schrödingergleichung** berechnen. Exakt lassen sich diese aber nur für Wasserstoff ermitteln (Abb. 34.19, S. 72). Bereits ab Helium ist man auf Näherungen angewiesen. Das liegt aber nicht an der Unfähigkeit der Physiker, sondern an der Komplexität der dazu nötigen Gleichungen.

Valenzelektronen

Als **Valenzelektronen** bezeichnet man jene Elektronen, die für die **chemischen Eigenschaften** des Elements entscheidend sind. Valenzfähig sind alle s- und p-Elektronen der äußersten Schale und Elektronen von nicht vollbesetzten d- und f-Orbitalen. In Summe kann ein Element **maximal 8 valenzfähige Elektronen** besitzen (→ F17). Sehen wir uns dazu die **Elektronenkonfiguration** an. Wasserstoff hat ein Elektron am 1s-Orbital. Man schreibt daher H: $1s^1$. Die Hochzahl gibt die Anzahl der Elektronen im entsprechenden Orbital an.

Um die Schreibweise zu vereinfachen, schreibt man bei höheren Elementen das letzte Element der vorherigen Zeile (Periode) in eckige Klammer, weil ja dessen Elektronen nicht mehr valenzfähig sind. Für Lithium schreibt man also nicht $1s^2 2s^1$, sondern $[He]2s^1$.

Wie viele **Valenzelektronen** hat **Blei?** Das letzte Element der vorherigen Periode ist Xenon. Daher schreibt man Pb: $[Xe]6s^2(4f^{14}5d^{10})6p^2$. Weil f- und d-Orbital abgeschlossen sind, sind die Elektronen nicht valenzfähig und daher eingeklammert. Blei hat somit 4 Valenzelektronen (siehe Abb. 34.29).

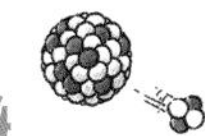

n	*l*	Orbital	*m*	*s*	*z*	
7	1	7p	−1 bis +1	$\pm\frac{1}{2}$	6	Nihonium (Nh) bis Oganesson (Og)
6	2	6d	−2 bis +2	$\pm\frac{1}{2}$	10	Lawrencium (Lr) bis Copernicium (Cn)
5	3	5f	−3 bis +3	$\pm\frac{1}{2}$	14	Actinium (Ac) Nobelium (No)
7	0	7s	0	$\pm\frac{1}{2}$	2	Francium (Fr) und Radium (Ra)
6	1	6p	−1 bis +1	$\pm\frac{1}{2}$	6	Thallium (Tl) bis Radon (Rn)
5	2	5d	−2 bis +2	$\pm\frac{1}{2}$	10	Lutetium (Lu) bis Quecksilber (Hg)
4	3	4f	−3 bis +3	$\pm\frac{1}{2}$	14	Lanthanium (La) bis Ytterbium (Yb)
6	0	6s	0	$\pm\frac{1}{2}$	2	Cäsium (Cs) und Barium (Ba)
5	1	5p	−1 bis +1	$\pm\frac{1}{2}$	6	Indium (In) bis Xenon (Xe)
4	2	4d	−2 bis +2	$\pm\frac{1}{2}$	10	Yttrium (Y) bis Cadmium (Cd)
5	0	5s	0	$\pm\frac{1}{2}$	2	Rubidium (Rb) und Strontium (Sr)
4	1	4p	−1 bis +1	$\pm\frac{1}{2}$	6	Gallium (Ga) bis Krypton (Kr)
3	2	3d	−2 bis +2	$\pm\frac{1}{2}$	10	Scandium (Sc) bis Zink (Zn)
4	0	4s	0	$\pm\frac{1}{2}$	2	Kalium (K) und Calcium (Ca)
3	1	3p	−1 bis +1	$\pm\frac{1}{2}$	6	Aluminium (Al) bis Argon (Ar)
3	0	3s	0	$\pm\frac{1}{2}$	2	Natrium (Na) und Magnesium (Mg)
2	1	2p	−1 bis +1	$\pm\frac{1}{2}$	6	Bor (B) bis Neon (Ne)
2	0	2s	0	$\pm\frac{1}{2}$	2	Lithium (Li) und Beryllium (Be)
1	0	1s	0	$\pm\frac{1}{2}$	2	Wasserstoff (H) und Helium (He)

Tab. 34.3: Die Orbitale sind, wie in Abb. 34.26 b (S. 75), ihrer Energie nach geordnet. Wenn ein Orbital aufgefüllt ist, wird das nächste „eröffnet". *z* entspricht der Anzahl der möglichen Elektronen in diesem Orbital. In den s-Orbitalen sind 2, in den p-Orbitalen 6, in den d-Orbitalen 10 und in den f-Orbitalen 14 Elektronen möglich. Diese Anzahlen kannst du auch sehr schön in den „Blöcken" in Abb. 34.29 erkennen.

Jedes weitere Elektron in der Hülle nimmt den Platz mit der niedrigstmöglichen Energie ein. Ist ein Orbital voll, wird ein neues „eröffnet", das wiederum von allen möglichen die niedrigste Energie hat (siehe Abb. 34.26 b, S. 75 und Abb. 34.28). Das Pauli-Verbot besagt (etwas umformuliert): Die Elektronen im Atom dürfen nicht in allen 4 Quantenzahlen übereinstimmen. Mit dem Pauli-Verbot und der Schachbrettregel kannst du den Aufbau des Periodensystems nachvollziehen (Abb. 34.29 und Tab. 34.3).

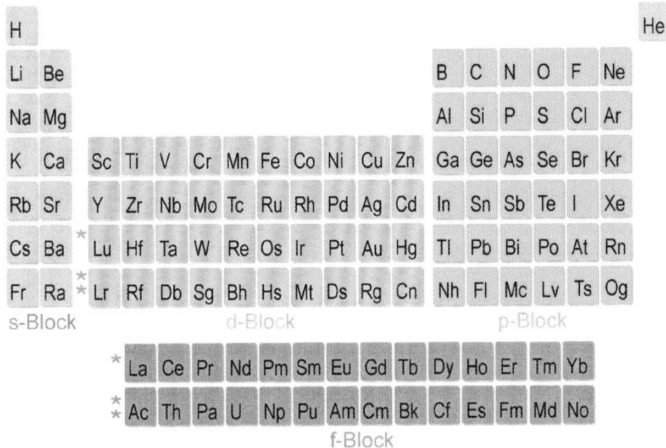

Abb. 34.29: Das Periodensystem aus Sicht der Orbitale: Als Perioden bezeichnet man dabei die Zeilen. Die Zahlen über den Gruppen geben die Valenzelektronen an (siehe Infobox Valenzelektronen). Alle Elemente ab Uran kann man nur künstlich erzeugen. Das höchste bisher erzeugte Element hat die Ordnungszahl 118 (Stand 2018). Da die Entscheidung über einen Namen dauern kann, bekommen neu entdeckte Elemente bis dahin eine lateinische Bezeichnung, die ihre Ordnungszahl andeutet (nil = 0, un = 1, bi = 2, tri = 3, quad = 4, pent = 5, hex = 6, sept = 7,oct = 8, enn = 9), etwa Unbitrium für 123.

Z Zusammenfassung

Zur Beschreibung der Orbitale in einem Atom sind vier Quantenzahlen notwendig. Durch diese sind Form und Energieniveau eindeutig bestimmt. Elektronen nehmen immer die niedrigstmögliche Energie ein. Die Reihenfolge der Besetzung der Orbitale kann man mit dem Pauli-Verbot und der Schachbrettregel nachvollziehen. Nur die Valenzelektronen eines Elements spielen für dessen chemische Eigenschaften eine Rolle.

34

Das moderne Atommodell

F18 W1 Schreibe folgende Elemente nach ihrer Elektronenkonfiguration auf und ermittle ihre Valenzelektronen: Natrium (Na), Chlor (Cl), Brom (Br), Argon (Ar), Krypton (Kr). Zur Beantwortung brauchst du Abb. 34.29 und Tab. 34.3). → L

F19 W1 Wie nennt man die Elemente in der vorletzten und letzten Spalte des Periodensystems? Welche chemischen Eigenschaften haben diese und warum? → L

F20 W1 Weißt du vielleicht aus der Chemie eine Formel für die maximale Elektronenzahl pro Schale? → L

35 Licht als Träger von Energie

Dir ist dein optischer Sinn so vertraut, dass du dir darüber keine Gedanken machst. Wann hast du schon einmal daran gedacht, dass du Gegenstände wie dieses Buch oder den Tisch nur deshalb sehen kannst, weil sie pausenlos Energie abgeben? Diese Energie wird in Portionen ausgesendet, und man nennt sie Lichtteilchen oder Photonen. In diesem Kapitel geht es darum, wie diese entstehen und warum die Spektren von verschiedenen Stoffen unterschiedlich aussehen. Außerdem werden wir uns mit dem faszinierenden Laser und einigen seiner Anwendungen befassen.

35.1 Die Natur macht Sprünge
Der Quantensprung

In der Physik bezeichnet man als Quantensprung die Änderung des Energieniveaus eines Quants, also etwas extrem Winziges. Dieser Begriff wurde im Alltag übernommen, wobei sich aber die Bedeutung auf absurde Weise ins Gegenteil verkehrt hat. Hier bezeichnet man nämlich als Quantensprung einen riesigen, sprunghaften Fortschritt in einem bestimmten Bereich. In diesem Abschnitt geht es aber natürlich um den physikalischen Quantensprung – der überdies nicht einmal ein richtiger Sprung ist, sondern einem Schwingen gleicht.

F1 E1 Wie viele Photonen sendet eine 10-W-LED-Lampe pro Sekunde aus? Rund a) 1 Million, b) 1 Milliarde, c) 1 Billion, d) noch viel mehr. Gib einen Tipp ab! → L

F2 E2 In Abb. 35.1 siehst du das Spektrum des weißen Lichts sowie die Spektren von drei Gasen. Warum haben diese nur ganz bestimmte Linien?

Abb. 35.1: a) Spektrum des weißen Lichts, das alle Farben beinhaltet; weiters Spektren von b) Wasserstoff, c) Helium und d) Neon

F3 W1 Das Orbital eines Elektrons kann mit einer stehenden Wahrscheinlichkeitswelle beschrieben werden! Was ist damit gemeint? Lies nach in Kap. 34.3 ab S. 70!

F4 W1 Welcher Zusammenhang besteht zwischen den Quantenzahlen und den Energieniveaus der Orbitale? Und welche Ausnahme bildet dabei der Wasserstoff? Lies nach in Kap. 34.5 ab S. 75!

F5 W1 1905 fand Albert Einstein eine theoretische Erklärung für den Fotoeffekt. Wie lautet diese? Und welche Energie kann man einem Photon auf Grund seiner Frequenz zuordnen? Lies nach in Kap. 33.3 ab S. 57!

F6 W1 Was versteht man unter einem Elektronvolt?

Die Elektronen in einem Atom können nur ganz bestimmte Energiezustände einnehmen. Wenn sie die niedrigstmögliche Energie besitzen, spricht man vom **Grundzustand** (Abb. 35.2 a). Durch Stöße anderer Teilchen, Wärme- oder Lichtstrahlung können die Elektronen auf ein höheres Energieniveau gehoben werden. Man spricht dann von einem **angeregten Zustand.** Die zugeführte Energie wird vom Elektron aber nur extrem kurz gespeichert (b). Dann „springt" es wieder auf das Grundniveau zurück (c) und gibt die vorher gespeicherte Energie in Form eines **Photons** ab. **Licht** ist entstanden!

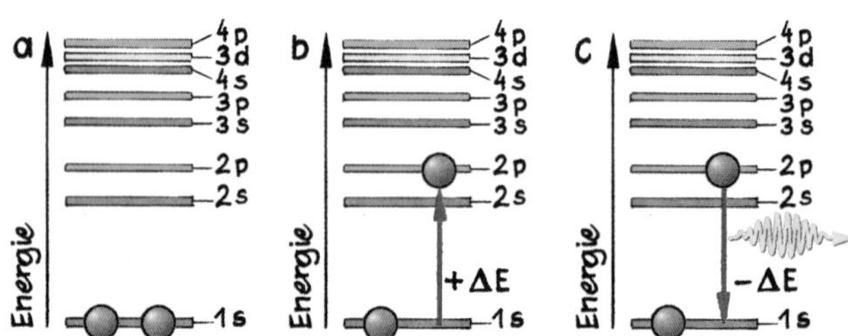

Abb. 35.2: Schematische Darstellung der untersten Energieniveaus der Elektronen in einem Heliumatom (siehe auch Abb. 34.26, S. 75):
a) Die Elektronen befinden sich im Grundzustand.
b) Ein Elektron wird vom 1s-Orbital auf das 2p-Orbital gehoben.
c) Das Elektron „springt" wieder zurück und gibt die vorher aufgenommene Energie in Form eines Photons ab.

Jede Änderung des Energiezustandes eines Quants – also egal ob hinauf oder hinunter – nennt man einen **Quantensprung**. Dieser Ausdruck ist noch auf die Zeit des Bohr'schen Atommodells zurückzuführen (Kap. 34.1, S. 66). Wenn man ihn heute verwendet, dann sollte man sich über zwei Dinge im Klaren sein: Erstens springt das Elektron nicht von einer Stelle an eine andere, sondern von einem **Energieniveau** auf das andere. Das Elektron macht also einen Energie- und keinen Orts-Sprung. Zweitens hat diese Veränderung des Orbitals eher etwas von einer Schwingung als von einem Sprung.

→ **Info:** Zeitlupenquantensprung

Ein Elektron in einem isolierten Atom kann nicht beliebige Mengen Energie aufnehmen (absorbieren) und wieder abgeben (emittieren), sondern nur ganz bestimmte. Die Energiemenge ΔE ist quantisiert und hängt von den Differenzen der möglichen Energieniveaus der Elektronen ab.

Der Zusammenhang zwischen der abgegebenen Energie des Photons und seiner Frequenz ergibt sich durch jene Gleichung, die Einstein bereits **1905** für die Erklärung des

Fotoeffekts benutzt hat (→ F3). Photonen transportieren jene Energie, die beim „Sprung“ eines Elektrons auf ein tieferes Energieniveau frei wird. **Licht ist der Transport von Energie!** Je größer die abgegebene Energie ist, desto größer ist die Frequenz des Photons.

Unendliche Orbitalvielfalt

Mit zunehmender **Hauptquantenzahl** schieben sich die Energieniveaus immer enger zusammen. Die Ionisierungsenergie entspricht einer Hauptquantenzahl von $n = \infty$ (siehe Abb. 35.5). Es ist also theoretisch möglich, ein Elektron auf **unendlich viele Orbitale** zu heben, bevor es sich komplett vom Kern ablöst. Du hast schon einige „gängige“ Orbitalformen kennen gelernt (siehe etwa Abb. 34.19, S. 72 oder Tab. 34.2, S. 75). In Abb. 35.3 siehst du ein sehr exotisches Orbital, dessen Energie nur mehr 0,7 eV unter der Ionisationsenergie liegt.

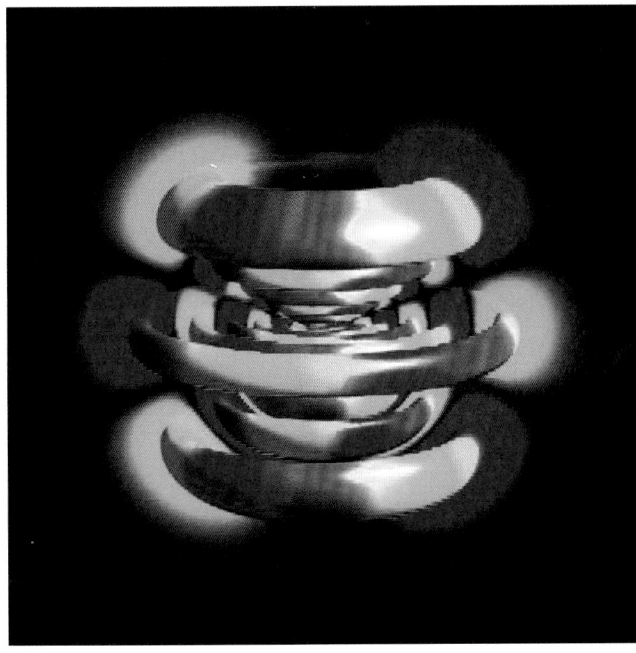

Abb. 35.3: Wasserstofforbital mit den Quantenzahlen $n = 11$, $l = 5$ und $m = 3$: Die Form ist exakt berechnet, die Farben sind künstlerische Freiheit. Bedenke: „Ein Elektron sieht nicht aus!“

Zeitlupenquantensprung

Wenn man einen Quantensprung in Zeitlupe ansieht, (Abb. 35.4) dann merkt man, dass er eigentlich eher mit einer **Schwingung** vergleichbar ist als mit einem Sprung. Das Orbital eines Elektrons kann mit einer stehenden Wahrscheinlichkeitswelle beschrieben werden (→ F3; Kap. 34.3, S. 70). Wenn das Elektron auf ein anderes Orbital übergeht, dann **überlagern** sich diese beiden Wahrscheinlichkeitswellen. Das Ergebnis ist eine Schwingung mit der Differenz der Frequenzen.

In Abb. 35.4 siehst du den Übergang der Wahrscheinlichkeitswelle vom 2p- in den 1s-Zustand (wie in Abb. 35.2 c schematisch dargestellt). Quantensprünge erfolgen nicht in Nullzeit, sondern dauern etwa 10^{-8} s. **Die überlagerte Wahrscheinlichkeitswelle schwingt mit jener Frequenz, die dann auch das Photon besitzt.** Bei sichtbarem Licht liegt diese Frequenz in der Größenordnung von 10^{14} bis 10^{15} Hz. Der Übergang dauert daher einige Millionen Schwingungen lang!

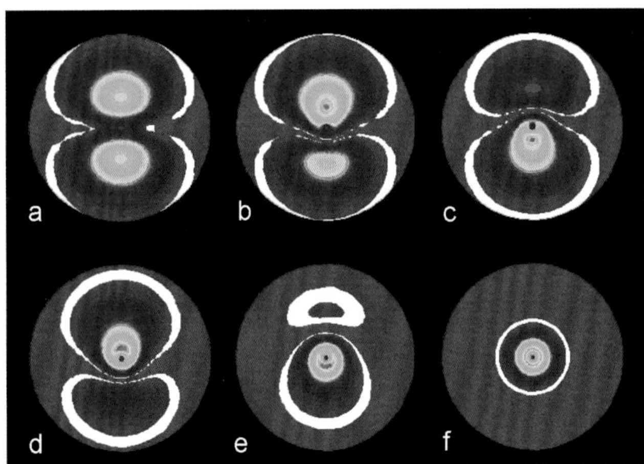

Abb. 35.4: Änderung der Aufenthaltswahrscheinlichkeit eines Elektrons, das vom angeregten Zustand 2p (a) wieder auf den Grundzustand 1s (f) „zurückschwingt“. Hier sind zwei Schwingungen dargestellt (b bis e). Tatsächlich dauert der Übergang einige Millionen Schwingungen lang.

Dreizehnkommasechs

Unter bestimmten Bedingungen bekommt ein Elektron so viel Energie, dass man es **komplett vom Atom ablösen** kann. Das ist zum Beispiel beim Fotoeffekt der Fall (Kap. 33.3, S. 57). Man erzeugt dabei ein Ion. Daher nennt man die dazu notwendige Energie auch **Ionisierungsenergie**. Bei Wasserstoff beträgt sie $2{,}2 \cdot 10^{-18}$ J. Diese Zahl ist ziemlich unhandlich.

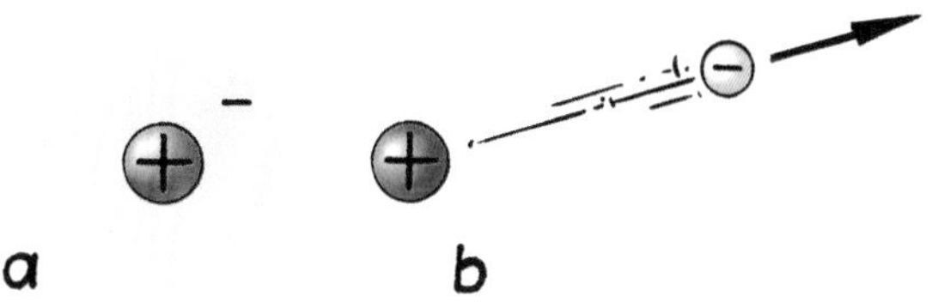

Abb. 35.5: a) Das Elektron des Wasserstoffs befindet sich im 1s-Orbital, also im Grundzustand. b) Das Elektron wird vom Atomkern abgelöst. Dazu braucht man $2{,}2 \cdot 10^{-18}$ J oder 13,6 eV.

Um sehr kleine Energien anzugeben, wie sie in der Quantenmechanik oft vorkommen, hat man daher die Einheit **Elektronvolt** (eV) geschaffen. Die Umrechnung lautet: $1\,\text{eV} = 1{,}6 \cdot 10^{-19}$ J. **Die Ionisierungsenergie von Wasserstoff beträgt also 13,6 eV** (→ F6). Du musst zugeben, dass die Zahl nun wesentlich handlicher ist.

F Formel: Energie-Differenz = Photonen-Energie

$$\Delta E = E = h \cdot f$$

ΔE ... Differenz der Energieniveaus [J]
E ... Photonenenergie [J]
h ... Planck'sches Wirkungsquantum [Js]
$h = 6{,}63 \cdot 10^{-34}$ Js
f ... Frequenz des Lichts [s^{-1}]

Der Unterschied der Energieniveaus macht klar, warum Gase beim Leuchten nur ganz bestimmte Farben und nicht das ganze Spektrum aussenden: Jedes Atom ermöglicht seinen Elektronen nur ganz bestimme Quantensprünge (→ F2). In Abb. 35.6 ist das am Beispiel des Wasserstoffs dargestellt. Ein Linienspektrum ist eine Art „Fingerabdruck" eines Elements. Die Energie zwischen den Niveaus wird, wie fast immer in der Quantenmechanik, in Elektronvolt und nicht in Joule angegeben. Um zum Beispiel das Wasserstoff-Elektron vom Kern abzulösen, sind 13,6 eV notwendig.

→ **Info:** Dreizehnkommasechs -> S. 79

→ **Info:** Unendliche Orbitalvielfalt -> S. 79

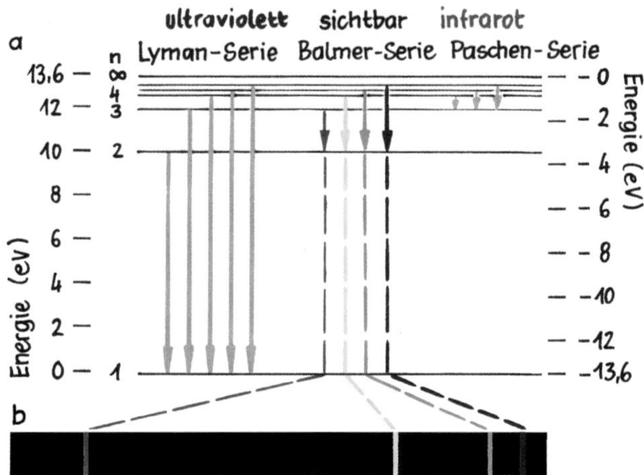

Abb. 35.6: a) Einige mögliche Übergänge zwischen den Energieniveaus bei Wasserstoff: Wo man den Nullpunkt der Energie annimmt, ist reine Geschmackssache. Deshalb gibt es links und rechts unterschiedliche Skalen mit gleicher Aussagekraft. Die Besonderheit beim Wasserstoff ist die, dass nur die Hauptquantenzahl (n) eine Rolle für das Energieniveau spielt, nicht aber die Drehimpulsquantenzahl (→ F4).
b) Nur die Balmer-Serie liegt im sichtbaren Bereich und erzeugt 4 Linien im Spektrum.

Z Zusammenfassung

Die Änderung des Energiezustandes eines Elektrons nennt man einen Quantensprung. „Springt" das Elektron beziehungsweise schwingt das Orbital auf ein tieferes Niveau, dann wird die Energiedifferenz in Form eines Photons frei. Da ein freies Atom nur ganz bestimmte Energieniveaus besitzt, kann es auch nur ganz bestimmte Frequenzen aussenden. Oft sind diese nicht im sichtbaren Bereich.

35.2 Verlorene Persönlichkeit
Arten von Spektren

Die Spektren von Gasen und von Festkörpern sind sehr unterschiedlich. Wie und warum sie sich unterscheiden, hörst du in diesem Abschnitt.

F7 E1 Leuchtende Gase erzeugen Linienspektren. Die Sonne ist ein leuchtender Gasball. Deshalb erzeugt sie ebenfalls ein Linienspektrum! Richtig oder falsch? Wie ist es mit einem glühenden Stück Metall?

F8 E1 Wie groß schätzt du den Druck im Inneren unserer Sonne im Vergleich mit dem normalen Luftdruck?

F9 E1 Sterne haben verschiedene Farben (Abb. 35.7)! Aber wie kommt es dazu? Welcher Unterschied besteht zwischen einem blauen, roten oder gelben Stern?

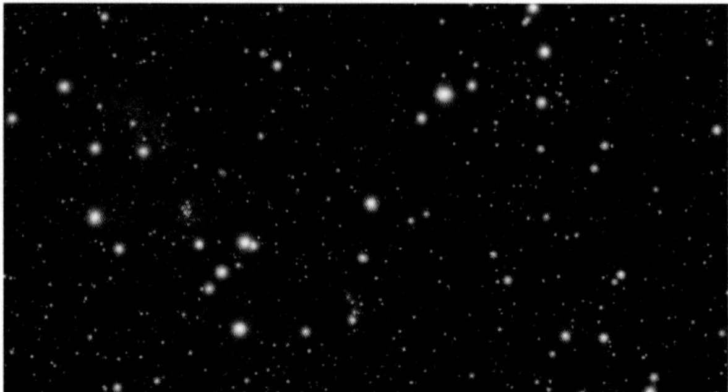

Abb. 35.7: Das Sternbild Skorpion im Teleskop: Mit freiem Auge scheinen die Sterne meistens nur weiß, weil bei den geringen Lichtstärken nur die schwarzweiß empfindlichen Zellen gereizt werden.

F10 E1 Man weiß seit rund **1860**, dass sich in der Atmosphäre der Sonne Gase wie Sauerstoff, Helium oder Natrium befinden. Woher weiß man das?

Das Licht eines dünnen Gases, zum Beispiel in einer **Leuchtstoffröhre**, zeigt beim Aufspalten ein Linienspektrum. Dieses ist quasi sein „Fingerabdruck". Was passiert aber, wenn man das Licht eines leuchtenden Gasballs wie der Sonne oder eines beliebigen anderen Sterns aufspaltet (→ F7)? Dann erhält man ein kontinuierliches Spektrum! Wie kann das sein?

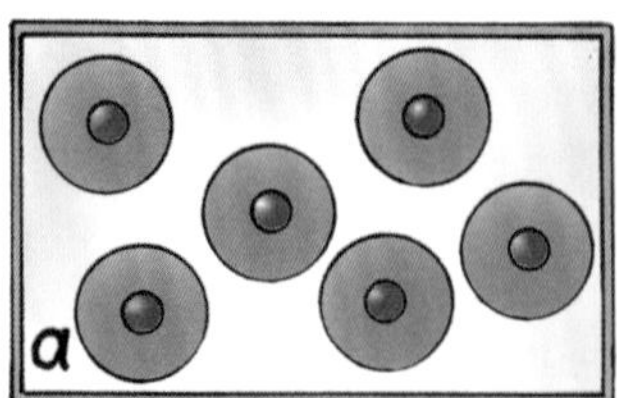

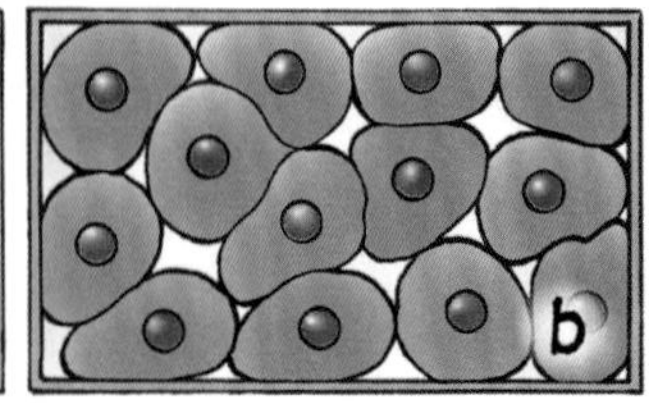

Abb. 35.8: Schematische Darstellung der Orbitale von Gasatomen: a) Geringer Druck: Die Orbitale sind unbeeinflusst. b) Hoher Druck: Es kommt zu einer gegenseitigen Beeinflussung der Orbitale. Dadurch entstehen viele neue Energieniveaus, die ein kontinuierliches Spektrum ermöglichen.

Der **Druck im Inneren eines Sterns** ist unvorstellbar groß – im Sonneninneren ist er etwa 100 Milliarden Mal größer als der Luftdruck auf der Erde (siehe Tab. 35.1). Dadurch ist auch die Gasdichte extrem hoch. Während in einem dünnen Gas die Orbitale unbeeinflusst sind, werden sie durch den hohen Druck quasi „gequetscht" (Abb. 35.8). Dadurch entstehen völlig **neue Energieniveaus** (Abb. 35.9 b), und das Gas leuchtet in allen Farben (→ F7). Unter hohem Druck geht also der „Fingerabdruck" des Gases verloren – es verliert seine Persönlichkeit.

Bei uns auf der Erde kommen übrigens nicht alle Farben des Sonnenlichts an – es **fehlen Linien im Spektrum.** Das Fehlen gibt Aufschluss über die chemische Zusammensetzung der Sonnenatmosphäre (→ F10). Generell ermöglicht dieser Effekt, auf bequeme Weise die Atmosphäre jedes beliebigen Sterns zu bestimmen, ohne ihn mit einem Raumschiff besuchen zu müssen.

→ Info: Fraunhofer-Linien

	relativer Druck	Dichte [kg/m³]
Erdatmosphäre	1	1
Sonneninneres	10^{11}	10^5
Eisen	–	10^4

Tab. 35.1: **Größenordnungen von Druck und Dichte** im Inneren der Sonne im Vergleich mit der Erdatmosphäre (→ F8): Obwohl der Sonnenkern aus Gas besteht, ist er rund 10-mal so dicht wie Eisen!

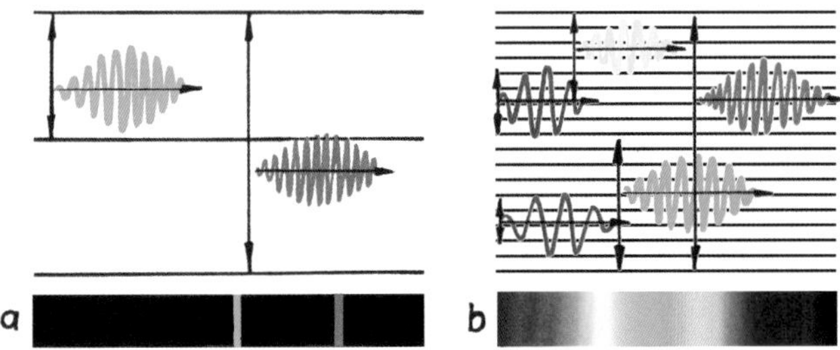

Abb. 35.9: a) Mögliche Energieniveaus eines Phantasiegases bei geringem Druck: Es gibt nur zwei verschiedene Quantensprünge, daher hat das Spektrum nur zwei Linien. b) Bei hohem Druck entstehen so viele neue Niveaus, dass jeder beliebige Quantensprung möglich ist (exemplarisch sind 5 Möglichkeiten eingezeichnet). Das Spektrum wird kontinuierlich.

Abb. 35.10: Ein glühendes Stück Metall sendet, wie auch jeder Stern, ein kontinuierliches Spektrum aus.

Fraunhofer-Linien

Josef von Fraunhofer entdeckte **1815** im Spektrum der Sonne dunkle Linien (wie in Abb. 35.11 c), deren Ursprung man damals aber noch nicht verstand. Erst um **1860** fand Gustav Kirchhoff die Erklärung: Die fehlenden Linien werden von Gasen verursacht, die sich in der **Sonnen- und Erdatmosphäre** befinden.

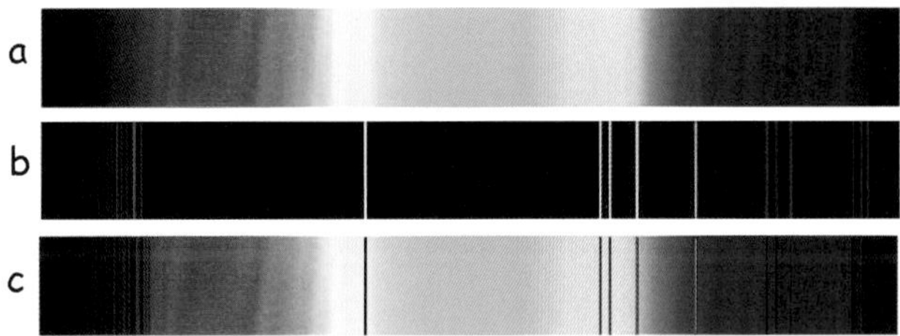

Abb. 35.11: a) Kontinuierliches Spektrum, eines Festkörpers oder dichten Gases, b) Linienspektrum von Helium, c) Absorptionsspektrum: Hier fehlen die Linien von Helium.

Abb. 35.12: Die Atmosphäre der Sonne wird bei einer totalen Sonnenfinsternis als Corona sichtbar.

Nehmen wir ein **Heliumatom in der Sonnenatmosphäre** (Abb. 35.12) und einen Lichtstrahl, der in Richtung Erde fliegt. (Abb. 35.13). Dieser beinhaltet zunächst noch alle Frequenzen (a). Helium absorbiert nun ganz bestimmte Farben (Quantensprünge nach „oben") und strahlt sie nach Sekundenbruchteilen wieder aus (Quantensprünge nach „unten"). Die Abgabe des Lichts erfolgt in **alle Richtungen** (b) und deshalb wird die Lichtintensität in Richtung Erde stark geschwächt (c). Wir auf der Erde sehen daher schwarze Linien im Spektrum.

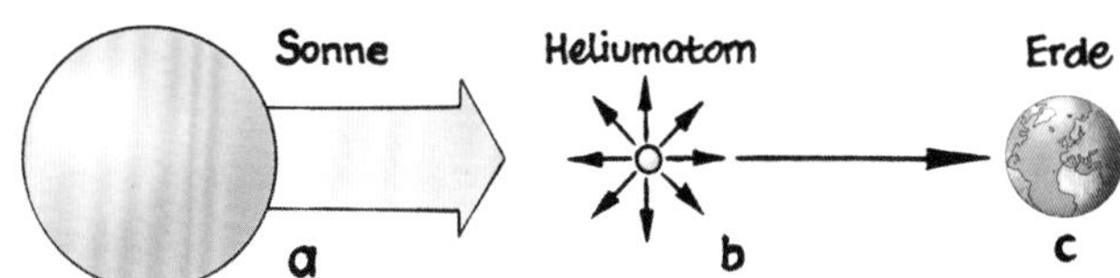

Abb. 35.13: Manche Farben werden durch Gasatome in alle Richtungen zerstreut und erscheinen dann im Spektrum auf der Erde als dunkler Strich.

Das Gas im Inneren eines Sterns ist so dicht, dass es wie ein **Festkörper** wirkt (siehe Tab. 35.1, S. 81, rechte Spalte). Das Spektrum von selbst leuchtenden Festkörpern ist immer kontinuierlich. Auch in glühendem Metall kommt es durch die dichte Packung der Atome zur gegenseitigen Beeinflussung der Orbitale. Deshalb erzeugen eine Glühbirne (Abb. 30.3, S. 26) und ein heißes Stück Eisen (Abb. 35.10, S. 81) ein kontinuierliches Spektrum (→ F7). Obwohl Sterne und Glühbirnen alle Farben aussenden, haben sie für uns meistens trotzdem eine bestimmte Farbtönung. Das liegt daran, dass die ausgesendeten Frequenzen unterschiedliche Intensitäten haben.

→ Info: Heiß und kalt

Heiß und kalt

Wenn man **weißes Licht** aufspaltet, dann bekommt man alle Farben, also ein kontinuierliches Spektrum. Umgekehrt gilt das aber nicht. Nicht jedes kontinuierliche Spektrum, das man wieder vereinigt, ergibt weiß. Warum? Weißes Licht bekommst du nur, wenn alle Farben **in derselben Intensität** leuchten. Das ist aber meistens nicht der Fall. Sterne senden zwar alle Farben aus, aber nicht in derselben Stärke. Die Intensitätsverteilung und somit auch die Farbe des Sterns hängt nur von seiner Oberflächentemperatur ab (Abb. 35.14; siehe auch Kap. 30.1, S. 27). Die Farbe eines Sternes sagt uns also, wie heiß seine Oberfläche ist (→ F9).

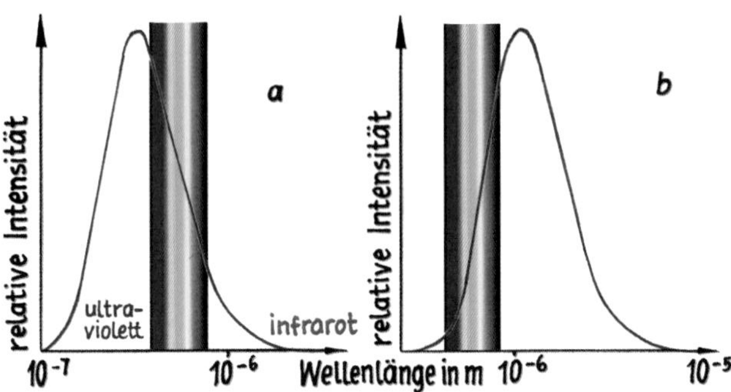

Abb. 35.14: Bei heißen Sternen (Oberflächentemperatur 10.000 K) sind die kurzen Wellenlängen intensiver als die langen (a). Heiße Sterne leuchten daher bläulich. Bei kühleren Sternen (3000 K) ist es umgekehrt (b). Sie scheinen daher rötlich. Die Sonne hat rund 6000 K (siehe Abb. 30.5, S. 27). Durch die relativ gleichmäßige Mischung der Farben sehen wir sie gelbweiß. Die Intensität ist hier relativ aufgetragen. Heiße Sterne leuchten absolut gesehen wesentlich heller als kühle.

Z Zusammenfassung

Dünne Gase senden Linienspektren aus. Bei Gasen unter hohem Druck kommt es zu einer Beeinflussung der Orbitale und somit zu einem kontinuierlichen Spektrum. Wenn dieses Licht ein Gas durchquert, dann werden bestimmte Frequenzen abgeschwächt und es entsteht ein Absorptionsspektrum. Man weiß dann ganz genau, durch welches Gas das Licht geflogen ist.

35.3 Eineiige Zwillinge
Metastabilität und stimulierte Emission

Damit du verstehst, wie ein Laser funktioniert, musst du vorher zwei Begriffe verstehen: die angeregte Aussendung eines Photons und den metastabilen Zustand von Elektronen.

F11 E2 Ein Elektron kann nur ganz bestimmte Energiepakete absorbieren, zum Beispiel ein Photon mit passender Frequenz. Dadurch wird ein „Quantensprung nach oben“ ausgelöst (Abb. 35.15 a). Was passiert aber, wenn sich das Elektron gerade am oberen Energieniveau befindet, und ein zweites, gleiches Photon auftrifft (b)?

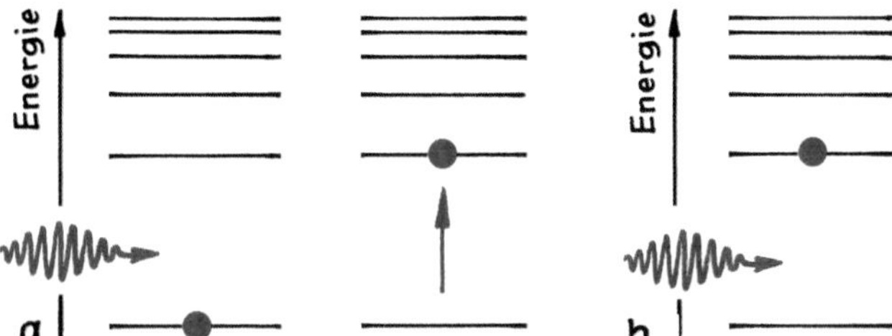

Abb. 35.15: a) Das Photon befördert das Elektron aufs höhere Energieniveau. b) Was passiert aber, wenn das Elektron schon oben ist?

F12 W1 Welche Arten von Gleichgewicht kann man unterscheiden (siehe Kap. 4.3, „Big Bang 5“)? Und in welchem Zustand befindet sich die Kugel in Abb. 35.16 a?

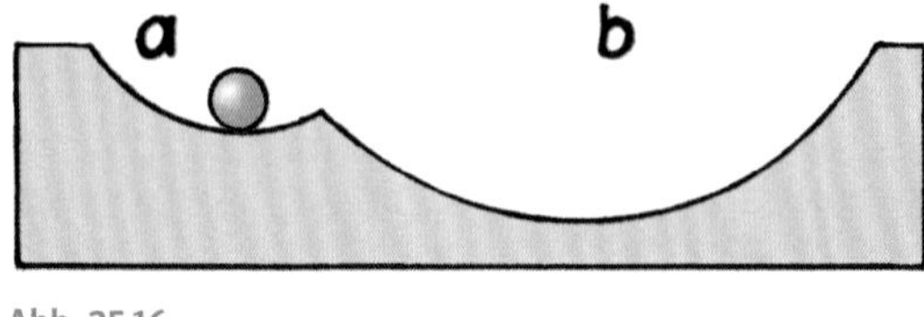

Abb. 35.16

F13 W1 Was versteht man unter virtuellen Teilchen und wie entstehen sie? Lies nach in Kap. 33.6, S. 65!

Wenn auf ein **Elektron** das passende Photon trifft, dann wird es auf ein höheres Energieniveau gehoben. Dann gibt es zwei Möglichkeiten. Bei einem „normalen“ Quantensprung fällt das angeregte Elektron nach kurzer Zeit **ohne äußere Einflüsse** wieder auf das Grundniveau zurück und sendet dabei ein Photon aus (Abb. 35.17 a). Man spricht in diesem Fall von einer **spontanen Emission** (= Aussendung) des Photons. Weder der Zeitpunkt des Rücksprungs noch die Richtung, in der das Photon wegfliegt, können vorhergesagt werden – typisch Quantenwelt eben.

Wenn aber auf das **bereits angeregte Elektron** nochmals ein gleiches Photon trifft, dann wird das Elektron wieder auf das Grundniveau „zurückgerissen“ (→ F11). Das verursachende und das dabei entstehende Photon sind vollkommen identisch (Abb. 35.17 b). Weil der Rücksprung in diesem Fall

nicht spontan erfolgt, sondern vom heranfliegenden Photon **angeregt** wird, spricht man von einer **stimulierten Emission.**

→ Info: Geisterphotonen

In einem **stabilen Zustand** ist die potenzielle Energie immer ein Minimum. Wie ist das mit der Kugel in Abb. 35.16 a (→ F12)? Wenn sie nicht allzu stark ausgelenkt wird, ist sie stabil. Wenn man sie aber etwas stärker anstupst, dann wird sie in einen **noch stabileren Zustand** übergehen (b), quasi in den Grundzustand. Zustände ähnlich wie in Abb. 35.16 a nennt man in der Physik generell **metastabil**. Die griechische Silbe „meta" bedeutet „zwischen". Metastabilität bedeutet also „Zwischenstabilität" und ist eine „schwache" Form der Stabilität.

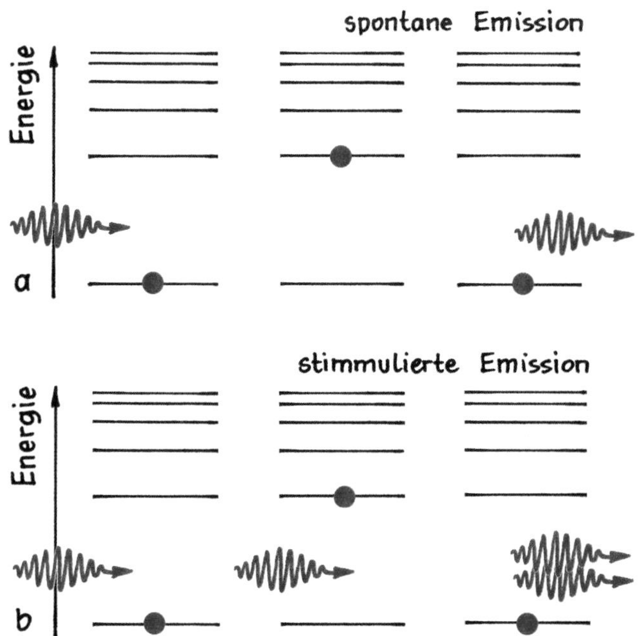

Abb. 35.17: Die zwei Möglichkeiten der Aussendung (Emission) eines Photons: Bei Laser spielt die stimulierte Emission eine große Rolle.

Auch bei Elektronenorbitalen gibt es unter ganz bestimmten, aber seltenen Bedingungen **Metastabilität**. Während bei einem Elektron normalerweise **Verweildauer und Rücksprung** in Summe etwa 10^{-8} s dauern, dauert es bei einem metastabilen Niveau einige Tausendstel Sekunden (10^{-3} s), also 100.000-mal länger (Abb. 35.18 b). Für ein angeregtes Elektron ist das eine halbe Ewigkeit.

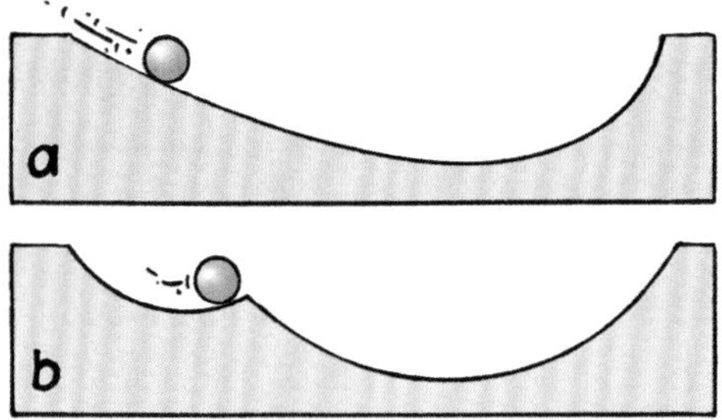

Abb. 35.18: Modellhafte Vorstellung von angeregten Energieniveaus
a) Die Kugel ist nicht stabil und rollt sofort zurück.
b) Kleine Störungen sind möglich, ohne dass die Kugel aufs Grundniveau zurückrollt. Das entspricht einem metastabilen Zustand.

Geisterphotonen

Wenn man es genau nimmt, dann erfolgen die **spontanen Emissionen** gar nicht wirklich spontan, sondern auch sie werden durch Photonen ausgelöst. Allerdings nicht durch reelle, sondern durch **virtuelle**! Wie das?

Das Vakuum ist ja nicht wirklich leer! Die Heisenberg'sche Unschärferelation lässt zu, dass pausenlos virtuelle Teilchen erzeugt werden und sich nach Sekundenbruchteilen wieder eliminieren (→ F13; Abb. 33.35, S. 65). Das gilt auch für Photonen. Ein „spontaner" Quantensprung erfolgt gar nicht spontan, sondern die angeregten Elektronen werden durch **„virtuelle Geisterphotonen"** wieder auf das Grundniveau befördert.

Z Zusammenfassung

Bei einer stimulierten Emission wird das zweite ankommende Photon quasi verdoppelt. Ein Objekt in metastabilem Zustand ist stabil gegenüber kleinen Einflüssen, es befindet sich aber in seiner Nähe ein energetisch noch günstigerer Zustand.

35.4 Zusammenhängendes Licht
Der Laser

Laser sind aus dem Alltag nicht mehr wegzudenken. Zum Beispiel befindet sich in jedem CD- oder DVD-Laufwerk einer und in der Scannerkasse im Supermarkt. Aber was ist eigentlich das Besondere am Laser?

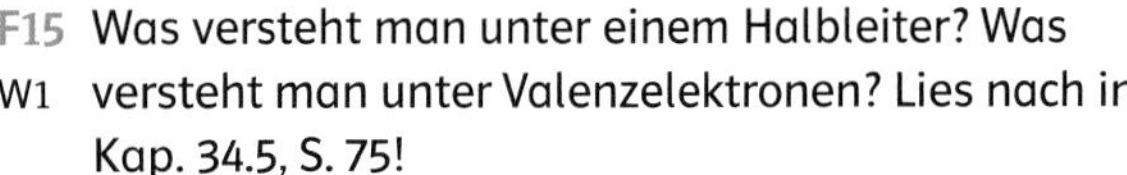

F14 W1 Was ist eigentlich das Besondere am Laser? Was hat ein Laser, was eine normale Lampe nicht hat? Und was bedeutet das Wort überhaupt?

F15 W1 Was versteht man unter einem Halbleiter? Was versteht man unter Valenzelektronen? Lies nach in Kap. 34.5, S. 75!

Der Laser ist eine Entwicklung, die auf den Erkenntnissen der Quantenmechanik beruht. Er wurde um **1960** von Theodore Maiman entwickelt (Abb. 35.19, S. 84). Auch beim Laser werden die Photonen durch Quantensprünge erzeugt. Im Gegensatz zu allen anderen Lichtquellen agieren dabei die Elektronen aber als Kollektiv und erzeugen Licht, das aus **völlig identischen Photonen** besteht (→ F14). Man sagt dazu **kohärentes Licht,** das bedeutet so viel wie „zusammenhängend" (Abb. 35.20, S. 84).

→ Info: Akronym -> S. 84

Akronym

Das Wort Laser ist ein sogenanntes **Akronym**. Darunter versteht man generell Wörter, die aus den Anfangsbuchstaben oder Abkürzungen anderer Wörter bestehen. **Laser** steht zum Beispiel für „**L**ight **A**mplification by **S**timulated **E**mission of **R**adiation". Übersetzt bedeutet das so viel wie „Lichtverstärkung durch stimulierte Emission von Strahlung". Es geht hier also um die stimulierte Emission von Photonen.

In Wissenschaft und Technik wimmelt es nur so von Akronymen: NASA (**N**ational **A**eronautics and **S**pace **A**dministration), ESA (**E**uropean **S**pace **A**gency), RADAR (**Ra**dio **D**etection **A**nd **R**anging), PET (**P**ositron **E**missions **T**omografie), PC (**P**ersonal **C**omputer), CD (**C**ompact **D**isc), DVD (**D**igital **V**ersatile **D**isc), CERN (**C**onseil **E**uropeen pour la **R**echerche **N**ucleaire), DESY (**D**eutsches **E**lektronen **Sy**nchrotron) oder SOHO (**So**lar and **H**eliospheric **O**bservatory), um nur einige wenige zu nennen.

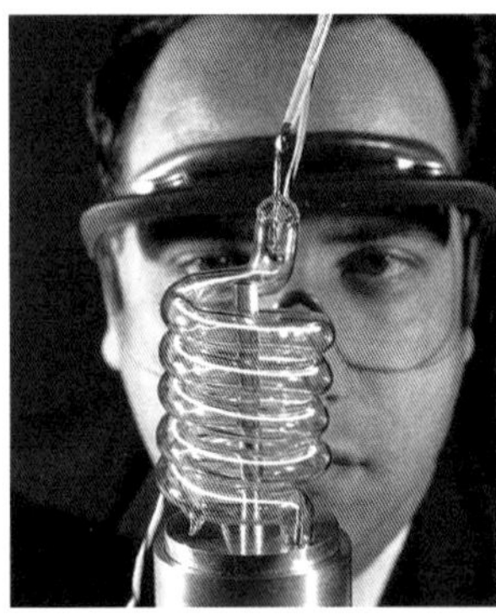

Abb. 35.19: Theodore Maiman und sein von ihm erfundener **Rubinlaser**: Der schraubenförmige Glaskörper ist der Blitz, mit dem die Elektronen „hinaufgepumpt" werden. Der Stab in der Mitte ist der Rubinkristall.

Um **kohärentes Licht** zu erzeugen, muss man Metastabilität mit stimulierter Emission verbinden. Sehen wir uns dazu den ersten je gebauten Laser an (Abb. 35.19), weil man an diesem das Prinzip am Einfachsten erkennt. Das Material, das metastabile Niveaus ermöglicht, ist dabei ein **Rubinkristall**. Um diesen herum befindet sich eine **spiralförmige Blitzlampe.** Diese erzeugt einen Lichtblitz und hebt damit die Elektronen des Rubins auf ein höheres, „normales" Energieniveau (Abb. 35.21 a). Diesen Vorgang nennt man pumpen. Dann fallen die Elektronen auf das **metastabile Niveau** zurück (b).

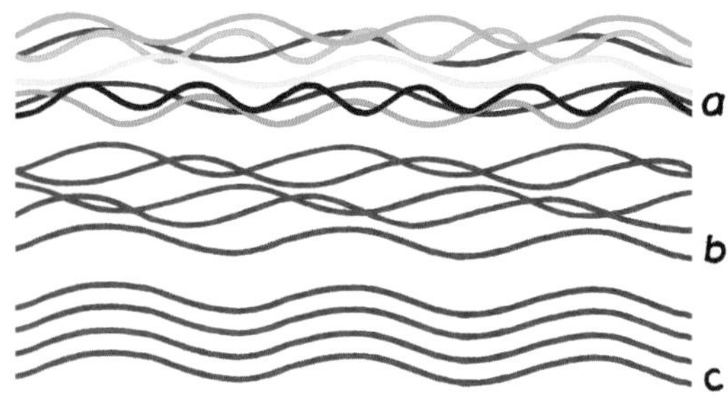

Abb. 35.20: a) **Normales Licht** ist eine Mischung aus allen möglichen Farben. b) **Einfärbiges** (monochromatisches) **Licht** beinhaltet nur eine Frequenz, die Wellenzüge haben aber unterschiedliche Richtungen und Phasen. c) **Laserlicht** besteht aus Photonen, die sich in allen Merkmalen gleichen. Es ist kohärent.

Die Energie wird dabei nicht in Form von Strahlung frei, sondern mechanisch an das Kristallgitter abgegeben. Weil sich jetzt mehr Elektronen in angeregtem Zustand befinden als im Grundzustand, spricht man nun von einer **Inversion**, also von einer **Umkehrung**.

Und dann passiert es: Irgendein Elektron fällt spontan als erstes vom metastabilen Niveau und löst bei allen anderen Elektronen eine **stimulierte Emission** aus (c). Dabei entstehen völlig identische Photonen. Daher auch der Name zusammenhängendes (kohärentes) Licht. Die Wellenlänge beträgt beim Rubinblitzlaser 694 nm. Rotes Licht also!

Wenn sich alle Elektronen auf dem Grundniveau befinden, müssen sie wieder „hinaufgepumpt" werden. Deshalb kann der Rubinlaser das Licht nur in Impulsen abgeben. Aber bereits **1961** wurde ein **Gaslaser** erfunden, der kontinuierliches Licht abgeben kann. Die größte unmittelbare Rolle im Alltag spielen aber die **Halbleiterlaser**. Sie werden bei CD, DVD und Blu-Ray, Laserdruckern, Laserpointern, zur Datenübertragung in Glasfaserkabeln oder bei der Scannerkasse im Supermarkt eingesetzt (siehe Kap. 35.5).

→ Info: Helium-Neon-Laser
→ Info: Halbleiterlaser

Z Zusammenfassung

Ein Laser sendet Photonen aus, die sich in allen Merkmalen gleichen. Man spricht von kohärentem Licht. Ermöglicht wird das durch die Kombination von Metastabilität und stimulierter Emission.

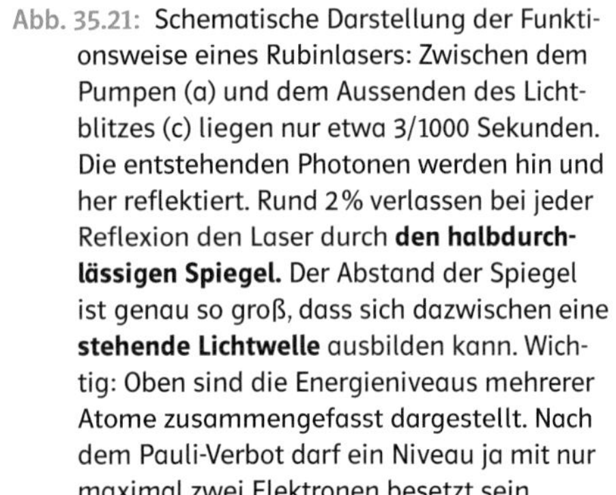

Abb. 35.21: Schematische Darstellung der Funktionsweise eines Rubinlasers: Zwischen dem Pumpen (a) und dem Aussenden des Lichtblitzes (c) liegen nur etwa 3/1000 Sekunden. Die entstehenden Photonen werden hin und her reflektiert. Rund 2% verlassen bei jeder Reflexion den Laser durch **den halbdurchlässigen Spiegel.** Der Abstand der Spiegel ist genau so groß, dass sich dazwischen eine **stehende Lichtwelle** ausbilden kann. Wichtig: Oben sind die Energieniveaus mehrerer Atome zusammengefasst dargestellt. Nach dem Pauli-Verbot darf ein Niveau ja mit nur maximal zwei Elektronen besetzt sein.

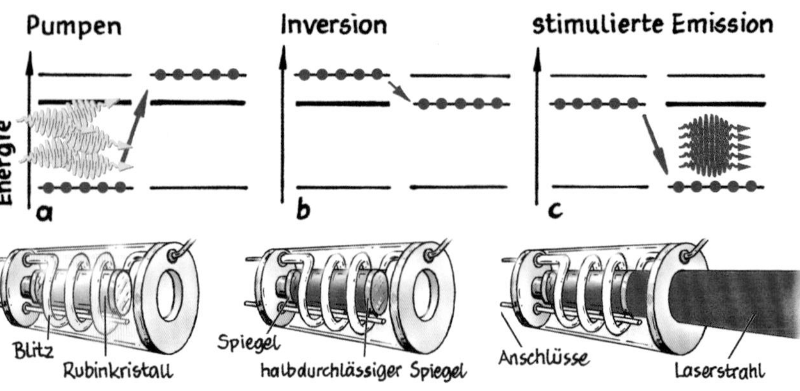

Helium-Neon-Laser

In Schulen wird zum Experimentieren meistens ein **Helium-Neon-Laser** verwendet (Abb. 35.22). Helium fungiert als **Pumpgas**, Neon als **Lasergas**. Das Gasgemisch hat nur rund 1/1000 des normalen Luftdrucks. Das Erzeugen von Laserlicht funktioniert so: Durch die angelegte Spannung fließen Elektronen durch das Gas. Sie stoßen mit den **Heliumatomen** zusammen und heben deren Elektronen auf ein metastabiles Niveau (Abb. 35.23 a). Wenn ein angeregtes Heliumatom mit einem im Grundzustand befindlichen **Neonatom** zusammenstößt, dann kann die vorher aufge-nommene Energieportion auf dieses übertragen werden (b). Die Erzeugung von Laserlicht findet statt, wenn das Neon- Elektron durch stimulierte Emission ein Photon aussendet (c). Danach fällt es wieder auf den Grundzustand zurück (d). Weil die Prozesse a bis d in den verschiedenen Atomen gleichzeitig ablaufen, kann dieser Laser **Dauerlicht** aussenden.

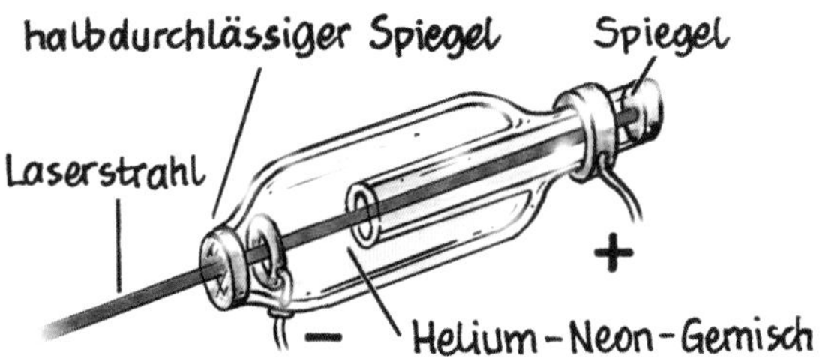

Abb. 35.22: Prinzip des Gaslasers, der in Schulen verwendet wird

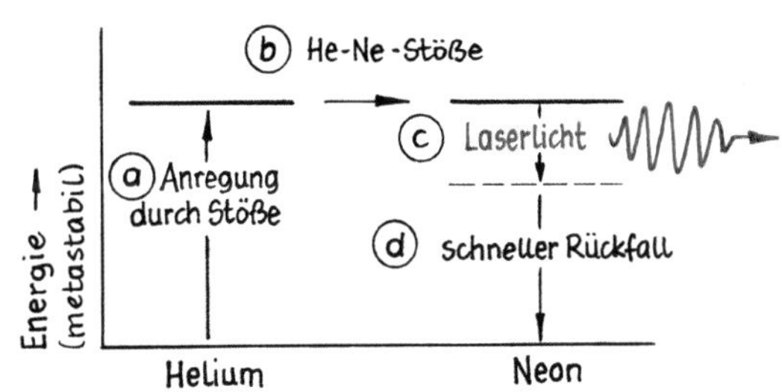

Abb. 35.23: Energieübergänge beim He-Ne-Laser: Das Pumpen erfolgt durch Zusammenstöße zwischen Elektronen und Heliumatomen. Beim Übergang c entsteht rotes Laserlicht mit 632 nm.

Halbleiterlaser

Halbleiter sind Kristalle, deren Leitfähigkeit zwischen der von Leitern und von Nichtleitern liegt. Sie haben meistens 4 **Valenzelektronen** und werden absichtlich mit anderen Stoffen „verunreinigt“, die 3 oder 5 Valenzelektronen besitzen. Dadurch entsteht ein relativer Elektronen-Überschuss oder -Mangel (Details siehe S. 49). Bei einem **Halbleiterlaser** bringt man p- und n-Schicht knapp aneinander und legt Spannung an (Abb. 35.24 links). Dadurch werden die freien Elektronen aus der n-Schicht praktisch in die Elektronenlöcher „geschoben“ – ein energetisch niedrigerer Zustand. Die Energie wird in Form von kohärentem Licht frei! Der Vorteil des Halbleiterlasers liegt in seiner Winzigkeit.

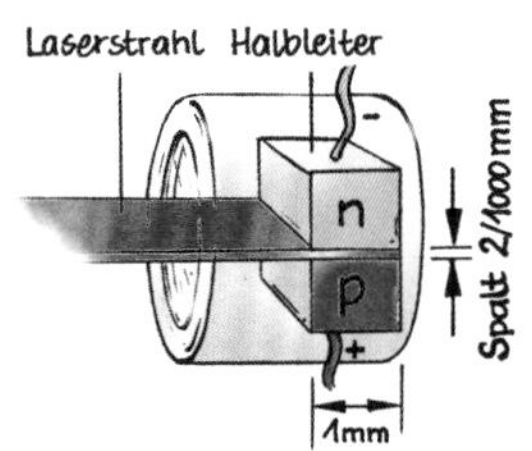

Abb. 35.24 links: Schematischer Aufbau eines Halbleiterlasers; rechts: So winzig ist ein Halbleiterlaser im Vergleich mit einer Münze!

F16 Was denkst du, wie viele „Löcher“ pro Sekunde beim Brennen in eine DVD gemacht werden?

F17 Die Wissenschaftler sind in der Lage, die Entfernung des Mondes von der Erde auf rund 15 cm genau zu bestimmen. Wie machen sie das?

35.5 Enterprise
Weitere Anwendungen des Lasers

Neben der Kohärenz hat Laserlicht noch zwei ganz besondere Eigenschaften: hohe Energiedichte und Parallelität.

→ ? Fragenbox

Die Anwendungsbreite des Lasers ist enorm (Tab. 35.2, S. 86). Vor allem aus der **Computer- und Medienwelt** sind Laser nicht mehr wegzudenken, zum Beispiel bei der Datenübertragung (Abb. 35.25; siehe auch Kap. 29.2, S. 21), im Laserdrucker oder beim Abspielen und Brennen von DVDs. Auch in der Medizin spielen Laser inzwischen eine sehr große Rolle.

→ Info: Aus Pits werden bits -> S. 86

→ Info: Lichtklinge -> S. 86

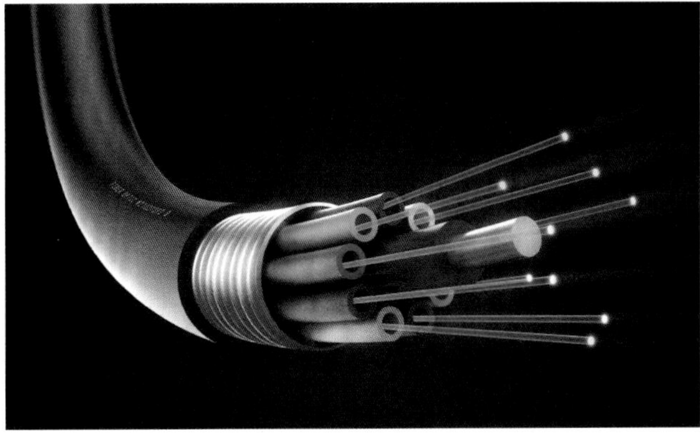

Abb. 35.25: In vielen Fällen erfolgt heute der Datentransport mit Hilfe von gepulstem Laserlicht durch **Glasfaserkabel**. Das Licht kann die Faser nicht verlassen, weil es im Inneren totalreflektiert wird.

Lichtklinge

Auch in der Medizin wird der Laser sehr vielfältig eingesetzt, etwa als **Laserskalpell**, bei dem man das Gewebe nicht mit einer Stahlklinge, sondern eben mit einer „Lichtklinge" schneidet. Der größte Vorteil ist, dass die Gefäße dabei gleichzeitig richtiggehend zugeschweißt werden und Wunden somit kaum bluten. Besonders spektakulär sind die **Hornhautbehandlungen** des Auges zur Beseitigung der Fehlsichtigkeit (Abb. 35.26).

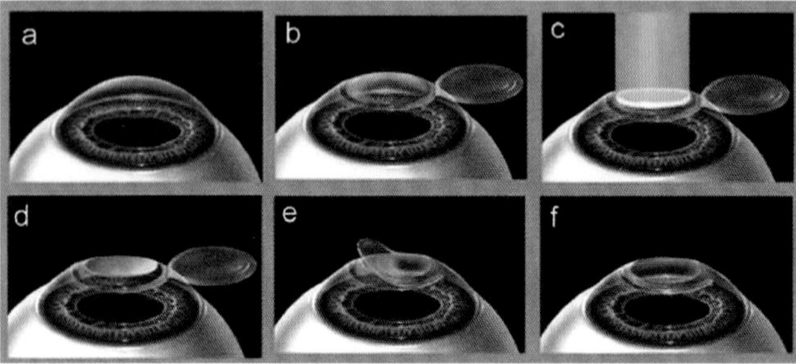

Abb. 35.26: Um Kurzsichtigkeit zu beheben, wird die oberste Hornhautschicht weggeklappt (a–b) und dann die darunter liegende Schicht mit dem Laser verdampft (c). Die Hornhaut wird dadurch insgesamt flacher (f) und die Brechkraft des Auges geringer.

Aus Pits werden bits

Optische Speichermedien sind ähnlich aufgebaut. Der Unterschied liegt in vor allem in Abstand und Größe der Vertiefungen, den Pits (Abb. 35.27). Beim Lesen wird der unterschiedliche Lichtreflex der Oberfläche von einer Fotodiode registriert und in 1er und 0er – also in bits – umgewandelt. **Aus Pits werden somit bits!**

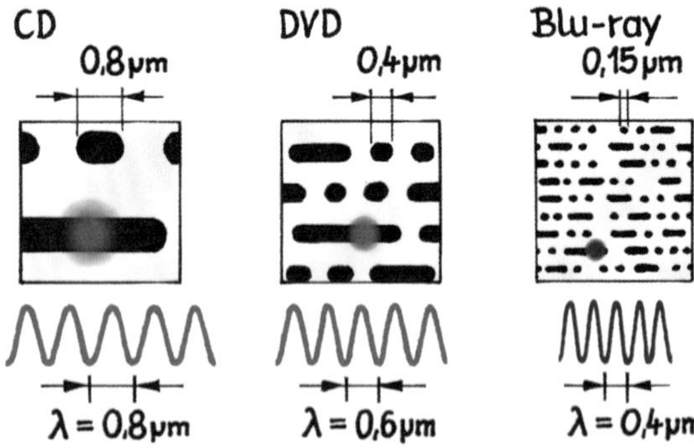

Abb. 35.27: Spurabstand, Pits und Größe des Laserpunktes im Vergleich: Bei einer CD wird ein Infrarot-Laser verwendet, dessen Licht du nicht sehen kannst. Bei einer Blu-ray wird, wie der Name schon vermuten lässt, blaues Laserlicht verwendet.

Bei gekauften Scheiben sind die Pits geprägt. Wenn du eine Scheibe selbst brennst, dann verändert der Laserstrahl die Reflexionseigenschaften des Kunststoffes an dieser Stelle. Die **Schreibgeschwindigkeit** lässt einen schwindlig werden. Momentan schaffen die schnellsten Brenner, einige **10 Millionen Pits pro Sekunde** in eine DVD zu brennen (entspricht rund 5.000 kByte/Sekunde; → F16).

Einsatzbereich	
Computer und Medien	**Optische Medien**, Datenübertragung in **Glasfaserkabeln**, **Laserdrucker**
Materialbehandlung	**Bohren, Schneiden, Schweißen**
Wissenschaft	**Entfernungsmessung des Mondes**, Laserkühlung, Holografie, „Beamen"
Messtechnik	**Scannerkassa**, Laserzieleinrichtung (infrarot) bei Radarmessung, Brandmelder
Medizin	**Laserskalpell**, **Hornhaut** verändern
Militär	Lenksysteme für Raketen, Visiereinrichtung für Gewehre

Tab. 35.2: Einige Einsatzmöglichkeiten des Lasers

Neben seiner Kohärenz hat Laserlicht noch zwei weitere, besondere Merkmale. Erstens kann seine **Energiedichte enorm** sein! Deshalb spielen leistungsstarke Laser beim Schneiden und Schweißen von Werkstoffen eine große Rolle – und bei den Bordkanonen von Raumschiff Enterprise. Zweitens ist Laserlicht **fast parallel.** Diese Tatsache nutzt man aus, um die Entfernung zum Mond zu messen (Abb. 35.28, → F17). Am Mond ist der Laserstrahl trotzdem auf eine Fläche von 20 km^2 aufgeweitet! Von einem normalen Scheinwerfer würde praktisch gar nichts mehr ankommen!

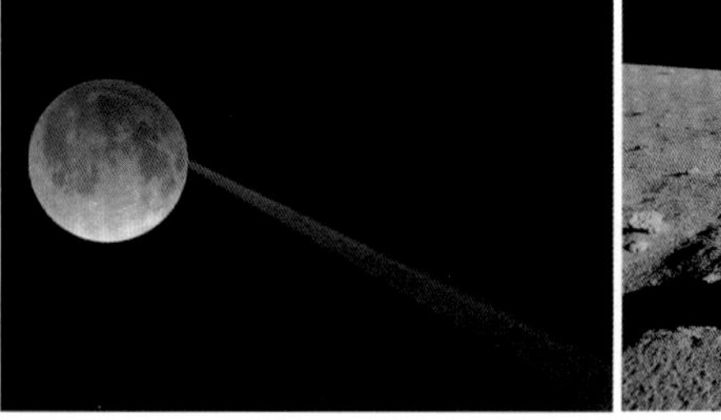

Abb. 35.28: Messung der Mondentfernung mit einem Laserstrahl: Am Mond wurden dazu bei den Apollo-Missionen Reflektoren aufgestellt.

Licht als Träger von Energie

3

F18 Was kann man aus dem Spektrum der Sterne lesen?
E1 → L

F19 Wie hängt das Abstrahlen von UV-Licht von der Farbe
E1 eines Sterns ab? Überlege mit Abb. 35.14, S. 82. → L

F20 Eine Glühlampe und eine Leuchtstoffröhre verbrau-
S1 chen beide 40 W. Welche gibt mehr Licht ab? → L

F21 Warum hat man sich jahrelang bemüht, einen blauen
E1 Halbleiterlaser zu bauen? Was kann dieser, was ein roter nicht kann? → L

F22 Was haben die Messungen der Mondentfernung
W1 ergeben, die man seit 1969 durchführt? → L

F23 Sind Photonen Fermionen oder Bosonen? Überlege
W1 mit Hilfe von Laserlicht. → L

Fortgeschrittene Quantenmechanik

In diesem Abschnitt geht es um weiterführende Themen aus der Quantenmechanik – teilweise ziemlich schwere Brocken. Deshalb solltest du die Kapitel 33 bis 35 bereits gelesen haben. Die Quantenmechanik hat noch viele Überraschungen und Absurditäten auf Lager. Sie widerspricht dem gesunden Menschenverstand, deckt sich aber völlig mit der quantenmechanischen Mathematik. Deshalb gab Richard Feynman einmal den Rat: „Shut up and calculate!" In diesem Kapitel geht es unter anderem um scheinbar überlichtschnelle Phänomene, ums Beamen und um das berühmteste „Tierexperiment" der Physik.

36.1 Kollabierende Wellenfunktion
Schrödingers Katze

Erwin Schrödinger hat 1935 ein Gedankenexperiment vorgeschlagen, mit dem er darauf hinweisen wollte, dass der Übergang von der Quantenmechanik zur klassischen Physik Probleme aufwirft.

F1 W1 Was versteht man in der Quantenmechanik unter der Wellenfunktion? Lies nach in Kap. 33.5, S. 62!

F2 S2 In einer undurchsichtigen Box befinden sich ein radioaktives Atom, ein Hammer, eine Giftflasche und die berühmte **Schrödingerkatze** (Abb. 36.1). Zerfällt das Atom, zerschlägt der Hammer die Giftflasche und die Katze stirbt. Angenommen, das Atom zerfällt innerhalb einer Stunde mit einer Wahrscheinlichkeit von 50%. Nach den Regeln der Quantenmechanik befindet es sich nach einer Stunde also in einer Überlagerung zwischen zerfallen und nicht zerfallen. Was ist dann aber mit der Katze? Lebt sie (a), ist sie tot (b), oder ist sie beides?

Abb. 36.1: Schrödingers arme Katze

Ein Elektron in der Hülle eines Atoms befindet sich an keinem bestimmten Ort, sondern in einem **Orbital**, das seiner **Aufenthaltswahrscheinlichkeit** entspricht (siehe Kap. 34.3, S. 70). Es befindet sich in einem Überlagerungszustand aus allen möglichen Orten und ist quasi überall und nirgends. Wenn man aber eine Messung durchführt, dann wird man das Elektron immer an **einer bestimmten Stelle** finden (Abb. 36.2 b). Wie lässt sich dieses Dilemma interpretieren?

Ende der 1920er entstand unter Federführung von Nils Bohr eine Interpretation, die heute als **Kopenhagener Deutung** bekannt und verbreitet ist. Vereinfacht besagt sie: Solange man an einem Quant keine Messung vornimmt, befindet es sich **in allen möglichen Zuständen.** Diese werden durch seine Wellenfunktion beschrieben. In dem Moment, in dem man aber eine Messung durchführt, **kollabiert** die Wellenfunktion und man findet das Teilchen in **einem** bestimmten Zustand. Ein anderer Denkansatz ist die **Viele-Welten-Interpretation** (→ Info: Multiversum).

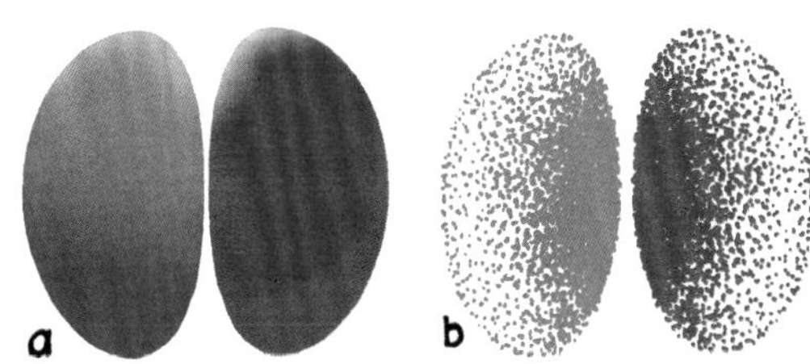

Abb. 36.2: a) Flächendarstellung eines 2p-Orbitals: Das Elektron befindet sich mit 90%iger Wahrscheinlichkeit innerhalb der Fläche. Wo, kann man nicht sagen. b) Beim Messen findet man das Elektron immer nur an einer bestimmten Stelle. Die Punkte zeigen die „Fundorte" von vielen tausenden Messungen. Je größer die Aufenthaltswahrscheinlichkeit, desto enger liegen die Punkte.

Multiversum

Eine andere Auslegung aus den 1950ern, die vor allem in Science-Fiction-Filmen sehr beliebt ist, ist die **Viele-Welten-Interpretation.** Sie besagt vereinfacht, dass immer dann, wenn ein Ereignis völlig dem Zufall überlassen ist, **alle Möglichkeiten** auftreten und sich das Universum dabei quasi in **Paralleluniversen** aufspaltet. Diese ergeben zusammen ein Multiversum.

Abb. 36.3: Nach der Viele-Welten-Interpretation

Nehmen wir das **Würfeln**: Alle 6 Augenzahlen sind gleich wahrscheinlich. Wenn du würfelst, dann zeigt nach der Viele-Welten-Interpretation der Würfel nachher tatsächlich alle 6 Seiten – aber in 6 verschiedenen Paralleluniversen (Abb. 36.3). Ähnliches gilt auch, wenn du den Ort des Elektrons in Abb. 36.2 b bestimmst – nur entstünden bei dieser Messung noch wesentlich mehr Paralleluniversen, weil es auch viel mehr Möglichkeiten gibt.

Das klingt ziemlich verrückt, vor allem wenn du bedenkst, wie viele Myriaden Paralleluniversen es geben müsste – und in jedem sitzt ein **Doppelgänger** von dir. Auf der anderen Seite muss man aber zugeben, dass es nichts gibt, was **gegen** diese Interpretation spricht. Dennoch steht die Mehrheit der Physiker der Viele-Welten-Interpretation eher skeptisch gegenüber, weil damit das „Messproblem" nicht gelöst, sondern nur wegdiskutiert wird.

Vier Nobelpreisträger

Es ist interessant, dass sich **vier große Physiker**, die den Nobelpreis für ihre Entdeckungen im Bereich der Quantenmechanik bekommen haben, in späteren Jahren gegen deren Konsequenzen gestellt haben. Diese vier großen Physiker waren:

1) MAX PLANCK, der als erster annahm, dass Energie nur in Portionen aufgenommen und abgegeben werden kann und nach dem das **Planck'sche Wirkungsquantum** benannt ist (Kap. 30.1, S. 27);

Abb. 36.4: MAX PLANCK (1858–1947)

Abb. 36.5: ALBERT EINSTEIN (1879–1955)

2) ALBERT EINSTEIN, der mit Hilfe der Lichtquanten den **Fotoeffekt** erklären konnte (Kap. 33.3, S. 57);

3) LOUIS DE BROGLIE, der die Idee hatte, dass nicht nur Licht, sondern **alle Quanten** sowohl **Wellen-** als auch **Teilcheneigenschaften** aufweisen (Kap. 33.4, S. 59);

4) Und schließlich ERWIN SCHRÖDINGER, mit dessen Gleichung man die zeitliche Entwicklung der **Wellenfunktion** berechnen kann, ohne die wir das Atom und seine Elektronen nicht verstehen könnten (Kap. 33.5, S. 61).

Abb. 36.6: LOUIS DE BROGLIE (1892–1987)

Abb. 36.7: ERWIN SCHRÖDINGER (1887–1961)

Die Tatsache, dass sogar für solche Kapazunder die Quantenmechanik schwer oder gar nicht verdaulich war, sollte eine große Beruhigung für dich sein.

Und nun zur Katze (→ F2). Mit seinem Gedankenexperiment wollte SCHRÖDINGER zeigen, dass der Übergang von Quanten zu großen Objekten nicht problemlos ist und zu – scheinbar – paradoxen Situationen führen kann. Wir wissen aus Erfahrung, dass man niemals lebendtote Katzen sieht! Wir wissen auch, dass man Quanten durch Wellenfunktionen sehr gut beschreiben kann. Dieses mathematische Konzept ist experimentell extrem gut belegt. Mehr wissen wir nicht! Der Rest ist **Interpretation** und daher Geschmackssache!

→ **Info:** Vier Nobelpreisträger

Nach der **Kopenhagener Deutung** ist die Katze tatsächlich in einem Mischzustand, solange du nicht in der Box nachsiehst. Erst dadurch entscheidet sich, ob die Katze lebendig ist oder nicht. Genauso wie man auch für ein Elektron im Orbital in Abb. 36.2 b (S. 87) erst zum Zeitpunkt der Messung feststellt, wo es sich befindet. Nach der **Viele-Welten-Interpretation** siehst du beim Öffnen in einem Universum eine tote und in einem anderen Universum eine lebende Katze. Ab etwa 1970 hat sich noch eine andere Interpretation entwickelt, die man **Dekohärenz-Deutung** nennt.

→ **Info:** Absurd kurz

Absurd kurz

Das Problem an der **Kopenhagener Deutung** liegt in der Beobachtung. Was ist, wenn du nach einer Stunde nicht in die Box schaust? Weiß dann die Katze selbst, ob sie lebendig ist oder tot? Und noch weiter gedacht: Muss **uns** laufend jemand beobachten, damit wir nicht in einer Überlagerung aus verschiedenen Zuständen leben? Was ist, wenn du würfelst, und keiner beobachtet dich? Liegt der Würfel dann auf allen Seiten, bis dich jemand beobachtet? Und wer beobachtet den, der dich beobachtet? Und so weiter …

Abb. 36.8: Überlagerungszustände kann man nur im Quantenreich beobachten, weil sie bei alltäglichen Objekten absurd kurz existieren. Allerdings ist die Grenze fließend und nicht abrupt wie in diesem Bild.

Mit der **Dekohärenz-Deutung** kann man dieses Dilemma überwinden. Vereinfacht besagt sie, dass sich jedes System in einem Überlagerungszustand befinden kann, also auch die Katze. **Jetzt kommt das wichtige Aber:** Die Zeit (t_d), wie lange dieser Zustand bestehen kann, ist indirekt proportional zur Masse des Systems: $t_d \sim 1/m$. Je größer das System wird, desto mehr **Wechselwirkungen mit der Umgebung** gibt es, die die Wellenfunktion schneller zum Kollaps bringen. Diesen „Selbst-Kollaps", der nicht durch Beobachtung oder Messung, sondern durch die immer vorhandene Wechselwirkung mit der Umwelt erfolgt, nennt man **Dekohärenz** und die Zeitdauer t_d bis dahin **Dekohärenzzeit.**

Ein Atom hat eine typische Masse von 10^{-27} kg, eine – etwas dicke – Katze 10 kg. Die Dekohärenzzeit der Katze ist also um einen Faktor 10^{-28} kürzer als die des Atoms. Es gibt somit zwar lebendtote Katzen, aber ihre Existenz ist so **absurd kurz**, dass dieser Zustand nicht beobachtet werden kann. Es ist ähnlich, wie bei der Materiewellenlänge eines großen Objekts (Tab. 33.2, S, 59). Die Wellenlänge, die man zum Bespiel einem Menschen zuordnen kann, ist ein theoretischer Wert, weil seine Wellenfunktion extrem schnell kollabiert.

Fazit: Auch nach der Dekohärenz-Deutung wissen wir zwar erst **beim Hineinschauen**, ob die Katze tot ist oder nicht. Aber sie war **schon vor dem Hineinschauen** tot oder lebendig. Das ist der große Unterschied zur Kopenhagener Deutung.

Z Zusammenfassung

Der Übergang von der Quantenwelt zur klassischen Physik der großen Objekte wirft nach wie vor Probleme auf. Es existieren verschiedene Interpretationen, wie man mit diesem Problem umgehen soll. Der Klassiker ist die Kopenhagener Deutung, die moderne Version die Dekohärenz-Deutung.

36.2 Quantenmurmel und Quantenachterbahn

Der Tunneleffekt

Einen der spektakulärsten Effekte der Quantenmechanik kannst du zwar nicht direkt bemerken, aber du verdankst ihm trotzdem in gewisser Weise dein Leben. Es handelt sich um den Tunneleffekt!

F3 W1 Welcher Zusammenhang besteht zwischen Energie- und Zeitunschärfe? Lies nach in Kap. 33.6, S. 62!

F4 W1 Was ist der Unterschied zwischen Wellenfunktion und Wahrscheinlichkeitsdichte? Lies nach in Kap. 33.5, S. 62!

F5 S1 Bis zu welchen Punkten kannst du mit dem Wagen rollen, wenn du auf der Achterbahn bei A startest (Abb. 36.9)? Erkläre mit Hilfe des Energieerhaltungssatzes! Wie könnte es auf einer „Quantenachterbahn" aussehen? Überlege mit Hilfe der Antwort zu → F3!

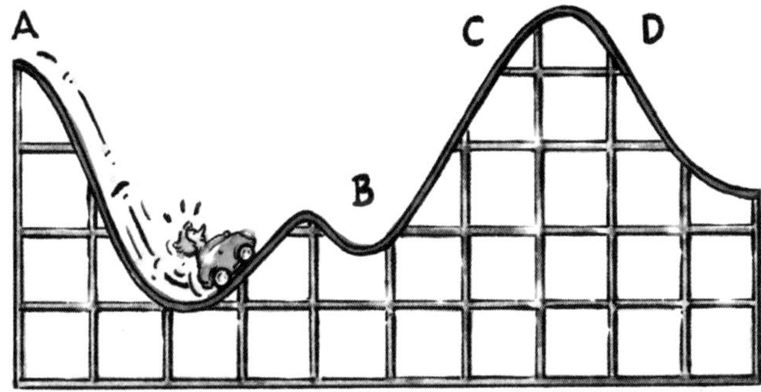

Abb. 36.9: Was würde auf einer Quantenachterbahn passieren?

F6 W1 Die Hitze der Sonne entsteht durch Kernfusion in ihrem Inneren. Was versteht man darunter?

F7 W1 Welche vier Grundkräfte gibt es im Universum? Wie groß sind sie relativ gesehen und wie weit reichen sie? → L

Stell dir vor, du schnippst eine Murmel gegen ein Buch (Abb. 36.10). Du wärst sicherlich sehr verblüfft, wenn diese nicht wie erwartet abprallt (a), sondern einfach so durch das Buch flutscht (b). Genau das kann aber mit Quanten tatsächlich passieren und man spricht dann vom **Tunneleffekt.** Aber wie kann das sein?

Abb. 36.10: (a) Eine normale Murmel prallt brav vom Buch ab. (b) Eine „Quantenmurmel", zum Beispiel ein Elektron, kann aber unter bestimmten Bedingungen solche Hindernisse „durchtunneln".

Vereinfachen wir zunächst die Sache von drei auf eine Dimension (Abb. 36.10 c). Damit die **Kugel** am Buch vorbei kommt, müsste sie den Umweg über den oberen Rand nehmen. Dazu braucht sie aber potenzielle Energie. Etwas abstrakt gesagt stellt das Buch eine **Potenzialschwelle** dar, an der die Kugel nicht vorbeikommt. Sehen wir uns jetzt ein analoges Beispiel aus dem Quantenreich an.

Wenn ein **Quant** gegen eine Potenzialschwelle läuft, dann wird der Großteil der Wahrscheinlichkeitswelle reflektiert (Abb. 36.11). Das entspricht der abprallenden Murmel. Verblüffenderweise läuft aber ein kleiner Teil der Welle durch das Hindernis hindurch. Was bedeutet das? Dass das Quant **mit einer gewissen Wahrscheinlichkeit** durch das Hindernis kommt – Tunneleffekt eben. Aus demselben Grund könnte es auch hin und wieder passieren, dass man auf einer „Quantenachterbahn" bei A startet und trotzdem bis D kommt (→ F5). Kann man sagen, bei welchem Versuch das Quant ein Hindernis **durchtunnelt?** Nein! Man kann nur Aussagen treffen wie: „Bei 10 Versuchen wird das Quant im Schnitt einmal das Hindernis durchtunneln." Im Quantenreich wird ja bekanntlich gewürfelt!

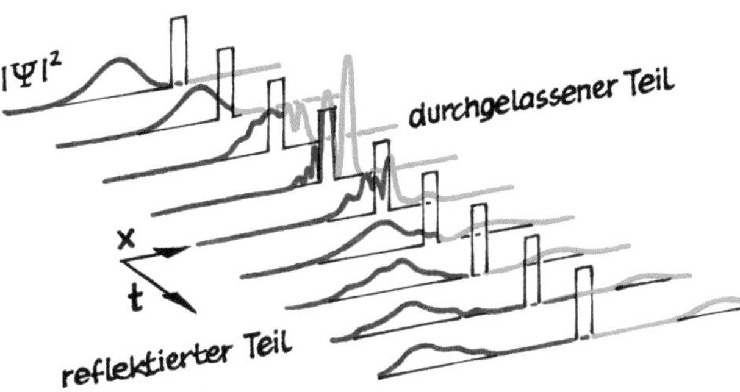

Abb. 36.11: Ein Quant läuft gegen eine Potenzialschwelle (siehe auch Abb. 36.10 c). Weil man diesem auf Grund der Unschärfe keine Bahn zuordnen kann, ist die Wahrscheinlichkeitsdichte $|\Psi|^2$ eingezeichnet. Je höher diese an einer bestimmten Stelle ist, desto wahrscheinlicher wird man das Teilchen bei einer Messung dort finden.

Warum kann eine „Quantenmurmel" durch eine Potenzialschwelle, aber eine echte Murmel nicht durch ein Buch? Weil der Tunneleffekt eine direkte **Folge der Energieunschärfe** ist (→ F3). Das Quant kann sich für einen kurzen Zeitraum Δt die fehlende Energie ΔE ausleihen, um über den Energieberg zu kommen. Letztlich wirkt es aber so, als hatte das Quant den Berg durchtunnelt. Die Energieunschärfe ist nur ein winzigkleiner Effekt. Im Falle eines Quants kann dieser ausreichen, dass es durch einen eigentlich **verbotenen Bereich** kommt. Im Vergleich mit der Energie von Alltagsobjekten ist die Energieunschärfe aber nicht einmal ein Tropfen auf den heißen Stein.

Der Tunneleffekt spielt inzwischen in der Technik eine nicht unbedeutende Rolle. Mit einem **Rastertunnelmikroskop** kann man zum Beispiel einzelne Atome erkennen. Die für uns größte Bedeutung liegt aber darin, dass der Tunneleffekt die große Strahlungsleistung der Sonne ermöglicht. **Ohne Tunneleffekt gäbe es auf der Erde kein Leben!**

→ **Info:** Die kleinsten Berge der Welt

→ **Info:** Fusion

Die kleinsten Berge der Welt

Wie der Name vermuten lässt, nützt man beim **Rastertunnelmikroskop** (RTM) den Tunneleffekt aus. Eine winzige Metallspitze, nur ein paar Atome dick, wird etwa einen Milliardstel Meter (1 nm) an das Untersuchungsobjekt herangefahren (Abb. 36.12 a). Dann wird Spannung angelegt. Zwischen Oberfläche und Spitze bildet sich eine Potenzialschwelle, ähnlich wie in Abb. 36.10 c, S. 89.

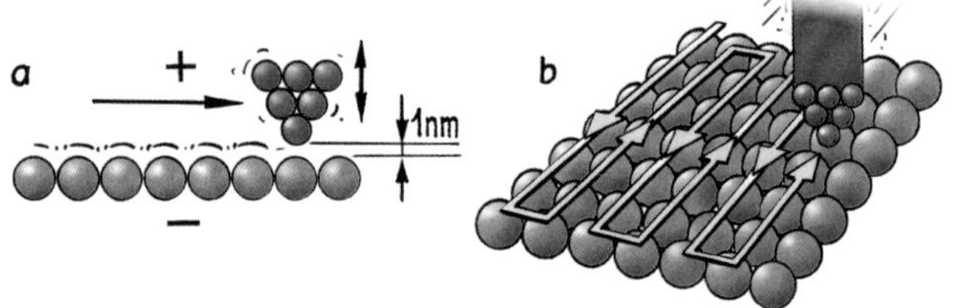

Abb. 36.12: a) Die Nadelspitze wird in gleichem Abstand über der Oberfläche gehalten und rasterförmig (b) über die Probe bewegt.

Hin und wieder können aber **Elektronen** den Zwischenraum durchtunneln und erzeugen den sogenannten **Tunnelstrom.** Je kleiner der Abstand, desto größer wird dieser. Man tastet mit der Spitze die Oberfläche so ab (Abb. 36.12 b), dass der Tunnelstrom gleich bleibt. Dann hat nämlich die Nadel immer denselben Abstand zur Oberfläche (a). So kann man die Oberfläche berührungslos abtasten. Mit einem Computer werden die Nadelbewegungen in Bilder umgewandelt. Man kann mit einem **RTM** nicht nur einzelne Atome sehen, sondern sie auch vorher platzieren, so wie in Abb. 36.13.

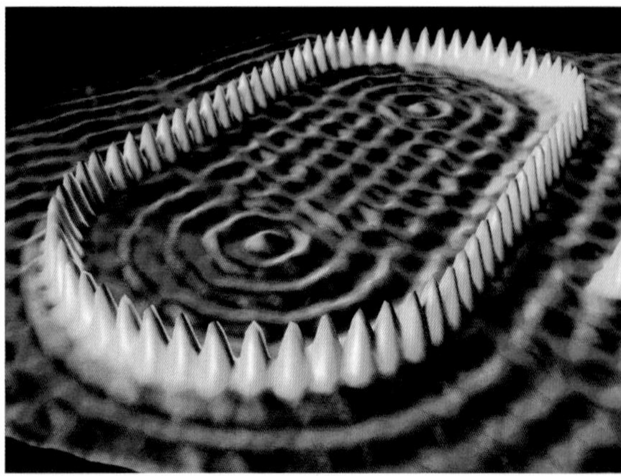

Abb. 36.13: Eisenatome auf einer Kupferunterlage: Die Farben sind künstlerische Freiheit. Es handelt sich hier um die kleinsten Berge der Welt – nur ein Atom hoch. Die Elektronen im Inneren des „Quantenstadions" bilden stehende Wellen aus. Beeindruckend: Du kannst die Wahrscheinlichkeitsdichte mit eigenen Augen sehen!

Fusion

Die **Strahlungsleistung** der Sonne beträgt unvorstellbare 10^{26} Watt (Abb. 36.14)! Der Energiebedarf in Österreich liegt bei etwa 10^{18} J pro Jahr. Die Sonne strahlt pro Sekunde so viel Energie ab, dass man Österreich damit einige Jahre lang versorgen könnte! Diese gigantische Strahlungsleistung kommt durch **Kernfusion**, also durch Kernverschmelzung zu Stande: aus leichten Elementen werden schwere (→ **F6**). Diese Prozesse sind sehr kompliziert, und wir sehen uns exemplarisch an, was passiert, wenn man ein einzelnes Proton mit einem Kern fusioniert.

Abb. 36.14: Unsere Sonne hat eine Strahlungsleistung von unvorstellbaren 10^{26} W. Das leistungsstärkste Donaukraftwerk Altenwörth hat nur $3{,}3 \cdot 10^{8}$ W.

Abb. 36.15: Potenzialschwelle und Tunneleffekt bei der Fusion eines Protons mit einem Atomkern

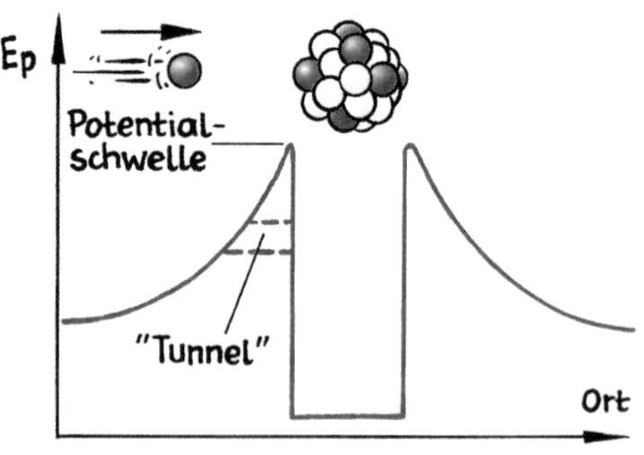

Weil Proton und Kern positiv geladen sind, wächst mit der Annäherung die elektrische Abstoßung. Dadurch entsteht eine **Potenzialschwelle** (Abb. 36.15). Erst wenn sich das Proton auf etwa 10^{-15} m genähert hat, überwiegt die starke Wechselwirkungskraft. Das Proton fällt in den Potenzialtopf und die **Fusion** ist perfekt.

Damit die Protonen durch die thermische Bewegung dermaßen nahe an die Kerne kommen, wären Temperaturen von etwa 1 Milliarde Grad notwendig. Im Sonneninneren hat es aber „nur" **15 Millionen Grad!** Klassisch gesehen dürfte es dort keine Fusion geben. Nur der Tunneleffekt ermöglicht, dass in der Sonne Fusion ablaufen kann und somit die Erde mit Energie versorgt wird. **Ohne Tunneleffekt könntest du nicht leben!**

Z Zusammenfassung

Der Tunneleffekt besagt, dass ein Quant in oder durch einen Bereich kann, für den es eigentlich gar nicht genug Energie besitzt. Der Tunneleffekt ist eine direkte Folge der Unschärferelation.

36.3 Spukhafte Fernwirkung
Verschränkte Quanten und EPR-Paradoxie

Eine sehr absurde Eigenschaft der Quanten bezeichnet man als Verschränkung. Wenn man diese mit einer Überlagerung kombiniert, wird es noch einmal ein wenig absurder.

F8 W1 Was ist der Elektronenspin? Lies nach in Kap. 34.4, S. 73! Was versteht man unter Drehimpulserhaltung? Lies nach in Kap. 17.4, „Big Bang 6"!

F9 W1 Welches ist die größte Geschwindigkeit, mit der man Daten von einem Ort zum anderen übertragen kann?

F10 W1 Du hast zwei Münzen in der Hand und wirfst sie auf den Boden. Welche Möglichkeiten gibt es, wie die beiden Münzen auf Kopf und Zahl fallen können?

Abb. 36.16: Doppel-Münzenwurf

Eine Besonderheit von Quanten ist, dass sich diese in **Überlagerungszuständen** befinden können (Kap. 36.1, S. 87). Vor der Messung ist zum Beispiel ein radioaktives Atom sowohl **zerfallen als auch nicht zerfallen** oder der Spin eines Elektrons **nicht festgelegt** und zeigt in alle möglichen Richtungen gleichzeitig. Erst durch die Messung kollabiert die Wellenfunktion, und man findet das Quant in nur einem Zustand (Abb. 36.17). Dass der Spin eines Elektrons vor der Messung tatsächlich **nicht festgelegt** ist, kann man ganz einfach belegen. Wenn man die Magneten senkrecht anordnet (a), dann zeigt der Spin hinauf oder hinunter. Wenn man sie aber waagrecht anordnet (b), dann zeigt der Spin hinein oder hinaus. Erst die Anordnung der Magneten legt die beiden möglichen Richtungen fest! Absurd!

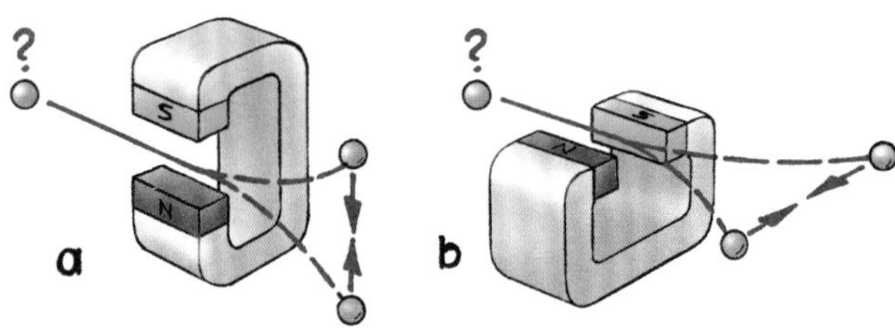

Abb. 36.17: Den Spin eines Elektrons kann man mit Hilfe eines Magnetfeldes messen. Die Ablenkung erlaubt einen Rückschluss auf die Spinrichtung. Vor der Messung ist der Elektronenspin noch nicht festgelegt.

Eine weitere Eigenschaft der Quanten ist, dass man sie **verschränken** kann. Damit meint man, dass bestimmte Eigenschaften von zwei oder mehreren Quanten **nicht mehr unabhängig** voneinander sind, zum Beispiel ihr Spin oder ihre Polarisation. Wenn man Überlagerungszustände und Verschränkung miteinander kombiniert, dann erhält man ein ziemlich paradoxes Ergebnis, das EINSTEIN einmal als „spukhafte Fernwirkung" bezeichnet hat. Sehen wir uns diesen Spuk näher an.

→ Info: Aus eins mach zwei

Aus eins mach zwei

Man kann im Prinzip alle **Quanten** beziehungsweise deren Eigenschaften verschränken, also etwa Elektronen oder sogar Atome. Am häufigsten werden **Photonen** verschränkt, unter anderem deshalb, weil sie sich mit Lichtgeschwindigkeit ausbreiten und weil man sie mit Glasfaserkabeln (Abb. 35.25, S. 85) über weite Strecken transportieren kann.

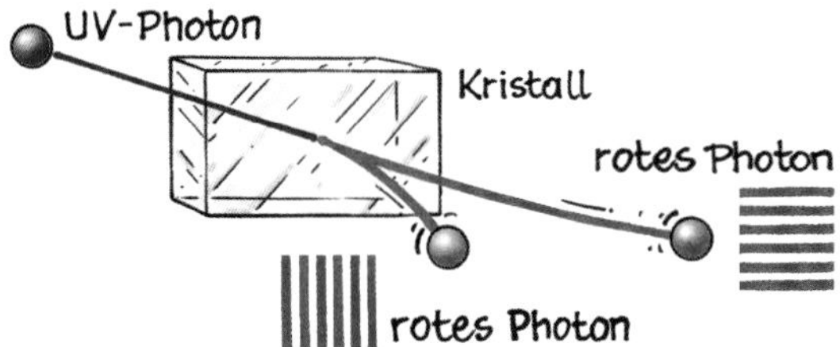

Abb. 36.18: Spezielle Kristalle können aus einem energiereichen Photon zwei verschränkte Photonen mit halber Frequenz und somit halber Energie machen.

Die gängigste Methode zur Erzeugung verschränkter Quanten besteht darin, UV-Licht durch einen speziellen Kristall zu schicken (Abb. 36.18). Hin und wieder zerfällt dabei eines der UV-Photonen in zwei rote Photonen mit halber Frequenz. Die **Polarisationen** dieser beiden neuen Photonen sind verschränkt: Ist das eine vertikal polarisiert, muss das andere horizontal polarisiert sein und umgekehrt (siehe Infobox Gartenzaun, S. 93).

Eine **theoretische Möglichkeit**, die sich sehr gut für Gedankenexperimente eignet (siehe EPR-Paradoxie, S. 92), ist folgende: Man lässt ein Teilchen mit Spin 0 in zwei Teilchen mit Spin 1/2 zerfallen, zum Beispiel in 2 Elektronen (Abb. 36.18). Auf Grund der **Drehimpulserhaltung** müssen deren Spins immer in die Gegenrichtung zeigen: 1/2 + (− 1/2) = 0 (→ F8). **Die Spins der Teilchen sind** nicht unabhängig voneinander und **somit verschränkt.**

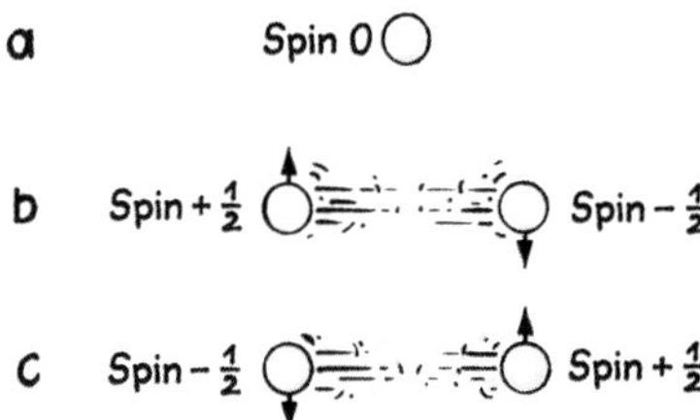

Abb. 36.19: Ein Teilchen mit Spin 0 (a) zerfällt in zwei Teilchen mit Spin $\frac{1}{2}$. Bei einer Messung der Spins gibt es nur zwei Möglichkeiten (b und c), weil die Spins immer gegengleich sein müssen.

Einstein ersann gemeinsam mit zwei seiner Studenten **1935** ein Gedankenexperiment, das unter dem Namen **Einstein-Podolsky-Rosen-Paradoxon** (kurz EPR-Paradoxon) bekannt geworden ist. Es ist neben Schrödingers Katze (Kap. 36.1, S. 87) das bekannteste Gedankenexperiment der Quantenmechanik. Wir sehen uns hier eine modifizierte Version an, die Grundidee ist aber dieselbe. Nimm an, ein Teilchen mit Spin 0 zerfällt in zwei Elektronen, die in die Gegenrichtung wegfliegen (Abb. 36.19, S. 91 und Abb. 36.20 a). **Die Spins der Elektronen sind verschränkt.** Vor der Messung ist die Spinrichtung aber noch nicht festgelegt (b).

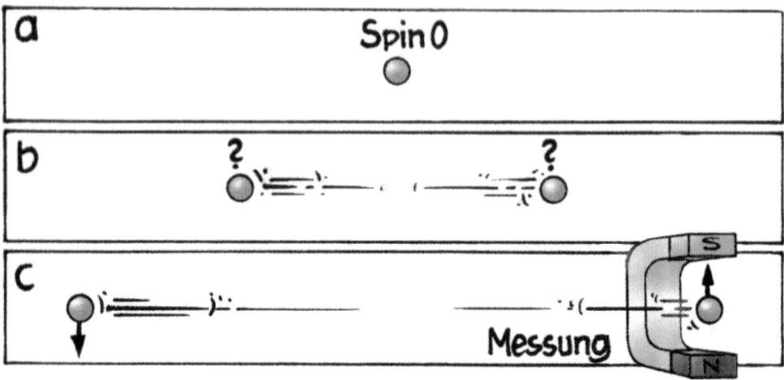

Abb. 36.20: a) Ein Teilchen mit Spin 0 zerfällt in zwei Teilchen mit Spin $\frac{1}{2}$.
b) Ohne Messung ist die Spinrichtung aber noch unbestimmt.
c) Durch die Messung beim rechten Teilchen (Spin up) ist automatisch der Spin beim linken Teilchen festgelegt (down).

Angenommen, das rechte Elektron fliegt nun durch den Magneten (c). Durch den Messvorgang wird sein **Spin festgelegt.** Die Wahrscheinlichkeit, dass dieser nach oben zeigt, liegt bei 50 % und ist **vollkommen dem Zufall** unterworfen. Trotzdem ist dadurch sofort und **ohne Zeitverzögerung** automatisch auch der Spin des linken Teilchens festgelegt – auch dann, wenn sich dieses zum Zeitpunkt der Messung bereits auf der gegenüberliegenden Seite der Milchstraße befinden würde (Abb. 36.21). Klar, dass das Einstein gar nicht behagte, denn seine Relativitätstheorie setzt als **Höchstgeschwindigkeit** im Universum die **Lichtgeschwindigkeit** fest (→ F9; siehe Abb. 28.12, S. 17). Und Licht bräuchte quer durch die Milchstraße rund 100.000 Jahre!

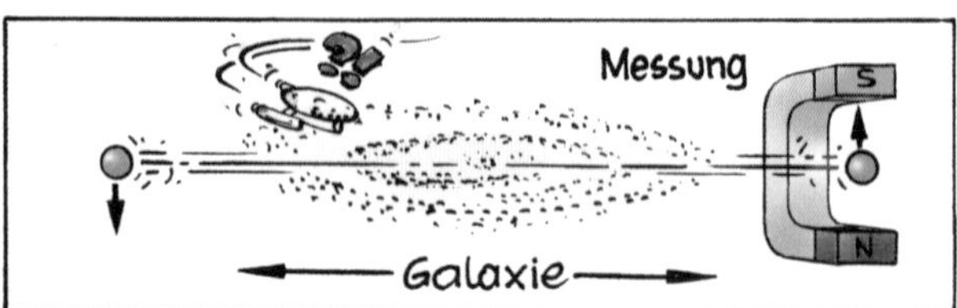

Abb. 36.21: Auch quer durch die Galaxis wären zwei verschränkte Elektronen immer noch in Nullzeit miteinander verbunden.

Einstein vermutete daher, dass der Spin der Teilchen schon vorher feststehen muss und die Quantentheorie daher **nicht vollständig** ist. Diese geht ja von einem zufälligen Messergebnis aus. Nach allem, was wir heute wissen, war seine Vermutung aber ein Irrtum. Spätere Experimente konnten eindeutig belegen, dass die Quanteneigenschaften tatsächlich erst mit der Messung festgelegt werden, und dass das verschränkte Quant trotzdem sofort den „richtigen" Zustand einnimmt.

Könntest du zwei Münzen verschränken (→ F10), dann würde eine immer Kopf zeigen und die andere Zahl, egal wie weit du sie auseinander wirfst. Für Münzen undenkbar, für Quanten kein Problem.

→ Info: Alain Aspect

Woher „weiß" das entfernte Quant, welchen Zustand es einnehmen muss? Das ist nach wie vor ein großes Rätsel. Quantenmathematisch ist es kein Problem, weil verschränkte Teilchen immer mit **einer einzigen Wellenfunktion** beschrieben werden. Mit dem Festlegen des einen Zustands ist automatisch sofort der andere festgelegt. Deshalb riet Feynman in solchen unverständlichen Situationen ja auch immer: „Shut up and calculate!"

Die Relativitätstheorie wird durch die EPR-Paradoxie nicht verletzt, weil man die Verschränkung **nicht** nutzen kann, um **Information** zu übertragen. Durch eine Messung am entfernten Elektron kann man zwar den Spin herausfinden, man weiß aber nicht, ob dieser Spin Information trägt. Dazu müsste man konventionell, also mit maximal Lichtgeschwindigkeit, in Kenntnis gesetzt werden.

i Alain Aspect

Es dauerte bis 1982, also fast 50 Jahre, bis Alain Aspect die **EPR-Paradoxie** im Experiment überprüfen konnte (Abb. 26.22). Dabei wurden verschränkte Photonen verwendet, deren Polarisationsrichtung immer normal aufeinander steht.

Der Witz an diesem Experiment ist der, dass man erst **nach dem Abflug der Teilchen** über einen superschnellen optischen Schalter einstellt, welchen Weg diese einschlagen (1 oder 2) und durch welchen Polfilter sie somit fliegen. Die Teilchen können, da sie ja selbst mit Lichtgeschwindigkeit fliegen, nicht mehr „kommunizieren". Trotzdem zeigt sich, dass die Polarisation der Photonen immer normal aufeinander steht.

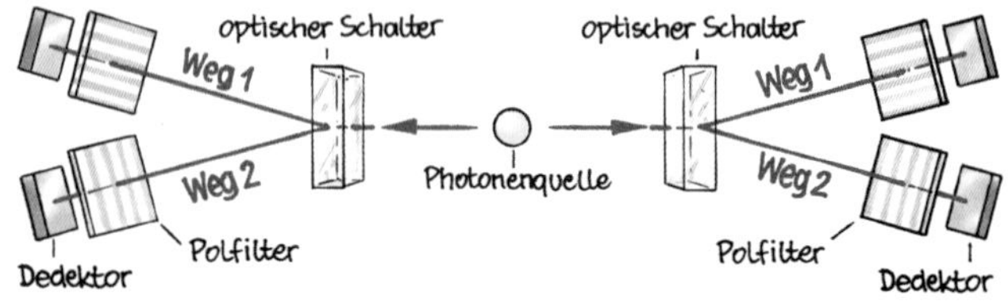

Abb. 36.22: Schematischer Aufbau des Experiments von Aspect: Auf jeder Seite befinden sich ein vertikal und ein horizontal eingestellter Polfilter.

Z Zusammenfassung

Unter Verschränkung von Quanten versteht man, dass diese voneinander nicht unabhängige Eigenschaften aufweisen. Legt man die Eigenschaft des einen Quants fest, dann ist ohne Zeitverzögerung auch die des anderen Quants festgelegt.

36.4 „Beamen" ist nicht Beamen
Quantenteleportation

Auf der Verschränkung von Quanten basiert zum Beispiel die Quantenteleportation, die man salopp auch als „Beamen" bezeichnet. Mit dem Beamen aus Star Trek hat das aber nur wenig beziehungsweise gar nichts zu tun.

F11 W1 Was bezeichnet man in der Quantenphysik als Verschränkung? Wie kann man verschränkte Photonen erzeugen? Lies nach in Kap. 36.3, S. 91!

F12 E1 Was versteht man in Science-Fiction-Filmen unter Beamen? Was passiert dabei genau? Und hast du schon einmal etwas vom „Beamen" von Quanten gehört? Was passiert dabei?

Man muss es ja zugeben: **Beamen** wäre eine wirklich phantastische Sache. Man löst sich an einem Ort auf und erscheint Sekundenbruchteile später an einer weit entfernten Stelle. Populär wurde diese **Phantasietechnik** Ende der 1960er durch die Serie Star Trek.

→ **Info:** Beam me up, Scotty

Im Jahre **1997** führte der österreichische Physiker Anton Zeilinger als erster ein Experiment durch, das man als **Quantenteleportation** und später auch als „Beamen" bezeichnet hat. Dabei nutzte er **Quanten-Verschränkungen** aus, um die Polarisation von einem Photon auf ein anderes zu übertragen. Das „Quantenbeamen" unterscheidet sich aber wesentlich von der Phantasietechnik in Star Trek!

→ **Info:** Gartenzaun

Beam me up, Scotty

Ende der **1960**er war es tricktechnisch nicht möglich, Raumschiffe auf Planeten landen zu lassen. Deshalb erfand man für Star Trek das Kosten sparende Beamen. Bei dieser **Phantasietechnik** wird die Materie der Person aufgelöst, gemeinsam mit der Information über deren Zustand zum Zielort gestrahlt (eng. „beam" = Strahl) und dort wieder zusammengesetzt. Es wird also **Information und Materie** transportiert, beim „Quantenbeamen" aber **nur Information**. Das ist einer der großen Unterschiede (→ **F12**)!

Abb. 36.23: Beamen à la Star Trek: Captain Kirk wird in nicht zusammenhängende Materie aufgelöst (a), zum Zielort gestrahlt (b) und dort wieder rekonstruiert (c; siehe auch Abb. 33.34, S. 65).

Gartenzaun

Licht ist eine **Transversalwelle** (Kap. 19.2, „Big Bang 6"), weil magnetischer und elektrischer Feldvektor quer zur Ausbreitungsrichtung schwingen (Abb. 28.11, S. 17). Um zu vereinfachen, sehen wir uns nur das elektrische Feld an. **Normales Licht ist unpolarisiert.** Der elektrische Feldvektor schwingt in beliebigen Richtungen quer zur Ausbreitungsrichtung (Abb. 36.24 a). Bei **polarisiertem Licht** schwingt der Feldvektor nur in einer Richtung (b; siehe auch Kap. 29.4, S. 24).

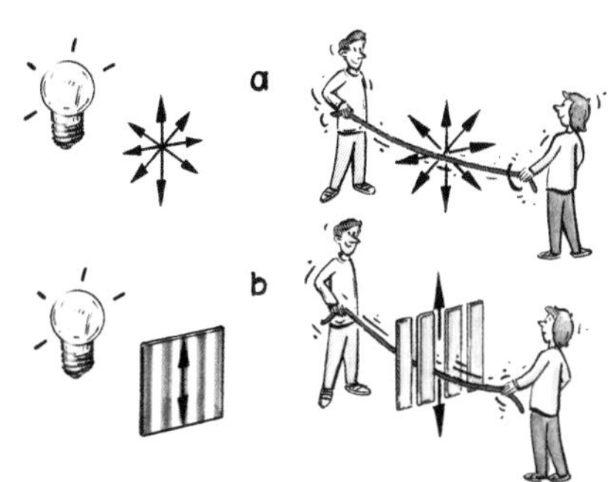

Abb. 36.24: Unpolarisiertes und polarisiertes Licht und Analogie mit dem „Gartenzaunmodell"

Polarisiertes Licht kann man mit Hilfe eines **Polfilters** aus unpolarisiertem Licht erzeugen. Geht das Licht durch einen zweiten, parallel orientierten Filter, passiert nichts (Abb. 36.25 a). Steht der zweite Filter quer (b), dann wird das Licht ausgelöscht. Das gilt auch für einzelne Photonen. Bei Zwischenstellungen findet, je nach Stärke der Drehung, eine **Abschwächung des Lichts** statt. Für ein einzelnes Photon kann man eine Wahrscheinlichkeit angeben, mit der es durchkommt oder nicht.

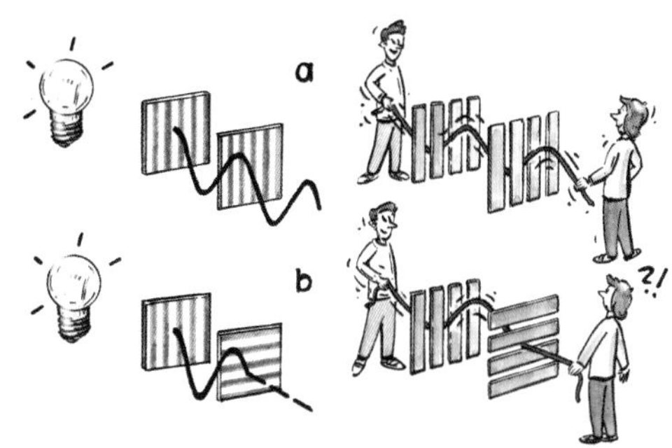

Abb. 36.25: Verhältnisse bei zwei Polfiltern und Analogie mit dem „Gartenzaunmodell"

Halten wir uns an die international gängigen Bezeichnungen und nennen wir den Sender **Alice** und den Empfänger **Bob.** Um die Polarisation zu teleportieren, benötigen wir drei Photonen (Abb. 36.27, S. 94). Zunächst erzeugt man ein **verschränktes Photonenpaar** mit unbestimmter – aber aufeinander normaler – Polarisation: Teilchen 2 bleibt bei Alice, 3 wird zu Bob geschickt. Die Polarisation von Photon 1 muss nicht bekannt sein. Damit du aber das Prinzip verstehst, nehmen wir als Beispiel eine horizontale Polarisation an.

Wenn Alice nun Photon 1 und 2 miteinander verschränkt, dann passiert Folgendes (b): **Die Polarisation von 1 und 2** muss – wegen der Verschränkung – immer aufeinander normal sein. Also müssen 1 und 3 zum Zeitpunkt der Verschränkung die gleiche Polarisation haben. Man kann sagen: **Die Polarisation wurde von 1 auf 3 übertragen. Was wird teleportiert?** Nur die Polarisationsrichtung des ersten Photons! Es wird also nur Information übertragen, keine Materie! **Warum kann man dann überhaupt von Teleportation sprechen?** Weil zwei Photonen mit denselben Eigenschaften ununterscheidbar sind. Es wirkt daher tatsächlich so, also wäre Photon 1 von Alice zu Bob transportiert worden.

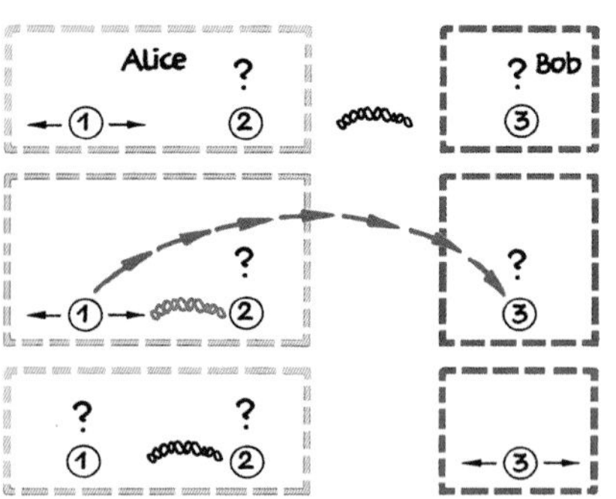

Abb. 36.27: Günstiger Fall der Polarisationsübertragung von Photon 1 auf 3: Photon 2 fungiert quasi als Hilfsphoton. Der Doppelpfeil zeigt die Polarisation an, die gummibandartigen Symbole die Verschränkung.

Wie schnell erfolgt die Teleportation? Es ist zwar so, dass die Information von Photon 1 auf 3 bereits im Augenblick der Verschränkung von 1 und 2 übertragen wird. Bob kann den Zustand aber erst richtig einstellen, wenn er Nachricht von Alice bekommt. Diese muss auf konventionellem Weg erfolgen, etwa über Funk oder Telefon, und kann Bob daher **maximal mit Lichtgeschwindigkeit** erreichen! Wenn Alice einen Fahrradboten schickt, dann ist die Übertragungsgeschwindigkeit nur etwa 30 km/h.

→ Info: Zeilinger-Experiment

Auch wenn man inzwischen schon über mehr als 100 km (!) teleportieren kann und bereits große Gruppen von Atomen verschränken konnte, für das Beamen von Menschen eignet sich diese Technik mit Sicherheit nicht. Denn dazu bräuchte man Kirk-Zwillinge bei Alice und einen eigenschaftslosen Menschen am Zielort, auf den dann Kirks Eigenschaften übertragen werden. Woher soll man die aber nehmen und vor allem, wie sollte man diese wechselweise miteinander verschränken?

i Zeilinger-Experiment

Sehen wir uns das **Zeilinger-Experiment** etwas detaillierter an (Abb. 36.26). Mit Hilfe eines speziellen Kristalls und eines UV-Impulses erzeugt man zwei verschränkte Photonen (2 und 3) (siehe auch Abb. 36.18, S. 91). Manche UV-Photonen fliegen zunächst durch den Kristall und erzeugen erst nach einer Reflexion ein Photonenpaar. Von diesem wird aber nur Photon 1 benötigt.

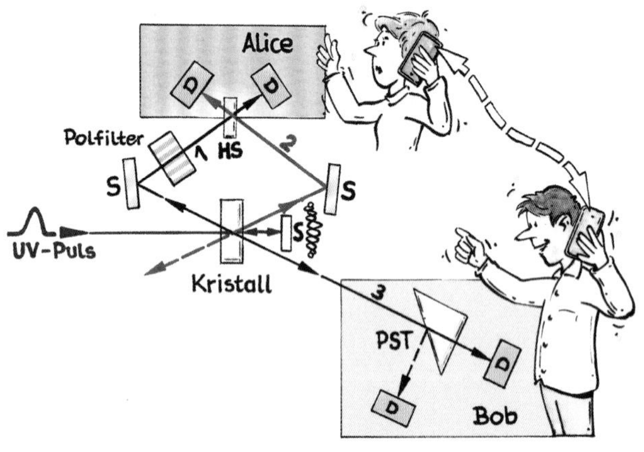

Abb. 36.26: Schematischer Aufbau des Zeilinger-Experiments:
S ... Spiegel
HS ... halbdurchlässiger Spiegel
D ... Detektoren
PST ... polarisierender Strahlteiler

Der wichtigste Teil ist die gleichzeitige Messung und Verschränkung von Photon 1 und 2 bei Alice. Diese treffen auf einen halbdurchlässigen Spiegel und werden mit einer Wahrscheinlichkeit von 50 % durchgelassen beziehungsweise reflektiert. Weil die Photonen gleichzeitig auftreffen, sind sie nicht mehr zu unterscheiden und somit verschränkt. Es gibt vier Möglichkeiten, wie diese nach dem Spiegel auf die Detektoren treffen können. Nur in einem Fall stimmt die übertragene Polarisation sofort. Alice muss ihr Messergebnis Bob auf herkömmlichem Weg mitteilen (zum Beispiel per Telefon), damit dieser seinen Apparat dementsprechend einstellen kann, um bei Photon 3 die richtige Polarisation zu erzeugen. Erst dann ist die Teleportation perfekt. Du siehst: „Quantenbeamen“ ist gar nicht so einfach!

Z Zusammenfassung

Bei der Teleportation von Quanten überträgt man einen Quantenzustand auf ein entferntes, verschränktes Quant. Es wird nur Information, nicht aber Materie transportiert, und die Informationsübertragung kann die Lichtgeschwindigkeit nicht übersteigen.

Fortgeschrittene Quantenmechanik

3

F13 E1 Wie ist es möglich, dass man die Bewegung der Spitze eines Rastertunnelmikroskops auf Bruchteile eines Nanometers genau steuert? Das Prinzip dieser Technik wird auch bei manchen Feuerzeugen verwendet! → L

F14 W2 Was versteht man unter einem Bit und Qubit? Besorge dir dazu Information aus dem Internet. → L

F15 E1 Wie lange dauert es, um die Polarisation eines Photons quer durch die Milchstraße zu übertragen? Nimm an, dass sich Alice und Bob auf gegenüberliegenden Seiten befinden. → L

F16 E1 Kannst du die Datenmenge abschätzen, die übertragen werden muss, um einen Menschen zu „beamen“? Wie vielen DVDs würde das entsprechen? Wie weit würde man kommen, wenn man diese DVDs stapelt? (Hilfe: Ein Mensch hat rund 10^{28} Atome.) → L

37 Chaotische Systeme

Die Physik entwickelt sich immer weiter. **Hypothesen** werden durch experimentelle Bestätigung zu **Theorien.** Weil man aber irgendwann einmal verallgemeinern muss, sind Theorien niemals zu 100 % sicher (siehe Kap. 1, „Big Bang 5"). Von Zeit zu Zeit wird daher etwas entdeckt, das die alten Theorien umstößt und zu neuen führt. Ein sehr gutes Beispiel dafür sind die dramatischen Änderungen im Weltbild durch die **Quantenmechanik** (Kap. 33 bis Kap. 36, ab S. 53).
In diesem Kapitel sehen wir uns an, wie es mit der **Berechenbarkeit der Welt** aussieht. Die physikalischen Gesetze erlauben ja einen Blick in die Zukunft. Man kann zum Beispiel die Flugbahn einer Rakete vorausberechnen oder die eines Autos, bevor man einen Stunt probiert (Abb. 37.1). Es gibt sogar Ereignisse, die man Jahrhunderte vorausberechnen kann. Man hat zum Beispiel berechnet, dass am 24. Jänner 3098 eine ringförmige Sonnenfinsternis stattfinden wird, die 12 Minuten und 5 Sekunden dauert.

Abb. 37.1: Einer der ersten computerberechneten Stunts war ein „Auto-Spiralsprung" in einem James-Bond-Film der 1970er.

Man dachte früher, dass die Welt generell vorausberechenbar ist. Seit den 1960ern weiß man aber, dass es Systeme gibt, die extrem sensibel auf leicht unterschiedliche Ausgangssituationen reagieren. Man spricht dann von **chaotischen Systemen** oder kurz von **Chaos.** Das Wetter ist ein sehr gutes Beispiel dafür, denn manchmal erweist sich sogar die Prognose für den nächsten Tag als falsch. Im Alltag bezeichnen wir mit Chaos ein heilloses Durcheinander. Das „physikalische Chaos" hat oft sogar einen hohen Grad der Ordnung (siehe Abb. 37.19, S. 101), aber trotzdem ist es unvorhersagbar!

37.1 Von Zeitreisen und Dämonen
Starkes und schwaches Kausalitätsprinzip

„Es gibt nur eine Konstante, eine Universalität. Es ist die einzige echte Wahrheit: Kausalität. Ursache und Wirkung."
(Der Merowinger in Matrix Reloaded)

F1 E2 Der Philosoph Pierre de Laplace vertrat 1814 folgende Ansicht: Angenommen, es gäbe eine Super-Intelligenz – man nannte sie später den Dämon. Diese kennt alle Naturgesetze und den exakten momentanen Zustand des Universums. Dieser Dämon könnte dann doch Zukunft und Vergangenheit völlig exakt berechnen, oder nicht?

F2 E1 Halte eine Münze wie in Abb. 37.2 und lass sie fallen. Wiederhole das Experiment einige Male und versuche dabei, die Münze immer exakt senkrecht zu halten. Auf welche Seite fällt sie? Immer auf dieselbe oder nicht? Wovon hängt das Ergebnis ab?

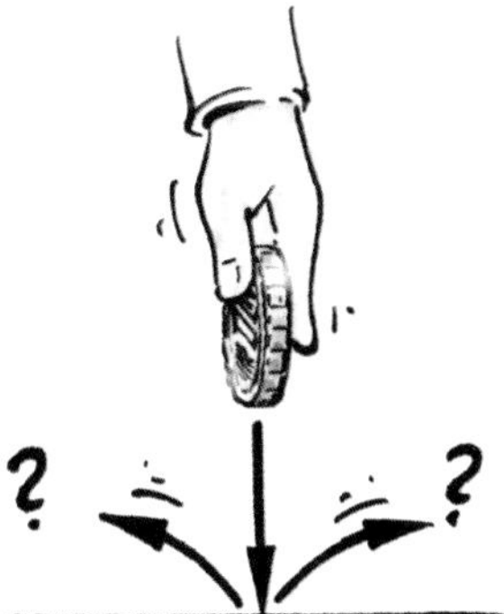

Abb. 37.2: Auf welche Seite fällt eine senkrecht gehaltene Münze?

F3 S2 Eine bekannte Paradoxie lautet so: Stell dir vor, du reist in die Vergangenheit und verhinderst dort, dass sich deine Eltern kennen lernen. Was würde dann passieren? Und warum ist das Ganze paradox?

Es gibt eine universelle Ordnung im Universum: die **Kausalität.** Damit ist gemeint, dass jedes Ereignis von einem früheren Ereignis ausgelöst wird. Dinge passieren also nicht einfach so. Es gibt also immer Ursache und Wirkung, und diese sind durch eine **kausale Kette** miteinander verbunden. Ein ganz simples Beispiel: Du machst deine Hausübung nicht (= Ursache) und deshalb ist der Lehrer sauer (= Wirkung).

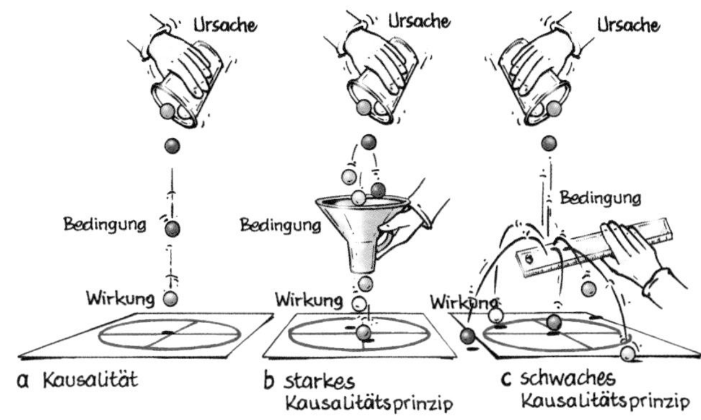

Abb. 37.3: a) Schematische Darstellung einer Kausalkette
b) Gilt das starke Kausalitätsprinzip, dann wirken sich kleine Änderungen der Bedingungen nicht stark aus. Das entspricht den meisten Alltagserfahrungen.
c) Gilt das schwache Kausalitätsprinzip, dann wirken sich kleine Änderungen stark aus. Das ist in chaotischen Systemen der Fall.

In einem vernünftigen Universum wie unserem laufen kausale Ketten unter **gleichen Bedingungen exakt gleich** ab (Abb. 37.3 a). Deshalb sind wir auch in der Lage, durch theoretische Überlegungen Gleichungen abzuleiten, mit denen wir die **Natur berechnen** können. E ist immer exakt mc^2 und nicht manchmal ein bisschen mehr oder weniger. Exakt gleiche Ausgangsbedingungen liefern also immer exakt gleiche Ergebnisse.

In der Praxis ist es unmöglich, immer exakt gleiche Bedingungen zu schaffen. Nehmen wir eine Teekanne. Du kannst diese niemals exakt gleich hoch heben und exakt gleich stark neigen, also auf **unendlich viele Kommastellen** genau. Trotzdem wirst du mit dem Tee in die Tasse treffen, weil sich diese kleinen Änderungen kaum auswirken (Abb. 37.4). Man spricht in diesem Fall vom starken Kausalitätsprinzip: Ähnliche Bedingungen führen zu ähnlichen Ergebnissen. Die Welt verhält sich glücklicherweise in vielen Fällen so – zumindest kurzfristig.

Abb. 37.4: Kleine Änderungen der Bedingungen führen meistens trotzdem zu ähnlichen Ergebnissen. Das nennt man das starke Kausalitätsprinzip (siehe auch Abb. 37.3 b, S. 95).

Es gibt aber Situationen, in denen dieses Prinzip nicht gilt. Dann können **minimale Änderungen** sehr **große Auswirkungen** haben. Wenn du zum Beispiel versuchst, eine Münze immer exakt senkrecht fallen zu lassen, wird sie trotzdem im Schnitt vieler Versuche gleich oft auf beiden Seiten landen (→ F2; siehe auch Abb. 37 c, S. 95). Es genügt schon ein Bruchteil eines Bruchteils eines Millimeters, und die Münze fällt auf die andere Seite. In solchen Fällen spricht man allgemein vom schwachen Kausalitätsprinzip: Ähnliche Bedingungen führen zu stark unterschiedlichen Ergebnissen.

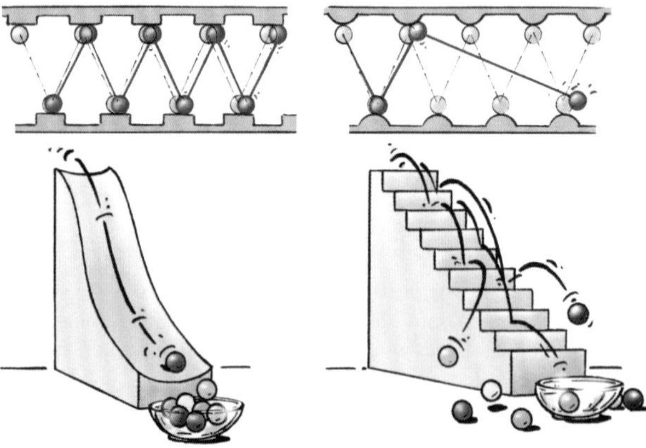

Abb. 37.5: Weitere Beispiele für das starke (links) und das schwache Kausalitätsprinzip (rechts)

In diesem Fall sind **Vorhersagen** über den Ausgang eines Ereignisses **unmöglich** – sonst würdest du beim Glückspiel viel Geld gewinnen! Das schwache Kausalitätsprinzip ist die Grundlage der sogenannten **chaotischen Systeme** (siehe Tab. 37.1 und Abb. 37.5). Auf lange Sicht verhält sich das ganze Universum – zumindest in gewissen Bereichen – chaotisch. **Chaosforschung** ist somit ein Querschnittsthema: Sie spielt beim Wetter, in der Astronomie, aber auch bei Strömungen oder in der Ökologie eine Rolle.

→ Info: Laplace und sein Dämon

→ Info: Zeitreisen -> S. 97

Ab etwa **1960** kamen die Physiker zur Erkenntnis, dass auf Grund kleinster Abweichungen der Ausgangsbedingungen auch scheinbar einfache und überschaubare Systeme langfristig nicht vorhersagbares Verhalten zeigen können (siehe Kap. 37.2). Das hat zu einer **neuen Sichtweise** der Physik geführt. In den folgenden Abschnitten geht es um einige prominente Beispiele für chaotische Systeme.

Starkes Kausalitätsprinzip nicht-chaotische Systeme	**schwaches Kausalitätsprinzip chaotische Systeme**
Kleine Änderungen der Bedingungen führen zu ähnlichen Ergebnissen.	Kleine Änderungen der Bedingungen führen zu sehr unterschiedlichen Ergebnissen.
In beiden Fällen gilt aber: Unter exakt gleichen Bedingungen würde die kausale Kette exakt gleich ablaufen.	
Beispiele: Schulweg, Eingießen von Tee (Abb. 37.4), Lenken eines Autos, Ball in einer Rinne und Reflexion an ebenen Objekten (Abb. 37.5 links), Flugbahn eines Balls	Beispiele: Werfen einer Münze, Flugbahn eines Luftballons mit ausströmender Luft, Ball auf Treppe und Reflexion an gekrümmten Objekten (Abb. 37.5 rechts)

Tab. 37.1: Gegenüberstellung von starkem und schwachem Kausalitätsprinzip

Laplace und sein Dämon

Welche Chance hätte der **Laplace'sche Dämon**, Zukunft und Vergangenheit des Universums zu berechnen (→ F1)? Ob er dazu in der Lage wäre, wenn er **außerhalb der Naturgesetze** stehen würde, ist eine Frage für Philosophie und Theologie. Im Rahmen der Naturgesetze hätte er aber keine Chance. Von Seiten der modernen Physik gibt es nämlich drei grundsätzliche Einwände:

1) Nach der **Relativitätstheorie** („Big Bang 8") kann sich Information maximal mit Lichtgeschwindigkeit ausbreiten. Deshalb sind die Informationen, die der Dämon sammeln kann, nicht aktuell. Es kennt also den **momentanen** Zustand des Universums nicht.

2) Im Bereich der **Quanten** sind nur Wahrscheinlichkeitsaussagen möglich. Der Dämon kann nicht im Vorhinein wissen, wann ein bestimmtes radioaktives Teilchen zerfällt. Außerdem verbietet es die Unschärferelation, alle Quantenmerkmale gleichzeitig exakt zu bestimmen (Kap. 33.6, S. 62).

3) Und schließlich würde das **schwache Kausalitätsprinzip** (Abb. 37.3 c, S. 95) den Dämon vor eine unlösbare Aufgabe stellen. Denn es ist unmöglich, unendlich genau zu messen (siehe auch Punkt 2). Durch das chaotische Verhalten des Universums wirken sich aber winzige Änderungen der Ausgangssituation später einmal sehr drastisch aus.

Zeitreisen

Der Gedanke an **Zeitreisen** ist unglaublich faszinierend! Wo würdest du hinreisen? Es wundert daher nicht, dass Zeitreisen ein hochbeliebtes Science-Fiction-Thema sind. Unter gewissen Umständen scheinen sie zumindest mal theoretisch möglich zu sein, allerdings weiß kein Mensch, wie man das praktisch anstellen soll. Deshalb sind Zeitmaschinen in Filmen immer eine Mischung aus **mysteriös** und **pseudowissenschaftlich** (Abb. 37.6).

Abb. 37.6: In der Serie „Dr. Who" reist dieser mit TARDIS, einer Raum-Zeit-Maschine in Form einer ausgedienten Polizei-Zelle. Wie sie funktioniert? Niemand weiß das – nicht mal der Doktor!

Nehmen wir an, du reist in die Vergangenheit und verhinderst, dass sich deine Eltern kennen lernen (→ F3). In einer brutalen Variante bringst du deinen Großvater zur Strecke, bevor er deinen Vater zeugt. Das nennt man die **Großvaterparadoxie.** Warum spricht man aber von einer Paradoxie? Wenn du deinen Großvater umbringst, würdest du gar nicht geboren werden und könntest somit auch nicht in die Vergangenheit reisen und deinen Großvater umbringen. Dadurch würdest du aber doch geboren werden, könntest in der Zeit zurückreisen und deinen Großvater umbringen und so weiter und so fort! Kurz gesagt: Wenn du deinen Großvater umbringst, kannst du ihn nicht umbringen. Du siehst also: Zeitreisen in die Vergangenheit führen zu **paradoxen Konflikten mit der Kausalität.**

Welche rein **spekulativen Auswege** gibt es? Eine Möglichkeit wäre, dass du nur dann zurückreisen kannst, wenn du schon in der Vergangenheit dort gewesen bist. Du könntest dann nichts verändern, weil alles ja **schon so passiert ist.** Es könnte auch möglich sein, dass du mit dem Zurückreisen in eine alternative Geschichte in einem **Paralleluniversum** gerätst (siehe Viele-Welten-Interpretation, Kap. 36.1, S. 87). Oder, ganz unromantisch: Die Naturgesetze verbieten Reisen in die Vergangenheit!

Z Zusammenfassung

Jede Ursache hat auch eine Wirkung. Das nennt man Kausalität. Im Alltag führen meistens ähnliche Situationen zu ähnlichen Ergebnissen. In chaotischen Systemen führen aber ähnliche Situationen zu völlig anderen Ergebnissen. Daher sind zumindest langfristige Vorhersagen so gut wie unmöglich.

37.2 Der Schmetterlingseffekt
Die Geburt der Chaosforschung

Meteorologen sind immer wieder Zielscheibe von Spott, denn das Wetter will oft nicht so, wie vorhergesagt. Die Kritik ist nicht fair, denn die Atmosphäre bildet ein chaotisches System, und auch mit Supergigamegacomputern kann das Wetter nur ein paar Tage seriös vorhergesagt werden.

F4 S1 Die Entdeckung, dass sich wesentlich mehr Systeme chaotisch verhalten als gedacht, fiel in die Anfangszeit der Computer. Warum war das kein Zufall?

F5 S1 Manchmal wird bei der Wetterprognose eine Niederschlagswahrscheinlichkeit angegeben (Abb. 37.7). Warum macht man das? → L

Abb. 37.7: Regenvorhersage mit 65 % Wahrscheinlichkeit

F6 W1 Du hast vielleicht schon einmal etwas vom Begriff „Schmetterlingseffekt" (Butterfly- Effekt) gehört. Weißt du, was damit gemeint ist?

Chaotische Phänomene sind eigentlich schon seit langem bekannt, etwa das **Dreikörperproblem** (Kap. 37.4, S. 99) oder **Turbulenzen** (Kap. 37.3, S. 98). Lange Zeit dachten die Physiker aber, dass es sich dabei bloß um einige exotische Spezialfälle handelt. Die Geburtsstunde einer eigenen Forschungsrichtung, der **Chaosforschung,** lag in den 1960ern, als der Meteorologe Edward Lorenz die chaotische Natur des Wetters entdeckte.

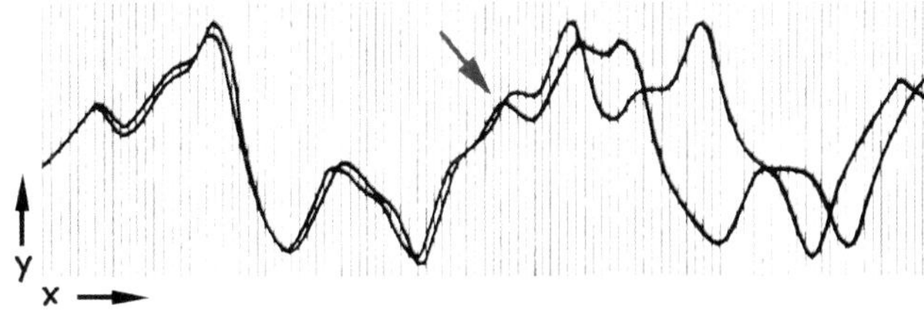

Abb. 37.8: Entwicklung einer Variablen in der Simulation von Lorenz, deren Startwerte minimal anders waren: Ab dem roten Pfeil ergab sich trotzdem eine sehr starke Abweichung.

Dabei war diese Entdeckung reiner Zufall. Lorenz hatte auf einem der ersten Großrechner eine einfache **Wettersimulation** erschaffen. Als er den Computer eines Tages eine Sequenz noch einmal durchrechnen ließ, ergab sich aber nach einer Zeit ein völlig anderes Ergebnis (Abb. 37.8). Was war passiert? Beim ersten Mal hatte Lorenz ein Ergebnis mit **6 Kommastellen** aus einer vorangegangenen Rechnung direkt aus dem Computer übernommen, und zwar die Zahl 0,506127.

Wetterprognose

Um eine **Wetterprognose** zu erstellen, braucht man ein mathematisches Modell, mit dem man die Veränderung von Temperatur, Druck, Luftfeuchtigkeit und Windgeschwindigkeit berechnen kann. Das Verhalten eines chaotischen Systems muss man in kleinsten Schritten berechnen – das Ergebnis eines Schritts ist der Ausgangspunkt für den nächsten. Das nennt man ein numerisches Verfahren. Weil dazu Computer nötig sind, entwickelte sich die Chaosforschung auch erst ab den 1960ern (→ F4).

Bei der Simulation muss man einen Kompromiss zwischen Genauigkeit und Rechendauer finden. Man verwendet **Gittermodelle** (Abb. 37.9), bei denen man pro „Masche" durchschnittliche Messwerte annimmt, die von tausenden Wetterstationen auf der ganzen Welt stammen. Es gibt globale Gittermodelle für die **ganze Erde** (Maschenweite 10–50 km) und lokale Modelle, etwa das für **Europa** (Maschenweite 1–15 km).

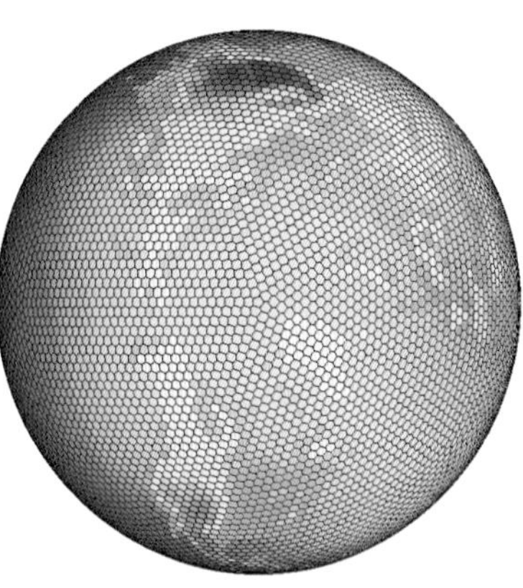

Abb. 37.9: Gittermodell zur Wettersimulation: Je enger die Maschen, desto genauer die Prognose, desto länger aber auch die Rechenzeit. Die tatsächlichen Gitter sind wesentlich enger als hier dargestellt und reichen auch viele Kilometer in die Höhe.

Abb. 37.10: Windsysteme der Erde, simuliert mit einem Supercomputer: Du siehst, wie komplex diese Muster sogar auf einer großen Skala sind.

Die **Zuverlässigkeit der Wettervorhersage** ist durch die Kenntnis des Ausgangszustandes ist begrenzt. Aber auch bei bestmöglicher Information würde eine langfristige Wettervorhersage letztlich am chaotischen Charakter des meteorologischen Geschehens scheitern, wie das eben bei der schwachen Kausalität der Fall ist. Die Stabilität des Wetters kann stark schwanken. So sind bei bestimmten Wetterlagen Vorhersagen für eine Woche durchaus möglich und auch sinnvoll, bei anderen dagegen kaum für 24 Stunden.

Beim zweiten Mal gab er aber vor dem Start die Zahl manuell mit nur **3 Stellen** ein, und zwar 0,506. Die Abweichung war superwinzig und betrug nur rund 1/10.000. Deshalb dachte Lorenz, dass es keinen Unterschied machen würde. Trotzdem führte die Simulation in diesem Fall nach einiger Zeit zu einer völlig anderen Entwicklung – quasi schwache Kausalität mit Zeitverzögerung!

Lorenz erfand dafür den Begriff **Schmetterlingseffekt.** Damit meinte er, dass der Flügelschlag eines Schmetterlings, also eine minimale Änderung der Ausgangsbedingungen, an einer weit entfernten Stelle der Erde einen Orkan auslösen könnte (→ F6). Du darfst das allerdings nicht wörtlich nehmen, sonst könnte ja auch jede Luftbewegung von dir in einem entfernten Land einen Sturm auslösen. Der Begriff Schmetterlingseffekt ist als **Metapher** für das schwache Kausalitätsprinzip zu sehen. Die heutigen **Wettersimulationen,** mit deren Hilfe Prognosen erstellt werden, sind an Komplexität mit der von Lorenz natürlich nicht vergleichbar.

→ Info: Wetterprognose

Z Zusammenfassung

Die Entwicklung des Wetters verhält sich chaotisch: Winzige Änderungen der Ausgangslage können nach einigen Tagen ein völlig unterschiedliches Wetter zur Folge haben. Das macht langfristige Wetterprognosen unmöglich.

37.3 Ordnung im Chaos
Turbulenzen

Eine der großen Herausforderungen der Physik ist nach wie vor das Verständnis von Turbulenzen. Diese verhalten sich chaotisch, und bei der Simulation beißen sich sogar Supercomputer die Zähne aus.

F7 E1 Rauch, etwa von einem Räucherstäbchen (Abb. 37.11) oder einer grad erloschenen Kerze, steigt zunächst immer geordnet und glatt auf, bildet aber nach einigen Zentimetern plötzlich Wirbel. Warum ist das so? Was hat das mit Chaos zu tun?

Abb. 37.11

F8 E1 Wie strömt das Wasser aus einem Hahn, wenn man diesen nur leicht aufdreht? Wie strömt es, wenn man ihn stark aufdreht? Worin liegt der Unterschied?

Flüssigkeiten und Gase, also die sogenannten **Fluide**, können auf zwei Arten strömen. Sehr gut siehst du das an aufsteigendem **Rauch** (Abb. 37.11). Zunächst steigt dieser geordnet auf. Man spricht von **laminarer,** also geschichteter Strömung. Ab einer bestimmten Höhe wird die Strömung **turbulent,** also verworren, und der Rauch beginnt sich zu kringeln. Wieso (→ F7)?

Laminare Strömungen gibt es nur bei kleinen Geschwindigkeiten. Ab einer bestimmten **Grenzgeschwindigkeit** werden Strömungen immer turbulent. Der **Rauch** wird durch seine geringere Dichte nach oben beschleunigt und somit schneller. Wird die Grenzgeschwindigkeit überschritten, bilden sich Wirbel. Den Unterschied zwischen laminar und turbulent kannst du auch sehr schön bei **Wasser** sehen, das aus einem Hahn strömt. Wenn es turbulent wird, wird es milchig (→ F8; Abb. 37.12).

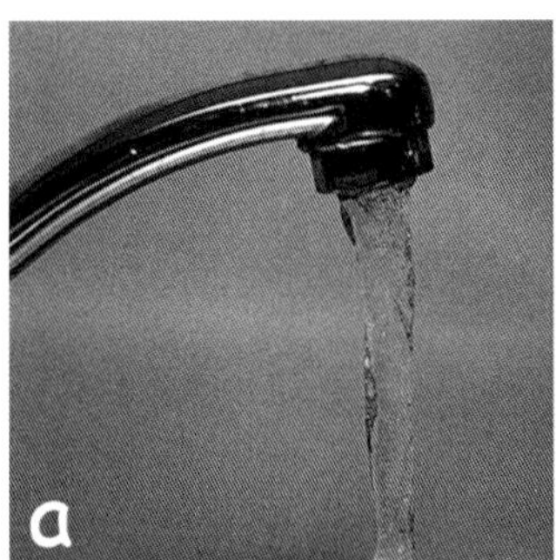

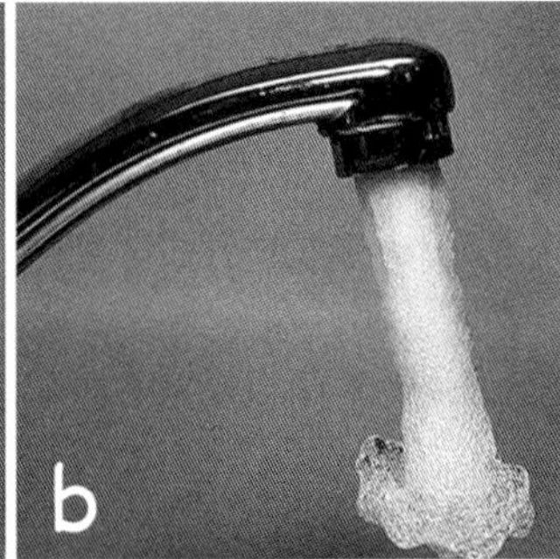

Abb. 37.12: Wasserhahn: bei kleinerer Geschwindigkeit laminar (a), bei größerer turbulent (b)

Turbulente Fluide sind immer chaotisch. Man kann dann zwar vorhersagen, dass Wirbel entstehen, aber es ist unmöglich, deren Dynamik **exakt** zu berechnen. Nehmen wir den Rauch. Die großen Wirbel zerfallen in immer kleinere, bis schließlich durch Reibung die Bewegungsenergie völlig in Wärme umgewandelt wird. Die kleinsten Wirbel sind Bruchteile von Millimetern groß, müssen aber trotzdem berücksichtigt werden. Selbst mit Supercomputern würde eine **exakte Simulation** von Abb. 37.11 ewig dauern – abgesehen davon, dass man die genaue Ausgangssituation ja gar nicht kennt. Würde irgendwo im Zimmer eine Fliege niesen, würde das Muster schon wieder ganz anders aussehen – das wäre eben der Schmetterlingseffekt.

Im chaotischen Verhalten von turbulenten Strömungen gibt es trotzdem eine gewisse **Ordnung.** Wenn das nicht so wäre, dann könnte ja ein Flugzeug niemals fliegen. Wenn Physiker die **Aerodynamik** eines Objekts berechnen (Abb. 37.13 a), sind sie meistens nicht an den kleinsten Wirbeln interessiert, sondern am durchschnittlichen Strömungsverhalten und somit am entstehenden **Druck** oder **Unterdruck** (b), und dieser ist – trotz des chaotischen Verhaltens der einzelnen Moleküle – vorhersagbar. Es ist ähnlich wie beim Würfeln. Welche Zahl oben liegen wird, kann man auf Grund des chaotischen Verhaltens des Würfels nicht vorhersagen, sehr wohl aber, dass die Wahrscheinlichkeit 1/6 beträgt und somit ein 6er im Schnitt jedes sechste Mal gewürfelt wird.

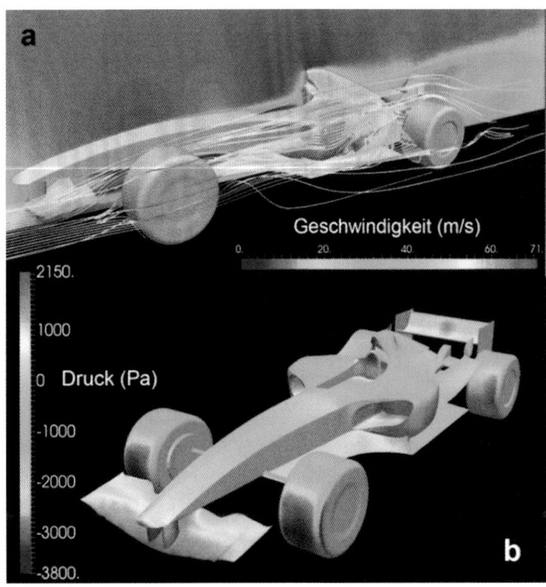

Abb. 37.13: Computersimulation der Luftströmungen (a) und des durchschnittlichen Drucks (b) bei einem F1-Auto

Z Zusammenfassung

Obwohl sich turbulente Strömungen chaotisch verhalten, kann man das durchschnittliche Strömungsverhalten berechnen. Es gibt also Ordnung im Chaos.

37.4 Ein Ring mit Lücken
Dreikörperproblem und Chaos

Nach dem Aufkommen der Chaosforschung bekam das Thema Planetenbahnen einen neuen Aspekt: Verhalten sich diese chaotisch oder nicht?

F9 E1 Angeblich stehen die Planeten alle paar tausend Jahre in einer Linie! Stimmt das oder nicht?

F10 W2 Was sind Doppelsternsysteme? Und warum ist dort die Wahrscheinlichkeit zur Entstehung von Leben viel geringer als in einem normalen Sonnensystem?

F11 E2 Die imposanten Saturnringe bestehen aus einzelnen Gesteinsbrocken. Warum weisen sie aber an manchen Stellen Lücken auf (Abb. 37.14)?

Abb. 37.14: Saturn, Saturnringe und Erde (Pfeil)

Planetenbahnen beschäftigten die Wissenschaftler schon seit der Antike. Um 1600 fand JOHANNES KEPLER heraus, dass diese elliptisch sind (siehe Kap. 9.3, „Big Bang 5"). Wenn man genau ist, dann handelt es sich dabei aber um Idealisierungen, denn nicht nur die Sonne, sondern **jeder Planet** wirkt auf **jeden anderen** ein. Daher beschreibt also kein einziger Planet eine exakte Ellipse, sondern jeder „wobbelt" ein wenig auf seiner Bahn herum.

NEWTON konnte zeigen, wie man mechanische Probleme wie die Bewegung der Planeten als Differentialgleichungen formuliert. Man stellte allerdings bald fest, dass eine **analytische** Lösung – also mit Hilfe von Formeln – nur dann möglich ist, wenn man zwei Körper berechnet, also etwa Sonne und nur einen Planeten. Sobald man einen zweiten Planeten mit einbezieht, lassen sich die Gleichungen nur mehr **numerisch** lösen – ähnlich wie bei der Simulation des Wetters. Man spricht dann vom **Dreikörperproblem.**

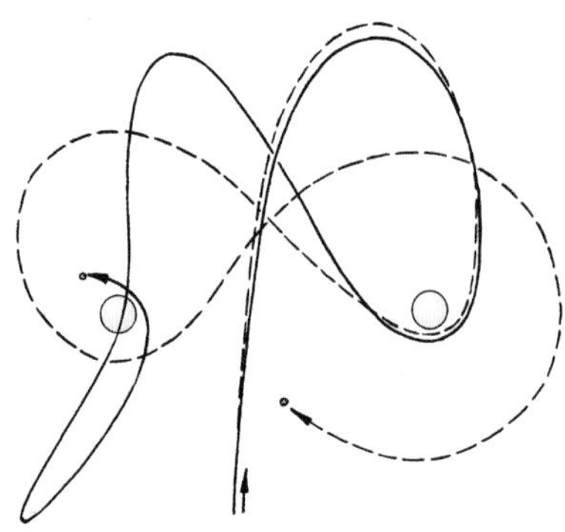

Abb. 37.15: Simulation einer Planetenbahn im Schwerefeld von zwei großen Massen, wie etwa einem Doppelsternsystem: Eine kleine Änderung der Ausgangssituation erzeugt eine völlig andere Bahn.

Zur Lösung dieses Problems berechnet man zunächst die auf die drei Körper wirkenden Kräfte, verschiebt sie in einem **klitzekleinen Zeitschritt** an die neue Position und kalkuliert dann wieder von Anfang an. Bereits bei drei Körpern können die Bahnen komplett unregelmäßig und chaotisch werden. Das konnte bereits um 1900 der große Mathematiker HENRY POINCARÉ beweisen. Simulationen zeigen, dass in **Doppelsternsystemen** selten stabile Planetenbahnen möglich sind und somit auch die Chance auf die Entstehung von Leben wesentlich geringer ist (Abb. 37.15; → F10).

Befinden sich die **Planeten in unserem Sonnensystem** tatsächlich alle paar tausend Jahre auf **einer Linie** (→ F9)? Nein, das ist totaler Quatsch! Dazu müssten ihre Umlaufzeiten in einem ganzzahligen Verhältnis zueinander stehen, was nicht der Fall ist. Es gibt aber auch eine ganz allgemeine Begründung, warum Planeten in einem Sonnensystem nicht in regelmäßigen Abständen in einer Linie stehen können. Dann würden sie sich chaotisch verhalten! Warum?

Wenn die Umlaufbahnen von Planeten in einem ganzzahligen Verhältnis stehen, dann kommen sie sich in regelmäßigen Abständen nahe. In Abb. 37.16 siehst du den Einfluss von zwei großen Planeten auf einen kleineren dritten. Immer, wenn sich der kleine Planet einem der größeren nähert (b und d), spürt er dessen **zusätzliche Anziehungskraft**, wird etwas abgelenkt (c und e) und früher oder später aus seiner Bahn gekickt.

Aus einem ähnlichen Grund gibt es Lücken in den **Saturnringen** (Abb. 37.14, S. 99). Sie entstehen dort, wo die entsprechenden Umlaufszeiten der Gesteinsbrocken in einem ganzzahligen Verhältnis zur Umlaufsdauer eines der großen Saturnmonde steht. Sollte sich doch einmal ein Brocken dorthin verirren, fliegt er nach einiger Zeit wieder raus (→ F11). Auf diese Weise entstehen die Lücken im Saturnring.

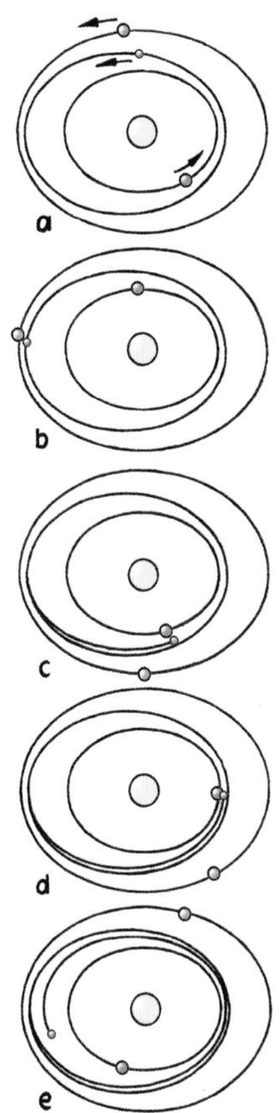

Abb. 37.16: Chaotisches Verhalten von drei Planeten: Bei b kommt der kleine Planet dem äußeren Planeten sehr nahe, bei d dem inneren. In beiden Fällen wird er dadurch von seiner regulären Ellipsenbahn abgelenkt. Würden die Umlaufbahnen der Planeten in ganzzahligem Verhältnis zueinander stehen, würde diese Ablenkung regelmäßig passieren, und der kleine Planet irgendwann komplett aus der Bahn geraten.

Z Zusammenfassung

Planetensysteme verhalten sich nur dann nicht chaotisch, wenn die Umlaufzeiten nicht in einem ganzzahligen Verhältnis stehen. Deshalb „überleben" auch nur solche Systeme – wie auch unser Sonnensystem.

37.5 Ein Universum voller Raupen
Mathematik des Chaos

In diesem Abschnitt lernst du zwei Beispiele für die Mathematik kennen, die hinter chaotischen Systemen steckt.

Die **Populationsgröße einer Tierart** kann sich in bestimmten Fällen **chaotisch** entwickeln. Ein gutes Beispiel ist der mottenartige Obstschädling Schwammspinner. Aus den gelegten Eiern schlüpfen im Frühjahr Raupen (Abb. 37.17), diese verpuppen sich, werden Schmetterlinge, diese legen Eier und so weiter. Der Zyklus dauert ein Jahr und nur die Eier überstehen den Winter.

Abb. 37.17: Die gefräßige Raupe des großen Schwammspinners

Wenn das **Wachstum nicht beeinflusst** wird, es also genug Nahrung und keine Feinde gibt, dann kann man die Population von Jahr zu Jahr so berechnen: $P_{n+1} = k \cdot P_n$. Dabei ist k der **Wachstumsfaktor**. Ist er kleiner 1, stirbt die Population aus. Ist er genau 1, bleibt die Größe immer gleich. Ist er größer als 1, wächst sie. Wenn der Wachstumsfaktor zum Beispiel 2 ist, dann verdoppelt sich die Population jedes Jahr. Es ist klar, dass das nicht immer so weiter gehen kann. Aus 100 Raupen würden nach 24 Jahren bereits über einer Milliarde und nach 260 Jahren rund 10^{80} Raupen. Dies ist deshalb absurd, weil das der Anzahl der Atome im sichtbaren Universum entspricht!

Der belgische Mathematiker Verhulst entwickelte **1845** eine realistischere Gleichung: $P_{n+1} = k \cdot P_n \cdot (1 - P_n)$. Die Angabe der Populationsgröße erfolgt relativ, wobei 1 der größtmögliche Wert ist. Der gegenläufige Term $(1 - P_n)$ entspricht dem eingeschränkten Nahrungsangebot bei steigender Raupenzahl. Diese simple Gleichung führt bei starkem Wachstum ins **Chaos**. Dann kann schon ein klitzekleiner Unterschied in der Raupenzahl nach einigen Jahren eine komplett andere Populationsgröße hervorrufen (Abb. 37.18 unten). Schmetterlingseffekt bei Raupen – sehr passend!

→ Info: Die Mandelbrotmenge

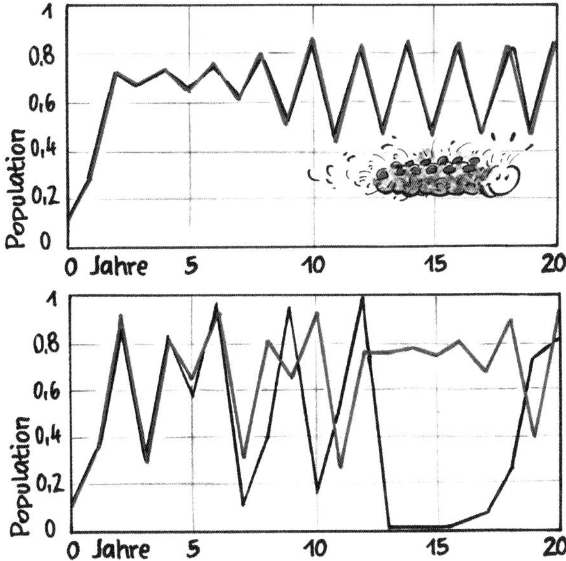

Abb. 37.18: Oben und unten betragen die Startwerte 0,1 beziehungsweise 0,101. Sie liegen nur 1% auseinander, also zum Beispiel 100 und 101 Raupen. Bei k = 3,4 (oben) sind die Kurven praktisch deckungsgleich, bei k = 4 laufen sie nach 6 Jahren völlig auseinander (vergleiche mit Abb. 37.8, S. 97). Eine einzige Raupe mehr zu Beginn führt dazu, dass die Population nach 13 Jahren fast völlig ausgerottet ist.

Die Mandelbrotmenge

Wenn von chaotischen Systemen die Rede ist, dann darf die wunderschöne **Mandelbrotmenge** nicht fehlen, die erstmals 1980 von Benoît Mandelbrot computergrafisch dargestellt und untersucht wurde. Sie ist zwar eher eine mathematische Spielerei, aber nichts zeigt den Zusammenhang zwischen Ordnung und Chaos prachtvoller als sie (Abb. 37.19).

Abb. 37.19: Zoomfahrt in die Mandelbrotmenge: Das zwölfte Bild ist rund 62-millionenfach vergrößert. Egal, wie stark gezoomt, die Struktur ist immer zerklüftet und selbstähnlich.

→ Info: Fortsetzung auf S. 102

Die Mandelbrotmenge (Fortsetzung von S. 101)

Die mathematische Beschreibung klingt etwas nüchtern: Die Mandelbrotmenge ist die **Menge aller komplexen Zahlen c,** für die die Folge komplexer Zahlen c, z_0, z_1, z_2, … mit dem Bildungsgesetz $z_{n+1} := z_n^2 + c$ beschränkt bleibt, das heißt, der Betrag der Folgeglieder wächst nicht über alle Grenzen. c ist der **Startwert.** Die grafische Darstellung erfolgt in der komplexen Ebene (Abb. 37.20).

Eine komplexe Zahl hat die Form z = a + bi. a ist der **Realteil,** b der **Imaginärteil** der Zahl und es gilt $i^2 = -1$.
Die Addition zweier komplexer Zahlen erfolgt so:
$(a + bi) + (c + di) = (a + c) + (b + d)i$.
Mit sich selbst multipliziert wird eine komplexe Zahl so:
$(a + bi) \cdot (a + bi) = (a^2 - b^2) + (2ab)i$.

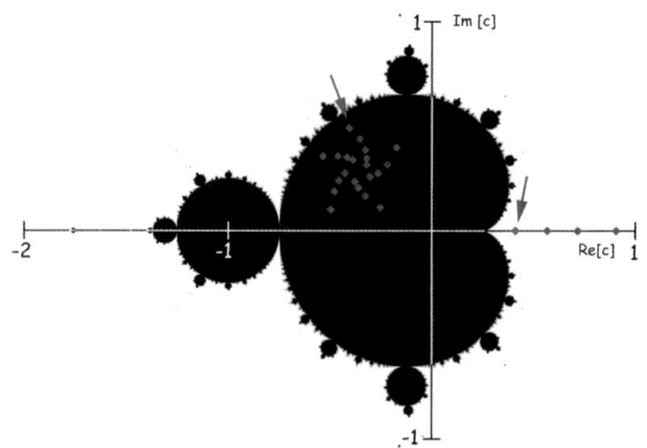

Abb. 37.20: Die Mandelbrotmenge in der Ebene der komplexen Zahlen und die Entwicklung der Folge bei zwei verschiedenen Startwerten (Pfeile)

In Abb. 37.20 ist die Entwicklung für **zwei verschiedene Startwerte** eingezeichnet. Bei c = −0,4 + 0,5 i konvergiert die Folge, und dieser Startpunkt ist somit Teil der Mandelbrotmenge. Bei c = 0,4 + 0 i läuft die Folge ins Unendliche. Dieser Startpunkt gehört daher nicht zur Mandelbrotmenge.

Ein Augenschmaus wird es, wenn man **zusätzliche Farben** verwendet (Abb. 37.19, S. 101). Man berechnet, nach wie vielen Iterationen der Betrag von Real- oder Imaginärteil zum Beispiel 2 überschreitet, und vergibt dafür eine bestimmte Farbe. In den prachtvollen Bildern kann man auch ohne Mathematik Chaos und Ordnung erkennen. Die **Ordnung** ist offensichtlich. Besonders beeindrucken die „kleine Mandelbrotmengen", die bei starken Vergrößerungen auftauchen. Das **Chaos** offenbart sich darin, dass es unvorhersagbar ist, ob ein Punkt des Randes Teil der Mandelbrotmenge ist oder nicht. Man kann es nur ausprobieren. Der horizontale Durchmesser des letzten Bildes beträgt nur mehr $5 \cdot 10^{-8}$. Eine Winzigkeit entscheidet also, ob ein Punkt innerhalb oder außerhalb der Menge liegt – schwaches Kausalitätsprinzip in Reinkultur.

Chaotische Systeme

F12 W1 Wie wurde der Planet Neptun entdeckt? → L

F13 E1 Jedes Ereignis wird durch ein anderes Ereignis ausgelöst, das durch ein noch früheres Ereignis ausgelöst worden sein muss und so weiter. Wie hat das also alles angefangen? → L

F14 W1 Manche Satelliten befinden sich in den Lagrange-Punkten. Was versteht man darunter? → L

F15 E2 Überprüfe mit einem Tabellenkalkulationsprogramm Abb. 37.18, S. 101 und erstelle weitere Diagramme, indem du P_0 und k veränderst. Überprüfe die Entwicklung der Zahlenfolge in Abb. 37.20. Startpunkt: a = −0,4, b = 0,5. → L

F16 E2 Wenn du mit einer Videokamera einen Bildschirm filmst, auf dem wiederum das Bild der Kamera zu sehen ist (Abb. 37.21), dann kannst du chaotische Bilder erzeugen. Man kann das Chaos immer wieder in Schwung bringen, indem man zum Beispiel mit der Hand ins Bild greift.

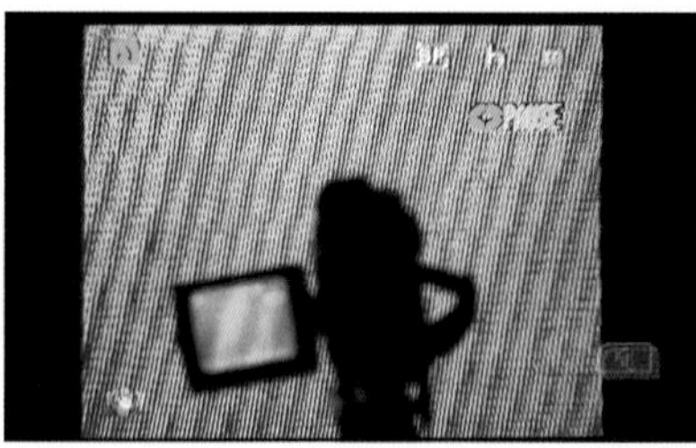
Abb. 37.21: Mit einer Videokamera, die einen Fernseher filmt, der ihre Bilder zeigt, kann man Chaos produzieren.

F17 E2 Baue das Magnetpendel in Abb. 37.22 nach und untersuche sein chaotisches Verhalten! Filme dazu die Pendelbahn von oben und vergleiche leicht unterschiedliche Ausgangsbedingungen!

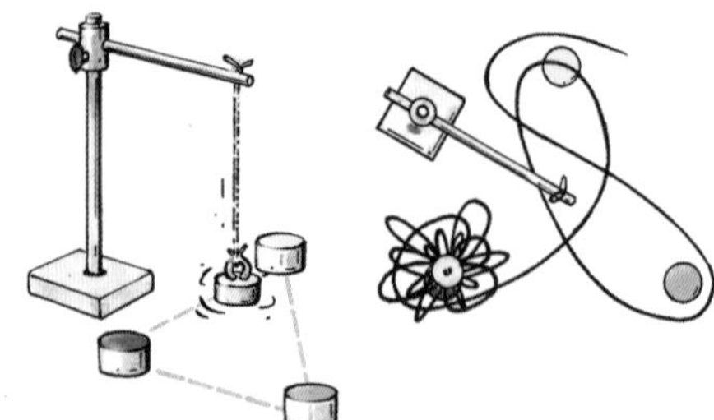
Abb. 37.22 links: Pendel und Magnete; rechts: Mögliche Bahn des Pendels

Kompetenzcheck

Umfangreiche Kompetenzchecks auf bigbang.oebv.at!

Kompetenzbereich Elektrodynamik

27 Grundlagen der Elektrotechnik

Generator und Elektromotor

A1 a) Erkläre möglichst einfach das Prinzip eines Generators!
b) Erkläre möglichst einfach das Prinzip eines Elektromotors!
c) Was stellen die Abbildungen dar? Ordne sie richtig zu und erkläre mit ihrer Hilfe, auf welchem Phänomen beide Geräte beruhen!

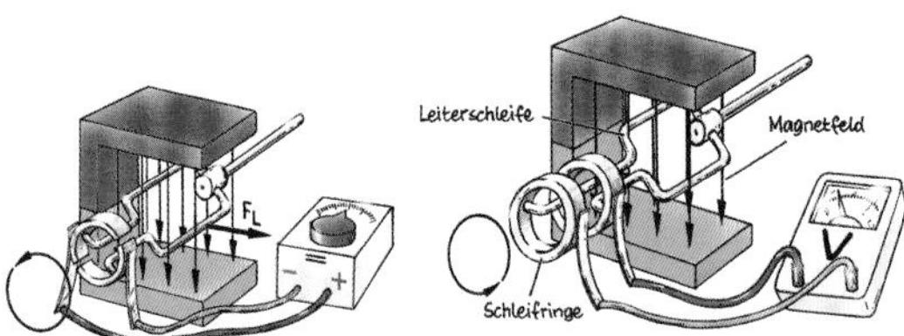

Abb. 1: Was ist was? Auf welchem Effekt beruhen beide Maschinen?

A2 Welche der folgenden Aussagen sind richtig oder falsch und warum?
a) Ein Kraftwerk erzeugt elektrische Energie.
b) Ein Kraftwerk erzeugt Energie.
c) Die Haushalte brauchen immer mehr Strom.
d) Die Haushalte verbrauchen immer mehr Strom.

A3 Erkläre, warum eine Leiterschleife, die in einem Magnetfeld rotiert, eine Induktionsspannung erzeugt! Verwende dazu Abb. 2 und die Begriffe elektromagnetische Induktion und magnetischer Fluss!

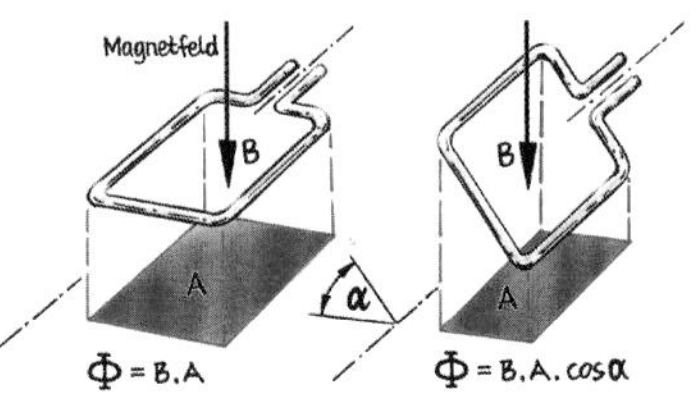

Abb. 2: Eine Leiterschleife rotiert in einem Magnetfeld.

Kompetenzbereich Energie

Die Leistung des Wechselstroms

A4 Wie hängt die Stromleistung von der Frequenz des Wechselstroms ab? Anders gefragt: Wie würde sich die Leistung verändern, wenn sich die Frequenz des Wechselstroms veränderte?

A5 Warum hat der Wechselstrom eine Frequenz von 50 Hz und nicht irgendeine andere?

A6 In Abb. 3 siehst du mögliche Verläufe der Leistungskurve beim Wechselstrom. Ordne diese richtig zu! 1) reiner Ohm'scher Widerstand; 2) rein kapazitiver Widerstand; 3) rein Induktiver Widerstand; 4) Mischung von Widerständen

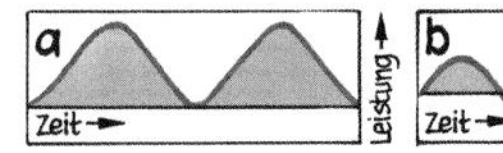

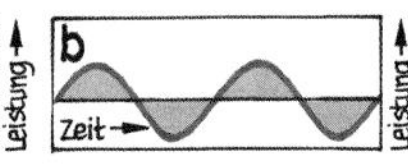

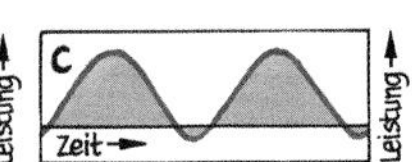

Abb. 3: „Leitungshügel" beim Wechselstrom

Kompetenzbereich Energie

Der Transformator

A7 a) Warum wird die Spannung in Überlandleitungen auf mindestens 220 kV hinauftransformiert, um bei zu den Haushalten wieder hinuntertransformiert zu werden? Warum überträgt man den Strom nicht gleich mit einer Spannung von 230 V? Verwende für deine Erklärung die Formel für die Leistung $P = U \cdot I$ und für den Ohm'schen Widerstand $R = U/I$ beziehungsweise $U = I \cdot R$! b) Berechne das Verhältnis der Leistungsverluste in den Leitungen, wenn du 230 V bzw. 220.000 V verwendest. Verwende dazu das Ergebnis aus A7 a.

Strom im Haushalt und Stromunfälle

A8 Wie funktioniert ein Defibrillator? Wann wird er eingesetzt? Verwende für deine Erklärung Abb. 4!

Abb. 4: Schaltskizze und Einsatz eines Defibrillators

A9 Erkläre mit Hilfe der Abb. 5 die Funktionsweise eines Fehlerstromschutzschalters!

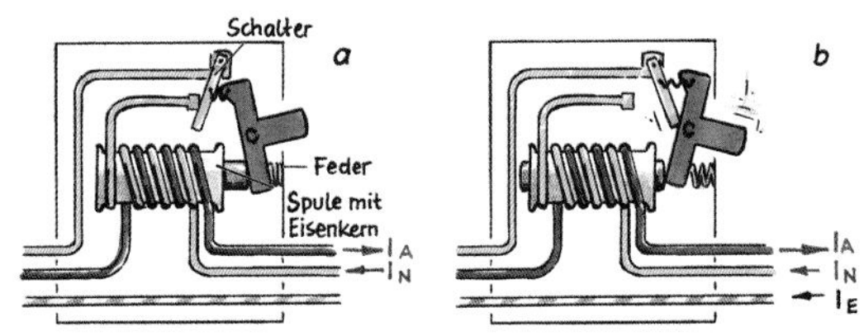

Abb. 5: Funktionsweise eines FI-Schalters

Kompetenzbereich Elektromagnetische Wellen

28 Grundlagen der elektromagnetischen Wellen

Entstehung von EM-Wellen

A1 Man sagt, eine Welle ist die Ausbreitung einer Störung. Was ist damit gemeint? Gib Beispiele zur Entstehung von Wellen an. Was wird bei der Entstehung einer elektromagnetischen Welle gestört?

A2 Beschreibe in Worten die 3. und 4. Maxwell'sche Gleichung. Verwende dazu Abb. 6!

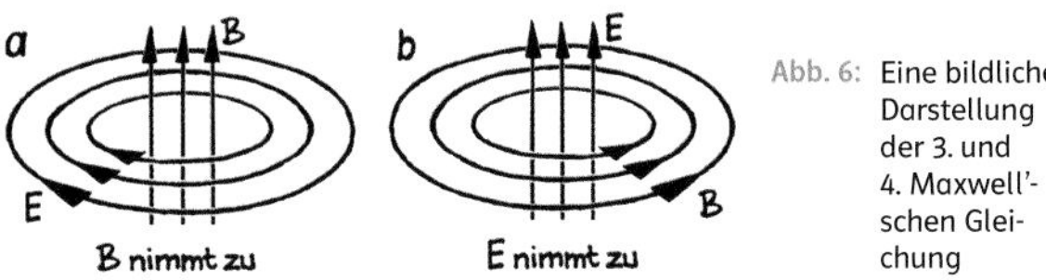

Abb. 6: Eine bildliche Darstellung der 3. und 4. Maxwell'schen Gleichung

A3 Erkläre mit Hilfe von Abb. 7, warum man durch eine beschleunigte Ladung einen elektromagnetischen Puls erzeugen kann. Verwende für deine Erklärung auch Abb. 6. Warum spielt die endliche Ausbreitungsgeschwindigkeit der Information durch das elektromagnetische Feld eine wichtige Rolle?

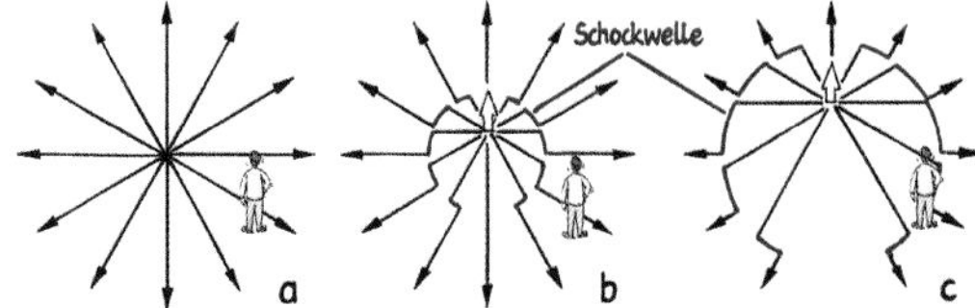

Abb. 7: Die Entstehung eines elektromagnetischen Pulses

Wichtige Eigenschaften von EM-Wellen

A4 Kurz vor 1900 suchte man verzweifelt nach einem Medium, das das Licht transportiert. Braucht Licht ein Medium? Warum suchte man nach einem solchen?

A5 Bei Schallwellen gibt es eine Schallmauer. Gibt es bei Licht auch eine „Lichtmauer"? Könnte ein Raumschiff diese durchbrechen? Welche der Möglichkeiten in Abb. 8 gibt es auch bei Lichtwellen?

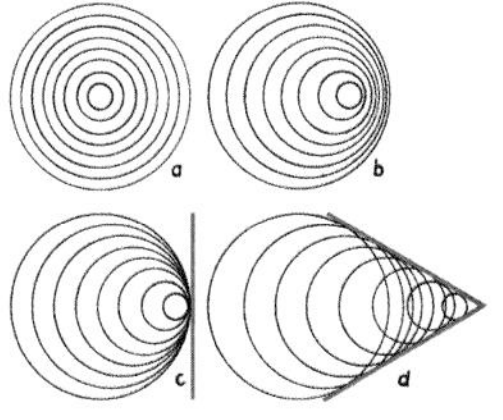

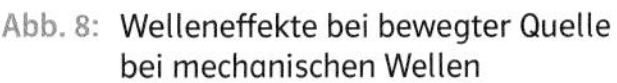

Abb. 8: Welleneffekte bei bewegter Quelle bei mechanischen Wellen

Der Schwingkreis

A6 Wie lang muss eine Sendeantenne sein, damit man damit den Musiksender Ö3 mit 99,9 MHz übertragen kann? Verwende $c = \lambda \cdot f$. c ist die Lichtgeschwindigkeit ($3 \cdot 10^8$ m/s), f die Frequenz des Senders.

A7 Warum ist das Resonanzverhalten einer Antenne nicht scharf ausgeprägt? Mit anderen Worten: Warum darf eine Antenne bei einem Radio ein bisschen länger oder kürzer sein, als sie eigentlich sein sollte? Verwende für deine Erklärung Abb. 9.

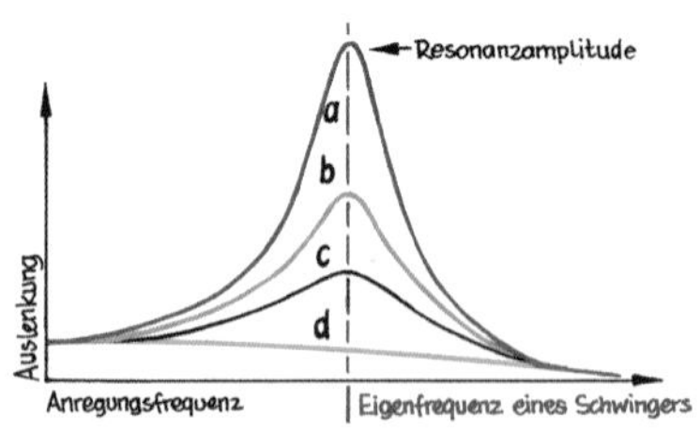

Abb. 9: Zusammenhang zwischen Anregungsfrequenz und Amplitude der Schwingung bei verschieden starken Dämpfungen (a = schwache Dämpfung, d = starke Dämpfung)

29 Einige Lichtphänomene

Reflexion

A1 Man sagt immer, dass ein Spiegel links und rechts vertauscht. Was wird tatsächlich vertauscht? Hilf dir mit Abb. 10! Wie würdest du dich sehen, wenn ein Spiegel wirklich links und rechts vertauschen würde?

Abb. 10

A2 Du denkst dir vielleicht, das ist eine blöde Frage, aber kann man Spiegel eigentlich sehen?

Brechung und Totalreflexion

A3 Warum sieht man durch eine Taucherbrille unter Wasser alles größer? Versuche, den Strahlengang beim Übergang vom Wasser durch die Luft in der Brille zum Auge aufzuzeichnen.

Dispersion und Farbmischung

A4 In Abb. 11 siehst du zwei Diagramme. Welches ist richtig dargestellt?

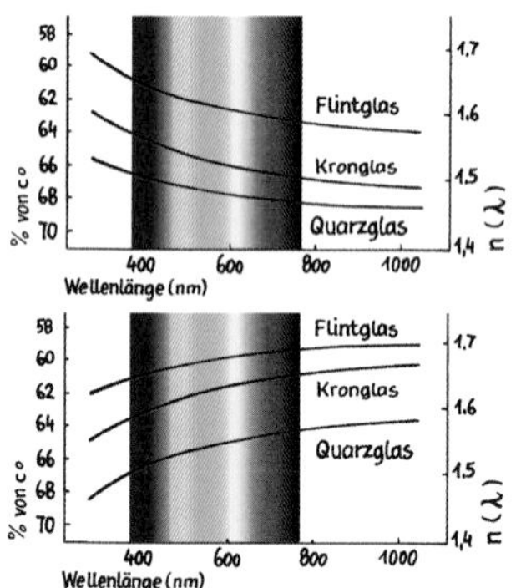

Abb. 11: Zusammenhang zwischen Wellenlänge und Geschwindigkeit (bzw. Brechzahl) für drei Glassorten

30 Energieübertragung durch elektromagnetische Wellen

Schwarzer Strahler, Schwarze Körper

A1 Wenn du die Hand über eine heiße Herdplatte hältst, dann spürst du durch die Wärmestrahlung deren Hitze. Wenn du die Hand in den Tiefkühlkasten hältst, spürst du die Kälte, auch ohne, dass du die Lebensmittel darin berührst. Gibt es daher auch eine Kältestrahlung?

A2 Ist jedes schwarz erscheinende Objekt ein Schwarzer Strahler? Können umgekehrt auch nicht schwarz erscheinende Objekte Schwarze Strahler sein? Begründe!

Mikrowellen und Radar

A3 Mikrowellen wärmen Speisen auf. Sind Mikrowellen daher Wärmestrahlen?

A4 Stimmt es, dass bei der Zubereitung von Gemüse in der Mikrowelle die Vitamine verloren gehen?

Infrarot und Ultraviolett

A5 Ein Infrarot-Laser sendet logischerweise Infrarot aus. Handelt es sich dabei um Wärmestrahlung?

A6 Überlege, wie man IR und UV entdeckt haben könnte! Man sieht sie doch nicht!

Röntgen- und Gammastrahlung

A7 Gammastrahlung entsteht durch „Quantensprünge im Kern". Erkläre das mit Hilfe von Abb. 12.

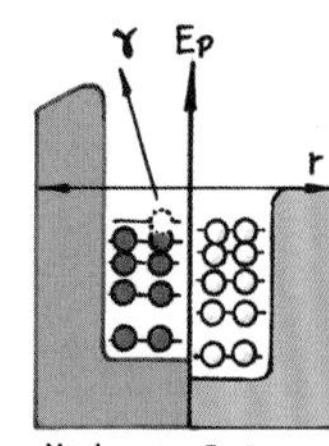

Abb. 12: Schematische Darstellung eines γ-Zerfalls

31 Informationsübertragung durch elektromagnetischen Wellen

Geschichte des Funks, Funk allgemein

A1 Man sagt, eine Welle ist die Ausbreitung einer Störung. Was ist damit gemeint? Gib Beispiele zur Entstehung von Wellen. Was wird bei der Entstehung einer elektromagnetischen Welle gestört?

Formen der Modulation

A2 Erkläre, warum jeder FM-Sender eine bestimmte Bandbreite haben muss! Hilf dir mit Abb. 13!

Signal

AM

FM

Abb. 13

Analog und digital

A3 Beim Beamen in den SciFi-Filmen wird der Mensch zuerst exakt gescannt und dann aufgelöst. Diese Informationen werden mit einem Transporterstrahl zum Zielort geschickt (engl. „beam" bedeutet Strahl), wo der Mensch wieder zusammengesetzt wird. Berechne die Datenmenge, die notwendig ist, um einen Menschen zu beamen! Nimm dazu an, dass man ein Kilobyte (1 kB) an Daten benötigt, um die Eigenschaften eines Atoms genau zu beschreiben. Ein Mensch besteht aus etwa 10^{28} Atomen.

Das Handy

A4 Das Auto ist ein Faraday'scher Käfig. Man sagt, dass im Inneren eines solchen Käfigs kein elektrisches Feld herrscht. Können EM-Wellen in einen solchen Käfig ein- oder ausdringen? Überlege dir einfache Argumente mit Hausverstand.

Der Elektrosmog

A5 Welche Geräte, die du aus dem Alltag kennst, arbeiten zur Informationsübertragung mit EM-Wellen?

Kompetenzbereich Strahlungshaushalt der Erde

32 Klimaänderung und erneuerbare Energie

Die Luft-Zusammensetzung

A1 Angenommen, in der Luft befinden sich 400 ppm CO_2. Auf wie viele Luftmoleküle kommt daher ein CO_2-Molekül? Anders gesagt: Wie viele Luftmoleküle musst du sammeln, damit statistisch gesehen ein CO_2-Molekül dabei ist?

A2 Im Film „Eine unbequeme Wahrheit" wird behauptet, dass die Atmosphäre so dick ist wie die Lackschicht auf einem Globus. Schätze ab, ob dieser Vergleich richtig sein kann! Der Radius der Erde beträgt $6{,}37 \cdot 10^6$ m.

Mögliche Entwicklungen des globalen Klimas

A3 Warum kann man das Wetter auf eine Woche, das Klima aber auf ein Jahrhundert im Voraus sinnvoll einschätzen?

Windenergie

A4 Argumentiere möglichst einfach, warum es nicht möglich ist, dem Wind die gesamte kinetische Energie zu entziehen.

Allgemeines

A5 Warum ist das Verbrennen von Biomasse ökologischer als das Verbrennen von fossilen Stoffen? Es wird doch in beiden Fällen CO_2 freigesetzt! Erkläre in diesem Zusammenhang den Begriff CO_2-neutral.

Kompetenzbereich Quantenphysik

33 Welle und Teilchen

Licht als Welle, Doppelspalt

Abb. 14

A1 An einem sonnigen Tag trittst du vor dein Wochenend-Iglu (Abb. 14). Welche Farbe hat dein Schatten am Schnee?

Licht als Teilchen, Photoeffekt

A2 Im Wellenmodell hat Licht mit größerer Intensität eine größere Amplitude. Wie sieht das aber im Teilchenmodell aus?

Materiewellen

A3 Wo liegt die Grenze für die Beobachtungen von Quanteninterferenzen? ANTON ZEILINGER, österreichischer Quantenphysiker von Weltformat, meint dazu: „Die Beantwortung dieser Frage wird wohl eher dem Erfindungsreichtum des Experimentators überlassen sein als prinzipiellen theoretischen Überlegungen". Kommentiere dieses Zitat!

A4 Wie kommen eigentlich die Farben beim Elektronenmikroskop zustande? Die verwendeten Elektronen haben doch alle dieselbe Wellenlänge!

Die Heisenberg'sche Unschärferelation

A5 Erkläre folgenden Aussagen:
a) Die Heisenberg'sche Unschärferelation macht keine Aussage über die Grenzen der Messeinrichtung, sie macht eine Aussage über die Grenzen der Wirklichkeit.
b) Die Quantenunbestimmtheit ist eine grundlegende Grenze dessen, was überhaupt gewusst werden kann.

Kompetenzbereich Atomphysik

34 Das moderne Atommodell

Atommodelle vor der Quantenmechanik

A1 Atome haben keine festen Grenzen. Man kann aber in Festkörpern den Atomdurchmesser abschätzen. Nimm dazu exemplarisch Gold (Dichte $\rho = 19{,}3\,\text{g/cm}^3$, Massezahl 197) und gehe folgendermaßen vor:
1) Berechne zuerst die Masse von einem Mol Gold. Ein Mol hat $6 \cdot 10^{23}$ Teilchen. Die Massenzahl A eines Stoffes gibt auch gleichzeitig die Molmasse in Gramm an.
2) Nimm an, dass jedes Atom einen würfelförmigen Raum beansprucht und berechne die Seitenlänge des „Atom-Würfels". Setze diese Seitenlänge gleich dem Durchmesser des Goldatoms.

Das Wasserstoffatom

A2 Der Energieerhaltungssatz besagt, dass Energie weder erzeugt noch vernichtet werden kann. Sie kann lediglich ihre Erscheinungsform ändern. Wie lässt sich aber der Energieerhaltungssatz mit der Lokalisationsenergie vereinbaren? Hier bekommt das Elektron doch durch die Annäherung an den Atomkern scheinbar aus dem Nichts Energie!

Orbitale des Wasserstoffatoms

A3 Die radiale Wahrscheinlichkeitsdichte des Elektrons im 1s-Orbital wird durch folgenden Ausdruck beschrieben: $P = \frac{4r^2}{a_0^3} \cdot e^{-\frac{2r}{a_0}}$.
$P(\Delta r) = P(r)\Delta r$ ergibt dann die Wahrscheinlichkeit, das Elektron im Bereich $[r - \Delta r, r + \Delta r]$ anzutreffen. Dabei ist a_0 der Bohr'sche Radius. Zeige, dass bei diesem Radius das Maximum der Wahrscheinlichkeit liegt. Dazu musst du die Gleichung nach r differenzieren und null setzen.

Elektronenspin und Pauli-Verbot

A4 Wie beeinflusst das Pauli-Verbot den Schalenaufbau der Atome? Warum verleiht es den Elementen ihre chemischen Eigenschaften?

Das Periodensystem

A5 Im Heliumatom sind beide Elektronen auf gleichem Energieniveau eingebaut. Zum Abtrennen des ersten Elektrons sind 24 eV notwendig, wenn man auch das zweite abtrennen will jedoch 54 eV. Ist das nicht ein Widerspruch zur einleitenden Aussage?

35 Licht als Träger von Energie

Quantensprung und Photonen

A1 Auf der Esoterik-Seite http://www.seelencoaching2012.de findet sich folgendes Zitat:
„Die neuen Naturwissenschaften unterstreichen diese immer deutlicher sichtbar werdende Entwicklung, bei der der Mensch nicht nur in die Evolutionsspirale eingebunden, sondern in der Lage ist, durch die Überschneidung vielfältigster Situationen und Ereignisse einen evolutionären Quantensprung vollziehen zu können."
Kommentiere dieses Zitat!

A2 Gibt es physikalisch gesehen eigentlich „Farben"? Wo „entstehen" diese?

Arten von Spektren

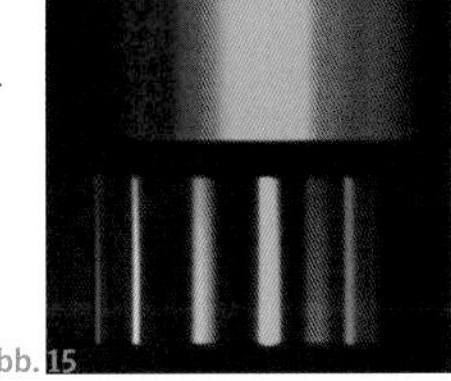

Abb. 15

A3 Abb. 15 zeigt das Spektrum einer herkömmlichen (und inzwischen bereits verbotenen) 60 W-Glühbirne und das einer Energiesparlampe mit 11 W. Welches Spektrum gehört zu welcher Lampe? Begründe!

Metastabilität, Laser und Anwendungen

Abb. 16

A4 Du weißt aus dem Alltag, dass das Licht, das von zwei Lampen ausgeht, *keine* sichtbare Interferenz erzeugt. Aber warum? Müssten nicht durch konstruktive und destruktive Interferenz irgendwo helle und dunkle Streifen entstehen (Abb. 16)?

36 Fortgeschrittene Quantenmechanik

Schrödingers Katze

A1 Wenn man kleinen Kindern eine Überraschung schenkt, dann versteckt man diese oft in einer Faust, hält beide Fäuste hin und sagt: „Rate, in welcher Hand!" Erst wenn das Kind getippt hat und man die Fäuste geöffnet hat, wird ihm klar, in welcher Hand die Überraschung ist. Ist es daher legitim zu sagen, dass sich die Überraschung vorher in einem quantenmechanischen Überlagerungszustand zwischen links und rechts befindet, ähnlich wie die Schrödinger'sche Katze sich in einem Überlagerungszustand zwischen lebend und tot befindet, bevor man nachsieht?

Der Tunneleffekt

A2 Ohne Tunneleffekt könntest du nicht leben! Was ist damit gemeint?

Verschränkte Quanten und EPR-Paradoxie

A3 Normalerweise muss zwischen Ursache und Wirkung eine gewisse Zeit vergehen. Wie ist das in der Quantenmechanik?

„Beamen" und Quantenteleportation

A4 Beim Beamen in den SciFi-Filmen wird der Mensch zuerst exakt gescannt und dann aufgelöst. Diese Informationen werden mit einem Transporterstrahl zum Zielort geschickt (engl. „beam" bedeutet Strahl), wo der Mensch wieder zusammengesetzt wird. Da die Abtastung völlig exakt sein muss, kommt man in die extrem kleinen Dimensionen der Quantenwelt. Welches prinzipielle Problem würde dabei auftreten?

Kompetenzbereich Theorienentwicklung

37 Chaotische Systeme

Starkes und schwaches Kausalitätsprinzip

A1 Jedes Ereignis (die Wirkung) wird durch ein anderes Ereignis (die Ursache) ausgelöst. Das heißt aber auch, dass dieses frühere Ereignis durch ein noch früheres Ereignis ausgelöst worden sein muss und so weiter. Wie hat das also alles angefangen?

Die Geburt der Chaosforschung

A2 Was versteht man unter dem Schneeballeffekt? Welcher Zusammenhang besteht zwischen dem Schneeballeffekt und dem Dominoeffekt? Ist der Schmetterlingseffekt ein Schneeballeffekt?

Turbulenzen

A3 In Zusammenhang mit Turbulenzen spricht man auch vom deterministischen Chaos. Was könnte damit gemeint sein?

Lösungen zu den Kompetenzcheck-Fragen

27 Grundlagen der Elektrotechnik

Hilfe zu A1 a: Ein Generator wandelt mechanische Energie in elektrische Energie um.

Hilfe zu A1 b: Ein Elektromotor wandelt elektrische Energie in mechanische Energie um.

Hilfe zu A1 c: In Abb. 1 ist links ein Motor zu sehen und rechts ein Generator. Beide Maschinen nutzen die Lorentzkraft aus. Beim Generator links bewirken die fließenden Ladungen eine Lorentzkraft, die die Wicklung in Drehung versetzt. Beim Motor rechts bewirkt die Drehung der Wicklung, dass sich die Schleife und somit auch die Ladungen durch das Magnetfeld bewegen. Dadurch entsteht wiederum eine Lorentzkraft, die die Ladungen verschiebt und somit eine Induktionsspannung hervorruft.

Hilfe zu A2: Energie wird nicht erzeugt oder vernichtet, sie kann nur umgewandelt werden. Das ist die Kernaussage des Energieerhaltungssatzes. Deshalb kann man zwar elektrische Energie erzeugen, indem man sie zum Beispiel aus mechanischer Energie umwandelt (hier bleibt die Energie erhalten), man kann aber keine Energie erzeugen (hier würde ja Energie dazukommen). Deshalb ist Aussage a richtig und b falsch.
Es wird immer mehr Strom im Haushalt gebraucht (im Sinne von benötigt). Es wird aber dabei kein Strom *ver*braucht, also es fließen salopp gesagt nicht mehr Ampere hinein als hinaus. Es wird lediglich die Energie des Stroms in andere Energieformen umgewandelt, etwa mechanische Energie (Motoren) oder Wärme. Daher ist c richtig und d falsch!

Hilfe zu A3: Den Effekt, dass ein veränderliches Magnetfeld einen Strom hervorruft, nennt man elektromagnetische Induktion oder kurz Induktion. Man sagt auch, Strom wird durch ein veränderliches Magnetfeld induziert, das bedeutet so viel wie ausgelöst oder hervorgerufen. Man spricht daher von Induktionsstrom. Der magnetische Fluss ist das Produkt von magnetischer Induktion und davon durchsetzter Fläche: $\Phi = B \cdot A$. Allgemein kann man nun sagen: Wenn sich in einer Leiterschleife irgendwie der magnetische Fluss verändert, dann wird in ihr eine Spannung induziert. Wenn man die Leiterschleife kippt, verringert sich der magnetische Fluss, weil sich die „effektive“ Fläche verringert. Man kann sich diese als „Schattenfläche“ vorstellen.

Hilfe zu A4: Die Leistung des Wechselstroms ergibt sich aus $P = U_{eff} I_{eff} \cos \varphi$ und hängt daher *nicht* von der Frequenz des Wechselstroms ab. Wäre die Frequenz größer oder kleiner, dann wären die „Leistungshügel“ enger oder weiter, an der Leistung selbst würde das aber nichts ändern.

Hilfe zu A5: Im Prinzip könnte man Wechselstrom auch mit anderen Frequenzen produzieren, die Leistung würde sich dabei nicht ändern (siehe **A4**). Tatsächlich produzierten die ersten Kraftwerke Ende des 19. Jh. Wechselströme zwischen 25 und 133 Hz. Damit man aber die Stromnetze verbinden konnte, musste eine einheitliche Regelung getroffen werden. Damit das Licht nicht zu sehr flackert, sollten es mindestens 42 Hz sein. Andererseits wäre der Wirkungsgrad von Transformatoren bei 60 Hz besser. Die 50 Hz sind also gewissermaßen ein Kompromiss. In den USA haben sich aber 60 Hz durchgesetzt.

Hilfe zu A6: 1) zu a, 2) zu b, 3) zu b und 4) zu c

Hilfe zu A7 a: Man arbeitet deshalb mit extremen Hochspannungen, weil dann die Verluste wesentlich geringer sind. Es geht also weniger Energie durch Erwärmung verloren. Die Kraftwerksleistung ist $P = U \cdot I$ und daraus folgt $I = P/U$. Ein Teil davon geht beim Transport verloren. Nennen wir ihn die Verlustleistung P_V. Weil diese vom Widerstand der Leitungen abhängt, setzen wir das Ohm'sche Gesetz ein: $P_V = U \cdot I = I \cdot R \cdot I = I^2 \cdot R$. Nun kann man in diese Gleichung die Leistung des Kraftwerks einsetzen: $P_V = I^2 \cdot R = \frac{P^2}{U^2} \cdot R \sim \frac{1}{U^2}$

Hilfe zu A7 b: Aus A7 a folgt $P_V \sim \frac{1}{U^2}$. Für zwei verschiedene Betriebsspannungen gilt daher $\frac{P_{v1}}{P_{v2}} = \frac{U_2^2}{U_1^2}$. Wenn wir für U_1 230 V annehmen und für U_2 220.000 V, erhalten wir $\frac{P_{v1}}{P_{v2}} = \frac{U_2^2}{U_1^2} = \frac{4{,}84 \cdot 10^{10}}{52.900} = 9{,}15 \cdot 10^5 \approx 10^6$. Die Verlustleistung liegt bei 230 V, also rund eine Million Mal so groß wie bei Hochspannung.

Hilfe zu A8: Der Defibrillator wird zum Beispiel bei Herzflimmern eingesetzt, indem man der betroffenen Person einen gezielten Elektroschock erteilt. Das Kernstück ist ein Kondensator, der zunächst aufgeladen wird.
Es wird dabei nicht die Spannung, sondern die Ladeenergie angegeben, die maximal 360 J beträgt. Erstaunlich wenig! Der Trick besteht darin, dass diese in extrem kurzer Zeit abgegeben wird. Dadurch entsteht eine beachtlich hohe Stromleistung. Muskelfasern brauchen nach jedem Zusammenziehen eine kurze Pause. Durch den Stromstoß ziehen sich alle Herzmuskelfasern gleichzeitig zusammen, werden quasi „auf null gestellt“, und das Flimmern hört auf.

Hilfe zu A9: Wie „weiß“ der Fehlerstromschutzschalter (kurz FISS), dass Strom über den Schutzleiter oder über eine Person abfließt und somit Gefahr besteht? Sowohl Außenleiter als auch Neutralleiter sind mit gleicher Windungszahl über eine Spule gewickelt. Im Normalbetrieb verlaufen der Strom im Außenleiter (I_A) und im Nullleiter (I_N) gegenläufig und mit gleicher Stromstärke. Die magnetischen Felder heben sich daher auf. Fließt jedoch ein Teil des Stroms über den Schutzleiter (die „Erdung“; I_E) oder sonst irgendwie fehlerhaft ab (= Fehlerstrom), so überwiegt in der Spule der Außenleiterstrom und sie wird magnetisch. Ein beweglicher Eisenkern wird in die Spule gezogen, der Kippschalter geht nach unten und unterbricht den Strom.

28 Grundlagen der elektromagnetischen Wellen

Hilfe zu A1: Bei einer Flüssigkeitswelle wird zum Beispiel die ruhende Wasseroberfläche gestört. Beim Donner wird die Luft im Blitzkanal durch plötzliche Ausdehnung gestört. Bei einer elektromagnetischen Welle wird das elektrische Feld durch die Beschleunigung einer Ladung gestört (siehe Abb. 7, S. 103).

Hilfe zu A2: 3. Gleichung (Abb. 6 a, S. 103): Wenn sich ein Magnetfeld ändert, ist es von ringförmig geschlossenen elektrischen Feldlinien umgeben. Das ist eine andere Formulierung des Induktionsgesetzes. Während bei einem elektrostatischen Feld die Feldlinien Anfang und Ende haben, sind sie im elektrodynamischen Feld geschlossen. 4. Gleichung (Abb. 6 b, S. 103): Wenn sich ein elektrisches Feld ändert, ist es von ringförmigen geschlossenen Feldlinien umgeben. Nicht nur Ströme, sondern auch veränderliche elektrische Felder erzeugen also magnetische Wirbelfelder.

Hilfe zu A3: Was muss man stören, um eine elektromagnetische Welle auszulösen? Ein elektrisches Feld! Die Feldlinien in Abb. 7, S. 103 zeigen radial nach außen und geben Information darüber, wo sich die Ladung befindet. Nun wird die Ladung nach oben beschleunigt (b und c). Die Information über diese Bewegung kann sich aber nur mit Lichtgeschwindigkeit ausbreiten. Daher „wissen“ außerhalb eines kreisförmigen, sich mit Lichtgeschwindigkeit ausbreitenden Bereichs die Feldlinien noch nichts von der Bewegung der Ladung, wodurch ein Knick entsteht. Das ist die Störung, und das Weiterlaufen dieser Störung ist die elektromagnetische Welle. Ein veränderliches elektrisches Feld erzeugt aber ein magnetisches Feld und ein veränderliches magnetisches Feld erzeugt ein elektrisches Feld (siehe A2). Veränderliche elektrische und magnetische Felder erzeugen einander gegenseitig und bilden gemeinsam eine elektromagnetische Welle. Das erklärt, warum der vorbeilaufende Knick des elektrischen Feldes auch eine magnetische Komponente besitzt.

Hilfe zu A4: Um 1900 nahm man an, dass Licht eine Welle ist. Alle Wellen brauchten nach der damaligen Vorstellung jedoch ein Medium, wie eben Wasserwellen das Wasser brauchen und Erdbebenwellen die Erde. Deshalb suchte man nach einem Medium, das die Lichtwellen transportieren könnte und nannte dieses den Äther. 1905 konnte Albert Einstein aber auf theoretischem Wege zeigen, dass Licht und elektromagnetische Wellen allgemein kein Medium zur Ausbreitung brauchen. Das ist deshalb möglich, weil man sie als Welle und Teilchen zugleich betrachten kann, und fliegende Teilchen brauchen kein Medium. Die Erkenntnis, dass Licht kein Medium zur Ausbreitung braucht, ist eine der Grundlagen der Relativitätstheorie.

Hilfe zu A5: Materielle Objekte können die Lichtgeschwindigkeit niemals erreichen, sie können sich nur beliebig annähern. Das ist eine der Kernaussagen der Speziellen Relativitätstheorie. Deshalb ist der Sprung durch die Lichtmauer nicht möglich. Dabei müsste ja die Geschwindigkeit eines Raumschiffs sogar größer als c werden. Für elektromagnetische Wellen im Vakuum sind daher die Abb. 8 c und d (S. 103) niemals möglich.

Hilfe zu A6: Es gilt $\lambda = c/f$ und daher $\lambda/2 = c/(2f)$. Die Sendeantenne für Ö3 muss daher $3 \cdot 10^8/(199{,}8 \cdot 10^6)\,\text{m} \approx 1{,}5\,\text{m}$ lang sein.

Hilfe zu A7: Die Empfangsantenne beginnt selbst zu strahlen, so wie auch ein Resonanzkörper bei einem Musikinstrument Schall abstrahlt. Dadurch ist aber die Schwingung sehr stark gedämpft. Bei einer stark gedämpften Schwingung ist wiederum das Resonanzverhalten nicht sehr scharf ausgeprägt (siehe Abb. 9 c + d, S. 104). Mit anderen Worten: Der Unterschied zwischen idealer und nicht-idealer Anregungsfrequenz macht keinen großen Unterschied.

29 Einige Lichtphänomene

Hilfe zu A1: Sieh dir das Koordinatensystem und sein Spiegelbild in Abb. 10 (S. 104) an. Wohin zeigt der nach oben gerichtete Pfeil im Spiegel? Nach oben! Und der nach rechts gerichtete Pfeil? Nach rechts! Und der herausgerichtete Pfeil? Hinein! Ein Spiegel vertauscht also nicht oben und unten, nicht links und rechts, sondern vorne und hinten!
Durch das Umkehren von vorne und hinten vertauscht der Spiegel somit aber auch den Drehsinn. Wie es aussieht, wenn ein Spiegel wirklich links und rechts vertauscht, kannst du in Abb. 17 sehen. Im Alltag wäre das ja ein wenig unpraktisch.

Abb. 17

Hilfe zu A2: Auf diese Frage antworten die meisten mit „ja". Das ist ein Beweis dafür, dass wir oft eine völlig ungenügende Kenntnis der alltäglichsten Dinge haben. Ein guter, sauberer Spiegel ist nämlich völlig unsichtbar. Man kann den Rahmen des Spiegels sehen, das schützende Glas oder die Gegenstände, die sich in ihm spiegeln. Aber den Spiegel selbst, dort, wo das Licht reflektiert wird, sieht man nicht. Jede reflektierende Oberfläche ist zum Unterschied von einer zerstreuenden Fläche als solche völlig unsichtbar.

Hilfe zu A3: Das Licht wird beim Übergang vom Wasser zur Luft vom Lot gebrochen und täuscht uns dadurch einen größerer Sehwinkel vor. Der Öffnungswinkel der beiden Strahlen ist größer als an Luft (Abb. 18). Daher erscheinen uns Objekte größer.

Abb. 18

Hilfe zu A4: Je größer die Geschwindigkeit im Glas, desto weniger stark ist die Lichtbrechung. Rotes Licht wird weniger stark gebrochen als blaues Licht (β ist also größer). Daher muss die Geschwindigkeit von rotem Licht in Glas größer sein als die von blauem, und daher muss Abb. 11 b (S. 104) richtig sein.

30 Energieübertragung durch elektromagnetischen Wellen

Hilfe zu A1: Nein! Physikalisch gesehen gibt es nur Wärme. Das, was wir im Alltag als Kälte bezeichnen, ist das Fehlen von Wärme. Es gibt auch keine Kältestrahlung. Du spürst im Tiefkühlfach, dass die Hand auf Grund ihrer eigenen Wärmestrahlung an Wärme verliert, weil die Umgebung weniger Wärme zurückstrahlt.

Hilfe zu A2: Nicht jeder schwarze Gegenstand muss zwangsläufig auch ein Schwarzer Körper im Sinne des physikalischen Fachbegriffs sein. Es kann zum Beispiel sein, dass das Objekt zwar im sichtbaren Wellenlängenbereich die Strahlung sehr gut absorbiert, im infraroten aber schlecht. In diesem Fall wäre das Objekt schwarz, aber kein Schwarzer Strahler. Umgekehrt können aber nicht schwarze Objekte in sehr guter Näherung Schwarze Strahler sein. Das trifft zum Beispiel auf alle Sterne zu.

Hilfe zu A3: Nein! Wärmestrahlung ist elektromagnetische Strahlung, die ein Körper auf Grund seiner Temperatur aussendet. Das ist ja bei der Erzeugung der EM-Wellen durch ein Magnetron nicht der Fall. Außerdem werden hier nur Wellen in einem sehr eng begrenzten Frequenzbereich erzeugt.

Hilfe zu A4: Das stimmt nicht! Vitamine gehen vor allem verloren, wenn das Essen zu stark und zu lange gekocht wird oder wenn sie durch das Kochwasser „ausgewaschen" werden. Beides ist aber gerade bei der Mikrowelle nicht der Fall. Mikrowellen sind also sogar umgekehrt sehr vitaminschonend, vor allem für Vitamin B und C.

Hilfe zu A5: Nein! Wärmestrahlung ist elektromagnetische Strahlung, die ein Körper auf Grund seiner Temperatur aussendet. Das ist ja bei einem Laser nicht der Fall. Infrarot ist nicht zwangsläufig gleich Wärmestrahlung, auch wenn diese Begriffe im Alltag oft synonym verwendet werden.

Hilfe zu A6: Die IR-Strahlung wurde um 1800 vom deutsch-britischen Astronomen Friedrich Wilhelm Herschel entdeckt. Er ließ dazu Sonnenlicht durch ein Prisma fallen und bemerkte, dass jenseits des roten Endes des sichtbaren Spektrums ein Thermometer die höchste Temperatur anzeigte. Aus dem beobachteten Temperaturanstieg schloss er, dass sich das Sonnenspektrum jenseits des Roten fortsetzt. Etwa zur selben Zeit machte der deutsche Physiker Johann Wilhelm Ritter die Beobachtung, dass der Bereich außerhalb des violetten Lichts der Sonne unglaublich effektiv war, Fotopapier zu schwärzen. Daraus schloss er, dass sich das Sonnenspektrum jenseits des Violetten fortsetzt.

Hilfe zu A7: Manchmal befinden sich die Nukleonen in einem angeregten Zustand (etwa nach einem α- oder β-Zerfall). Das heißt, dass zumindest ein Nukleon nicht das niedrigstmögliche Niveau besetzt. Es ist ähnlich wie bei einem angeregten Elektron in der Hülle. Wenn das Nukleon „zurückspringt", gibt es die überschüssige Energie in Form eines hochenergetischen Photons, also eines γ-Quants, ab. Man kann also salopp von einem „Quantensprung im Kern" sprechen. Der Begriff ist historisch bedingt aber nicht günstig, weil ja im Gegensatz zu α- und β-Zerfall nichts zerfällt.

31 Informationsübertragung durch elektromagnetische Wellen

Hilfe zu A1: Bei einer Flüssigkeitswelle wird zum Beispiel die ruhende Wasseroberfläche gestört. Beim Donner wird die ruhende Luft durch die plötzliche Ausdehnung der Luft im Blitzkanal gestört. Bei einer elektromagnetischen Welle wird das elektromagnetische Feld durch die Beschleunigung einer Ladung gestört.

Hilfe zu A2: Bei der Frequenzmodulation liegt die Information in der Änderung der Frequenz. Würde sich die Frequenz der Trägerwelle nicht ändern, dann könnte man auch keine Information übertragen, also nur Stille. Kurz: Ohne Bandbreite koa Musi.

Hilfe zu A3: Ein kB entspricht 10^3 B. Man müsste daher vor dem Beamen 10^{31} B an Information auslesen.

Hilfe zu A4: Die Aussage, dass das Innere eines Autos feldfrei ist, gilt nur für elektrostatische Felder, nicht aber für elektromagnetische Wechselfelder. EM-Wellen können in das Auto sowohl eindringen als auch aus diesem herauskommen. Wäre das nicht so, dann könnte man in ein Auto weder hinein noch aus diesem hinaus sehen, weil auch Licht eine EM-Welle ist. Außerdem wäre es dann unmöglich, im Auto mit dem Handy zu telefonieren.

Hilfe zu A5: Das sind zum Beispiel Radio, Handy, schnurlose Telefone, W-LAN, Bluetooth, Infrarot-Fernbedienung, Fernsehen und Babyphones.

32 Klimaänderung und erneuerbare Energie

Hilfe zu A1: Die Angabe 400 ppm bedeutet, dass sich 400 Moleküle CO_2 in einer Million Luftmolekülen befinden. Es gilt daher 400 Moleküle $CO_2/10^6$ Luftmoleküle = 1 Molekül $CO_2/(10^6/400$ Luftmoleküle) = 1/2500. Auf 2500 Luftmoleküle kommt daher nur ein einziges Molekül CO_2, und das ist schon überraschend wenig!

Hilfe zu A2: Das Problem dabei ist, die Dicke der Atmosphäre zu definieren, weil diese keine scharfe Grenze hat. Ziehen wir eine willkürliche Grenze bei 100 km – dort beginnt per Definition der Weltraum. Das entspricht $10^5\,\text{m}/(6{,}37 \cdot 10^6\,\text{m}) \approx 0{,}016 = 1{,}6\,\%$ des Erdradius. Angenommen, ein Globus hat einen Radius von 15 cm (= 150 mm). 1,6 % davon sind 2,4 mm. In Wirklichkeit ist die Atmosphäre also dicker als im Film behauptet, aber die Größenordnung stimmt halbwegs.

Hilfe zu A3: Weil man beim Klimaszenario ja nicht die Temperatur für einen bestimmten Ort an einem bestimmten Tag berechnet, sondern die globale Durchschnittstemperatur für ein Jahr, und das ist etwas ganz anderes! Wenn man die Temperatur, die es zum Beispiel in einer Woche in Graz haben soll, prognostiziert, kann man gut und gerne bei einer überraschenden Wetterentwicklung auch einmal um 10 °C danebenliegen. Wenn man aber die globale Jahresdurchschnittstemperatur berechnet, wird man nur Bruchteile eines Grades danebenliegen, weil sich die „Temperaturüberraschungen" die Waage halten.

Hilfe zu A4: Wenn man dem Wind die gesamte kinetische Energie entziehen könnte, dann würde die Luft hinter dem Rotor eines Windrades zum Stillstand kommen. Dann käme es aber gewissermaßen zu einem Luftstau, der auch die Luft *vor* dem Rotor zum Stillstand bringen würde, und dann käme der Rotor zum Stillstand.

Hilfe zu A5: Der Begriff CO_2-neutral ist nicht glücklich gewählt. Man meint damit nicht, dass kein CO_2 frei wird, sondern dass die CO_2-Bilanz im längeren Schnitt ausgeglichen ist. Beim Verbrennen wird CO_2 frei, beim Wachsen von Pflanzen wird CO_2 gebunden. Wenn in einer bestimmten Zeit genauso viele Pflanzen nachwachsen, wie man verbrannt hat, dann ist die CO_2-Bilanz ausgeglichen. Das nennt man dann CO_2-neutral. Warum ist das Verbrennen fossiler Stoffe nicht CO_2-neutral? Öl, Gas und Kohle sind zwar letztlich auch aus Biomasse entstanden, aber dieser Prozess hat viele Millionen Jahre gedauert. Bis zum Beispiel wieder Erdöl „nachwächst", gibt es vielleicht gar keine Menschen mehr. Deshalb produziert dessen Verbrennung einen momentanen CO_2-Überschuss.

33 Welle und Teilchen

Hilfe zu A1: Ein Schatten entsteht dort, wo kein direktes Sonnenlicht hinfällt. Ist dieser Schatten völlig schwarz? Das wäre ohne Erdatmosphäre so. Der blaue Teil des Sonnenlichts wird aber von dieser durch Streuung verteilt (und zwar wesentlich stärker als der rote), und deshalb ist der Himmel blau. Der Schnee im direkten Sonnenlicht hat natürlich die Farbe der Sonne, ist also gelblich bis weiß. Den Schnee im Schatten erreicht kein direktes Sonnenlicht, aber er wird indirekt vom Himmel beleuchtet. Die Antwort lautet daher: Der Schatten ist blau.

Hilfe zu A2: Bei der Ausbreitung von Licht ist in diesem Fall die Energie nicht kontinuierlich über den Raum verteilt, sondern in einer endlichen Zahl von Energiequanten lokalisiert. Licht ist also ein Strom von Energiepaketen. Bei gleicher Frequenz bedeutet intensiveres Licht das Auftreten von mehr Lichtquanten pro Zeiteinheit (Abb. 19).

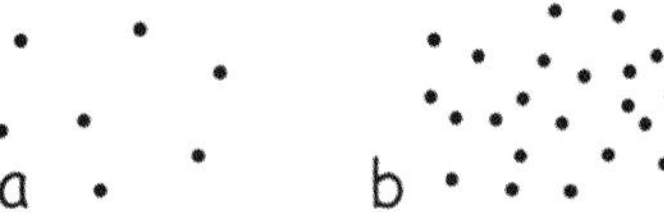

Abb. 19: Licht mit geringerer (a) und höherer (b) Intensität im Teilchenmodell

Hilfe zu A3: Zwischen der Wellenlänge der verwendeten Teilchen und dem Abstand der Intensitätsmaxima besteht der Zusammenhang $x_{max} \sim \lambda$. Weiters folgt aus der de Broglie-Gleichung $\lambda \sim 1/(m \cdot v)$ und somit $x_{max} \sim 1/(m \cdot v)$. Mit zunehmender Masse rücken also die Interferenzstreifen immer näher zueinander, wodurch die Messung zunehmend schwieriger wird. Wenn der Abstand dieser Streifen in der Größenordnung der verwendeten Teilchen liegt, wird deren Messung sehr schwierig oder sogar unmöglich. Aber der springende Punkt ist der, dass es im Prinzip keine Grenze gibt, ab der keine Quanteninterferenz mehr auftritt.

Hilfe zu A4: Die Bilder von Elektronenmikroskopen sind in der Tat nur schwarz/weiß. Um die Effekte besser hervorzuheben, werden diese aber oft koloriert.

Hilfe zu A5 a: Man könnte ja glauben, dass die Heisenberg'sche Unschärferelation eine Folge des Unvermögens der Physiker ist, Impuls und Ort eines Teilchens experimentell gleichzeitig beliebig exakt zu messen. Wie aber das Beispiel „Frequenzunschärfe" (S. 64) zeigt, tritt das Problem auch dann auf, wenn man gar keine Messung vornimmt, sondern lediglich versucht, gleichzeitig den Wellen- und Teilcheneigenschaften eines Photons mathematisch gerecht zu werden. Die Unschärferelation gibt also eine Eigenschaft des Universums an und tritt auch ohne Messung auf. Sie bestimmt die Grenze unserer Wirklichkeit.

Hilfe zu A5 b: Es gibt eine Grenze dessen, was wir über das Universum wissen können, und diese ist durch die Unschärferelation bestimmt. Eine genauere Bestimmung ist nicht möglich, und zwar nicht, weil die Messapparaturen schlecht gebaut sind, sondernd weil sich das Universum quasi auf einer quantenmechanischen Ebene nicht genau in die Karten schauen lässt.

34 Das moderne Atommodell

Hilfe zu A1: Ein Mol Gold hat 197 g. Die Dichte ρ von Gold beträgt 19,3 g/cm³ oder 19 300 kg/m³. Aus $\rho = \frac{m}{V}$ folgt $V = \frac{m}{\rho}$. Das Volumen von 1 Mol Gold beträgt daher $0{,}197\,\text{kg}/(19\,300\,\text{kg/m}^3) \approx 10^{-5}\,\text{m}^3$. Das Volumen eines einzelnen Goldatoms beträgt daher $10^{-5}\,\text{m}^3/(6 \cdot 10^{23}) = 1{,}7 \cdot 10^{-29}\,\text{m}^3$. Die Seitenlänge des „Gold-Würfels" und somit auch sein Durchmesser beträgt $d = \sqrt[3]{1{,}7 \cdot 10^{-29}\,\text{m}^3} = 2{,}6 \cdot 10^{-10}\,\text{m}$.

Hilfe zu A2: Die Gesamtenergie ist immer konstant. Im klassischen Fall, etwa wenn eine Kugel in eine Mulde rollt, wird die potenzielle Energie in kinetische Energie umgewandelt, und wenn die Kugel zum Stillstand kommt, wurde die potenzielle Energie letztlich in Wärme umgewandelt. Im quantenmechanischen Fall sinkt die Gesamtmenge aus E_p und E_k ab, wenn sich das Elektron im Orbital quasi stabilisiert hat. Der Rest der Energie wird in Form von Strahlung (eines Photons) frei. Das nennt man das Rekombinationsleuchten. Um das Elektron näher an das Proton zu bekommen, müsste man das Orbital „quetschen", und dazu ist Arbeit notwendig, die dann in der zusätzlichen Lokalisationsenergie stecken würde. In Summe bleibt aber auch hier die Energie immer konstant.

Hilfe zu A3: Aus $P = \frac{4r^2}{a_0^3} \cdot e^{-\frac{2r}{a_0}}$ folgt

$$\frac{dP}{dr} = \frac{2 \cdot 4r}{a_0^3} \cdot e^{-\frac{2r}{a_0}} + \frac{4r^2}{a_0^3} \cdot \left(\frac{-2}{a_0}\right) \cdot e^{-\frac{2r}{a_0}} = 0$$

$$\frac{8r}{a_0^3} \cdot e^{-\frac{2r}{a_0}} - \frac{8r^2}{a_0^4} \cdot e^{-\frac{2r}{a_0}} = 0$$

$$\frac{8r}{a_0^3} \cdot e^{-\frac{2r}{a_0}} = \frac{8r^2}{a_0^4} \cdot e^{-\frac{2r}{a_0}}$$

$$1 = \frac{r}{a_0} \Rightarrow r = a_0$$

Hilfe zu A4: Gäbe es das Pauli-Verbot nicht, dann würden sich alle Elektronen in der untersten Schale befinden. Es gäbe kein Periodensystem, und die Elemente würden ihre typischen chemischen Eigenschaften verlieren. Alle Atome könnten sich dann mit allen Atomen verbinden, und die Größe von Molekülen wäre nach oben hin nicht begrenzt. Leben in der uns gewohnten Form könnte sich unter diesen Bedingungen nicht entwickeln. Außerdem würden ohne Pauli-Verbot die Elemente mit zunehmender Ordnungszahl kleiner werden, weil die Elektronen durch die Erhöhung der Protonenzahl näher an den Kern herangezogen würden. Uran-Atome wären somit am kleinsten. Das Pauli-Verbot verleiht also gemeinsam mit der Unschärferelation der Materie ihr Volumen!

Hilfe zu A5: Durch die Abtrennung eines Elektrons entfällt die Abstoßung zwischen den beiden Elektronen und das verbleibende Elektron ist stärker gebunden.

35 Licht als Träger von Energie

Hilfe zu A1: Was immer damit auch gemeint sein soll, der Begriff „Quantensprung" ist auf jeden Fall falsch verwendet, nämlich für einen großen oder ungewöhnlichen Fortschritt, die neue Stufe einer Entwicklung. In der Physik bezeichnet man als Quantensprung die Änderung des Energieniveaus eines Quants, also etwas extrem Winziges.

Hilfe zu A2: Die Eigenschaft der Photonen, die die Farben verursacht, ist ihre Energie (beziehungsweise mit $E = hf$ ihre Frequenz). Die Farben selbst entstehen im Gehirn. Dort wird die unterschiedliche Energie der Photonen in einen Farbeindruck übersetzt. Im Prinzip kannst du dadurch die Energie der Photonen sehen. Rot entspricht Photonen mit niedrigerer Energie, blau solchen mit höherer Energie.

Hilfe zu A3: Im Glühdraht einer Lampe kommt es durch die dichte Packung der Atome zur gegenseitigen Beeinflussung der Orbitale. Deshalb erzeugt eine Glühbirne ein kontinuierliches Spektrum (Abb. 15 oben, S. 105). Leuchtende Gase erzeugen aber Linienspektren (unten).

Hilfe zu A4: Damit an einer bestimmten Stelle zum Beispiel immer ein heller Streifen entsteht, müssten dort die Lichtwellen der beiden Lampen *immer* konstruktiv oder bei einem dunklen Streifen *immer* destruktiv interferieren. Wenn wir die Polarisation einmal außer Acht lassen, ist das nur möglich, wenn die ankommenden Wellenzüge zu jeder Zeit dieselbe Wellenlänge und Phase haben, also dieselbe Lage von Bergen und Tälern. Dazu braucht man aber kohärentes Licht, das allerdings von einer normalen Lampe nicht ausgestrahlt wird. Mit zwei Lasern könnte man den in Abb. 16 (S. 105) dargestellten Effekt tatsächlich erzeugen. Allerdings würden die hellen und dunklen Streifen so nahe beieinander liegen, dass man sie mit freiem Auge trotzdem nicht sehen könnte.

36 Fortgeschrittene Quantenmechanik

Hilfe zu A1: Nein, es handelt sich hier um keinen quantenmechanischen Mischzustand. Die Person, die die Überraschung in einer der Fäuste verborgen hält, weiß ja, in welcher sie sich befindet. Man kann zwar in bestimmten Fällen darüber streiten, wer als Beobachter durchgeht, aber in diesem Fall ist es ganz klar, dass die Person, die die Überraschung in der Faust versteckt hat, als Beobachter gilt.

Hilfe zu A2: Nur der Tunneleffekt ermöglicht es, dass in der Sonne Fusion ablaufen kann und somit die Erde mit Energie versorgt wird. Ohne Tunneleffekt keine Kernfusion, keine Wärme und somit auch kein Leben auf der Erde.

Hilfe zu A3: Weil die Quantenmechanik eine „nichtlokale Theorie" ist, muss zwischen Ursache und Wirkung *keine* Zeit vergehen. Selbst Messungen an verschränkten Quanten, die an den gegenüberliegenden Enden der Galaxis durchgeführt werden, beeinflussen einander in Nullzeit. Klassisch gesehen müsste es aber 100.000 Jahr dauern, bis das andere Quant davon „erfährt".

Hilfe zu A4: Das quantengenaue Abtasten wird durch die Heisenberg'sche Unschärferelation verhindert. Also „erfand" man den „Heisenberg-Kompensator", der diese Messprobleme ausgleicht. Natürlich ist der „Heisenberg-Kompensator" eine reine Fiktion. Solltest du ihn eines Tages erfinden, ist dir der Nobelpreis sicher!

37 Chaotische Systeme

Hilfe zu A1: Tatsächlich erhebt sich die Frage, was die erste aller Ursachen war. Aus heutiger Sicht war das der Urknall. Was davor war oder ob es überhaupt ein Davor gibt, ist bereits eher eine philosophisch-theologische Diskussion, weil es sich völlig der Überprüfbarkeit entzieht.

Hilfe zu A2: Der Schneeballeffekt beschreibt sich aufschaukelnde Kettenreaktionen. Der Begriff leitet sich vom rollenden und dabei anwachsenden Schneeball ab, der im Gebirge womöglich Lawinenausmaße annehmen kann. So kann zum Beispiel ein schiefer Blick zum Streit und dieser zu einer Massenschlägerei anwachsen. Das bedeutet, dass der Schneeballeffekt mit fortdauernder Zeit immer größere Ausmaße annimmt. Im Gegensatz zum Dominoeffekt steigt beim Schneeballeffekt die Intensität der Wirkung an.
Oft wird auch der Schmetterlingseffekt als Synonym für den Schneeballeffekt angesehen. Das ist jedoch nicht richtig. Der Schneeballeffekt meint, dass sich kleine Effekte über eine Kettenreaktion verstärken. Der Schmetterlingseffekt meint, dass kleine Abweichungen langfristig ein ganzes System vollständig und unvorhersagbar verändern können. Zum Beispiel kann eine kleine Änderung der Ausgangsituation nach einer Woche statt einem vorhergesagten Gewittersturm einen ruhigen Tag mit Sonnenschein bringen. Hier hätte sich also nichts aufgeschaukelt, sondern sogar etwas beruhigt. Anders gesagt: Der Schmetterlingseffekt kann zu einem Schneeballeffekt führen, muss aber nicht!

Hilfe zu A3: Im chaotischen Verhalten von turbulenten Strömungen gibt es trotzdem eine gewisse Ordnung. Wenn das nicht so wäre, dann könnte ja ein Flugzeug niemals fliegen. Wenn Physiker die Aerodynamik eines Flugkörpers berechnen, sind sie meistens nicht an den kleinsten Wirbeln interessiert, sondern am durchschnittlichen Strömungsverhalten, und das ist trotz des chaotischen Verhaltens der einzelnen Moleküle vorhersagbar. Deshalb spricht man vom deterministischen (also vorhersagbaren) Chaos. Es ist ähnlich wie beim Würfeln. Welche Zahl oben liegen wird, kann man auf Grund des chaotischen Verhaltens des Würfels nicht vorhersagen, sehr wohl aber, dass ein 6er im Schnitt jedes sechste Mal gewürfelt wird.

Lösungen zu den Aufgaben in den Kapiteln

27 Grundlagen der Elektrotechnik

F19 Durch den Wechselstrom wird in der Spule die Selbstinduktionsspannung $U_{ind} = -LdI/dt$ induziert. Zur Berechung von R_L gehen wir davon aus, dass diese Spannung der angelegten Spannung $U(t)$ entgegenwirkt. Die angelegte Spannung muss die induzierte kompensieren und steht nicht voll zur Verfügung:

$$U(t) = U_m \sin \omega t = -U_{ind} + I(t)R$$

Wenn man den Ohm'schen Widerstand vernachlässigt, erhält man $U_m \sin \omega t = -U_{ind} = LdI/dt$. Wie man sich durch Einsetzen in die Gleichung überzeugen kann, folgt daraus für den Strom:

$$I(t) = -(U_m/\omega L) \cos \omega t = -I_m \cos \omega t$$

Für den induktiven Widerstand ergibt sich daher:

$$R_L = U_m/I_m = U_{eff}/I_{eff} = \omega L$$

Um den kapazitiven Widerstand zu berechnen, berücksichtigen wir, dass die von der augenblicklichen Ladung Q des Kondensators hervorgerufene Spannung Q/C gleich der angelegten Spannung $U(t)$ sein muss. Wenn man andere Widerstände vernachlässigt, gilt daher $Q/C = U_m \sin \omega t$ oder $Q = CU_m \sin \omega t$. Für den Ladestrom $I(t)$ folgt daraus: $I(t) = dQ/dt = \omega CU_m \cos \omega t$. Für den kapazitiven Widerstand ergibt sich dann:

$$R_C = U_m/I_m = U_{eff}/I_{eff} = 1/\omega C$$

Für die Momentanleistung gilt allgemein: $P(t) = I(t) \cdot U(t)$. Nun setzen wir Stromstärke und Generatorspannung ein und nehmen an, dass diese eine Phasenverschiebung von φ aufweisen:

$$P(t) = [I_m \sin(\omega t - \varphi) \cdot U_m \sin \omega t]$$

Dieser Ausdruck lässt sich umformen:

$$P(t) = I_m U_m \sin(\omega t - \varphi) \sin \omega t = \tfrac{1}{2} I_m U_m [\cos\varphi - \cos(2\omega t - \varphi)]$$

Für den Verbraucher ist der zeitliche Mittelwert P ausschlaggebend, die Wirkleistung. Da $\cos(\omega t - \varphi)$ zwischen −1 und +1 schwankt, ist der Mittelwert über die Zeit null. Für die Wirkleistung P ergibt sich daher:

$$P = \tfrac{1}{2} I_m U_m \cos\varphi = I_{eff} U_{eff} \cos\varphi$$

F20 Werner von Siemens erkannte, dass der Restmagnetismus des Eisenkerns genügt, um das Aufschaukeln zu starten. Dreht sich dann die Spule in dem noch vorhandenen, schwachen Magnetfeld, so entsteht ein kleiner Induktionsstrom, der den Elektromagneten verstärkt, und so weiter. Warum ist dieses Aufschaukeln nicht grenzenlos? Das Magnetfeld erreicht eine Sättigung, wenn alle Elementarmagnete des Kerns ausgerichtet sind.

F21 Der durch den Kurzschluss sehr hohe Strom fließt durch das Magnetfeld. Dabei wird eine Lorentz-Kraft auf ihn ausgeübt. Der springende Punkt: Als Reaktion auf die Ablenkung des Stromes tritt eine Gegenkraft auf (3. Newton'sches Axiom). Die führt zu einem Drehmoment, das den Zylindermagneten in Rotation versetzt. Die Symmetrie der Konstellation wird dadurch nicht verändert, so dass die Bedingungen für eine kontinuierliche Bewegung, die Rotation, erhalten bleiben.

F22 Wird der Universalmotor mit Wechselstrom betrieben, dann ändert sich gleichzeitig die Flussrichtung des Stroms im Elektromagneten und in der Leiterschleife. Dadurch bleibt die Richtung der Lorentz-Kraft gleich. Du kannst das mit der Drei-Finger-Regel überprüfen. Ändere die Richtung von Strom und Magnetfeld, und der Mittelfinger zeigt wieder in dieselbe Richtung.

F23 Der Widerstand der Leitungen ist $R = (\rho l)/A$ (Kap. 23.4, „Big Bang 6") und beträgt daher bei 100 km 10 Ω. Die Leistung von Ybbs-Persenbeug beträgt $2{,}4 \cdot 10^8$ W. Der Leistungsverlust bei 220 kV beträgt daher $P_v = (P^2 \cdot R)/U^2 \approx 1{,}2 \cdot 10^7$ W oder rund 5 %, bei 380 kV nur $4 \cdot 10^6$ W oder 1,7 %. Absolut gesehen verliert man durch die höhere Spannung rund $8 \cdot 10^6$ W weniger, also 8 Millionen Watt! Das entspricht dem Verbrauch von etwa 12.000 Haushalten!

F24 Eine Turbine liefert etwa $3{,}4 \cdot 10^7$ W. Wenn beim Hochtransformieren 2 % verloren gehen, sind das $6{,}8 \cdot 10^5$ W bzw. J/s. Wasser hat eine spezifische Wärmekapazität von 4190 J/(kgK). Um 1 l Wasser von 20 auf 100 °C zu erwärmen, benötigt man daher $3{,}35 \cdot 10^5$ J. Der Trafo wäre ein prima Wasserkocher, weil er das nämlich in rund 0,5 s schafft. Die Wärmeverluste sind also gigantisch. Deshalb müssen Großtrafos sehr gut gekühlt werden. Meistens passiert das durch Öl, weil das gleichzeitig als Isolator wirkt.

F25 230 V und 9,9 A ergeben bei einem Leistungsfaktor von 0,87 1980 W. Die 2 kW sind daher etwas aufgerundet. 2 kW entsprechen 2/0,736 W = 2,71 PS. arccos (0,87) = 29,5° und tan (29,5°) = 0,57 = R_L/R. R_L ist also $R \cdot 0{,}57$. $R_{ges} = R_L/R$.

F26 Weil $\cos\varphi = \cos(-\varphi)$.

F27 Der Trenntrafo hat ein Übersetzungsverhältnis von 1 : 1. Weil aber keiner der beiden Pole der Sekundärspule geerdet ist, kann man gefahrlos einen Pol berühren, weil der Stromkreis trotzdem nicht geschlossen ist (Abb. 1). Man darf allerdings nicht gleichzeitig beide Pole berühren.

Abb. 1

F28 Niemals an elektrischen Geräten basteln oder sie reinigen, solange sie unter Spannung stehen. Solange kleine Kinder im Haus sind, alle Steckdosen mit einer Kindersicherung versehen. Defekte Elektroinstallationen sofort vom Fachmann reparieren lassen! Beschädigte elektrische Kabel dürfen nicht verwendet werden. Mit Isolierband zu flicken ist unzulässig. Keine am Netz hängenden elektrischen Geräte (Fön, Radio) neben der Badewanne. Sich niemals in die Nähe von Hochspannungsleitungen begeben, etwa, indem man auf einen Waggon klettert.
Warum ist der elektrische Strom für den Menschen gefährlich? Der Körper steuert seine Funktionen durch sehr schwache elektrische Ströme, welche über die Nerven weitergeleitet werden (Kap. 24, „Big Bang 6"). Wenn nun ein Strom von außen die Körperströme überlagert, kommt es zu Fehlfunktionen der angesteuerten Körperorgane, zum Beispiel zur Verkrampfung der Muskeln oder zum lebensgefährlichen Herzkammerflimmern. Schon bei einem Stromfluss von nur 30 mA während 0,2 Sekunden durch den Körper kommt es zu den genannten Erscheinungen.

28 Grundlagen der elektromagnetischen Wellen

F15 Als Compton-Effekt bezeichnet man einen Prozess, bei dem die Wellenlänge der Photonen bei der Streuung an den Elektronen um einen Wert $\Delta\lambda$ vergrößert wird (Abb. 2). Das bedeutet, dass die Photonen dabei Energie an die Elektronen abgeben, wodurch die Photonen-Frequenz sinkt. Compton-Streuung tritt immer dann auf, wenn die Energie des Photons mit der Ruheenergie des Elektrons vergleichbar ist, also bei etwa 100 keV bis ca. 10 MeV. Das ist nur bei Röntgen- oder Gammastrahlung der Fall.

Abb. 2
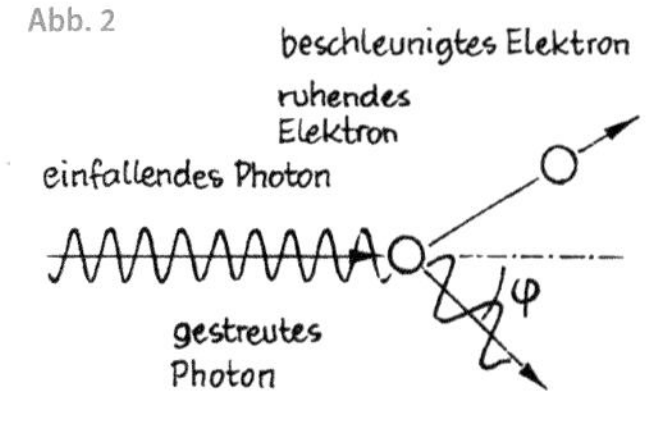

F16 Es wird zwischen 87,5 und 108 MHz gesendet. Wenn man diese Werte in die Thomson'sche Formel einsetzt und nach C auflöst, erhält man $2{,}17 \cdot 10^{-14}$ bis $3{,}31 \cdot 10^{-14}$ F.

F17 Ein Transistor ist ein elektronisches Halbleiterbauelement, das zum Schalten und Verstärken von Strömen und Spannungen verwendet wird. Er hat die Schichtfolge npn oder pnp. Der Kollektorstrom ist um ein Vielfaches größer als der Basisstrom. Durch den Kopplungstrafo, dessen zweite Spule gleichzeitig jene des Schwingkreises ist, wird die Basis des Transistors im richtigen Moment mit positiver Spannung versorgt, und kann über den Emitter dem Schwingkreis elektrische Energie zuführen. Die Werte sind hier so gewählt, dass ein hörbarer Ton entsteht (Abb. 3). Obwohl diese Anordnung ziemlich komplex ist, macht sie trotzdem nichts anderes, als das System Pendel, Anker und Gewichte in einer Pendeluhr, nämlich zum richtigen Zeitpunkt dem System Energie zuzuführen und somit eine ungedämpfte Schwingung zu erzeugen.

Abb. 3
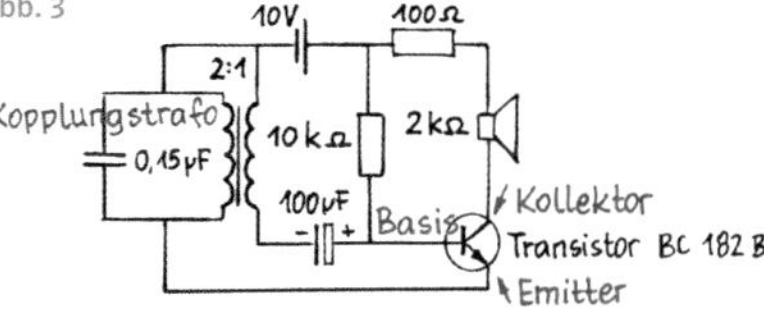

F18 Die Berechnung ergibt $1{,}59 \cdot 10^7$ Hz (siehe Abb. 4).

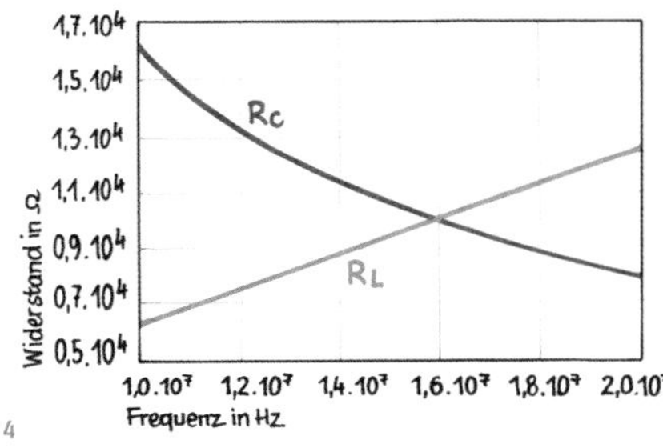

Abb. 4

29 Einige Licht-Phänomene

F1 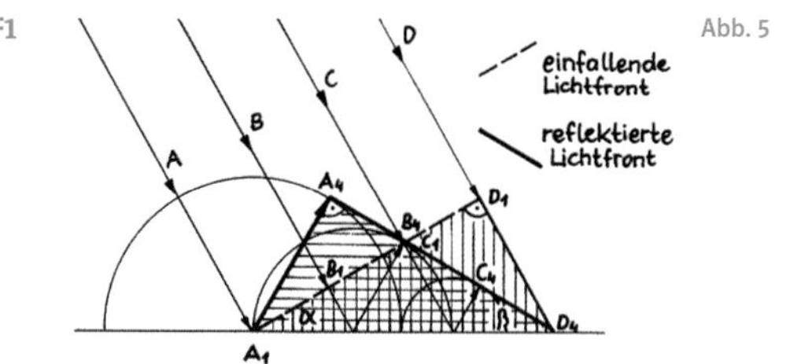

Abb. 5

F3 Nimm an, dass eine Wellenfront mit v_1 auf ein anderes Medium trifft, in dem die Geschwindigkeit kleiner ist (v_2). Der linke Strahl in Abb. 6 ist bereits bei A aufgetroffen und hat im neuen Medium eine Elementarwelle erzeugt (rot). Der rechte Strahl hat gerade die Grenze bei B' erreicht. Seine „Elementarwelle" ist daher noch ein Punkt. Die neue Wellenfront ist die Einhüllende und somit die Tangente von B' an die Elementarwelle.

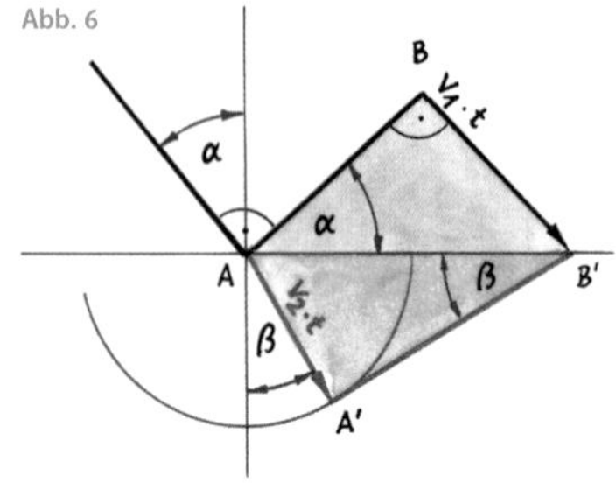

Abb. 6

Jetzt brauchen wir nur noch drei Dinge: 1) Der Weg ist allgemein $v \cdot t$. Deshalb können wir die Wege BB' und AA' durch diesen Ausdruck ersetzen. 2) Aus geometrischen Gründen kann man die Winkel zum Lot auch in den Dreiecken ABB' und AA'B' einzeichnen. 3) Der Sinus eines Winkels ist Gegenkathete durch Hypothenuse. Und nun setzen wir ein:

$$\frac{\sin\alpha}{\sin\beta} = \frac{\frac{BB'}{AB'}}{\frac{AA'}{AB'}} = \frac{v_1 t}{v_2 t} = \frac{v_1}{v_2}$$

F7 Man kann nur unter einem Öffnungswinkel von rund 98° aus dem Wasser sehen (siehe Abb. 7 und → F20), weil flacher auf das Wasser treffende Strahlen totalreflektiert werden. Weil die Brechung der Strahlen umso stärker ist, je flacher sie auf die Wasseroberfläche treffen, wird die Oberwasserwelt zusammengestaucht.

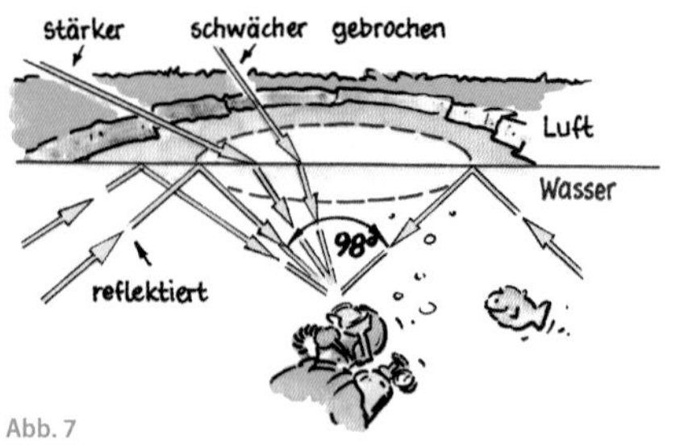

Abb. 7

F18 Sichtbares Licht regt in den Atomen und Molekülen des Glases die Elektronen zu Quantensprüngen an. IR bringt aber die Atome als Ganzes zum Schwingen. Diese Schwingung bedeutet eine Erwärmung des Glases. Die EM-Welle wird also absorbiert und ihre Energie in Wärme umgewandelt.

F20 $\frac{\sin\alpha}{\sin 90} = \frac{\sin\alpha}{1} = \frac{c_1}{c_2} \Rightarrow \alpha = \arcsin\left(\frac{c_1}{c_2}\right)$

Für Wasser und Luft ergibt das 48,8° und für Quarzglas und Luft 42,5° (siehe auch → F7).

30 Energieübertragung durch EM-Wellen

F18 Um eine Röntgenaufnahme zu machen, muss das Objekt zwischen Röntgenquelle und Aufnahmegerät sein (Abb. 30.16, S. 31). Selbst wenn Superman mit seinen Augen Röntgenstrahlen erzeugen könnte, müsste er dann mit Überlichtgeschwindigkeit auf die andere Seite laufen, damit er sie wieder empfangen kann. Natürlich könnte er die Rückstreutechnik verwenden. Dann könnte er zwar angezogene Menschen nackt sehen, aber nicht durch Wände, wie im Film immer dargestellt.

F21 Nein. Das sichtbare Licht der Leuchtstoffröhren ist kein Effekt der Temperaturstrahlung. Gase senden Linienspektren aus (Abb. 34.8, S. 68) und können daher bei Zimmertemperatur, je nach Gasart, in jeder beliebigen Farbe leuchten.

F22 Wenn du in einem Wasserbecken eine große Welle erzeugst und wartest, dann wird sich diese nach einer gewissen Zeit in immer kleinere Wellen aufteilen. Warum? Weil sich die Energie auf alle Arten von Wellen aufteilt, und von den kleinen Wellen passen viel mehr hinein. Diese Aufteilung der Energie müsste nach klassischer Ansicht auch mit Licht im Inneren eines Hohlkörpers erfolgen. Die klassische Kurve in Abb. 30.6, S. 27 geht daher bei kurzen Wellenlängen Richtung unendlich. Es müsste UV-Licht entstehen und dann sogar Röntgen- und Gammastrahlung. Man spricht daher von einer Ultraviolettkatastrophe. Tatsächlich tritt sie aber nicht ein. Kurzwellige Photonen besitzen eine höhere Energie und daher können zwar beliebig viele kurze Wasserwellen, aber nicht beliebig viele kurze Lichtwellen entstehen.

F23 Wäre das Universum ein völlig perfekter schwarzer Strahler, wäre es auch völlig homogen. Wäre es völlig homogen, dann hätten aber auch keine Galaxienhaufen entstehen können, denn diese weichen ja augenscheinlich von der Homogenität ab. Die leichten Schwankungen im Schwarzkörperspektrum (Abb. 30.7, S. 28) sind also quasi die Kondensationskeime zur Entstehung von Strukturen und somit auch des Lebens gewesen.

F24 Die Sonne sendet ja kein Linienspektrum aus, sondern eine Mischung aus allen Farben. Das Maximum des Sonnenlichts liegt zwar im grünblauen Bereich (Abb. 30.5, S. 27), aber die Mischung aller Farben nehmen wir trotzdem als gelb-weiß war. Aus diesem Grund kann ein schwarzer Strahler für unsere Augen niemals grün sein.

F25 In den Nahrungsmitteln selbst stellte man nur Veränderungen fest, die auch bei anderen Kochmethoden auftreten. Beim Erwärmen von Gemüse hat die Mikrowelle sogar den Vorteil, dass weniger Flüssigkeit verloren geht und durch die kurze Kochzeit mehr Vitamine erhalten bleiben. Die einzige Gefahr sind Salmonellen. Diese werden erst ab etwa 70 °C abgetötet. Beim Auftauen kann es leicht passieren, dass in der Mitte der Speise diese Temperatur nicht überschritten wird.

F26 Die Frequenzveränderung beträgt $\Delta f \approx 2f \cdot (v_{Obj}/c)$. Bei 150 km/h (41,67 m/s) beträgt die Frequenzveränderung daher 555,6 Hz.

31 Informationsübertragung durch EM-Wellen

F10 CDs und DVDs soll man von innen nach außen putzen, damit dabei eventuell entstehende Kratzer quer zu den Daten-Spuren liegen. Befindet sich der Kratzer genau in Spurrichtung, wird eine längere Datenstrecke unlesbar gemacht und kann trotz Redundanz nicht mehr richtig rekonstruiert werden.

F20 Ja, aber nur selten! Damit ein Gespräch zustande kommen kann, muss der Hauptverbindungsrechner des Netzbetreibers ständig wissen, in welcher Funkzelle (Abb. 31.18, S. 39) sich das Handy gerade befindet. Dazu meldet es sich zunächst beim Einschalten an und meldet sich anschließend in regelmäßigen Abständen. Erfolgen keine nennenswerten Ortsveränderungen, so werden lediglich etwa jede halbe Stunde Impulse von weniger als einer Sekunde ausgesendet. Die Abstände werden kürzer, wenn man sich über größere Entfernungen bewegt und dabei Funkzellen wechselt. Lege ein eingeschaltetes Handy auf ein Radiogerät. Anhand der Geräusche beim Senden kannst du diese Signale überprüfen.

F22 Die Dezimalzahl 123 ist binär dargestellt 01111011. Probe: 1 + 2 + 8 + 16 + 32 + 64 = 123. Nun verknüpfen wir die zu übertragende Information mit dem Spreizcode. Dazu musst du das zu übertragende Signal vorher ebenfalls aufspreizen, nämlich auf 11111111 00000000. Dann geht es los:

	11111111	XOR	**01111011**	=	10000100
	00000000	XOR	**01111011**	=	01111011
Probe:	10000100	XOR	**01111011**	=	11111111
	01111011	XOR	**01111011**	=	00000000

32 Klimaänderung und erneuerbare Energie

F10 Wenn Eis schwimmt und schmilzt, dann verändert sich der Wasserspiegel nicht. Wenn aber das Eis irgendwo aufliegt, dann steigt der Wasserspiegel. Deshalb erhöht das Abschmelzen der Gletscher in Grönland und der Antarktis den Meeresspiegel.

F18 Neben Windmühlen nutzten Segelschiffe schon sehr früh Windenergie.

F25 Damit meint man parts per billion. Das englische „billion" bedeutet Milliarde. 1 ppb ist also 1 Teil pro einer Milliarde.

F26 Am Mars macht der natürliche Treibhauseffekt nur etwa 3 Grad aus und erhöht die Temperatur von −56 auf −53 °C. Die Masse der Marsatmosphäre liegt nur bei 6 % der Erde. Auf der Venus hingegen macht der Treibhauseffekt 466 °C aus (von −39 auf +427 °C)! Das liegt daran, dass die Masse der Venusatmosphäre 100-mal so groß ist wie die der Erde und außerdem zu 98 % aus CO_2 besteht.

F27 Nein, die Wärme fließt ja trotzdem von warm nach kalt, nämlich von der Sonnenoberflache (5500 °C) ins Innere des Autos (maximal 70 bis 80 °C).

F28 Weil man beim Klimaszenario ja nicht die Temperatur für einen bestimmten Ort an einem bestimmten Tag berechnet, sondern die globale Durchschnittstemperatur für ein Jahr, und das ist etwas ganz anderes! Wenn man die Temperatur, die es zum Beispiel in einer Woche in Graz haben soll, prognostiziert, kann man gut und gerne bei einer überraschenden Wetterentwicklung auch einmal um 10 °C danebenliegen. Wenn man aber die globale Jahresdurchschnittstemperatur berechnet, wird man nur Bruchteile eines Grades danebenliegen, weil sich die „Temperaturüberraschungen" die Waage halten.

F29 Die Luft kann nur deshalb abgebremst werden, weil sich auch der „Luft-Zylinder" aufweitet (siehe Abb. 8). Würde er das nicht tun, könnte sich nach den Strömungsgesetzen auch die Luftgeschwindigkeit nicht verringern.

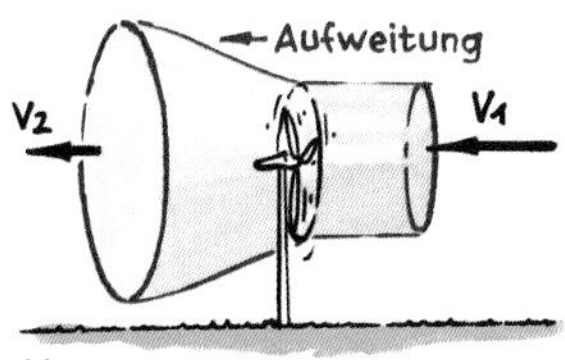

Abb. 8

F31 Auch bei der „Atom-Stromproduktion" entsteht CO_2, und zwar deshalb, weil man während der gesamten Produktionskette Uranabbau, Urananreicherung, Brennelemente-Produktion, Transport und so weiter Energie benötigt. Die CO_2-Emission ist zwar geringer als bei der Stromerzeugung in fossilen Kraftwerken, jedoch höher als bei erneuerbaren Energieformen wie zum Beispiel Wind.

F32 Die Energie, die im Strom steckt, wird in Kilowattstunden (kWh) angegeben. Darunter versteht man die Energie, die ein Gerät mit der Leistung von einem Kilowatt (1000 W) in einer Stunde umsetzt. Also gilt: 1 kWh = 1000 W · 3600 s = $3{,}6 \cdot 10^6$ J. 3,6 Millionen Joule! Welcher Zusammenhang besteht mit der Strahlungsleistung der Sonne? Nehmen wir an, dass im Jahresschnitt an einem bestimmten Ort eine Strahlungsleistung von 125 W/m² herrscht, also 125 (J/s)/m². Das ergibt in Summe im Jahr $3{,}94 \cdot 10^9$ J/m². Umgerechnet sind das $(3{,}94 \cdot 10^9\ \text{J/m}^2)/(3{,}6 \cdot 10^6) = 1096$ kWh.

33 Welle und Teilchen

F10 Einstein bekam 1921 den Nobelpreis für seine Erklärung des Fotoeffektes. Auch für seine Relativitätstheorie hätte er den Preis mehr als verdient, aber die war damals dem Komitee offenbar noch nicht ganz geheuer.

F13 Rote Lichtphotonen haben über den Daumen nur halb so viel Energie wie blaue (siehe Tab. 33.1, S. 58). Sie sind daher nicht in der Lage, das Fotopapier chemisch zu verändern und somit zu schwärzen.

F17 Im Grunde ist ein Teilchenbeschleuniger etwas Ähnliches wie ein Elektronenmikroskop. Damit man eine gute „Auflösung" bekommt (Abb. 33.20, S. 60), braucht man kurze Wellenlängen. Dazu muss man auf Grund der De-Broglie-Wellenlänge die Teilchen sehr stark beschleunigen und benötigt daher dementsprechend große Teilchenbeschleuniger.

F25 Man kann den Spalt in Gedanken in zwei Teile teilen. Die Strahlen aus den beiden Hälften interferieren dann miteinander. Eine dunkle Stelle findest du am Schirm dort, wo es zu jedem Strahl aus der einen Hälfte einen Strahl aus der anderen Hälfte gibt, der einen Gangunterschied von $\lambda/2$ aufweist. Dann kommt es zur destruktiven Interferenz. Geht man noch weiter nach außen, beträgt der Gangunterschied eine ganze Wellenlänge, was zur konstruktiven Interferenz führt. Man spricht vom 1. Nebenmaximum.

F26 Es gibt viele Erhaltungssätze, die durch die Entstehung von Teilchen aus dem Nichts nicht verletzt werden dürfen. Einer davon ist, dass die Ladung in einem abgeschlossenen System immer konstant sein muss. Wenn ein Elektron (–) und ein Positron (+) entstehen, dann bleibt die Gesamtladung erhalten, weil sich + und – aufheben. Würden aber zum Beispiel zwei Elektronen entstehen, dann würde sich die Nettoladung verändern, und das ist nicht möglich. Aus diesem Grund können immer nur Teilchen-Antiteilchen-Paare entstehen, weil diese entweder elektrisch neutral sind oder gegengleich geladen.

F27 Rechnen wir in Größenordnungen und nehmen für deine Masse wahrscheinlich etwas hoch gegriffen 10^2 kg an. Die Tür soll eine Breite von 1 m haben, wodurch Δx 0,5 m entspricht. Für die Geschwindigkeitsunschärfe ergibt sich dann:

$$\Delta v \geq \frac{h}{4\pi m \Delta x} = \frac{6{,}6 \cdot 10^{-34}}{4\pi \cdot 100 \cdot 0{,}5}\ \text{m/s} \approx 10^{-38}\ \text{m/s}$$

Diese Geschwindigkeitsunschärfe ist zu vernachlässigen und für dich im Alltag auch nicht bedrohlich.

F28 $$\Delta v \geq \frac{h}{4\pi m \Delta x} = \frac{6{,}6 \cdot 10^{-34}}{4\pi \cdot 10^{-30} \cdot 0{,}5 \cdot 10^{-6}}\ \text{m/s} \approx 100\ \text{m/s}$$

Die Geschwindigkeitsunschärfe nach dem Durchgang durch den Spalt ist 20-mal so groß wie die Geschwindigkeit des Teilchens. Die weitere Bahn ist überhaupt nicht vorherzusagen.

F29 In diesem Fall ergibt die Rechnung eine Unschärfe von etwa 10^{-4} m/s. Das Teilchen fliegt also mehr oder weniger gerade weiter, allerdings in dem breiten Korridor von 1 m. Auch hier kann man schwer von einer Bahn sprechen (vergleiche mit F28).

F30 Für die Geschwindigkeits-Ort-Unschärfe ergibt sich

$$\Delta v \cdot \Delta x \geq \frac{h}{4\pi m} = 5 \cdot 10^{-38}\ \text{Js} = 2{,}3 \cdot 0^{-19}\ \text{m/s} \cdot 2{,}3 \cdot 10^{-19}\ \text{m}$$

Die Unschärfen für Δv und Δx liegen also zahlenmäßig im Bereich von 10^{-19}. Bei großen Objekten ist die Messgenauigkeit also nicht durch die Unschärferelation begrenzt, sondern nur durch messtechnische Probleme.

F31 Die Energie von Photonen ergibt sich aus $E = hf$ (Kap. 33.3, S. 58). Aus der Relativitätstheorie ergibt sich für Photonen weiters der Zusammenhang $E = pc$ (dabei ist p der Photonenimpuls). Weiters gilt $c = f \cdot \lambda$. Wenn man diese drei Gleichungen kombiniert, erhält man:

$$\lambda = \frac{c}{f} = \frac{E/p}{E/h} = \frac{h}{p}$$

De Broglies kühne aber später bestätigte Hypothese war es, dass der Zusammenhang $\lambda = h/p$ nicht nur für Photonen gilt, sondern auch für Materieteilchen.

F32 Wenn der Beobachtungsschirm relativ weit vom Doppelspalt entfernt ist, ist der Winkel β zum Beobachtungspunkt von beiden Spalten aus derselbe. Man kann dann also mit folgendem Bild arbeiten (Abb. 9):

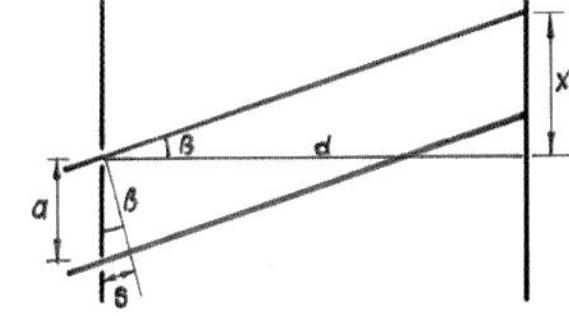

Abb. 9

Dabei ist a der Spaltabstand, d der Abstand des Beobachtungsschirms vom Doppelspalt, x die Entfernung des Beobachtungspunktes auf dem Schirm vom Mittelpunkt und s der Gangunterschied der Wellen von den beiden Spalten zum Beobachtungspunkt.
Aus der Abbildung ergibt sich: $\sin\beta = s/a$ und $\tan\beta = x/d$. Weil der Schirm sehr weit weg ist, kann man die Annäherung für kleine Winkel anwenden, also $\sin\beta \approx \tan\beta$. Daraus folgt $x \approx (s \cdot d)/a$. Ein Maximum auf dem Schirm findet man gerade dann, wenn der Gangunterschied s der beiden Wellen ein ganzzahliges Vielfaches einer ganzen Wellenlänge ist ($s = n \cdot \lambda$). Für die Orte der Maxima findet man also:

$$x_{\text{max}\,n} = n \cdot \lambda \cdot \frac{d}{a}$$

Ein Minimum findet sich auf dem Schirm, wenn der Gangunterschied ein ungerades Vielfaches der halben Wellenlänge ist:

$$x_{\text{min}\,n} = (2n - 1) \cdot \frac{\lambda}{2} \cdot \frac{d}{a}$$

34 Das moderne Atommodell

F18 Natrium: [Ne]3s¹, ein Valenzelektron; Chlor: [Ne]3s²3p⁵, 7 Valenzelektronen; Brom: [Ar]4s²(3d¹⁰)4p⁵, 7 Valenzelektronen; Argon: [Ne]3s²3p⁶, 8 Valenzelektronen; Krypton: [Ar]4s²(3d¹⁰)4p⁶, 8 Valenzelektronen.

F19 Die letzte Gruppe ganz rechts im Periodensystem bezeichnet man als Edelgase. Diese sind farb-, geruchlose und atomare Gase, die kaum Verbindungen eingehen. Der Grund hierfür ist, dass die Energieniveaus des Atoms abgeschlossen, das heißt vollständig mit Elektronen aufgefüllt sind. Die vorletzte Gruppe im Periodensystem nennt man Halogene. Diese sind sehr reaktionsfreudig, weil nur noch ein Valenzelektron zur Vollbesetzung der Schale fehlt.

F20 Pro Schale sind maximal $2 \cdot n^2$ Elektronen möglich (n = Hauptquantenzahl). Auf der ersten Schale finden also 2 Elektronen Platz, auf der zweiten 8, auf der dritten 18, auf der vierten 32 und so weiter.

35 Licht als Träger von Energie

F1 Nehmen wir vereinfacht an, dass die ausgesendeten Photonen eine durchschnittliche Frequenz von $5{,}5 \cdot 10^{14}$ Hz haben (siehe Tab. 33.1, S. 58). Nach $E = hf$ haben sie daher eine Energie von etwa $3{,}6 \cdot 10^{-19}$ J. 10 W entsprechen 10 J/s. Bei einem geschätzten Wirkungsgrad von 20 % ist die Lichtleistung daher 2 J/s, und dafür braucht man $5{,}5 \cdot 10^{18}$ Photonen pro Sekunde, also 5,5 Trillionen Photonen. Beachtlich!

F18 Man kann erkennen, ob der Stern ein Magnetfeld besitzt oder nicht (Zeeman-Effekt, siehe Kap. 34.4, S. 73), weiters seine Temperatur (Abb. 30.5, S. 27) und die Zusammensetzung seiner Atmosphäre (siehe Kap. 35.1, S. 81).

F19 Wenn ein Stern sehr heiß ist, dann ist die maximale Strahlungsintensität in den ultravioletten Bereich geschoben. Den Großteil der ausgesendeten Strahlung kannst du gar nicht sehen, aber der Stern sieht auf einem Foto blau aus.

F20 Die Leuchtstoffröhre! Das liegt daran, dass eine Glühbirne 95 % der elektrischen Energie in Wärme umwandelt und nur 5 % in Licht. Wegen dieser geringen Effizienz wurde der Verkauf innerhalb der EU verboten. Bei einer Leuchtstoffröhre werden immerhin rund 20 % in Licht umgewandelt. Bei gleicher Leistung gibt also eine Leuchtstoffröhre wesentlich mehr sichtbares Licht ab als eine Glühbirne.

F21 Der Vorteil des blauen Lasers ist seine kürzere Wellenlänge. Deshalb können Blu-ray-Discs noch viel dichter beschrieben werden als DVDs (siehe Abb. 35.27, S. 86) Während auf eine DVD maximal 8,5 GB passen, lassen sich auf einer Blu-ray-Disc bis zu 50 GB an Daten unterbringen.

F22 Dass sich der Mond durch die Gezeitenreibung jedes Jahr rund 3,8 cm von der Erde entfernt.

F23 Photonen sind Bosonen! Wären sie Fermionen, dann könnte es ja kein Laserlicht geben, denn dieses besteht aus völlig identischen Lichtteilchen, die sich in beliebig großer Zahl an einer bestimmten Stelle befinden können – das können nur Bosonen.

36 Fortgeschrittene Quantenmechanik

F7 Es gibt insgesamt nur 4 Grundkräfte, die in Tab. 1 aufgelistet sind.

Grundkraft (Wechselwirkung)	**relative Stärke**	**Reichweite**
starke Kraft	1	≈ 10^{-15} m
elektromagnetische Kraft	10^{-2}	unendlich
schwache Kraft	10^{-5}	≈ 10^{-18} m
Gravitation	10^{-38}	unendlich

Tab. 1

F13 Die präzise Steuerung der Sonde im Nanometer-Bereich erfolgt durch Piezo-Kristalle in Form einer Röhre. Diese Kristalle haben eine ganz besondere Eigenschaft: Wenn man sie staucht, dann kann man Spannung erzeugen (siehe Abb.10).
Das wird beim Zündmechanismus mancher Feuerzeuge oder Gasanzünder verwendet. Umgekehrt kann man die Länge dieses Kristalls verändern, wenn man unterschiedliche Spannungen anlegt. Und genau so funktioniert die Feinststeuerung bei einem Rastertunnelmikroskop.

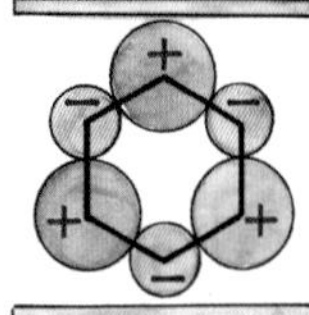
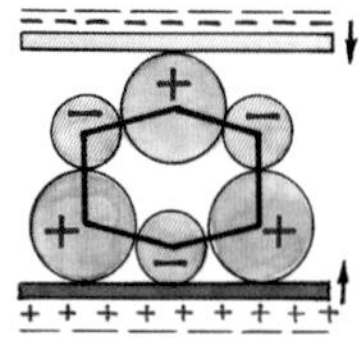

Abb. 10

F14 Der Begriff **Bit** ist eine Wortkreuzung aus **bi**nary digi**t**, das bedeutet übersetzt Binärzahl. Ein Bit kann nur die Werte 1 oder 0 annehmen. Alle Computer arbeiten letztlich nur auf Bit-Basis. Ein Byte besteht zum Beispiel aus 8 Bit und mit diesem kann man bereits 256 Zahlen darstellen (2^8 beziehungsweise 0 bis 255). Unter einem **Qubit** versteht man ein **Qu**anten**bit**. Während ein Bit nur die Werte 0 oder 1 haben kann, kann ein Qubit alle Werte von 0 bis 1 gleichzeitig annehmen, weil Quanten in Überlagerungszuständen vorkommen können. Qubits sind die Grundlage der Quantencomputer.

F15 Wenn Alice ihre Messung gleich zu Beginn vornimmt und ihr Ergebnis sofort zu Bob funkt, dann jagt die Nachricht quasi dem Photon nach und beide kommen ziemlich gleichzeitig bei Bob an – nach rund 100.000 Jahren.

F16 Ein Mensch hat etwa 10^{28} Atome. Nehmen wir an, dass man zur Beschreibung eines Atoms 1 Kilobyte Daten braucht. Für einen ganzen Menschen bräuchte man daher 10^{28} kB. Das entspricht 10^{25} Megabyte oder 10^{22} Gigabyte. Runden wir auf und sagen, dass auf eine normale DVD 10 GB Daten passen. Die Datenmenge, um einen Menschen exakt zu beschreiben, beträgt daher 10^{21} oder 1 Trilliarde volle DVDs. Eine DVD hat rund 1 mm Höhe. Wenn man diese DVDs stapelt, dann kommt man auf 10^{18} m oder 100 Lichtjahre (1 LJ = 10^{16} m) weit. Zum nächsten Stern, Proxima Centauri, sind es nur etwa 4 Lichtjahre!

37 Chaotische Systeme

F5 Wegen der chaotischen Natur des Wetters kann in vielen Fällen eine leichte Änderung der Ausgangsdaten bei mittel- und langfristigen Vorhersagen zu einer völligen Veränderung der Prognose führen. Daher werden neben dem sogenannten Hauptlauf, bei dem die Rechner mit den tatsächlich gemessenen Werten gefüttert werden, weitere Läufe durchgeführt, bei denen mit leicht veränderten Daten gearbeitet wird. Wenn bei 20 Rechendurchläufen 13-mal Regen und 7-mal kein Regen herauskommt, dann beträgt die Wahrscheinlichkeit für Regen $100 \cdot 13/20 = 65\,\%$.

F12 Die Bahn von Jupiter und Saturn verhielt sich nicht so, wie von den Kepler'schen Gesetzen vorhergesagt. Man berechnete, dass ein weiterer, noch nicht entdeckter Planet diese Unregelmäßigkeiten verursachen müsste und fand diesen auch exakt an der vorausberechneten Stelle.

F13 Tatsächlich erhebt sich die Frage, was die erste aller Ursachen war. Aus heutiger Sicht war das der Urknall. Was davor war oder ob es überhaupt ein Davor gab, ist eine philosophisch-theologische Diskussion, weil es sich völlig der Überprüfbarkeit entzieht.

F14 Das Dreikörperproblem ist im Allgemeinen analytisch nicht lösbar. Der Mathematiker Lagrange konnte aber zeigen, dass es einige Spezialfälle gibt, in denen es doch lösbar ist. Für zwei umeinander kreisende Körper gibt es 5 Gleichgewichtspunkte – die Lagrangepunkte – in denen sich alle Kräfte auf einen dritten Körper mit verschwindend kleiner Masse aufheben (siehe Abb. 11). Im Erde-Sonne-System sind L1 und L2 beliebte Plätze für Satelliten – und L3 ein spekulativer, aber nicht ernst zu nehmender Ort für eine Gegenerde. Im Jupiter-Sonne-System befinden sich in L3 und L4 Asteroiden (die Trojaner), die auf stabilen Bahnen um die Sonne laufen.

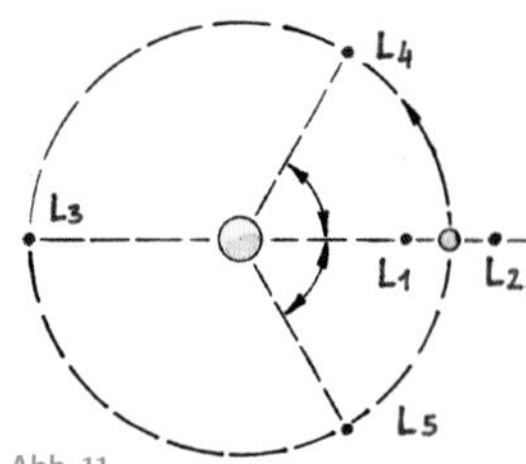

Abb. 11

F15

	a	b		a	b
0	−0,40000	0,50000	6	−0,47386	0,18823
1	−0,49000	0,10000	7	−0,21089	0,32161
2	−0,16990	0,40200	8	−0,45896	0,36435
3	−0,53274	0,36340	9	−0,32211	0,16555
4	−0,24825	0,11281	10	−0,32365	0,39335
5	−0,35110	0,44399	11	−0,44997	0,24538

Tab. 2 für die ersten 11 Folge-Werte

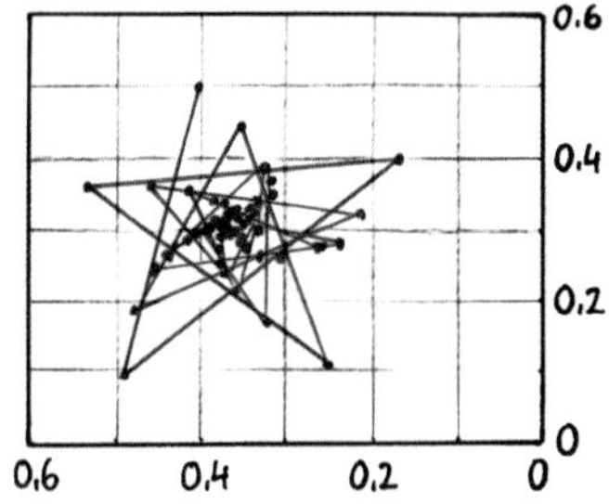

Abb. 12: Grafische Darstellung der ersten 50 Punkte